AF552019

Tim Beermann, Johannes Kastl, Christian Rost,
Thorsten Schifferdecker, Eike Waldt

Terraform

Das Praxisbuch für DevOps-Teams und Administratoren

Liebe Leserin, lieber Leser,

moderne Systemadministration setzt auf den Ansatz *Infrastructure as Code*. Noch vor wenigen Jahren hätte man eine ganze Armee von Turnschuhadmins gebraucht, die sich mit unterschiedlichen Hardware-Konfigurationen und abweichenden Deployments herumschlagen mussten. Heute errichten Sie ein gut dokumentiertes und reproduzierbares Fundament für Ihre Systeme über deklarative Beschreibungen, die von Terraform verarbeitet werden.

Die Macht eines solchen Werkzeugs sorgt allerdings dafür, dass Sie sich mit den Details vertraut machen müssen und es mit Bedacht einsetzen sollten. Konfigurationsfehler oder unbedachte Änderungen sorgen sonst dafür, dass Ihre Cloud-Infrastruktur genauso schnell in Trümmern liegt, wie sie aufgebaut wurde.

Das Team um Tim Beermann von OSISM und B1 Systems führt Sie daher nicht nur in die Funktionsweise von Terraform ein und hilft Ihnen auf den ersten Schritten, sondern gibt Ihnen auch Praxistipps für den fortgeschrittenen Einsatz. Sie werden lernen, wie Sie eigene Ressourcen mit Terraform verwalten, und können an einem Beispiel ein komplexes Deployment üben. Informationen dazu finden Sie in Kapitel 10, die benötigten Beispieldateien gibt es im Downloadmaterial sowie unter *https://github.com/terraformbuch*.

Abschließend noch ein Wort in eigener Sache: Dieses Werk wurde mit großer Sorgfalt geschrieben, geprüft und produziert. Sollte dennoch einmal etwas nicht so funktionieren, wie Sie es erwarten, freue ich mich, wenn Sie sich mit mir in Verbindung setzen. Ihre Kritik und konstruktiven Anregungen sind jederzeit willkommen.

Ihr Dr. Christoph Meister
Lektorat Rheinwerk Computing

christoph.meister@rheinwerk-verlag.de
www.rheinwerk-verlag.de
Rheinwerk Verlag · Rheinwerkallee 4 · 53227 Bonn

Auf einen Blick

Wir hoffen, dass Sie Freude an diesem Buch haben und sich Ihre Erwartungen erfüllen. Ihre Anregungen und Kommentare sind uns jederzeit willkommen. Bitte bewerten Sie doch das Buch auf unserer Website unter **www.rheinwerk-verlag.de/feedback**.

An diesem Buch haben viele mitgewirkt, insbesondere:

Lektorat Christoph Meister
Korrektorat Sibylle Feldmann
Herstellung Arkin Keskin
Typografie und Layout Vera Brauner
Einbandgestaltung Silke Braun
Coverbild Mai Loan Nguyen Duy
Satz SatzPro, Krefeld
Druck Beltz Grafische Betriebe, Bad Langensalza

Dieses Buch wurde gesetzt aus der TheAntiquaB (9,35/13,7 pt) in FrameMaker.

Gedruckt wurde es mit mineralölfreien Farben auf chlorfrei gebleichtem, FSC®-zertifiziertem Offsetpapier (90 g/m²).

Hergestellt in Deutschland.

Bibliografische Information der Deutschen Nationalbibliothek:
Die Deutsche Nationalbibliothek verzeichnet diese Publikation in der Deutschen Nationalbibliografie; detaillierte bibliografische Daten sind im Internet über *http://dnb.dnb.de* abrufbar.

ISBN 978-3-8362-8913-9

1. Auflage 2023

Informationen zu unserem Verlag und Kontaktmöglichkeiten finden Sie auf unserer Verlagswebsite **www.rheinwerk-verlag.de**. Dort können Sie sich auch umfassend über unser aktuelles Programm informieren und unsere Bücher und E-Books bestellen.

Inhalt

12 Kommandoreferenz 445

Materialien zum Buch

Auf der Webseite zu diesem Buch stehen folgende Materialien für Sie zum Download bereit:

- **Beispielkonfigurationen**
- **Bonuskapitel: libvirt installieren**

Gehen Sie dazu auf *www.rheinwerk-verlag.de/5505*. Klicken Sie auf den Reiter MATERIALIEN ZUM BUCH. Sie sehen die herunterladbaren Dateien samt einer Kurzbeschreibung des Dateiinhalts. Klicken Sie auf den Button HERUNTERLADEN, um den Download zu starten. Je nach Größe der Datei (und Ihrer Internetverbindung) kann es einige Zeit dauern, bis der Download abgeschlossen ist.

Wenn Sie die Beispiele lieber direkt von GitHub klonen möchten, können Sie das Repository zum Buch besuchen: *https://github.com/terraformbuch*

Wir freuen uns über Pull Requests und Kommentare von Ihnen.

Kapitel 1
Einleitung

Sehr geehrte Leserin, sehr geehrter Leser,

wir freuen uns, dass wir Sie auf eine Reise in Richtung *Infrastructure as Code* und Terraform mitnehmen dürfen. Wir wünschen Ihnen einen angenehmen Flug, am Ziel erwartet uns herrliches Wetter.

Spaß beiseite, schön, dass Sie den Umgang mit Terraform lernen wollen. *Infrastructure as Code* ist aus unserem Alltag nicht mehr wegzudenken. Nehmen Sie sich Zeit, sich über die Vor- und Nachteile des Arbeitens mit Terraform zu informieren. Finden Sie den passenden Weg für sich, Ihr Team und Ihr Unternehmen, um Ihre Infrastruktur zu organisieren und zu verwalten.

Wir wünschen gutes Gelingen!

Tim Beermann

Johannes Kastl

Eike Waldt

Christian Rost

Thorsten Schifferdecker

1.1 Gliederung

Die nächsten Abschnitte verraten Ihnen, was Sie wissen sollten, bevor Sie mit diesem Buch loslegen können. Sie erfahren, was Sie lernen werden und was nicht zum Ziel dieses Buchs gehört.

Kapitel 2 führt in grundlegende Prinzipien und Denkweisen ein und unterfüttert das beliebte *Buzzword Bingo* (*DevOps*! *IaC*! *Cloud*!) mit solidem Hintergrundwissen. Ziel ist es nicht, Sie mit langatmigen Ausschweifungen zu langweilen. Dennoch sollen Sie verstehen, wieso Terraform in den letzten Jahren so eine steile Karriere hingelegt hat und womit das zusammenhängt.

Kapitel 3 zeigt die Installation von Terraform und bringt Ihnen die ersten Befehle zum Arbeiten mit Terraform näher.

In Kapitel 4 dürfen Sie dann die ersten Ressourcen bei einem Cloud-Anbieter aufbauen. Das Beispielszenario wird für die Cloud-Anbieter AWS, Microsoft Azure und Google Cloud Platform sowie die Technologien OpenStack, VMware und libvirt gezeigt.

Kapitel 5 behandelt das Gehirn von Terraform, den sogenannten *State*, und zeigt, was Sie darüber wissen müssen und was Sie damit machen können.

In Kapitel 6 zeigen wir Ihnen Eingabevariablen, Ausgabewerte und dergleichen mehr. Sie lernen verschiedene Wege kennen, auf denen Sie Variablen Werte zuweisen können, und erfahren, wann welcher Weg sinnvoll oder schwierig umzusetzen ist.

Die von Terraform verwendete Beschreibungssprache *HCL* (*HashiCorp Configuration Language*) wird in Kapitel 7 detailliert behandelt. Sie erfahren (fast) alles über Anweisungen, Funktionen, Module und derlei Dinge mehr. Auch das Thema Versionsverwaltung wird hier erstmalig eingehender besprochen.

Kapitel 8 befasst sich mit den anstehenden Aufgaben nach dem ersten erfolgreichen Aufbauen Ihrer Infrastruktur. Dies umfasst Themen wie Aktualisierungen für Terraform und dessen Provider, den Lebenszyklus erstellter Ressourcen und wie Sie Datenverlust vermeiden.

Die Organisation und Struktur Ihres Terraform-Codes ist eines der Themen, die in Kapitel 9 abgehandelt werden. Auch die Handhabung von Zugangsdaten bei der Nutzung einer *Versionsverwaltung* oder eines *Remote Backend* werden thematisiert.

In Kapitel 10 wollen wir Ihnen ein in sich abgeschlossenes Deployment vorstellen, das als Beispiel für viele Anwendungsszenarien steht.

Kapitel 11 wagt den Blick über den Tellerrand und schneidet Themen an, die den Umfang dieses Buchs sprengen würden. Dazu gehören Automatisierung rund um Terraform, die *Terraform Cloud* und *Terraform Enterprise* sowie Werkzeuge aus dem Terraform-Umfeld, wie z. B. *Terragrunt* oder *Timon*.

Eine Kommandozeilenreferenz zu Terraform, all seinen Befehlen und deren Parametern finden Sie in Kapitel 12.

1.1.1 Was Sie schon wissen sollten

Terraform dient zur Verwaltung von Infrastrukturressourcen. In diesem Buch werden Ihnen Ressourcen wie virtuelle Maschinen, Netzwerke, Blockstorage und Ähnliches begegnen. Sie werden es außerdem mit Begriffen wie Webserver, Datenbanken, Loadbalancer und Backups zu tun haben. Sie müssen nicht alle diese Ressourcen und Begriffe im Schlaf definieren und beschreiben können, es reicht, wenn Sie ein Grundverständnis dieser Ressourcen mitbringen. Grundlegende Kenntnisse zu Virtualisierung (Was ist eine virtuelle Maschine?), Netzwerktechnik (Was ist eine IP-Adresse?) und Administration (Wie melden Sie sich per SSH an?) sollten vorhanden sein.

Kapitel 2 führt in Terraform, dessen Nutzung und verwandte Bereiche wie *Cloud Computing*, *DevOps* und *Infrastructure as Code* ein und stellt Terraform in den größeren Kontext.

Terraform ist ein Kommandozeilenprogramm ohne grafische Oberfläche. Sie sollten daher mit dem Arbeiten auf einer Kommandozeile vertraut sein. Im Idealfall kennen Sie sich auf der Kommandozeile des Betriebssystems aus, auf dem Sie Terraform installieren und nutzen wollen. Die Installation selbst wird in Kapitel 3 für verschiedene Betriebssysteme beschrieben.

Die meisten Beispiele werden auf einem Linux-System in einer bash-Shell gezeigt. Linux-Kenntnisse sind nicht notwendig, hier aber durchaus hilfreich. Sie sollten jedoch auch ohne Vorerfahrung verstehen können, was in den Beispielen gezeigt wird.

Anmerkungen

In den Beispielen werden Sie häufiger IP-Adressen sehen. Diese sind lediglich beispielhaft gewählt und werden eventuell nicht bei Ihnen funktionieren.

Die Kapitel führen abwechselnd in femininer und maskuliner Schreibweise durch den Inhalt, um den Lesefluss nicht zu stören.

1.1.2 Was Sie in diesem Buch lernen und nicht lernen werden

Ziel dieses Buchs ist es, Ihnen die Idee hinter Terraform und *Infrastructure as Code* nahezubringen und Ihnen grundlegende Kenntnisse in Terraform und Terraform-Code zu vermitteln. Hierzu werden »in verschiedenen Clouds«, d. h. bei verschiedenen Cloud-Anbietern, Ressourcen aufgebaut. Sie müssen nicht alle Beispiele durchexerzieren. Es wäre jedoch von Vorteil, wenn Sie Zugang zu einem der vorgestellten Cloud-Anbieter bzw. einer der Technologien haben. Selbstverständlich müssen Sie auch nicht alle Dienste im Portfolio aller Cloud-Anbieter kennen, erklären und verwenden können. Dieses Buch beschränkt sich auf grundlegende Ressourcen.

Sollten Sie noch unerfahren sein, was das Arbeiten mit Cloud-Anbietern angeht, empfehlen wir die hauseigenen Tutorials der Cloud-Anbieter. Hier lernen Sie die Grundlagen zum Arbeiten mit dem Cloud-Anbieter Ihrer Wahl. Wenn Sie diese kennen, können Sie sich voll und ganz darauf konzentrieren, die bekannten Ressourcen mithilfe von Terraform aufzubauen, zu verwalten und gegebenenfalls zu entfernen. Für Anwender, die für den Cloud-Provider ein Benutzerkonto ihrer Organisation verwenden, mag es einfacher sein, sich einen neuen Benutzerzugang zu erstellen, der nicht mit ihrer Unternehmensorganisation verbandelt ist. Zum einen reicht das kostenlose Probekonto aus, um die Beispiele in diesem Buch durchzuspielen, zum anderen besteht weniger Risiko, existierende Infrastruktur während Ihrer Experimente zu beeinträchtigen. Darüber hinaus kann es sein, dass Dinge wie *Tokens* oder technische Benutzer mit den Rechten Ihres Unternehmenszugangs nicht erstellt werden dürfen. Im Zweifel hilft hier Ihr unternehmensinterner Ansprechpartner für den Zugang zu Ihrem Cloud-Anbieter.

[!]

Zertifizierung zu Terraform

Ein Hinweis in eigener Sache: Die Firma HashiCorp bietet eine Zertifizierung zu Terraform an. Wir weisen darauf hin, dass dieses Buch *nicht* für die Vorbereitung auf die Zertifizierung ausreicht. Sollte eine Zertifizierung geplant sein, verwenden Sie bitte zusätzlich das Lernmaterial, das HashiCorp selbst frei zugänglich bereitstellt. Lesen Sie die gesamte Dokumentation zur Terraform-Sprache *HCL*. Es werden zum Beispiel detaillierte Fragen zu Funktionen oder auch zur *Terraform Cloud* gestellt.

Dieses Buch hat den Anspruch, Neulingen und Einsteigerinnen die Grundlagen des Arbeitens mit Terraform beizubringen. Sie werden an die Hand genommen und durch die ersten Beispiele geführt. Sie erhalten solide Grundkenntnisse in Terraform wie dem *State* und in der Terraform-eigenen *HCL*-Auszeichnungssprache und den darin enthaltenen Funktionen. Sie erhalten Erfahrungswerte zu Dingen wie Ordnerstrukturen und Dateinamenskonventionen, zur Modularisierung des Terraform-Codes und zu den weiteren Schritten nach dem berühmten ersten Schritt.

Dieses Buch erhebt keinen Anspruch auf Vollständigkeit. Es ist schlicht nicht das Ziel, alle verfügbaren Konstellationen, Parameter und Sonderfälle bis ins kleinste Detail zu beschreiben. Sie erhalten ein wertvolles Rüstzeug, mit dem Sie gut vorbereitet in Ihre ersten Terraform-Projekte gehen können.

Aufgrund der Fortentwicklung von Terraform können Unterschiede im Funktionsumfang zwischen der im Buch beschriebenen Terraform-Version und der bei Erscheinen dieses Buchs aktuellen Version nicht vermieden werden. Im Zweifelsfall gilt die offizielle Dokumentation passend zu Ihrer eingesetzten Terraform-Version.

1.2 Voraussetzungen für das Arbeiten mit Terraform

Im Laufe des Buchs werden Sie anhand simpler Beispielszenarios lernen, eine virtuelle Maschine mit öffentlicher IP-Adresse zu erstellen, die per SSH erreichbar ist. Sie werden dieses Beispiel in mehreren Clouds nachvollziehen, einschließlich aller zusätzlich benötigten Ressourcen. Dies umfasst Dinge wie Sicherheitsgruppen, Netzwerke, Subnetze und SSH-Schlüsselpaare. Ziel ist es, dass Sie bei Ihren ersten Lernversuchen in der Cloud tatsächlich Ressourcen erstellen, die nicht nur theoretisch funktionieren, sondern auch direkt genutzt werden können. Wie beschrieben, ist es nicht notwendig, dass Sie Zugang zu allen beschriebenen Cloud-Anbietern oder Technologien wie OpenStack haben. Sie sollten aber in der Lage sein, wenigstens eines der Beispiele selbst umzusetzen. Bitte beachten Sie, dass je nach Cloud-Anbieter und Zugang Kosten für das Aufbauen dieser Ressourcen entstehen können. Bei Erstellung dieses Buchs waren die Ressourcen von den kostenlosen Kontingenten der Cloud-Anbieter abgedeckt. Hierfür kann jedoch keine Gewähr übernommen werden. Sprechen Sie dazu Ihren unternehmensinternen Ansprechpartner an (sofern Sie sich nicht als Privatperson fortbilden).

Um mit Terraform arbeiten zu können, benötigen Sie natürlich Zugriff auf ein System, auf dem Terraform installiert ist. Als Arbeitsumgebung eignet sich Windows, macOS oder auch ein Linux-System. Auch weitere unixoide Betriebssysteme wie FreeBSD, OpenBSD oder Solaris werden unterstützt. Die Faustregel lautet: Solange die Programmiersprache Go auf dem System unterstützt wird, lässt sich Terraform mit hoher Wahrscheinlichkeit nutzen. Mehr zur Installation von Terraform finden Sie in Kapitel 3.

Da Terraform ein Kommandozeilenprogramm ist, benötigen Sie nicht unbedingt eine grafische Bedienoberfläche auf dem System, auf dem Terraform installiert ist. Sie können Terraform zum Ausprobieren auf einer virtuellen Maschine mit Linux ausführen. Sollten Sie auf die Weboberflächen eines Cloud-Anbieters zugreifen müssen, können Sie dies auch auf einem anderen Gerät erledigen.

1.3 Zu den Autoren dieses Werks

Tim Beermann ist seit frühester Jugend begeisterter Linux-Administrator. Während seiner Laufbahn hat er ein ERP-System mitentwickelt und Serverlandschaften sowie Cloud-Umgebungen betreut. Heute beschäftigt er sich überwiegend mit Automatisierung, Supercomputern, Cloud- und Containertechnologien. Sein umfangreiches Wissen über Automatisierung teilt er in Schulungen zu den Themen Terraform, Ansible, Elastic Stack und SUSE Linux.

Johannes Kastl ist seit frühen SUSE-Tagen begeisterter Linux-Nutzer. Er war mehrere Jahre in der Administration einer großen privaten Cloud-Landschaft tätig, unter anderem als Administrator, technischer Product Owner, Scrum Master und Teamkoordinator. Seine Tätigkeitsschwerpunkte liegen auf der Systemadministration sowie dem System- und Konfigurationsmanagement mit z. B. Ansible, Puppet oder Chef. Dazu kommt Automatisierung sowohl in Richtung CI/CD als auch in Richtung *Infrastructure as Code* und Kubernetes. Der passionierte Git-Benutzer ist Freund agiler Methoden und hat mehrfach mitgeholfen, das Arbeiten mit Scrum oder Kanban in Teams einzuführen. Er gibt sein Wissen gern in Schulungen und Blogbeiträgen weiter und ist als Linux-Trainer und Consultant tätig.

Christian Rost begleitet und verantwortet große und kleine Projekte im Container- und Kubernetes-Umfeld, plant und baut Logging- und Monitoring-Lösungen mit Elastic Stack und steht für das eine oder andere ownCloud-Projekt zur Verfügung. Mit Terraform automatisiert er die hierfür nötigen IT-Landschaften sowohl *on-premise* als auch bei verschiedenen Cloud-Anbietern.

Thorsten Schifferdecker ist seit mehr als 20 Jahren begeisterter Linux-Nutzer und in der IT als Architekt tätig. Er hat Kunden bei der Projektierung und Aufbauphase von komplexen Infrastrukturen im Cloud- und Containerbereich – wie Kubernetes – begleitet und verantwortet. Sein Wissen stellt er neben dem *DevOps*-Projektalltag auch immer wieder gern als Trainer zur Verfügung.

Eike Waldt hat während seiner Laufbahn viele SUSE- und SAP-Projekte begleitet und geleitet. Innerhalb dieser Projekte entwarf er komplexe Mechanismen zur Verwaltung von gewachsenen Landschaften und strukturierte gewachsene Codesammlungen mittels *DevOps* und *CI*. Aktuell beschäftigt er sich mit hochverfügbaren Pacemaker-Clustern im SAP-Umfeld und automatisiert deren Bereitstellung unter anderem mit Terraform.

Danksagungen

Die Autoren bedanken sich bei Herrn Christian Berendt, Geschäftsführer der OSISM GmbH, und Herrn Ralph Dehner, Geschäftsführer der B1 Systems GmbH.

Großer Dank gilt Christoph Meister vom Rheinwerk Verlag, der uns bei den Arbeiten an diesem Buch unterstützt und geholfen hat.

- Tim Beermann dankt

  Ramona. Weil du mein persönlicher Glücksbringer bist.

- Johannes Kastl dankt und grüßt

  Tine. Du bist das Wichtigste.

  Meinen beiden Kindern Mathilda und Rufus, die mich mit Freude und Stolz erfüllen. Meinen Eltern und Geschwistern und Schwiegereltern und der ganzen Großfamilie, weil ihr so ein toller Haufen seid.

  Fritz Reichwald.

  Dieses Buch ist, wie sollte es anders sein, Jean-Luc Picard gewidmet.

- Eike Waldt dankt

  Anni, Detlef, Ulrike, Sönke, dem Punkrock.

- Thorsten Schifferdecker dankt

  Tanja, Neele, Noah, Maria, David, Melanie und Robert.

- Christian Rost dankt

  Annika. Weil du der Deckel zu meinem Topf bist.
  Josefine, unserem kleinen Sonnenschein.

  Meinen Eltern für die Geduld in den letzten 33 Jahren, den besten Brüdern, die man sich wünschen kann, und meinem Neffen Liam, der mir hoffentlich bald alle seine Tricks beim Angeln verrät.

- Dank gilt allen, die an Open-Source-Werkzeugen mitarbeiten und dafür sorgen, dass unglaublich viele nützliche Programme und Hilfsmittel frei zugänglich sind. Stellvertretend für viele andere Tools seien hier besonders genannt:

  awk, ansible, diff, draw.io, find, git, GitHub, grep, hedgedoc, markdownlint, pandoc, sed, terraform, vim, Visual Studio Code, xargs

Kapitel 2

Was ist Terraform?

Dieses Kapitel soll Ihnen Terraform und seinen Hintergrund näherbringen. Es soll erklären, wieso Terraform so beliebt geworden ist und was die *Cloud* und Schlagwörter wie *Infrastructure as Code* damit zu tun haben. Es geht nicht darum, möglichst viele der gerade angesagten *Buzzwords* in einem Kapitel anzusprechen. Vielmehr sollen Sie ein solides Fundament haben, um zu verstehen, welche Vorteile diese Herangehensweise hat, aber auch, welche Nachteile damit einhergehen. Sie sollen genügend Informationen erhalten, um für Sie und für Ihren Anwendungsfall oder Ihr Unternehmen den besten Weg zu finden. Auch wenn jeder Haustürschlüssel eine Haustür aufsperrt, passt doch nur ein bestimmter Schlüssel zu Ihrer Haustür. Und je nachdem, wie Ihre Erfahrungen, Ihre Ziele, Ihre Gegebenheiten und Ihre Vorstellungen sind, kann der eine oder andere Weg Ihnen das Leben erleichtern oder für zusätzliche Arbeit sorgen. Das gilt nicht nur für den Umgang mit Terraform, sondern auch für Terraform selbst. Eventuell ist ein anderes Tool sogar besser geeignet. Ziel ist auch hier, Sie zu befähigen, fundierte Entscheidungen über eben diese Fragen zu treffen.

2.1 Cloud Computing und seine Auswirkungen

Können Sie sich noch an die Zeiten vor der Cloud erinnern? Als jedes Unternehmen und jede Firma ihre eigene IT-Infrastruktur in Hardware betreiben musste? Als ein Serverraum oder Rechenzentrum zum guten Ton gehörten?

Seit damals ist noch nicht viel Zeit vergangen, doch kommt es einem manchmal so vor. Die Erfindung der Cloud hat die IT so massiv durcheinandergewirbelt wie viele andere Bereiche des täglichen Lebens auch. Konnte der Turnschuh-Admin vergangener Zeiten die Zahl der Server noch auswendig aufsagen, so ist dies heute nicht mehr möglich. Unternehmen wie Spotify, Netflix oder Dropbox, die IT-Dienstleistungen an Endkunden anbieten, verzichten auf eigene Rechenzentren und betreiben Tausende oder Hunderttausende von Servern. Niemand kann und will diese Server per Hand installieren und sich Hostnamen ausdenken.

Doch wie schaffen Sie es, Infrastruktur in dieser Größenordnung zu verwalten? Und was hat Terraform damit zu tun?

Der größte Vorteil des Cloud Computing ist die Flexibilität. Sie können auf Kapazitäten aus dem Fundus Ihres Cloud-Anbieters zugreifen und in kurzer Zeit Infrastruktur aufbauen, umbauen oder wieder abreißen. Um die Bestellung von Hardware müssen Sie sich nicht kümmern, hier ist Ihr Cloud-Anbieter in der Pflicht.

Doch ist es utopisch, anzunehmen, jemand könne manuell Ressourcen in dieser Größenordnung aufbauen, einrichten und pflegen.

2.2 Das Prinzip Infrastructure as Code

Ihre Aufgabe ist es, den Überblick über Ihre Infrastruktur zu behalten. Hier kommt das Prinzip des *Infrastructure as Code* zum Einsatz. In der Softwareentwicklung ist es mittlerweile längst Stand der Technik, den Quelltext (engl. *Code*) in einer Versionsverwaltung wie z. B. Git zu lagern. Änderungen werden nicht mehr »einfach so« vorgenommen, sondern über Entwicklungszweige (engl. *Branches*) und Funktionen wie *Pull Requests* kontrolliert eingebaut.

Der Quelltext wird nach allen Regeln der Kunst automatisiert geprüft und validiert, getestet und anschließend einem Peer Review unterzogen, d. h. von weiteren Personen begutachtet und freigegeben. Verfahren wie *Continuous Integration* und *Continuous Deployment* sorgen für kurze Entwicklungszyklen bei gleichzeitig geringerer Fehlerrate und höherer Codequalität.

Eng verbunden damit ist das Konzept der *Single Source of Truth*, also dem Prinzip, dass Informationen und Anweisungen in einem zentralen Repository vorgehalten werden. Was dort steht, gilt.

Die Idee hinter Infrastructure as Code ist es, alle diese Werkzeuge und Prozesse auch auf den Code anzuwenden, der Ihre Infrastruktur beschreibt. Anstelle des Quelltexts bei der Softwareentwicklung handelt es sich um Code, der nicht kompiliert wird, sondern der genutzt wird, um Ihre Infrastruktur zu verwalten. Auch dieser wird mittels einer Versionsverwaltung verwaltet, kann geprüft und kontrolliert werden, kann begutachtet und per Pull Request geändert werden.

Eine wichtige Voraussetzung ist, dass die Beschreibung Ihrer Infrastruktur in maschinenlesbarer Form erfolgt. Eine Checkliste (»Es werden dafür fünf Webserver, eine Datenbank und ein NFS-Server benötigt. Der NFS-Server braucht 100 GB Platz.«), die dann von Mitarbeitenden händisch umgesetzt wird, ist an dieser Stelle der falsche Weg.

Maschinenlesbarer Code bedeutet, dass Programme wie Terraform, AWS CloudFormation oder OpenStack Heat den Code lesen und in fertige Ressourcen umsetzen können. Dies muss reproduzierbar erfolgen können, es sollte also bei gleichem Code das gleiche Endergebnis erzielt werden. Zusätzlich sollte dies *deklarativ* erfolgen, was bedeutet, dass der Zielzustand angegeben wird und nicht die Schritte dahin. So werden bei mehrfachen Aufrufen hintereinander nur einmal Ressourcen aufgebaut und nicht bei jedem Aufruf (siehe dazu auch Abschnitt 3.2.6, »Deklarative Beschreibung des Zustands«).

Terraform bietet an dieser Stelle Vorteile, weil es anders als AWS CloudFormation oder OpenStack Heat nicht auf einen Cloud-Anbieter oder eine Technologie festgelegt ist. Es bietet zwar keine hundertprozentige Abstraktion, jedoch können Sie alle Cloud-Anbieter über das gleiche Werkzeug ansprechen.

2.3 Terraform, seine Geschichte und seine Funktionsweise

Terraform ist ein noch relativ junges, aber dennoch ausgereiftes Programm. Entwickelt wird Terraform von der in Amerika ansässigen Firma HashiCorp. Seit der Gründung 2012 entwickelt sie eine Vielzahl von Cloud-affinen Werkzeugen und Dienstleistungen. Dazu gehören neben Terraform (Erscheinungsjahr 2014) auch weitere, wie z. B.:

- Vagrant (2010) – Bereitstellung und Pflege reproduzierbarer Softwareentwicklungsumgebungen durch Virtualisierungstechnologie.
- Packer (2013) – ein Werkzeug zur Erstellung von Betriebssystemabbildern für virtuelle Maschinen.
- Consul (2014) – Consul bietet ein Dienstnetz, DNS-basierte Dienstsuche (*Service Discovery*) sowie die verteilte Speicherung von Schlüssel-Wert-Paaren (*Key/Value Pairs*).
- Vault (2015) – Vault bietet die Verwaltung von Zugangsdaten und schützungswerten Daten, den identitätsbasierten Zugriff, die Verschlüsselung von Anwendungsdaten und die Prüfung für Anwendungen, Systeme und Benutzer.
- Nomad (2015) – Orchestrationssoftware zur Unterstützung bei der Planung und Verteilung von Aufgaben auf die Arbeitsknoten eines Clusters.
- Sentinel (2017) – ein Sicherheits- bzw. *Policy*-Framework für HashiCorp-Produkte.
- Boundary (2020) – ein Werkzeug für den sicheren Zugriff auf Systeme auf der Grundlage einer vertrauenswürdigen Identität.
- Waypoint (2020) – Waypoint organisiert die plattformübergreifende Erstellung, Bereitstellung und Freigabe von Ressourcen.

Terraform selbst ist ein Werkzeug zum Erstellen, Verwalten und Betreuen von *Ressourcen*. Diese schwammige Definition ist der Knackpunkt beim Arbeiten mit Terraform. Terraform selbst bietet nur eine eingeschränkte Anzahl an Funktionen. So gut wie alle Ressourcen werden von *Providern* bereitgestellt.

Kapitel 4 erläutert Provider, deren Funktionsweise und deren Verwendung eingehend, an dieser Stelle genügt es, zu wissen, dass Provider Terraform ermöglichen, Ressourcen zu verstehen und zu verwalten. Als Vergleich müssen hier ein Schraubendreher und ein Akkuschrauber herhalten. Während ein Schraubendreher genau eine Art von Schrauben festziehen kann, ist ein Akkuschrauber von sich aus zu gar nichts in der Lage. Setzen Sie jedoch ein Schraub-Bit ein, können Sie Schrauben passend zu diesem Bit festziehen. Je nachdem, ob Sie ein Kreuz-, Schlitz-, Torx- oder Inbus-Bit verwenden, können Sie unterschiedliche Schrauben befestigen. Setzen Sie einen Bohrer ein, können Sie sogar Löcher bohren.

Abhängig davon, bei welchem Cloud-Anbieter Sie Ihre Ressourcen aufbauen wollen, müssen Sie den zugehörigen Provider verwenden. Es gibt Provider für so gut wie alle großen Cloud-Anbieter (AWS, Google Cloud Platform, Microsoft Azure, Digital Ocean, Oracle, Alibaba, Tencent etc.). Terraform unterstützt je nach Provider Ressourcen wie virtuelle Maschinen, Netzwerke, Speicherlösungen, Anwendungen wie z. B. Datenbanken, Sicherheitsregeln und vieles mehr. Sogar eine Pizza lässt sich mit Terraform definieren und bestellen, auch wenn dies nicht direkt eine Cloud-Ressource ist (*https://registry.terraform.io/providers/MNThomson/dominos*).

Neben Cloud-Ressourcen lassen sich mit Terraform auch andere Bereiche abdecken, zum Beispiel die Erzeugung und Bearbeitung von Dateien oder die Ansteuerung von Hypervisoren mithilfe von libvirt. Näheres zu libvirt erfahren Sie in Abschnitt 4.3.5.

Daneben gibt es viele weitere Provider, die lokale Ressourcen wie Dateien verwalten. Es gibt Provider, um Organisationen bei GitHub oder GitLab zu verwalten, um z. B. Benutzer hinzuzufügen oder ein Repository anzulegen. Sie können DNS-Einträge verwalten, Loadbalancer und Firewalls per Terraform verwalten und vieles mehr.

Auch wenn dem Einsatz von Terraform scheinbar keine Grenzen gesetzt sind, so ist Terraform doch ein Werkzeug für eine bestimmte Aufgabe: die Verwaltung von Ressourcen. Eventuell kennen Sie bereits einige andere infrastrukturnahe Programme wie zum Beispiel Ansible oder AWS CloudFormation. Wie genau sich Terraform von anderen Werkzeugen abgrenzt und wann Sie Terraform einsetzen oder nicht einsetzen sollten, besprechen wir kurz in Abschnitt 2.5.

2.4 Wie funktioniert die Cloud?

Nicht technikaffine Personen verstehen unter dem Begriff Cloud im Allgemeinen Dienste wie z. B. Dropbox oder die Apple iCloud. Somit wird die Cloud meist als Datenspeicher bei einem Anbieter verstanden. Das amerikanische *National Institute for Standards and Technology* (NIST) hat eine deutlich detailliertere Definition für den Begriff Cloud ausgearbeitet: *https://csrc.nist.gov/publications/detail/sp/800-145/final*.

Gemäß der NIST-Definition definieren die folgenden fünf Eigenschaften einen Cloud-Service:

1. Die Bereitstellung der Ressourcen wird vom User ohne Interaktion mit dem Dienstleister (Provider) abgewickelt.
2. Die Services werden mit Standardzugriffsmöglichkeiten über das Netz verfügbar gemacht und sind nicht an bestimmte Clientsoftware gebunden.
3. Die verfügbaren Kapazitäten des Providers sind in einem Pool verfügbar, aus dem die Nutzerinnen die Ressourcen erstellen können (Multi-Tenant-Modell). Das bedeutet, die Nutzenden haben kein Wissen darüber, wo genau sich diese Ressourcen befinden. Sie können jedoch den Speicherort vertraglich festlegen oder für unterschiedliche Ressourcen z. B. das Land oder das Rechenzentrum festlegen.
4. Die gebuchten Serviceleistungen können schnell und flexibel bereitgestellt werden, manchmal auch automatisch. Sie erscheinen Ihnen als unendliche Ressource, die genutzt werden kann, ohne dass Sie sich um die Auslastung Gedanken machen müssen – mal abgesehen von den Kosten.
5. Die Nutzung kann gemessen und überwacht werden und dem User zur Verfügung gestellt werden.

Im Kontext des Buchs sehen wir die *Cloud* oder auch *Cloud Computing* als Dienstleistungen jeder Art. Dabei können diese Dienstleistungen auch mehrfach und von unterschiedlichen Personen, Programmen und Unternehmen konsumiert werden.

Die Grundvoraussetzung für Cloud Computing ist, dass der Zugriff mithilfe der serviceorientierten Architektur (SOA) über eine sogenannte *Representational State Transfer*-Schnittstelle (REST-API) möglich ist. Außerdem werden nur die Ressourcen bezahlt, die auch tatsächlich in Anspruch genommen wurden.

Die Anzahl der auf dem Markt verfügbaren Produkte und Anbieter für Cloud-Lösungen hat mittlerweile ein beeindruckendes Ausmaß angenommen. Dementsprechend schwierig ist es, einen Vergleich der Produkte anzustellen, da viele Funktionalitäten in gleicher oder leicht unterschiedlicher Form, aber unter anderem Namen verfügbar sind.

Eines haben alle Anbieter jedoch gemeinsam:

Alle großen Anbieter von Cloud-Lösungen stellen heutzutage APIs zur Verfügung, um darüber die Cloud anzusprechen und darin Infrastruktur aufzubauen. Jedoch liefert jeder Anbieter eigene Werkzeuge aus, um mit seinen APIs zu interagieren. Grund dafür ist, dass sich die APIs in den Funktionen unterscheiden.

Terraform abstrahiert alle diese APIs und macht sie über eine deklarative Konfigurationssprache namens HCL (siehe Kapitel 7) zugänglich. Es löst dabei (bisher) *nicht* das Problem, dass jede Cloud-Infrastruktur anders funktioniert. Terraform-Code für verschiedene Cloud-Lösungen muss weiterhin separat geschrieben werden.

2.5 Ansible, Chef, Salt, Puppet, Terraform – welches Werkzeug für welche Aufgabe?

Im Kanon der zahlreichen Werkzeuge, die Ihnen mittlerweile zur Verfügung stehen, ist es nicht immer leicht, das richtige zu verwenden. Soll eher zu Puppet oder eher zu Terraform gegriffen werden? Was unterscheidet Konfigurationsmanagement von Orchestrierung? Und wo genau ist die Abgrenzung zu *Infrastructure as Code* zu sehen? Diesen Fragen soll im folgenden Abschnitt nachgegangen werden.

Betreiben Sie Ihre Infrastruktur selbst im eigenen Serverraum oder Rechenzentrum, sind mehrere Teams nötig. Sie müssen die Infrastruktur vollständig aufbauen, in Betrieb nehmen und am Laufen halten. Nach der Installation des physikalischen Servers muss vom Netzwerkteam die Verkabelung und die Integration in die vorhandene Netzwerkinfrastruktur vorgenommen werden. Anschließend kann das Betriebssystem von den Administratorinnen bereitgestellt werden, bevor die Entwicklungsabteilung die eigentliche Applikation installiert und konfiguriert.

In der Cloud sind viele dieser Schritte nur noch einen Mausklick entfernt. Neue Netze, Firewall-Regeln (alias *Security Groups*) oder eine weitere virtuelle Maschine erstellen? Alle diese Dinge sind kein Hexenwerk mehr und können per Weboberfläche schnell erledigt werden. Zusätzlich sind viele Schritte eng verzahnt, sodass die Benutzerin beim Anlegen einer virtuellen Maschine bereits das Betriebssystem auswählen und der Maschine die grundlegende Konfiguration schon mitteilen kann. Dies kann z. B. die Konfiguration von Netzwerkadressen, Netzwerkrouten oder DNS-Servern sein. Alle diese Schritte können über Terraform abgedeckt werden.

An der Stelle, an der eine neu erstellte virtuelle Maschine erfolgreich installiert wurde und das Betriebssystem das Anmelden per SSH erlaubt, endet streng genommen der Aufgabenbereich von Terraform. Die Infrastruktur ist an dieser Stelle bereitgestellt und kann genutzt werden. Wie genau die Nutzung aussieht und was dazu noch an Vorarbeiten erledigt werden muss, ist Aufgabe des sogenannten *Konfigurationsmanagements*.

Werkzeuge wie Puppet (*https://puppet.com*), Chef (*https://www.chef.io*), Ansible (*https://www.ansible.com*) oder Salt (*https://docs.saltproject.io/en/latest*) entwickeln mittlerweile zwar auch Funktionen wie Orchestrierung und Bereitstellung von Infrastruktur, ihr Kerngebiet ist jedoch, ein neu erstelltes System in den gewünschten Zustand zu bringen. Dabei ist es egal, ob es sich um eine virtuelle Maschine, einen physikalischen Server oder eine Netzwerk-Appliance (Firewall, Router etc.) handelt.

Sobald die neue Maschine grundlegend erreichbar ist, kann die Konfiguration gemäß dem definierten Endzustand angepasst werden. Programme werden installiert, Konfigurationsdateien angepasst, Dienste gestartet oder gestoppt, NFS-Freigaben eingebunden – und zwar so lange, bis die Maschine dem Soll-Zustand entspricht.

Es ist möglich, aus Terraform heraus alle genannten Werkzeuge zu starten. Mehr dazu erfahren Sie in Abschnitt 7.2. Kapitel 8, »Updates und Day 2 Operations«, beleuchtet die Probleme, die aus der Trennung von Ressourcenverwaltung und Konfigurationsmanagement entstehen können. Dort werden auch Lösungswege aufgezeigt, um später einen reibungslosen Betrieb gewährleisten zu können.

Kapitel 3
Erste Schritte mit Terraform

In diesem Kapitel lernen Sie die Grundlagen von Terraform und die ersten Kommandos kennen. Zu Anfang installieren Sie Terraform, darauf folgt ein typischer Terraform-Workflow. In den weiteren Kapiteln wird dieser mit Details und zusätzlichen Informationen unterfüttert. Anschließend werden Konventionen für Dateinamen sowie die Ordnerstruktur und die darin enthaltenen Dateien erläutert.

3.1 Installation von Terraform

Die folgenden Abschnitte zeigen, wie Sie Terraform installieren. Springen Sie einfach zu dem Abschnitt, der zu Ihrem System passt, und ignorieren Sie die anderen.

3.1.1 Installation unter Windows

Wir werden lediglich die manuelle Installation erläutern, da andere Methoden wie z. B. die über *Chocolatey* oder die Installation über Gruppenrichtlinien sehr abhängig von der jeweiligen Umgebung ist. Aber ein solches Deployment ist ebenfalls möglich, wenn auch nicht üblich.

Zur manuellen Installation unter Windows laden Sie sich von der offiziellen Download-Seite die ZIP-Datei für Windows (32 Bit oder 64 Bit) herunter:

https://developer.hashicorp.com/terraform/downloads

Entpacken Sie diese Datei per Rechtsklick und den Menüpunkt ALLE EXTRAHIEREN NACH... in einen Ordner Ihrer Wahl, z. B. in einen neuen Ordner *Terraform* in Ihrem Benutzerverzeichnis.

Öffnen Sie anschließend die PowerShell oder die Eingabeaufforderung. Wechseln Sie dann mit `cd Terraform` in den Terraform-Ordner und testen Sie, ob ein Aufruf von `terraform.exe version` funktioniert:

```
PS C:> terraform.exe version
Terraform v1.3.6
on windows_amd64
PS C:>
```

Die auf diesem Weg heruntergeladene Datei wird jedoch nur gefunden, wenn Sie sich im Ordner mit der ausführbaren Datei befinden. Besser ist es, diesen Ordner dem

Windows-Pfad hinzuzufügen. Dazu müssen Sie eine passende Umgebungsvariable erstellen.

Drücken Sie die [⊞]-Taste und geben Sie `Umgebungsvariablen für dieses Konto bearbeiten` ein. Einige Buchstaben zu tippen, genügt meistens, um das gewünschte Ergebnis zu finden. Es öffnet sich das Fenster zum Bearbeiten der Umgebungsvariablen für Ihren Benutzer.

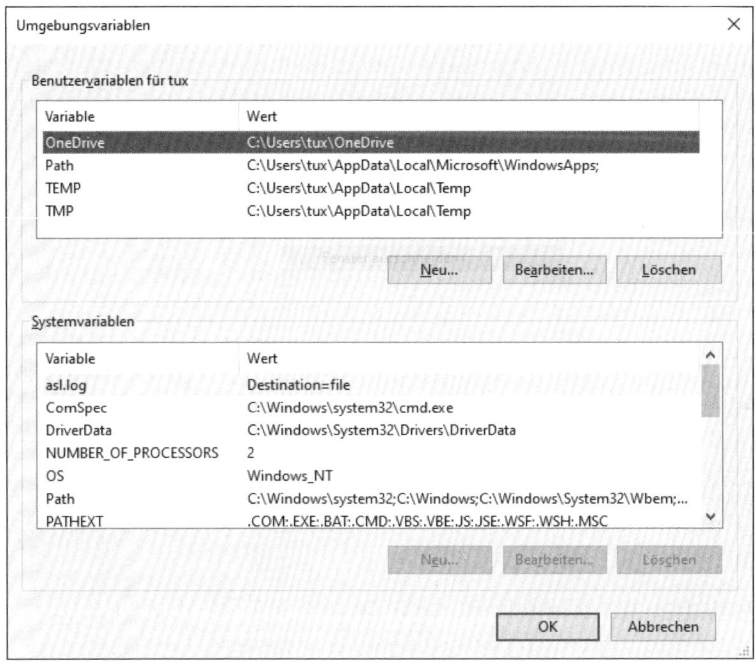

Abbildung 3.1 Fenster zum Bearbeiten der Umgebungsvariablen für den aktuellen Benutzer

Klicken Sie hier doppelt auf den Eintrag namens PATH, öffnet sich ein neues Fenster, das Ihnen erlaubt, diese Variable zu bearbeiten. Per NEU-Schaltfläche können Sie Ihren Ordner, z. B. *C:\Users\tux\Terraform*, der PATH-Variablen hinzufügen (siehe Abbildung 3.2).

Dies bewirkt, dass die Datei unabhängig vom aktuellen Arbeitsverzeichnis gefunden wird. Zudem kann sie ohne Angabe des kompletten Pfads aufgerufen werden, d. h. per `terraform.exe version` statt `C:\Users\tux\Terraform\terraform.exe version`. Je nachdem, wie Ihre Windows-Installation konfiguriert ist, kann auch `terraform version` ausreichend sein.

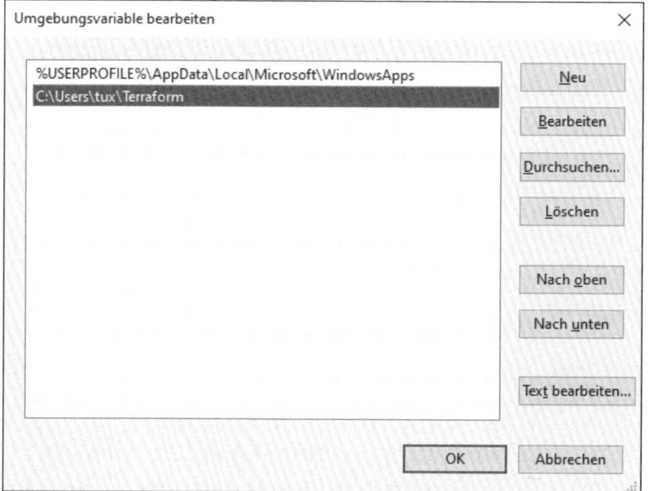

Abbildung 3.2 Hinzufügen eines neuen Eintrags in der PATH-Variablen

Wenn Sie nun eine neue PowerShell-Sitzung oder Eingabeaufforderung starten, sollte `terraform.exe version` unabhängig vom Arbeitsverzeichnis funktionieren.

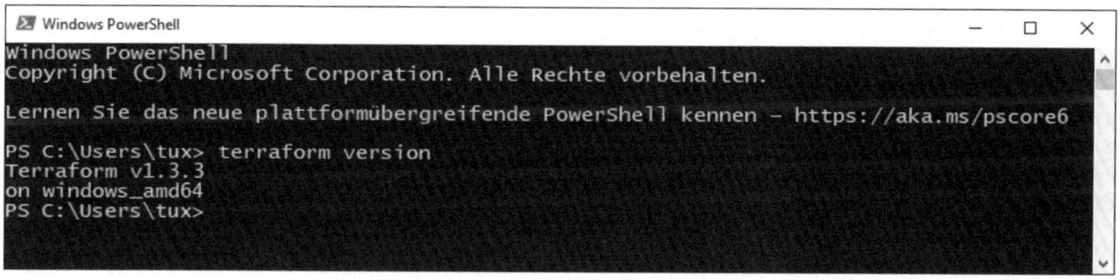

```
Windows PowerShell
Copyright (C) Microsoft Corporation. Alle Rechte vorbehalten.

Lernen Sie das neue plattformübergreifende PowerShell kennen - https://aka.ms/pscore6

PS C:\Users\tux> terraform version
Terraform v1.3.3
on windows_amd64
PS C:\Users\tux>
```

Abbildung 3.3 Aufruf von terraform version in der PowerShell

Manuelle Installation für alle Windows-Benutzer

Es ist auch möglich, die Systemumgebungsvariablen zu bearbeiten, um allen Benutzern einen einfachen Zugriff auf Terraform zu gewähren. Bitte beachten Sie, dass die Installation in ein systemweites Verzeichnis und die Anpassung des Pfads Administratorberechtigungen benötigen.

3.1.2 Installation unter macOS

Unter macOS haben Sie drei verschiedene Möglichkeiten, Terraform zu installieren: manuell, per Homebrew oder per MacPorts.

Manuelle Installation unter macOS

Auf der offiziellen Download-Seite finden Sie die aktuelle Terraform-Version für macOS für verschiedene CPU-Architekturen:

https://developer.hashicorp.com/terraform/downloads

Um zu überprüfen, welche CPU-Architektur Ihr Gerät verwendet, können Sie den Befehl `uname -m` verwenden.

```
$ uname -m
arm64
```

`amd64` bezeichnet Apple-Geräte mit Intel-CPUs, `arm64` bezeichnet Apple-Geräte mit den neuen Apple-Silicon-Chips (M1- oder M2-CPUs).

Laden Sie die zu Ihrem System passende Version herunter und speichern Sie sie in Ihrem *Downloads*-Ordner. Entpacken Sie die heruntergeladene Datei durch einen Doppelklick. Die ZIP-Datei selbst können Sie nun löschen.

Starten Sie die App *Terminal* und verschieben Sie das Programm in einen der hinterlegten Pfade, in denen Ihr System nach ausführbaren Programmen sucht. Die Pfade finden Sie durch Eingabe des Befehls `echo $PATH` heraus. Im Beispiel wird die Datei *~/Downloads/terraform* mit Administratorberechtigungen nach */usr/local/bin/* verschoben:

```
sudo mv ~/Downloads/terraform /usr/local/bin/
```

Nun sollte die Eingabe von `terraform version` die Version von Terraform korrekt ausgeben.

```
$ terraform version
Terraform v1.3.6
on darwin_arm64
```

Installation per Homebrew

Homebrew bewirbt sich als »fehlender Paketmanager für macOS«. Über Homebrew können Sie verschiedenste Programme installieren, darunter Terraform. Hinweise zur Installation von Homebrew selbst finden Sie in der offiziellen Dokumentation: *https://docs.brew.sh/Installation.*

Nach der Installation von Homebrew (oder falls Sie Homebrew bereits auf Ihrem System verwenden) lässt sich Terraform einfach mittels `brew install terraform` installieren:

```
$ brew install terraform
==> Downloading https://ghcr.io/v2/homebrew/core/terraform/manifests/1.3.6
[...]
```

```
==> Pouring terraform--1.3.6.arm64_ventura.bottle.tar.gz
    /opt/homebrew/Cellar/terraform/1.3.6: 6 files, 64MB
==> Running brew cleanup terraform...
Disable this behaviour by setting HOMEBREW_NO_INSTALL_CLEANUP.
Hide these hints with HOMEBREW_NO_ENV_HINTS (see man brew).
$ terraform version
Terraform v1.3.6
on darwin_arm64
```

Gegebenenfalls ist es notwendig, vorher das Repository zu wechseln. Dazu verwenden Sie folgende Befehle:

```
brew tap hashicorp/tap
brew install hashicorp/tap/terraform
```

Installation unter macOS mit MacPorts

Auch *MacPorts* bietet verschiedenste Programme zur Installation unter macOS an. MacPorts orientiert sich hierbei am Ansatz der Ports bei FreeBSD oder OpenBSD. Die Installation von MacPorts selbst wird in der Dokumentation erklärt: *https://www.macports.org/install.php*.

Nach der Installation von MacPorts lässt sich Terraform einfach mittels `sudo port install terraform-1.3` installieren. MacPorts nutzt dabei einen Paketnamen, der eine Versionsnummer enthält, was es erlaubt, mehrere gegebenenfalls untereinander inkompatible Versionen eines Programms gleichzeitig anzubieten. Zum Zeitpunkt des Verfassens dieses Buchs war Version 1.3 aktuell.

```
$ sudo port install terraform-1.3
[...]
$ terraform version
Terraform v1.3.6
on darwin_arm64
```

3.1.3 Installation unter Linux und anderen Unix-artigen Betriebssystemen

Unter Linux und Unix-artigen Betriebssystemen wie FreeBSD, OpenBSD und dergleichen haben Sie mehrere Möglichkeiten, Terraform zu installieren. Sie können entweder den vom Betriebssystem mitgelieferten Paketmanager verwenden, sofern das Betriebssystem ein Terraform-Paket anbietet, oder Sie nutzen die von Terraform bereitgestellten Downloads unter *https://developer.hashicorp.com/terraform/downloads*, sofern sie für Ihr Betriebssystem verfügbar sind. Alternativ können Sie Terraform auch direkt aus den GitHub-Releases herunterladen. Beide Wege werden im Folgenden besprochen.

Installation mit dem Paketmanager des Betriebssystems

So gut wie alle großen Linux-Distributionen liefern ein Paket für Terraform mit, das mittels des betriebssystemeigenen Paketmanagers installiert werden kann. Die Version kann jedoch in manchen Fällen stark hinter der aktuellen Version zurückbleiben. In diesem Fall erscheint beim Aufruf von `terraform version` eine Warnung ähnlich der folgenden:

```
$ terraform version
Terraform v1.3.0
on linux_amd64

Your version of Terraform is out of date! The latest version
is 1.3.6. You can update by downloading from https://www.terraform.io/
downloads.html
```

openSUSE

Die Distribution openSUSE Tumbleweed bietet direkt ein Paket zur Installation an, das mittels des `zypper`-Paketmanagers installiert werden kann.

```
$ sudo zypper refresh
[...]
$ sudo zypper install terraform
[...]
$ terraform version
Terraform v1.3.6
on linux_amd64
```

Auch die Distribution openSUSE Leap enthält ein Paket für Terraform, das über die gleichen Befehle installiert werden kann. Da openSUSE Leap restriktiver mit neuen Versionen von Paketen umgeht als openSUSE Tumbleweed, kann es sein, dass die Version etwas älter ist.

```
$ sudo zypper refresh
[...]
$ sudo zypper install terraform
[...]
$ terraform version
Terraform v1.3.2
on linux_amd64
```

Debian und Ubuntu

Auf Debian, Ubuntu sowie deren Derivaten wie Linux Mint kann Terraform mittels `apt` installiert werden. Hierzu können Sie die Paketquelle von HashiCorp verwenden:

```
$ sudo apt update
$ sudo apt install -y gnupg software-properties-common curl
[...]
$ curl -fsSL https://apt.releases.hashicorp.com/gpg | sudo apt-key add -
OK
$ sudo apt-add-repository "deb [arch=$(dpkg --print-architecture)] https://
apt.releases.hashicorp.com $(lsb_release -cs) main"
$ sudo apt update
[...]
$ sudo apt install terraform
[...]
$ terraform version
Terraform v1.3.6
on linux_amd64
```

Fedora

Unter Fedora erfolgt die Installation mittels `dnf`, allerdings pflegt Fedora kein eigenes Paket. Daher müssen Sie auf die von HashiCorp bereitgestellte Paketquelle zurückgreifen:

```
$ sudo dnf install -y dnf-plugins-core
[...]
$ sudo dnf config-manager --add-repo https://rpm.releases.hashicorp.com/
fedora/hashicorp.repo
[...]
$ sudo dnf install terraform
[...]
$ terraform version
Terraform v1.3.6
on linux_amd64
```

RHEL, CentOS, RockyLinux und AlmaLinux

HashiCorp bietet ein YUM-Repository für die Installation von Terraform auf Red Hat Enterprise Linux und allen davon abgeleiteten Distributionen an. Zum Zeitpunkt der Drucklegung dieses Buchs unterstützte die Paketquelle die folgenden Distributionen und Versionen:

- Red Hat Enterprise Linux 7 (RHEL7)
- Red Hat Enterprise Linux 8 (RHEL8)
- Red Hat Enterprise Linux 9 (RHEL9)
- CentOS7
- CentOS8 Stream

- CentOS9 Stream
- Rocky Linux 8
- Rocky Linux 9
- AlmaLinux 8
- AlmaLinux 9

Die Installation von Terraform ist jedoch nur nach Einbindung des von HashiCorp zur Verfügung gestellten YUM-Repository möglich:

```
$ sudo dnf install -y dnf-plugins-core
[...]
$ sudo dnf config-manager --add-repo https://rpm.releases.hashicorp.com/RHEL/
hashicorp.repo
[...]
$ sudo dnf install terraform
[...]
$ terraform version
Terraform v1.3.6
on linux_amd64
```

RHEL7 und CentOS7 verwenden hingegen noch den Paketmanager yum, die Schritte zur Installation sind dementsprechend:

```
$ sudo yum install -y yum-utils
[...]
$ sudo yum-config-manager --add-repo https://rpm.releases.hashicorp.com/RHEL/
hashicorp.repo
[...]
$ sudo yum install terraform
[...]
$ terraform version
Terraform v1.3.6
on linux_amd64
```

Andere Linux-Distributionen

Falls Sie eine andere als die bisher genannten Linux-Distributionen verwenden, nutzen Sie bitte die Dokumentation Ihres Betriebssystems. Sollte für Ihre Distribution kein Paket zur Verfügung stehen, steht Ihnen die unten beschriebene manuelle Installation zur Verfügung. Beachten Sie bitte, dass es fertige Pakete nur für 32-Bit- und 64-Bit-x86-Architekturen sowie Arm und Arm64 gibt. Dies sollte jedoch die gängigsten Betriebssysteme abdecken, es sei denn, Sie wollen unbedingt Terraform auf Ihrem IBM z-Series verwenden ...

FreeBSD, openBSD & Co.

FreeBSD bietet einen Port von Terraform, es kann jedoch auch per `pkg install terraform` installiert werden: *https://www.freshports.org/sysutils/terraform/*.

Unter OpenBSD ist Terraform ebenfalls per Port verfügbar, der einfachere Weg ist jedoch die Installation per `pkg_add terraform`.

In beiden Fällen hinken die Versionen den aktuellen Terraform-Versionen hinterher, sodass die manuelle Installation zu empfehlen ist.

Andere BSD-Derivate bieten im Normalfall ebenfalls einen Port oder ein Paket von Terraform an, Details hierzu sind der Dokumentation des jeweiligen Betriebssystems zu entnehmen.

Manuelle Installation unter Linux und Unix-artigen Betriebssystemen

Stellt Ihr Betriebssystem kein Paket oder nur ein veraltetes zur Verfügung, können Sie die direkte Installationsmöglichkeit nutzen. Übrigens: Für FreeBSD, OpenBSD und Solaris stehen ebenfalls fertige Binärdateien zum Download bereit.

Navigieren Sie mit Ihrem Browser zur offiziellen Download-Seite: *https://developer.hashicorp.com/terraform/downloads*.

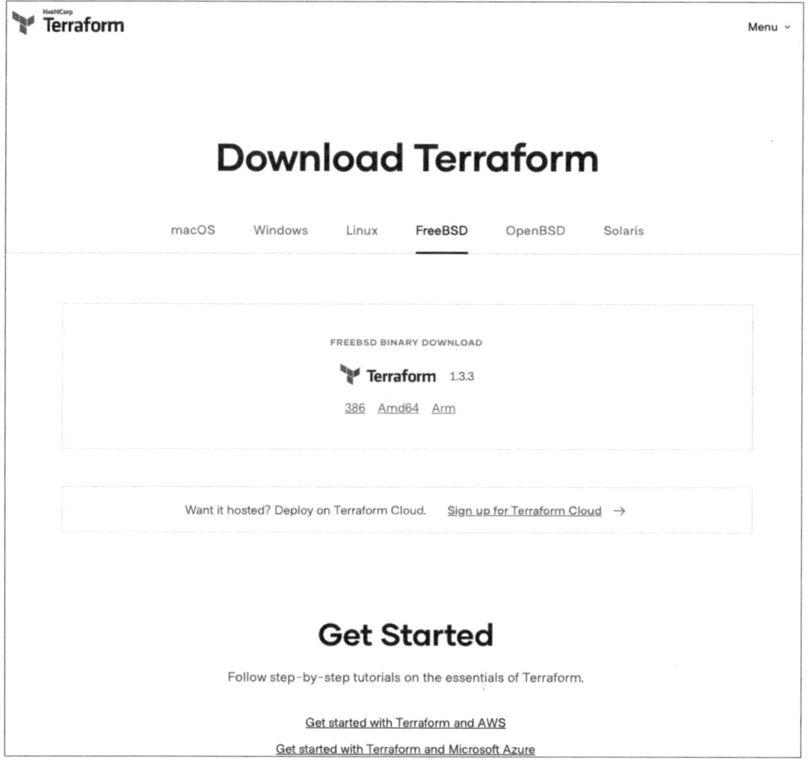

Abbildung 3.4 Die offizielle Webseite von Terraform

Hier können Sie eine für Ihre Architektur passende ZIP-Datei herunterladen. Legen Sie diese am besten in Ihrem *Downloads*-Ordner ab. Möchten Sie die Konsistenz der heruntergeladenen Datei überprüfen, schauen Sie in die nachstehende Anleitung zum Konsolenmodus. Im grafischen Modus lässt sich die Prüfsumme nicht überprüfen.

Ist die Datei heruntergeladen, muss sie noch entpackt werden. Hier gibt es unzählige Möglichkeiten, und zwar abhängig von Ihrer Distribution und davon, wie Sie diese konfiguriert haben. Nicht jede Distribution kann das ZIP-Format direkt verarbeiten. Dennoch können einige Dateibrowser mittels Doppelklick oder Kontextmenü die Datei direkt entpacken. Sollten Sie hier nicht vorankommen, verwenden Sie einfach den nachstehenden Konsolenmodus.

Ist die Datei entpackt, muss sie noch an die richtige Stelle verschoben werden, damit sie über die Konsole nutzbar wird.

Sie können die Datei auch über die Kommandozeile herunterladen. Laden Sie bitte auch die Datei mit den Prüfsummen (`terraform_1.3.6_SHA256SUMS`) und der GPG-Signatur (`terraform_1.3.6_SHA256SUMS.sig`) herunter.

Um die Dateien per `wget` herunterzuladen, sind folgende Befehle notwendig:

```
$ cd ~/Downloads/
$ wget https://releases.hashicorp.com/terraform/1.3.6/terraform_1.3.6_linux_
amd64.zip
[...]
```

Wenn Sie die Konsistenz nicht überprüfen möchten, können Sie an das Ende dieses Absatzes springen. Möchten Sie die heruntergeladene Datei auf ihre Konsistenz überprüfen, benötigen Sie zusätzlich die SHA256-Summe sowie die Signatur.

```
$ wget https://releases.hashicorp.com/terraform/1.3.6/terraform_1.3.6_
SHA256SUMS
[...]
$ wget https://releases.hashicorp.com/terraform/1.3.6/terraform_1.3.6_
SHA256SUMS.sig
[...]
```

Um nun die Kontrolle durchzuführen, verwenden Sie die folgenden Befehle:

```
$ sha256sum -c terraform_1.3.6_SHA256SUMS|grep OK
[...]
terraform_1.3.6_linux_amd64.zip: OK
[...]
$ gpg --verify terraform_1.3.6_SHA256SUMS.sig
[...]
```

Wichtig ist in diesem Fall die Zeile, die eine korrekte Signatur nennt.

```
[...]
gpg: Korrekte Signatur von "HashiCorp Security (hashicorp.com/security)
security@hashicorp.com" [unbekannt]
[...]
```

Sollte das bei Ihnen nicht der Fall sein, kann es daran liegen, dass Ihr GPG nicht vollständig konfiguriert ist. Entpacken Sie die Datei über den Befehl `unzip`. Gegebenenfalls muss dieses Programm erst installiert werden, da nicht jede Linux-/Unix-Distribution das ZIP-Format nativ unterstützt.

```
$ unzip terraform_1.1.3_linux_amd64.zip
Archive: terraform_1.3.6_linux_amd64.zip
  inflating: terraform
$ ls -1 terraform*
terraform
terraform_1.3.6_linux_amd64.zip
[...]
```

Durch das Entpacken der ZIP-Datei wird eine Binärdatei namens *terraform* erstellt. Die ZIP-Datei selbst kann entfernt werden, z. B. mittels `rm terraform_1.3.6_linux_amd64.zip`.

[«]

Geeignete Installationspfade im Betriebssystem finden

Damit Sie unabhängig vom Arbeitsverzeichnis Terraform-Befehle ausführen können, ohne immer den gesamten Pfad zu dieser Datei angeben zu müssen, können Sie die Datei an einen Ort verschieben, der im sogenannten *PATH* enthalten ist. Je nach Betriebssystem sind in dieser speziellen Umgebungsvariablen die Pfade enthalten, in denen Ihre Shell nach ausführbaren Programmen sucht.

Lassen Sie sich den Inhalt der `PATH`-Umgebungsvariablen mit dem folgenden Befehl anzeigen:

```
$ echo $PATH
/home/tux/bin:/usr/local/bin:/usr/bin:/bin
```

Im Beispiel sind sowohl der Ordner */home/tux/bin/* als auch */usr/local/bin/* im `PATH` enthalten. Daher können Sie einen von beiden verwenden, je nachdem, ob Sie Terraform nur für Sie selbst oder für alle Benutzer des Systems installieren wollen. Die folgenden beiden Abschnitte zeigen beide Installationsvarianten.

Manuelle Installation für den aktuellen Benutzer

Wollen Sie Terraform nur für Ihren Benutzer (`tux` im Beispiel) installieren, verschieben Sie die Datei *terraform* nach */home/tux/bin/*:

```
$ mv ~/Downloads/terraform /home/tux/bin/
$ terraform version
Terraform v1.3.6
on linux_amd64
```

Der Aufruf sollte nun unabhängig vom Arbeitsverzeichnis funktionieren, auch wenn Sie nur `terraform version` statt des vollständigen Pfads zur Datei (`/home/tux/bin/terraform version`) angeben.

Manuelle Installation für alle Benutzer des Systems

Möchten Sie Terraform für alle Benutzer des Systems installieren, nutzen Sie den Pfad */usr/local/bin/*. Dieser Pfad ist auf den meisten Unix-artigen Betriebssystemen explizit für die manuelle Installation von Programmen vorgesehen.

```
$ sudo mv ~/Downloads/terraform /usr/local/bin/
$ terraform version
Terraform v1.3.6
on linux_amd64
```

Der Aufruf sollte nun unabhängig vom Arbeitsverzeichnis funktionieren, auch wenn Sie nur `terraform version` statt des vollständigen Pfads zur Datei (`/usr/local/bin/terraform version`) angeben.

3.2 Schnelleinstieg: Ein typischer Terraform-Workflow

Wie sieht der typische Terraform-Workflow aus? Welche Schritte sind notwendig, wenn Sie in einem komplett neuen Projekt(-verzeichnis) beginnen? Welche Schritte können später weggelassen werden?

Diese Fragen sollen im ersten Teil dieses Abschnitts beantwortet werden. Es geht hierbei nur um die vier wichtigsten Befehle, die für den Anfang mit Terraform zum Handwerkszeug gehören. Eine komplette Referenz aller Terraform-Kommandos ist in Kapitel 12 zu finden.

3.2.1 Erstellen eines neuen Projektverzeichnisses

Um die folgenden Beispiele nachzuvollziehen, beginnen Sie bitte damit, einen neuen Ordner zu erstellen.

Öffnen Sie eine Kommandozeile, z. B. eine bash-Shell unter Linux/Unix und macOS. Meist geschieht dies mit einem Programm, das »Terminal« im Namen hat. Unter Windows öffnen Sie bitte eine PowerShell oder CMD-Kommandozeile. Sofern Sie mit dem Arbeiten auf der Kommandozeile bereits vertraut sind, verwenden Sie Ihre gewohnte Shell und Ihre gewohnte Umgebung.

Die folgenden Beispiele wurden unter Linux ausgeführt, sind auf Windows-, macOS- oder Unix-Systemen (FreeBSD, OpenBSD, Solaris ...) aber analog durchzuführen. Die Kommandozeilenparameter von Terraform unterscheiden sich nicht in den verschiedenen Betriebssystemen. Einzig das Auflisten von Dateien ist an dieser Stelle unterschiedlich.

Administratorrechte (Windows) oder `root`-Berechtigungen sind unnötig. Die einzige Voraussetzung ist, dass Terraform installiert ist und von Ihrem Systembenutzer aufgerufen werden kann.

Wechseln Sie in Ihrer Kommandozeile in das neue Verzeichnis. Die dafür benötigten Befehle sind auf Windows-, macOS- oder Unix-Systemen gleich:

```
mkdir erstes_terraform_projekt
cd erstes_terraform_projekt
```

Ein `ls` (Linux, macOS, Unix) oder `dir` (Windows) listet anschließend die Inhalte des Ordners auf. Sie erhalten keine Ausgabe. Dies zeigt, dass der Ordner noch leer ist.

3.2.2 Der Befehl terraform init

Der erste Schritt, ein Verzeichnis zu einem Terraform-Arbeitsverzeichnis zu machen, ist immer der Aufruf von `terraform init`. Hierbei legt Terraform alle Dateien und Ordner an, die es zum korrekten Funktionieren benötigt.

```
$ terraform init
Terraform initialized in an empty directory!

The directory has no Terraform configuration files. You may begin working
with Terraform immediately by creating Terraform configuration files
```

In einem leeren Verzeichnis bewirkt dieser Aufruf nichts, weil Terraform noch nicht weiß, was genau Sie erwarten und was es vorzubereiten gilt.

Dies können Sie ändern, indem Sie mit dem Texteditor Ihrer Wahl eine neue Datei *versions.tf* anlegen, die den folgenden Inhalt hat:

```
terraform {
  required_providers {
    local = {
      source = "hashicorp/random"
```

```
    }
  }
}
```

Was genau diese Datei bewirkt, was ein Provider ist und was hier unter der Haube passiert, wird in Kapitel 4 behandelt. Fürs Erste genügt es, dass Terraform einen zufälligen Text erzeugen soll, wozu der random-Provider benötigt wird.

Führen Sie nach dem Erstellen der Datei das Kommando `terraform init` erneut aus, sehen Sie eine neue (versteckte) Datei und einen (versteckten) Unterordner:

```
$ terraform init
Initializing the backend...

Initializing provider plugins...
- Finding latest version of hashicorp/local...
- Installing hashicorp/random v3.4.3...
- Installed hashicorp/random v3.4.3 (signed by HashiCorp)

Terraform has created a lock file .terraform.lock.hcl to record the provider
selections it made above. Include this file in your version control repository
so that Terraform can guarantee to make the same selections by default when
you run "terraform init" in the future.

Terraform has been successfully initialized!

You may now begin working with Terraform. Try running "terraform plan" to see
any changes that are required for your infrastructure. All Terraform commands
should now work.

If you ever set or change modules or backend configuration for Terraform,
rerun this command to reinitialize your working directory. If you forget,
other commands will detect it and remind you to do so if necessary.
$ ls -a1
.
..
.terraform
.terraform.lock.hcl
versions.tf
```

Die Versionsnummer des random-Providers kann sich bei Ihnen von der hier abgedruckten unterscheiden, was Sie fürs Erste einfach ignorieren können.

[«]

Dotfiles und versteckte Dateien

Für Linux-Neulinge sei an dieser Stelle ein kurzer Exkurs erlaubt:

Wieso sind die Datei und der neue Ordner versteckt, wenn sie doch in der obigen Ausgabe aufgelistet werden? Linux und andere unixoide Betriebssysteme behandeln Dateien und Ordner, deren Name mit einem Punkt beginnt, als versteckt. Sie sind in der normalen Ordneransicht im Dateimanager Ihres Betriebssystems nicht zu sehen. Auch auf der Kommandozeile werden sie erst durch den Parameter `-a` beim Aufruf von `ls` angezeigt. Die Intention hierbei ist, die User davon abzuhalten, Unsinn an Dateien anzustellen, die sie erst einmal nichts angehen. Terraform signalisiert Ihnen dadurch, dass Sie sich um diese Ordner und Dateien nicht zu kümmern brauchen.

Der Parameter `-l`, im Beispiel mit dem Parameter `-a` zusammengefasst zu `-al`, weist das `ls`-Kommando an, jede Datei in einer eigenen Zeile anzuzeigen.

Unter Windows werden Dateien mit dem `Hidden`-Dateiattribut versehen, wenn sie nicht sichtbar sein sollen. Allerdings setzt Terraform diese Attribute unter Windows nicht, sodass auch alle versteckten Dateien einfach sichtbar sind. Solange Sie jedoch darauf verzichten, diese versteckten Dateien und Ordner manuell zu bearbeiten oder zu löschen, steht dem fehlerfreien Arbeiten mit Terraform nichts im Weg.

Die Datei *.terraform.lock.hcl* enthält Informationen, anhand derer Terraform die verwendeten *Provider* und *Module* (siehe Kapitel 7) verwaltet. Die ersten beiden Zeilen dieser Datei weisen deutlich darauf hin, dass es keine gute Idee ist, sie manuell zu editieren:

```
# This file is maintained automatically by "terraform init".
# Manual edits may be lost in future updates.
```

Im Unterordner *.terraform* speichert Terraform Dateien, die für die Arbeit im aktuellen Projektverzeichnis benötigt wurden. Auch hier ist es keine gute Idee, Terraform ins Gehege zu kommen und diesen Ordner zu modifizieren.

Der Befehl `terraform init` erscheint bis hierhin nicht besonders spannend zu sein. Für das korrekte Funktionieren von Terraform ist er jedoch unabdingbar. Daher sollte er zum normalen Alltag eines jeden Nutzers gehören. Terraform weist Sie glücklicherweise auch selbsttätig darauf hin, wenn es Änderungen am Code findet, die das Ausführen dieses Befehls erfordern.

3.2.3 Die erste Ressource

Bis hierhin sind Sie Ihrem Ziel, einen zufälligen Text mit Terraform zu generieren, nur wenig näher gekommen. Terraform hat Sie darauf hingewiesen, dass es erfolgreich initialisiert wurde und Sie anfangen können, richtig damit zu arbeiten. Daher legen Sie bitte als Nächstes eine Datei namens *main.tf* an. Diese enthält den Terraform-Code, der Terraform mitteilt, was genau zu tun ist:

```
resource "random_string" "zufallstext" {
  length  = 16
  special = false
}
```

Sie haben hiermit Ihr erstes Stück Terraform-Code geschrieben. In diesem Fall haben Sie Terraform angewiesen, eine Ressource namens `zufallstext` vom Typ `random_string` anzulegen. Der Zufallstext soll aus 16 Zeichen bestehen und keine Sonderzeichen enthalten.

Im weiteren Verlauf dieses Buchs werden Sie einige weitere Ressourcentypen kennenlernen. Das Ziel dieses Buchs ist jedoch nicht, Ihnen alle möglichen Typen für alle möglichen Provider nahezubringen. Hierzu dient die umfangreiche und gut gepflegte Dokumentation von Terraform wie auch die der verschiedenen Provider.

Zurück zum Beispiel: Bisher wurde der Zufallstext noch nicht erzeugt. Sie haben nur den Code geschrieben. Jetzt müssen Sie Terraform anweisen, auch wirklich etwas zu unternehmen. Doch vorher sollten Sie sicherstellen, dass Terraform genau das macht, was Sie wollen.

3.2.4 Der Befehl terraform plan

Viele Konsolenprogramme haben die Möglichkeit, einen Testlauf durchzuführen, um die Aktionen zu kontrollieren, die das Programm »im Ernstfall« ausführen würde. Auch Terraform bietet Ihnen diese Möglichkeit mit dem Befehl `terraform plan`.

```
$ terraform plan
Terraform used the selected providers to generate the following execution
plan. Resource actions are indicated with the following symbols:
  + create

Terraform will perform the following actions:

  # random_string.zufallstext will be created
  + resource "random_string" "zufallstext" {
      + id          = (known after apply)
      + length      = 16
      + lower       = true
      + min_lower   = 0
      + min_numeric = 0
      + min_special = 0
      + min_upper   = 0
```

```
      + number      = true
      + numeric     = true
      + result      = (known after apply)
      + special     = false
      + upper       = true
    }

Plan: 1 to add, 0 to change, 0 to destroy.

Note: You didn't use the -out option to save this plan, so Terraform can't
guarantee to take exactly these actions if you run "terraform apply" now.
```

Bitte erschrecken Sie nicht über die durchaus umfangreiche Ausgabe dieses Programms. Die folgenden Abschnitte gehen die Ausgabe Schritt für Schritt durch.

Teil 1: Die Gebrauchsanweisung

Der erste Teil der Ausgabe sieht folgendermaßen aus:

```
$ terraform plan

Terraform used the selected providers to generate the following execution
plan. Resource actions are indicated with the following symbols:
  + create
[...]
```

Dieser Teil ist eine Gebrauchsanweisung dazu, wie der zweite Teil der Ausgabe zu verstehen ist. Er besagt, dass alle Ressourcen, die mit einem + gekennzeichnet sind, von Terraform neu erstellt werden. In Ihrem Fall ist nur das Erstellen erklärt, weil keine anderen Aktionen nötig sind. Weitere mögliche Aktionen sind das Löschen (-), das Ändern (~) und das Neuerstellen (-/+), die Ihnen im weiteren Verlauf noch begegnen werden.

Je nach Betriebssystem und verwendeter Konsole oder Shell-Umgebung färbt Terraform die Symbole farbig ein, was die Orientierung weiter erleichtert.

Teil 2: Der eigentliche Inhalt

Nach der »Gebrauchsanweisung« folgt der zweite Teil der Ausgabe:

```
$ terraform plan
[...]
Terraform will perform the following actions:

  # random_string.zufallstext will be created
```

```
  + resource "random_string" "zufallstext" {
      + id          = (known after apply)
      + length      = 16
      + lower       = true
      + min_lower   = 0
      + min_numeric = 0
      + min_special = 0
      + min_upper   = 0
      + number      = true
      + numeric     = true
      + result      = (known after apply)
      + special     = false
      + upper       = true
    }
[...]
```

Anhand der im ersten Teil beschriebenen Gebrauchsanweisung können Sie sich leicht erschließen, dass Terraform »im Ernstfall« eine Ressource neu erstellen würde.

In diesem Fall handelt es sich um die Ressource mit der Bezeichnung `random_string_zufallstext`. Im Weiteren werden Details zu dieser Ressource angegeben, wobei in der Liste mehr als die im Beispiel definierten Parameter aufgeführt sind. Hier gibt Terraform alle Parameter an, die es zu einer Ressource dieses Typs kennt und verwalten muss.

In der Beispielausgabe werden neben den gesetzten Parametern `length` und `special` auch beispielsweise ein Parameter für die minimale Anzahl von Kleinbuchstaben `min_lower`, sowie ein Parameter `id` aufgelistet. Der letztgenannte Parameter hat hierbei keinen Wert, sondern einen Platzhalter namens `(known after apply)`.

Dieses Kuriosum wird Ihnen im weiteren Verlauf noch mehrfach begegnen. Es beruht jedoch einzig und allein darauf, dass Terraform je nach Ressource erst nach dem Erstellen weiß, welche ID einem Objekt zugeordnet wird. Beispielsweise haben alle Objekte im Cloud-Umfeld eine solche ID, egal ob es sich um VMs, Netzwerke, Sicherheitsgruppen oder Datenbanken handelt. Die Erstellung und die anschließende Verwaltung dieser IDs obliegen jedoch dem jeweiligen Cloud-Provider. Daher kann Terraform die ID erst nach dem Erstellen in Erfahrung bringen und zur weiteren Verwendung notieren.

Teil 3: Das Fazit

Zum Abschluss listet Terraform nochmals in Kurzform auf, was beim Ausführen passieren würde.

```
$ terraform plan
[...]
Plan: 1 to add, 0 to change, 0 to destroy.

Note: You didn't use the -out option to save this plan, so Terraform can't
guarantee to take exactly these actions if you run "terraform apply" now.
```

Sie erkennen, dass eine Ressource erstellt (`to add`) würde, aber weder Ressourcen geändert (`to change`) noch gelöscht (`to destroy`) werden würden.

Auf die letzte Zeile der Ausgabe, die auf den Parameter `-out` eingeht, soll hier nicht näher eingegangen werden. Dieser Parameter wird in Kapitel 12 erklärt.

3.2.5 Der Befehl terraform apply

Nachdem Sie jetzt wissen, was passieren würde, können Sie zur Tat schreiten. Ein Aufruf von `terraform apply` zeigt Ihnen nochmals eine Ausgabe ähnlich der von `terraform plan`. Dieser folgt eine Sicherheitsabfrage, die Sie mit `yes` beantworten sollten.

```
$ terraform apply
Terraform used the selected providers to generate the following execution
plan. Resource actions are indicated with the following symbols:
  + create

Terraform will perform the following actions:

  # random_string.zufallstext will be created
  + resource "random_string" "zufallstext" {
      + id          = (known after apply)
      + length      = 16
      + lower       = true
      + min_lower   = 0
      + min_numeric = 0
      + min_special = 0
      + min_upper   = 0
      + number      = true
      + numeric     = true
      + result      = (known after apply)
      + special     = false
      + upper       = true
    }

Plan: 1 to add, 0 to change, 0 to destroy.
```

```
Do you want to perform these actions?
  Terraform will perform the actions described above.
  Only 'yes' will be accepted to approve.

  Enter a value: yes

random_string.zufallstext: Creating...
random_string.zufallstext: Creation complete after 0s
[id=ngheCsqDxOPWt8th]

Apply complete! Resources: 1 added, 0 changed, 0 destroyed.
```

Herzlichen Glückwunsch, Sie haben soeben die erste Ressource mit Terraform erstellt!

Am Ende der vorletzten Zeile der Ausgabe finden Sie den zufällig generierten Text `ngheCsqDxOPWt8th`. Wie Sie vermutlich bereits bemerkt haben, wird dieser Parameter (etwas unlogisch) als `id` gekennzeichnet. Tatsächlich ist dieses Verhalten korrekt und stellt eine Besonderheit für Ressourcen dar, die nicht gegen eine Cloud-Schnittstelle arbeiten.

Lassen Sie sich außerdem mit dem Befehl `ls -a1` den Inhalt des Verzeichnisses auflisten. Sie werden eine neue Datei *terraform.tfstate* finden, über die Sie gleich mehr erfahren werden.

```
$ ls -a1

main.tf
.terraform
.terraform.lock.hcl
terraform.tfstate
versions.tf
```

3.2.6 Deklarative Beschreibung des Zustands

Stellen sie sich vor, Sie erstellen mit Terraform Ressourcen wie virtuelle Maschinen bei einem Cloud-Anbieter. Was passiert, wenn Sie Terraform nochmals aufrufen? Werden die Ressourcen neu erstellt? Werden die Ressourcen angefasst? Was passiert, wenn jemand die Ressource verändert oder entfernt und Sie Terraform danach noch mal aufrufen? Was macht Terraform in diesem Fall? An dieser Stelle sei ein kurzer Exkurs in die Welt von deklarativen und imperativen Anweisungen erlaubt.

Terraform verwendet eine sogenannte deklarative Beschreibung des gewünschten Zustands. Sie teilen Terraform nicht mit, dass es eine Datei erstellen oder einen Befehl ausführen soll, Sie definieren nur den gewünschten Endzustand: Die Datei oder eine Zeichenkette soll existieren und folgende Eigenschaften haben: Inhalt, Dateiname, Länge etc.

Rufen Sie `terraform apply` mehrfach direkt nacheinander auf, werden Sie bei jedem weiteren Aufruf in einer Mitteilung nur noch darüber informiert, dass es nichts zu tun gibt, weil der gewünschte Zustand schon besteht:

```
$ terraform apply
random_string.zufallstext: Refreshing state... [id=ngheCsqDxOPWt8th]

No changes. Your infrastructure matches the configuration.

Terraform has compared your real infrastructure against your configuration and
found no differences, so no changes are needed.

Apply complete! Resources: 0 added, 0 changed, 0 destroyed.
```

Im Gegensatz zu einer *imperativen* Beschreibung, d. h. den zur Erreichung des Zustands nötigen Schritten, bietet die deklarative Beschreibung den Vorteil, dass Terraform erkennen kann, wann gar keine Aktionen nötig sind. Sie als User beschreiben lediglich den Endzustand und nicht den Weg zum Endzustand. Diese Methode wird auch als *idempotent* bezeichnet. Ein weiterer Vorteil ergibt sich nebenher: Wenn nur der Endzustand beschrieben wird, müssen auch nicht immer alle Arbeitsschritte ausgeführt werden. Das spart Zeit und vermeidet unter Umständen sogar Fehler.

3.2.7 Die Datei terraform.tfstate

Was passiert jetzt aber, falls Sie einen längeren zufälligen Text benötigen? Woher weiß Terraform an dieser Stelle, was der aktuelle Zustand ist und ob Aktionen nötig sind?

Wenn Sie nach dem Ausführen von `terraform apply` die Liste der Dateien im Projektverzeichnis kontrolliert haben, werden Sie zwei neue Dateien entdeckt haben, die es vorher noch nicht gab. Die Namen der beiden Dateien lauten *terraform.tfstate* und *terraform.tfstate.backup*. Sollte Letztere nicht vorliegen, haben Sie vermutlich kein zweites Mal `terraform apply` gestartet, was jedoch nicht wichtig ist. Diese Dateien dienen Terraform dazu, den letzten Zustand zu definieren und zu sichern. Details zum sogenannten *State* und Empfehlungen zum Umgang mit diesem sind in Kapitel 5 zu finden.

An dieser Stelle soll es genügen, zu wissen, dass die Dateien existieren und dass sie wichtig sind. Bitte löschen oder verändern Sie die Dateien *terraform.tfstate* und *terraform.tfstate.backup* nicht. Nicht einmal, wenn Sie sicher sind, dass Sie wissen, was Sie tun.

Ändern Sie nun die Länge des zu erstellenden Zufallstextes auf 18 und rufen Sie erneut `terraform apply` auf. Terraform teilt Ihnen mit, dass eine Änderung ansteht und eine Ressource ersetzt werden muss: `-/+ destroy and then create replacement`. Die Ausgabe des `plan` wird automatisch angezeigt und Terraform bittet um Ihre Bestätigung, die anstehende Aktion durchzuführen:

```
$ terraform apply
random_string.zufallstext: Refreshing state... [id=ngheCsqDxOPWt8th]

Terraform used the selected providers to generate the following execution
plan. Resource actions are indicated with the following symbols:
-/+ destroy and then create replacement

Terraform will perform the following actions:

  # random_string.zufallstext must be replaced
-/+ resource "random_string" "zufallstext" {
      ~ id          = "ngheCsqDxOPWt8th" -> (known after apply)
      ~ length      = 16 -> 18 # forces replacement
      ~ result      = "ngheCsqDxOPWt8th" -> (known after apply)
        # (9 unchanged attributes hidden)
    }

Plan: 1 to add, 0 to change, 1 to destroy.

Do you want to perform these actions?
  Terraform will perform the actions described above.
  Only 'yes' will be accepted to approve.

  Enter a value: yes

random_string.zufallstext: Destroying... [id=ngheCsqDxOPWt8th]
random_string.zufallstext: Destruction complete after 0s
random_string.zufallstext: Creating...
random_string.zufallstext: Creation complete after 0s [id=n9L9dCpGw47KacYmkS]

Apply complete! Resources: 1 added, 0 changed, 1 destroyed.
```

Die zuvor erstellte Zufallstext `ngheCsqDxOPWt8th` wurde durch einen neuen String mit nun 18 Stellen ersetzt: `n9L9dCpGw47KacYmkS`. Weitere Aufrufe von `terraform apply` würden wiederum anzeigen, dass der gewünschte Zustand erreicht und daher nichts zu tun ist.

Sie werden feststellen, dass Terraform durch seinen State sehr genau über den bisherigen Zustand Bescheid weiß und selbst kleinste Änderungen bemerkt. Auch wenn Terraform die sinnvollste Aktion zur Wiederherstellung des gewünschten Zustands vorschlägt, sollten Sie im Alltag immer mit `terraform plan` arbeiten und dessen Ausgabe genau kontrollieren.

3.2.8 Der Befehl terraform destroy

Nachdem Sie jetzt wissen, wie Sie eine Ressource mittels Terraform erstellen können, kommt zwangsläufig die Frage auf: Wie genau werden Sie sie wieder los? Wie sagen Sie Terraform, dass eine Ressource nicht länger erwünscht ist?

Löschen aller Ressourcen

Handelt es sich wie in diesem Beispiel um die einzige Ressource, können Sie Terraform mit dem Befehl `terraform destroy` anweisen, *alle* Ressourcen abzureißen (zu löschen, zu entfernen – je nachdem, was für ein Ausdruck für die jeweilige Ressource am passendsten ist). Terraform zeigt eine `plan`-Ausgabe des Löschvorgangs und bittet Sie um Ihre Bestätigung.

```
$ terraform destroy
random_string.zufallstext: Refreshing state... [id=n9L9dCpGw47KacYmkS]

Terraform used the selected providers to generate the following execution
plan. Resource actions are indicated with the
following symbols:
  - destroy

Terraform will perform the following actions:

  # random_string.zufallstext will be destroyed
  - resource "random_string" "zufallstext" {
      - id          = "n9L9dCpGw47KacYmkS" -> null
      - length      = 18 -> null
      - lower       = true -> null
      - min_lower   = 0 -> null
      - min_numeric = 0 -> null
      - min_special = 0 -> null
      - min_upper   = 0 -> null
      - number      = true -> null
      - numeric     = true -> null
      - result      = "n9L9dCpGw47KacYmkS" -> null
```

```
      - special      = false -> null
      - upper        = true -> null
    }

Plan: 0 to add, 0 to change, 1 to destroy.

Do you really want to destroy all resources?
  Terraform will destroy all your managed infrastructure, as shown above.
  There is no undo. Only 'yes' will be accepted to confirm.

  Enter a value: yes

random_string.zufallstext: Destroying... [id=n9L9dCpGw47KacYmkS]
random_string.zufallstext: Destruction complete after 0s

Destroy complete! Resources: 1 destroyed.
```

Kontrollieren Sie mit dem Befehl `ls -a1` den Inhalt des Verzeichnisses.

```
$ ls -a1

main.tf
.terraform
.terraform.lock.hcl
terraform.tfstate
terraform.tfstate.backup
versions.tf
```

Die Dateien, die Terraform zum Arbeiten benötigt, also das Unterverzeichnis *.terraform*, die State-Dateien sowie *.terraform.lock.hcl* werden nicht gelöscht. Terraform benötigt sie beim nächsten Aufruf von `terraform plan`, `terraform apply` oder `terraform destroy` wieder.

Löschen einzelner Ressourcen

Wollen Sie nur eine von mehreren Ressourcen löschen, nutzen Sie *bitte nicht* den Befehl `terraform destroy`! Dieser Befehl löscht alle Ressourcen.

Stattdessen können Sie einfach die nicht mehr benötigte Ressource aus dem Terraform-Code löschen oder auskommentieren. Im Beispiel können Sie auch einfach die komplette Datei *main.tf* entfernen.

Im Buch wird der Befehl `terraform destroy` am Ende jedes Beispielaufbaus verwendet, um sauber aufzuräumen und möglichst keine Kosten durch vergessene oder liegen gebliebene Ressourcen zu verursachen. In produktiven Umgebungen gehen Sie bitte sehr umsichtig mit dem Befehl `terraform destroy` um. Sie wollen Ihre Infrastruktur mit Terraform ja aufbauen und verwalten, nicht zerstören.

3.3 Konventionen für Dateinamen und Unterordner

Sie haben bis hierhin schon einige Dateien kennengelernt, die Terraform zum Arbeiten benötigt. Und Sie haben bereits zwei Dateien selbst angelegt. Aber welche Konventionen gibt es für die Benennung der Dateien? Wie strukturieren Sie Ihren Code am besten?

3.3.1 Empfehlungen für kleinere Projekte

Um mit Terraform zu arbeiten, benötigen Sie neben dem installierten Programm nur einen neuen Ordner, um Ihren Code darin abzulegen. Terraform arbeitet ordnerbasiert und nicht dateibasiert. Sobald Sie Terraform in diesem Ordner aufrufen, berücksichtigt Terraform alle Dateien mit der Endung *.tf* sowie einige Sonderfälle, die Sie zu einem späteren Zeitpunkt kennenlernen werden. Andere Dateien ignoriert Terraform, sofern sie nicht zu eben genannten Sonderfällen wie z. B. *terraform.tfstate* gehören.

Ein typischer Ordner sähe wie folgt aus:

```
$ ls -a1

main.tf
outputs.tf
.terraform/
.terraform.lock.hcl
terraform.tfstate
terraform.tfstate.backup
variables.tf
versions.tf
```

Neben den bekannten Dateien *main.tf* und *versions.tf* gibt es noch zwei Dateien namens *variables.tf* und *outputs.tf*, die eine Erklärung verdienen.

Im einfachsten Fall würden Sie all Ihren Code in eine beliebige Datei mit der Endung *.tf* schreiben. Sie werden jedoch schnell feststellen, dass die Arbeit mit nur einer Datei unbequem wird. Sobald Sie mehr als eine Bildschirmseite an Code haben, verbringen Sie mehr Zeit damit, hin- und herzuspringen, als Code zu schreiben.

Es hat sich daher eingebürgert, den Code in drei oder mehr Dateien aufzuteilen:

- Alle Variablendefinitionen landen in der Datei *variables.tf*. Was Variablen sind und wie sie verwendet werden, wird in Kapitel 6 eingehender behandelt.
- Alle Ausgabewerte (engl. *Outputs*) werden in der Datei *outputs.tf* definiert. Ausgabewerte werden ebenfalls in Kapitel 6 erklärt.
- Der eigentliche Code, der Ressourcen definiert, ist in der Datei *main.tf* zu finden.

Die gezeigte Struktur hat sich für einfache Projekte eingebürgert, ist aber nur eine Empfehlung und keine strikte Voraussetzung.

3.3.2 Empfehlungen für größere Projekte

Bei umfangreichen Projekten können Sie sowohl Code als auch Variablen- und Ausgabewertdefinitionen in mehrere Dateien auslagern. Bei der Benennung der Dateien sind Ihrer Kreativität keine Grenzen gesetzt, solange Sie bei der Dateiendung *.tf* bleiben. Die Reihenfolge der Dateien spielt für Terraform keine Rolle, weil alle Abhängigkeiten zwischen Ressourcen von Terraform selbst erkannt und befolgt werden.

Wir empfehlen dennoch, zumindest den eigentlichen Code in sortierte Dateien aufzuteilen, sodass die Abfolge in Teilen, immer aber eine sachlogische Gruppierung für den Benutzer ersichtlich ist.

Eine Verzeichnisstruktur mit thematisch sortierten Dateien (Datenbank, Webserver, Proxy ...) sähe wie folgt aus:

```
$ ls -a1

database.tf
database_outputs.tf
database_variables.tf
general.tf
general_outputs.tf
general_variables.tf
provider.tf
proxy.tf
proxy_outputs.tf
proxy_variables.tf
.terraform
.terraform.lock.hcl
terraform.tfstate
terraform.tfstate.backup
versions.tf
```

```
webserver.tf
webserver_outputs.tf
webserver_variables.tf
```


Eine Sortierung nach dem Typ der Ressource (Network, Storage, Instances ...) ist ebenfalls denkbar:

```
$ ls -a1

general.tf
instances.tf
main.tf
network.tf
outputs.tf
provider.tf
storage.tf
.terraform
.terraform.lock.hcl
terraform.tfstate
terraform.tfstate.backup
variables.tf
versions.tf
```

Die Verzeichnisstruktur ohne Sortierung ist valide, aus unserer Sicht jedoch nicht empfehlenswert. Hier liegen nämlich die Dateien mit dem eigentlichen Terraform-Code je nach Benennung zwischen Variablendefinitionen und Outputs, was für ziemliches Chaos sorgt:

```
$ ls -a1

database.tf
general.tf
outputs_database.tf
outputs_general.tf
outputs_proxy.tf
outputs_webserver.tf
provider.tf
proxy.tf
.terraform
.terraform.lock.hcl
terraform.tfstate
terraform.tfstate.backup
variables_database.tf
variables_general.tf
```

```
variables_proxy.tf
variables_webserver.tf
versions.tf
webserver.tf
```

3.4 Ordnerstruktur

Ein eigener Absatz zur Ordnerstruktur erscheint überflüssig, wenn doch der Satz »Terraform ignoriert Unterordner und Dateien, die es nicht kennt« ausreicht. Doch seien einige Anmerkungen zur Ordnerstruktur erlaubt.

In späteren Kapiteln wird das Wiederverwenden von Code mehrfach thematisiert, unter anderem wenn es in Kapitel 7 um Module geht. Gerade wenn Code innerhalb eines Teams, zwischen Teams oder zwischen Projekten geteilt wird, ist eine definierte Ordnerstruktur von Vorteil. So finden Sie und Ihre Kollegen sich leichter zurecht. Dies vermeidet unnötige Fehler, bedingt durch kleine Abweichungen zwischen den Projekten.

Um Module in ein Projektverzeichnis einzubinden, kann ein Ordner (oder Unterordner) *modules* erstellt werden. Details hierzu sind in Abschnitt 7.4 zu finden.

Auch bietet es sich an, alle für einen Provisioner benötigten Dateien (siehe Abschnitt 7.2) in einen Unterordner dieses Namens auszulagern.

Fragen zu Versionierung und Versionsverwaltung von Code mit z. B. Git werden in Abschnitt 7.6, »Code modularisieren und strukturieren: Best Practices für Terraform«, sowie in Kapitel 9, »Erfahrungswerte, Tipps und Tricks«, behandelt, auch hier sollte die Ordnerstruktur bei der Planung berücksichtigt werden.

Kapitel 4
Provider

Damit Terraform weiß, welche Ressourcen in einer bestimmten (Cloud-)Umgebung verfügbar sind und wie diese Ressourcen verwaltet werden können, bedarf es sogenannter *Provider*. Ohne Provider kann Terraform im Prinzip nichts Sinnvolles leisten. Jede Ressource, die Terraform erstellen und verwalten kann, wird durch einen Provider bereitgestellt. Oder andersherum formuliert: Ohne Provider kennt Terraform keine Ressourcen und kann somit auch keine Infrastruktur verwalten.

Auch um zum Beispiel ein zufälliges Passwort zu erstellen, das von Terraform verwendet werden soll, oder um eine (lokale) Datei auf einen virtuellen Server zu laden, kommen Ressourcen zur Anwendung, die wiederum von einem Provider bereitgestellt werden.

Dieses Kapitel zeigt, wie und wo Sie Provider finden und wie Sie diese installieren, konfigurieren und verwenden.

4.1 Provider finden und installieren

Was ein Provider ist, wissen Sie jetzt. Aber woher erfahren Sie, welche Provider es gibt und welche Ressourcen diese mitbringen?

4.1.1 Provider finden

Der erste Teil der Frage lässt sich ganz leicht mit der Terraform Registry beantworten, die Sie unter *https://registry.terraform.io/* finden. Die Terraform Registry ist die erste Anlaufstelle für öffentlich verfügbare Provider. Über diese Webseite können Sie einfach und schnell den passenden Provider für Ihre Umgebung heraussuchen. Zudem bekommen Sie für jeden Provider die passende Dokumentation zu Ressourcen sowie Codebeispiele gleich mitgeliefert.

Die nachstehende Abbildung 4.1 zeigt eine Suche in der Registry nach dem Stichwort `local`. Wie Sie sehen, werden mehrere Ergebnisse gefunden.

Wenn Sie den offiziellen local-Provider anklicken, zeigt Ihnen die Registry Details zum gewählten Provider (siehe Abbildung 4.2).

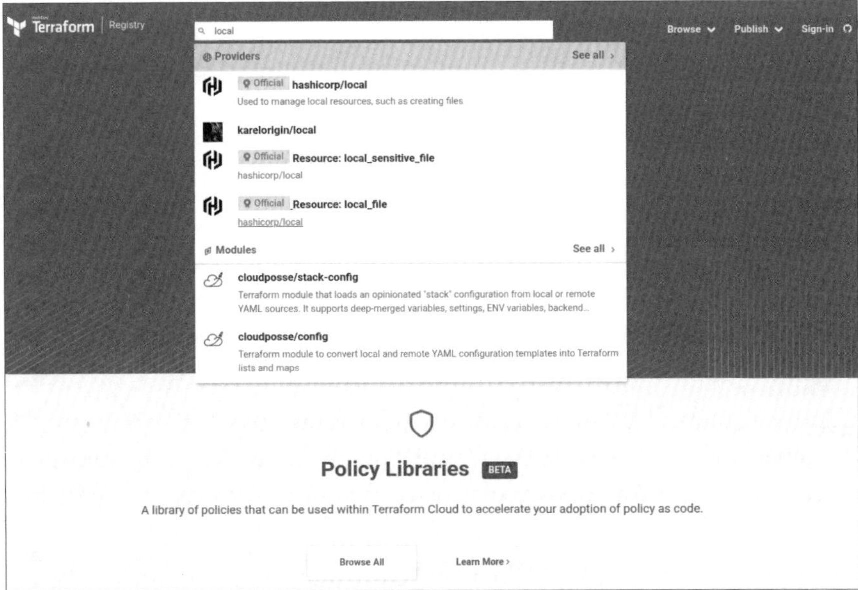

Abbildung 4.1 Suche in der Terraform Registry nach dem Stichwort local

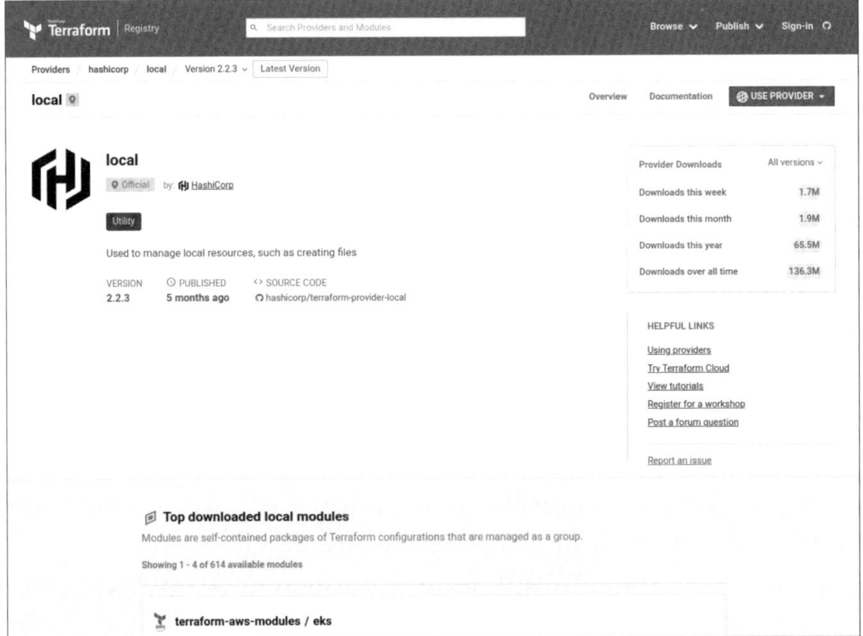

Abbildung 4.2 Details zum local-Provider in der Terraform Registry

Dazu gehören Angaben zur Version, zum Herausgeber/Entwickler und zur Kategorie sowie ein Link zum offiziellen Git-Repository, in dem die Entwicklung des Providers stattfindet. Ein Klick auf DOCUMENTATION in der oberen rechten Ecke führt Sie zur Dokumentation zur ausgewählten Version des jeweiligen Providers. Je nach Provider und den vom Provider unterstützten Ressourcen ist diese sehr umfangreich. Abbildung 4.3 zeigt die Dokumentation zum local-Provider, der nur zwei Ressourcen und zwei Data Sources unterstützt.

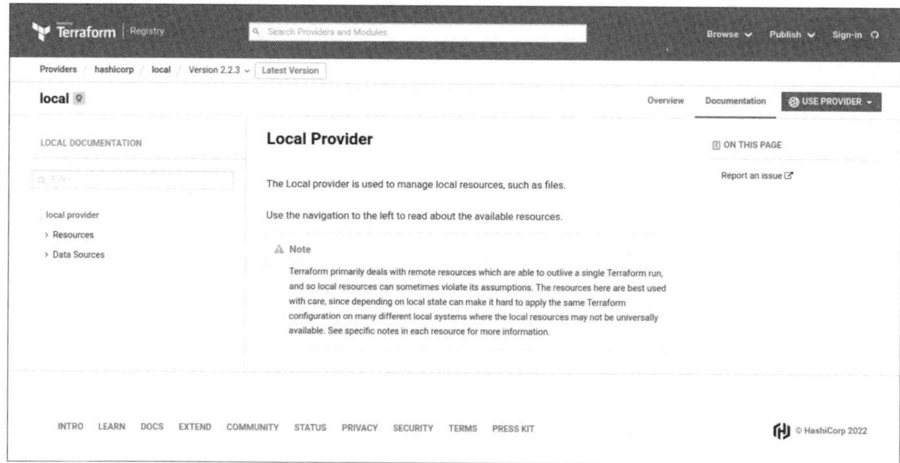

Abbildung 4.3 Dokumentation des local-Providers

Zum Vergleich: Der aws-Provider unterstützt eine Vielzahl von Ressourcen.

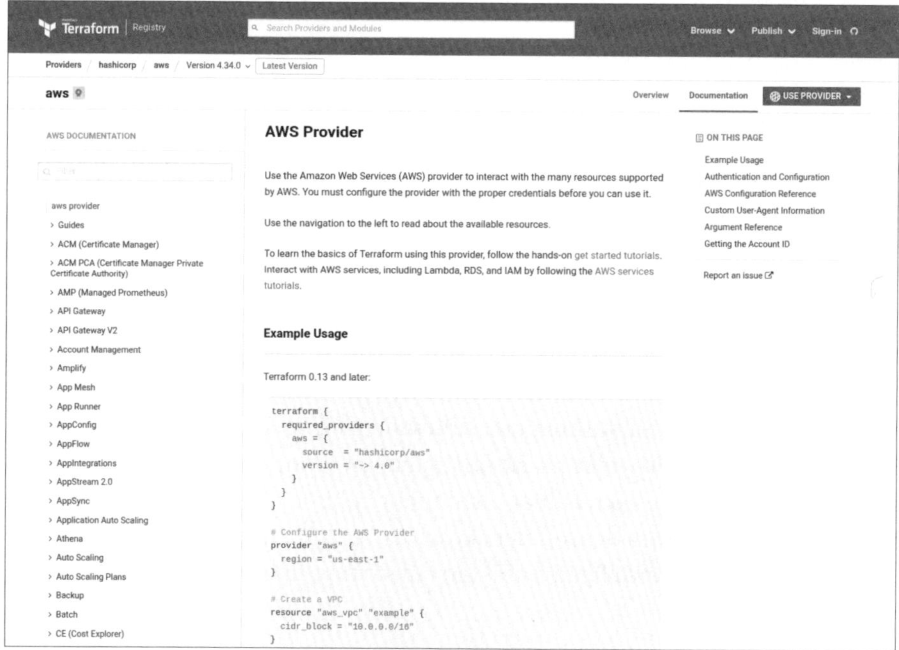

Abbildung 4.4 Dokumentation des aws-Providers

Bei Providern unterscheidet Terraform zwischen vier Stufen oder Rängen, sogenannten *Tiers*. Je nachdem, wer der verantwortliche Herausgeber bzw. Entwickler eines Providers ist, wird der Provider einem anderen Rang zugeordnet.

Kennzeichnung	Rang (Tier)	Beschreibung
Official	Official	Ein offizieller Provider, den HashiCorp entwickelt hat und weiterhin aktiv pflegt.
Partner	Partner	Ein Provider, der von einem Drittanbieter kommt und von diesem aktiv gepflegt wird. Der Drittanbieter muss zusätzlich Mitglied im *HashiCorp Technology Partner Program* sein. Er verpflichtet sich dazu, ein definiertes Mindestmaß an Codequalität und Entwicklungsprozessen zu garantieren.
Community	Community	Provider im *Community*-Rang wurden von Personen veröffentlicht, die nicht den Prozess des Partner Program durchlaufen haben. Dies können Einzelpersonen, Teams oder Firmen sein. Jeder, der möchte, kann einen eigenen Provider entwickeln und in der Terraform Registry hochladen.
Archived	Archived	Als *Archived* (deutsch »archiviert«) werden Provider der Kategorien *Official* und *Partner* bezeichnet, sobald sie weder von HashiCorp selbst noch von der Community weiterentwickelt werden.

Tabelle 4.1 Die Unterschiede der Provider

Die Einteilung der Provider in unterschiedliche Ränge dient hauptsächlich dazu, auf den ersten Blick ersichtlich zu machen, ob ein Provider von HashiCorp selbst oder einem Partner entwickelt wurde. *Community*-Provider sind nicht per definitionem schlechter als *Partner*- oder *Official*-Provider, jedoch gibt es keine Garantie für die Qualität des Providers oder die Einhaltung von Entwicklungsprozessen. Meist ist es einfach so, dass die Provider von den Anbietern selbst entwickelt werden, die Anbieter sich jedoch nicht die Mühe machen möchten, dem *HashiCorp Technology Partner Program* beizutreten. Die Einstufung eines Providers als archiviert macht hingegen deutlich, dass Sie diesen Provider im Normalfall nicht mehr einsetzen sollten. Nicht nur, dass Sicherheitslücken oder Fehler nicht mehr behoben werden, es ist nicht einmal garantiert, dass der Provider mit der aktuellen Terraform-Version oder der aktuell unterstützten API des jeweiligen Anbieters überhaupt noch funktioniert.

4.1.2 Provider und deren Versionen

Die Technologie gerade in Cloud-Umgebungen entwickelt sich rasant weiter. Die Entwicklung der Provider muss mit der Entwicklung der Cloud-Schnittstellen und deren Funktionen Schritt halten. Um Ihnen als Benutzer die Pflege Ihres Terraform-Codes zu erleichtern, stehen die meisten Provider in unterschiedlichen Versionen in der Terraform Registry zur Verfügung. Damit ist sichergestellt, dass sowohl die älteren als auch die neueren Versionen der Provider heruntergeladen werden können. So sind Sie nicht sofort zum Umstieg auf die neueste Version eines Providers gezwungen.

Jedoch bleibt anzumerken, dass es gute Gründe gibt, wenn möglich die neueste Version eines Providers zu verwenden oder zumindest zeitnah auf die neueste Version zu aktualisieren. Neben geschlossenen Sicherheitslücken sind es meistens Bugs, die behoben worden sind, oder Anpassungen und Erweiterungen, die mit in den Code eingeflossen sind. Zudem ist nicht garantiert, dass ältere Versionen eines Providers fehlerfrei mit einer neueren Terraform-Version oder gar mit der API des Providers funktionieren.

Für die meisten Provider liefert die Terraform Registry gleich die passende Dokumentation mit aus. Es gibt zwar für *Community*-Provider keine Vorschrift, Dokumentation mitzuliefern, jedoch gibt es nur vereinzelt Provider, die ohne Dokumentation veröffentlicht worden sind.

Auch bei der Dokumentation sollte auf die richtige Version geachtet werden. Die Terraform Registry zeigt für ältere Versionen eines Providers die zugehörige ältere Version der Dokumentation an. Verwenden Sie immer die zu Ihrer Providerversion passende Version der Dokumentation. Unter Umständen haben die gleichen Ressourcen in unterschiedlichen Providerversionen unterschiedliche Konfigurationsmöglichkeiten, und dann funktioniert ein Codebeispiel aus der Dokumentation nicht.

Die Terraform Registry macht Sie darauf aufmerksam, wenn Sie eine veraltete Version der Dokumentation lesen. Dies ist hilfreich, falls die Suchmaschine Ihres Vertrauens Sie auf eine ältere Version der Dokumentation geleitet hat.

4.1.3 Provider verwenden

Deklaration der erforderlichen Provider

Nachdem Sie den passenden Provider in der richtigen Version gefunden haben, müssen Sie Terraform darüber informieren, dass Ihr Code diesen Provider verwendet. Hierfür müssen Sie ihn im Code als `required_provider` deklarieren und gegebenenfalls konfigurieren.

Bei offiziellen Providern ist die Deklaration als required_provider nicht notwendig, Terraform erkennt diesen Provider automatisch. Aus Gründen der Konsistenz ist es dennoch empfehlenswert, alle erforderlichen Provider explizit anzugeben, auch wenn keine weiteren Parameter gesetzt werden müssen.

In welcher Datei Sie Provider als required_provider deklarieren, ist aus technischer Sicht nicht von Relevanz. Es hat sich jedoch eingebürgert, die Datei *versions.tf*, in der auch Module deklariert werden können, unter anderem für diese Aufgabe zu verwenden. Mehr zu Modulen finden Sie in Abschnitt 7.4.

Das folgende Beispiel deklariert den offiziellen aws-Provider in mindestens der Version 3.0 als erforderlich für Ihren Code:

```
terraform {
  required_providers {
    aws = {
      source  = "hashicorp/aws"
      version = ">= 3.0"
    }
  }
}
```

Zu jedem required_provider muss eine Quelle (source) angegeben werden, die Angabe erfolgt nach dem Schema [<HOSTNAME>/]<NAMESPACE>/<TYPE>. HOSTNAME ist optional und nur dann in Gebrauch, wenn der Provider nicht aus der Terraform Registry kommt. NAMESPACE definiert den Namensraum in der Registry. Alle Provider, die vom selben Herausgeber/Entwickler zur Verfügung gestellt werden, sind im selben Namensraum zu finden. TYPE steht für den Providernamen. Üblicherweise erkennen Sie am Namen, welche Cloud der Provider verwalten oder welche Aufgabe er übernehmen kann. Die im Beispiel verwendete Quellenangabe source = "hashicorp/aws" beschreibt somit einen Provider, der über die offizielle Terraform Registry vom Benutzer oder der Organisation hashicorp unter dem Namen aws bereitgestellt wurde. Der bereits angesprochene offizielle local-Provider würde dementsprechend hashicorp/local als Quellenangabe tragen.

Die Angabe einer Versionsnummer (version) ist optional, Sie sollten es sich jedoch zur Gewohnheit machen, sie zu nutzen. Sie müssen dann zwar neue Versionen des Providers eintragen, können dies jedoch zu einem Zeitpunkt erledigen, den Sie bestimmen. Sie verwenden nicht automatisch die neueste (und eventuell kaputte oder nicht abwärtskompatible) Version, sobald sie veröffentlicht wurde, sondern die von Ihnen festgelegte. Die Hinweise zum Wechsel auf die aktuelle Version aus dem vorangegangenen Abschnitt gelten natürlich weiterhin.

Neben einer exakten Angabe (version = 3.0), bei der der Provider nur in genau Version 3.0 verwendet werden darf, ist es auch möglich, Mindest- oder Maximalversionen festzulegen. Dies geschieht mithilfe der Operatoren >, >=, < und <=. Diese kennzeichnen, dass ein Provider *ab* (>=) oder *bis* (<=) zu einer bestimmten Version verwendet werden soll. Alternativ können Sie festlegen, dass nur Versionen größer (>) oder kleiner (<) als eine bestimmte Version erlaubt sind. Dies ist vor allem hilfreich, wenn sich die Hauptversion eines Providers (`major version`, siehe *https://semver.org/*) ändert. Falls hierdurch nicht abwärtskompatible Anpassungen vorgenommen werden, können Sie Terraform anweisen, die letzte Version des Providers zu verwenden.

In manchen Beispielen in der Dokumentation finden Sie Angaben in dieser Form: `version ~> 2.3.4`. Diese aus Ruby übernommene Syntax bedeutet, dass auch Patch-Releases eines Providers verwendet werden dürfen. Patch-Releases werden laut semantischer Versionierung über die dritte Stelle angegeben. Zum Beispiel wäre die Nutzung von Version 2.3.5 möglich, Version 2.4.0 erfüllt jedoch nicht die Anforderungen und kann somit nicht eingesetzt werden. Diese Schreibweise wird häufig dann verwendet, wenn Terraform mittels CI/CD automatisiert wird bzw. sichergestellt werden soll, dass bei einem `terraform init` jeweils die neueste *Minor*-Version installiert wird. Weitere Informationen zu den sogenannten *Version Constraints* sind in der Dokumentation zu finden: *https://developer.hashicorp.com/terraform/language/expressions/version-constraints*.

Natürlich ist es möglich, und meistens sogar notwendig, mehrere Provider zu verwenden. Hierzu können Sie in der Datei *versions.tf* im `required_providers`-Block einfach weitere Einträge hinzufügen:

```
terraform {
  required_providers {
    google = {
      source = "hashicorp/google"
    }
    aws = {
      source  = "hashicorp/aws"
      version = ">= 3.0"
    }
  }
}
```

Lokale Bereitstellung der Provider mittels terraform init

Nachdem die Datei, wie im obigen Beispiel beschrieben, erstellt wurde, müssen Sie mittels `terraform init` den Provider aus der Terraform Registry herunterladen und installieren lassen. Hierzu ist ein Internetzugang unerlässlich. Terraform lädt alle in der Datei deklarierten benötigten Provider herunter und speichert diese im aktuellen Ordner unter *.terraform/providers/* ab.

Der Befehl `terraform init` wird in Kapitel 12 näher betrachtet.

Die gekürzte Ausgabe eines `terraform init`-Aufrufs zeigt die Installation des im Beispiel deklarierten aws-Providers:

```
$ terraform init

Initializing the backend...

Initializing provider plugins...
- Finding hashicorp/aws versions matching ">= 3.0.0"...
- Installing hashicorp/aws v3.63.0...
- Installed hashicorp/aws v3.63.0 (signed by HashiCorp)

[...]

Terraform has been successfully initialized!
[...]
```

Jedes Mal, wenn ein neuer Provider deklariert wird, muss mittels `terraform init` der gewünschte Provider bereitgestellt werden; ansonsten bricht Terraform bei der Ausführung von `terraform plan` oder `terraform apply` ab, da der Provider (noch) nicht gefunden wurde. Auch wenn sich ein `terraform init` im ersten Moment nach (Neu-)Initialisierung anhört, werden hier lediglich die benötigten Abhängigkeiten wie z. B. Provider bereitgestellt und nicht, wie der Name vermuten lässt, initialisiert.

```
$ terraform plan
Error: Could not load plugin

Plugin reinitialization required. Please run "terraform init".
Plugins are external binaries that Terraform uses to access and manipulate
resources. The configuration provided requires plugins which can't be located,
don't satisfy the version constraints, or are otherwise incompatible.

Terraform automatically discovers provider requirements from your
configuration, including providers used in child modules. To see the
requirements and constraints, run "terraform providers".

failed to instantiate provider "registry.terraform.io/hashicorp/aws" to obtain
  schema: there is no package for registry.terraform.io/hashicorp/aws
  3.63.0 cached in .terraform/providers
```

Bereitstellung von Providern in abgeschotteten Umgebungen

Soll Terraform in einer abgeschotteten Umgebung ohne Zugriff auf die Terraform Registry (engl. *air-gapped*) verwendet werden, müssen die Provider vorab auf einen Computer mit Internetzugriff herunterladen und auf das Zielsystem übertragen werden. Hierzu können Sie mittels `terraform providers mirror <SPEICHERORT-DER-PROVIDER>` die Provider herunterladen. Die benötigten Dateien sind anschließend am angegebenen Speicherort nach dem bekannten Schema `[<HOSTNAME>/]<NAMESPACE>/<TYPE>` verfügbar und können in die vom Internet abgeschottete Umgebung transferiert werden.

Nun müssen Sie Terraform auf dem abgeschotteten System noch mitteilen, wo die Provider zu finden sind. Dies geschieht in Linux, macOS und anderen Unix-artigen Systemen (FreeBSD, OpenBSD ...) in der Datei *~/.terraformrc* im Benutzerverzeichnis des Benutzers, der Terraform ausführen soll. Unter Windows ist die Datei in *%APPDATA%/terraform.rc* zu finden. Wenn die Datei noch nicht existiert, müssen Sie sie anlegen.

```
provider_installation {
  filesystem_mirror {
    path = "/usr/local/terraform/providers"
  }
}
```

In diesem Beispiel sucht Terraform die Provider unter */usr/local/terraform/providers*. Der aws-Provider, der ursprünglich von der Terraform Registry kommen sollte, wird nun im Ordner */usr/local/terraform/providers/registry.terraform.io/hashicorp/aws* erwartet.

Es gibt jedoch noch andere Wege, auf denen Provider ohne direkten Internetzugriff bereitgestellt werden können. Neben der Bereitstellung im lokalen Dateisystem (`filesystem_mirror`) ist es auch möglich, einen Spiegelserver im Netzwerk (`network_mirror`) zu verwenden. Hierzu müssen die heruntergeladenen Dateien durch einen Webserver bereitgestellt werden, sodass sie anschließend mittels `terraform init` heruntergeladen werden können. Die einzige Voraussetzung, die der Webserver erfüllen muss, ist, die Webseite TLS-gesichert per HTTPS anzubieten. Das Herunterladen von Providern über unverschlüsseltes HTTP ist aus Sicherheitsgründen nicht erlaubt. Die Ordnerstruktur muss analog zur Bereitstellung im lokalen Dateisystem dem Schema `[<HOSTNAME>/]<NAMESPACE>/<TYPE>` folgen. Der offizielle google-Provider wird von Terraform zum Beispiel unter *./hashicorp/google/*, ausgehend vom Wurzelverzeichnis des Webservers (engl. *Document Root*), gesucht.

Die Nutzung des Servers `registry.terraformbuch.de` als Spiegelserver würde wie folgt konfiguriert werden:

```
provider_installation {
  network_mirror {
    url = "https://registry.terraformbuch.de"
  }
}
```

4.2 Konfiguration und Authentifizierung

Nachdem Sie den gewünschten Provider angegeben haben, muss der Provider vermutlich noch konfiguriert werden. Es gibt zwar Provider, die keine weitere Konfiguration benötigen, etwa der local-Provider zur Erstellung lokaler Dateien, dies ist aber nicht die Regel.

Sobald Sie Ressourcen bei Cloud-Anbietern wie AWS, Azure oder GCP erstellen oder z. B. ein VMware vCenter ansteuern wollen, müssen Sie zwingend eine Konfiguration für den jeweiligen Provider hinterlegen. Terraform muss schließlich wissen, mit welchen Zugangsdaten die API aufgerufen werden kann. Außerdem kann es notwendig werden, die Region (Europa, USA etc.) eines Cloud-Anbieters anzugeben, um Ressourcen anzulegen und zu verwalten. Oder Sie verwenden eine On-premise-Lösung. Hier muss Terraform wissen, unter welcher URL z. B. Ihr VMware vCenter zu finden ist.

Zur Konfiguration eines Providers wird ein `provider`-Block verwendet, der entsprechend der Dokumentation alle benötigten Einstellungen enthält. Da jeder Provider, so er denn konfiguriert werden muss, andere Optionen und Einstellungen benötigt, muss auch für jeden Provider ein eigener `provider`-Block angelegt werden. Für den Umfang dieser Beispiele empfiehlt es sich, diesen Code in eine Datei *provider.tf* zu schreiben. Der Dateiname ist Terraform selbst egal, solange die Datei die Endung *.tf* besitzt. Aus Gründen der Übersichtlichkeit ist *provider.tf* jedoch ein besserer Dateiname als beispielsweise *main.tf* oder *code.tf*.

Im folgenden Beispiel wird der aws-Provider konfiguriert, sodass alle Ressourcen in der Region `eu-central-1`, d. h. in Frankfurt, angelegt werden.

```
provider "aws" {
  region = "eu-central-1"
}
```

Der aws-Provider kennt natürlich noch eine ganze Menge anderer Konfigurationsoptionen, die an dieser Stelle aus Platzgründen nicht alle genannt werden können. In der Dokumentation des aws-Providers sind jedoch sämtliche möglichen Optionen beschrieben: *https://registry.terraform.io/providers/hashicorp/aws/latest/docs*.

Zusätzlich zu den allgemeinen Einstellungen müssen Sie je nach Provider Zugangsdaten wie Benutzername und Passwort oder *API-Tokens* und Ähnliches konfigurieren, die Terraform den Zugriff auf die jeweiligen Ressourcen erst erlauben. Aufgrund der Vertraulichkeit der Zugangsdaten verbietet es sich von selbst, diese ebenfalls im `provider`-Block zu hinterlegen, da Sie Ihren Terraform-Code in den meisten Fällen in einem Versionskontrollsystem wie Git lagern.

Je nach verwendetem Provider gibt es unterschiedliche Wege, diese Problematik zu umgehen. Die meisten Provider unterstützen die Konfiguration über Umgebungsvariablen oder Konfigurationsdateien außerhalb des Terraform-Codes. Dies betrifft nicht nur sensible Zugangsdaten, auch Optionen wie die oben gezeigte `aws`-Region können bei vielen Providern über Umgebungsvariablen gesetzt werden. Hier ist es unabdingbar, die Dokumentation zum verwendeten Provider zu lesen und die unterstützten Konfigurationsmethoden für Ihren Anwendungsfall oder Ihre Anwendungsfälle abzuwägen. Zum lokalen Arbeiten kann bei Bedarf ein anderer Weg eingeschlagen werden als zum automatisierten Testen in CI/CD-Systemen. So sind Umgebungsvariablen in vielen CI/CD-Systemen ein einfacherer und sichererer Weg als Konfigurationsdateien. Auf den Rechnern der Benutzer ist es hingegen sicherer, Konfigurationsdateien zu verwenden, deren Berechtigungen strikt eingrenzen, wer Zugriff hat.

[!]

Umgebungsvariablen

Es sei noch mal darauf hingewiesen, dass diese Methode gegebenenfalls ein Sicherheitsrisiko darstellt. Andere Anwendungen neben Terraform haben Zugriff auf Umgebungsvariablen und sind somit in der Lage, diese auszulesen. In CI/CD-Systemen, bei denen sichergestellt werden kann, dass nur bestimmte Anwendungen ausgeführt werden, kann das Sicherheitsrisiko in Kauf genommen werden, unter anderem weil es dort meist sehr einfach ist, Zugangsdaten auf sicherem Weg zu speichern und als Umgebungsvariablen zu setzen. Die für normale (d. h. menschliche) Benutzer empfohlene Methode wird im folgenden Abschnitt erläutert.

Im nächsten Teil des Buchs werden einige gängige Provider vorgestellt, und anhand von ausführlichen Beispielen wird erklärt, wie Sie diese Provider verwenden. Für jeden der vorgestellten Provider werden die unterschiedlichen Methoden zur Konfiguration betrachtet, und es wird auf Vor- und Nachteile hingewiesen.

Da Terraform die Möglichkeit bietet, Code in Module auszulagern und mehrfach zu verwenden (Stichwort »Don't repeat yourself!«), muss sichergestellt sein, dass von den eingebundenen Modulen benötigte Provider ebenfalls korrekt konfiguriert werden. Hierfür reicht es aus, im Hauptverzeichnis, in dem Sie die Terraform-Befehle ausführen, alle verwendeten Provider zu konfigurieren. Terraform kümmert sich um die Konfiguration der Provider innerhalb der eingebundenen Module während des Aufrufs von `terraform plan` oder `terraform apply`. Ausführliche Erläuterungen zu Modulen finden Sie in Abschnitt 7.4.

4.3 Szenarien: So deployen Sie Terraform

Genug der trockenen Theorie und ran an die Konsole!

Am Anfang dieses Kapitels wurde erklärt, wie Provider prinzipiell funktionieren. Das restliche Kapitel soll nun veranschaulichen, wie Terraform mit verschiedenen Cloud-Anbietern verwendet werden kann.

Jedes der Beispiele zeigt im Prinzip das Gleiche: Es wird eine virtuelle Maschine erstellt, die über das Internet per SSH auf Port 22 erreichbar ist. Die einzige Voraussetzung, um diese Beispiele auszuprobieren, ist ein Zugang zu dem jeweiligen Cloud-Anbieter.

SSH-Zugriff

Für die Beispiele dieses Abschnitts gehen wir davon aus, dass die Arbeit mit Terraform getan ist, wenn Sie sich mit SSH auf der neu erstellten Cloud-Maschine einloggen können.

Die Arbeitsweise von SSH müssen Sie daher gut kennen. Es sollte Sie nicht überraschen, dass beim ersten Versuch, sich in der virtuellen Maschine per SSH anzumelden, eine Nachfrage angezeigt wird. Diese rührt daher, dass der SSH-Hostschlüssel der VM Ihrem lokalen `ssh`-Programm noch nicht bekannt ist. Bei der ersten Verbindung haben Sie keine Möglichkeit, den SSH-Hostschlüssel zu überprüfen. Bestätigen Sie daher die Rückfrage mit `yes`, wird die Verbindung aufgebaut und die Fehlermeldung angezeigt. Der Fingerabdruck des Hostschlüssels wird lokal abgelegt und bei zukünftigen Verbindungsversuchen überprüft. Sollte die virtuelle Maschine plötzlich mit einem anderen SSH-Hostschlüssel antworten, unterbindet der OpenSSH-Client die Verbindung und zeigt eine Warnung an. Mehr dazu erfahren Sie in der Manpage des `ssh`-Kommandos: *https://man.openbsd.org/ssh*.

Zudem sind die meisten Cloud-Provider so konfiguriert, dass sie keinen Zugang mit dem `root`-Nutzer zulassen oder eine Authentifizierung über einen Public Key fordern. Konsultieren Sie im Zweifelsfall die Dokumentation Ihres Anbieters, um zu erfahren, wie Sie sich mit SSH einloggen können.

Die Beispiele wurden mit neu erstellten Zugängen getestet. Bei Firmenaccounts kann es je nach Konfiguration Probleme geben, falls der Zugang nur eingeschränkte Berechtigungen hat, Ressourcen anzulegen oder auszulesen. Hier muss der Administrator des Firmenzugangs kontaktiert werden, um die benötigten Berechtigungen zu erteilen, sofern das vonseiten der Administration möglich ist.

[!]

Kostenkontrolle

Je nach Konfiguration kann der Aufbau der unten genannten Beispiele Kosten bei dem jeweiligen Cloud-Anbieter verursachen. Es wird dringend empfohlen, die Infrastruktur mittels `terraform destroy` wieder abzubauen, nachdem die Beispiele getestet wurden.

Des Weiteren wird davon ausgegangen, dass der Computer, auf dem Terraform ausgeführt wird, eine Verbindung ins Internet aufbauen kann, um Provider herunterzuladen.

4.3.1 AWS

Die *Amazon Web Services*, kurz *AWS*, gehören zu den größten Anbietern von Cloud-Diensten aller Art. Neben virtuellen Maschinen verschiedenster Größen werden Dienste wie blockbasierter Speicher, Netzwerke, Datenbanken und viele weitere angeboten. Alle Dienste sind in unterschiedlichen Regionen, d. h. geografisch getrennten Rechenzentren, verfügbar, zum Teil noch in unterschiedlichen Brandabschnitten bzw. Verfügbarkeitszonen. Viele Firmen setzen im Hintergrund Dienste von AWS ein, die Wikipedia-Seite nennt Dropbox und Netflix als populäre Beispiele.

Mit dem aws-Provider ist es möglich, nahezu alle Dienste von AWS zu verwalten bzw. zu steuern. In diesem Beispiel kann natürlich nicht auf jede verfügbare Ressource eingegangen werden. Eine Übersicht über alle verfügbaren Ressourcen und deren Parameter finden Sie in der Dokumentation des aws-Providers.

- Terraform Registry: *https://registry.terraform.io/providers/hashicorp/aws/latest*
- GitHub: *https://github.com/hashicorp/terraform-provider-aws*

Benötigte Zugangsdaten für den aws-Provider

Bei AWS gibt es unterschiedliche Möglichkeiten, Zugriff auf die API zu erhalten, wie die AWS-Dokumentation ausführt (siehe *https://docs.aws.amazon.com/general/latest/gr/aws-sec-cred-types.html*). Die Dokumentation des aws-Providers enthält Beschreibungen dazu, welche Zugriffsmöglichkeiten mit dem Provider nutzbar sind und wie diese zu konfigurieren sind.

In diesem Buch wird der Zugriff über Zugriffsschlüssel (engl. *Access Keys*) beschrieben. Hierbei handelt es sich um zusätzlich zu Benutzername und Passwort gültige Zugangsdaten, die aus einer Zugriffsschlüssel-ID (engl. *Access Key ID*) und einem zugehörigen geheimen Schlüssel (engl. *Secret Access Key*) bestehen. Anstatt Ihren Benutzernamen und Ihr Passwort an vielen Stellen zu verwenden, können Sie jeweils Zugriffsschlüssel für jeden Anwendungsfall erstellen. Im Ernstfall können Sie einzelne oder alle Zugriffsschlüssel zurückziehen und damit ungültig machen, ohne dass Ihr Passwort kompromittiert wird.

Im ersten Schritt müssen Sie diese Zugriffsschlüssel generieren, sofern sie nicht bereits vorliegen. Besitzt Ihr Unternehmen bereits AWS-Zugangsdaten, wenden Sie sich an Ihren AWS-Kontoadministrator, der Ihnen Zugriff auf ein AWS-Konto gewähren kann, das korrekt Ihrer Organisation zugeordnet ist. Beachten Sie, dass die folgende Anleitung der Einfachheit halber von einem einfachen Benutzerkonto ausgeht, d. h., dass das Konto keinem Unternehmenskonto zugeordnet ist.

Zum Erstellen der Zugriffsschlüssel melden Sie sich in der AWS-Konsole an: *https://console.aws.amazon.com/*.

Klicken Sie auf Ihren Benutzernamen rechts oben in der Navigationsleiste, können Sie den Menüpunkt SICHERHEITSANMELDEINFORMATIONEN auswählen (siehe Abbildung 4.5).

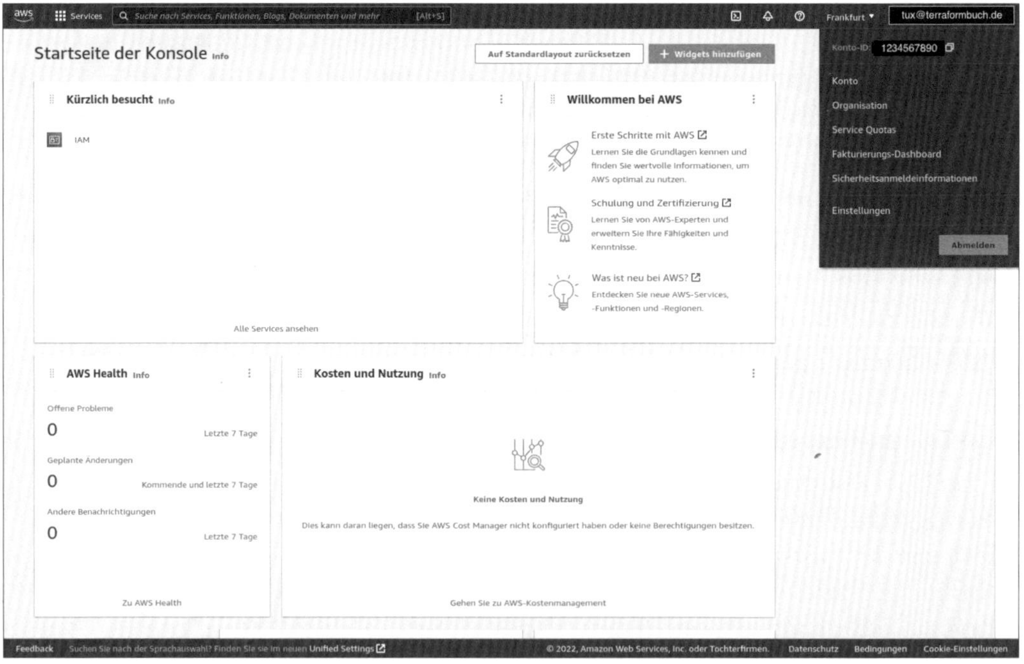

Abbildung 4.5 Ausklappmenü zur Auswahl des Punkts Sicherheitsanmeldeinformationen

Wählen Sie den Abschnitt ZUGRIFFSSCHLÜSSEL (ZUGRIFFSSCHLÜSSEL-ID UND GEHEIMER ZUGRIFFSSCHLÜSSEL) aus. Dort können Sie über die Schaltfläche NEUEN ZUGRIFFSSCHLÜSSEL ERSTELLEN einen neuen Satz an Zugangsdaten generieren. Es öffnet sich ein kleines Fenster (siehe Abbildung 4.6), in dem Sie über GEHEIMEN ZUGRIFFSSCHLÜSSEL ANZEIGEN den geheimen Schlüssel anzeigen lassen und kopieren können.

Alternativ können Sie über SCHLÜSSELDATEI HERUNTERLADEN eine Datei mit Ihrem Zugriffsschlüsselpaar herunterladen.

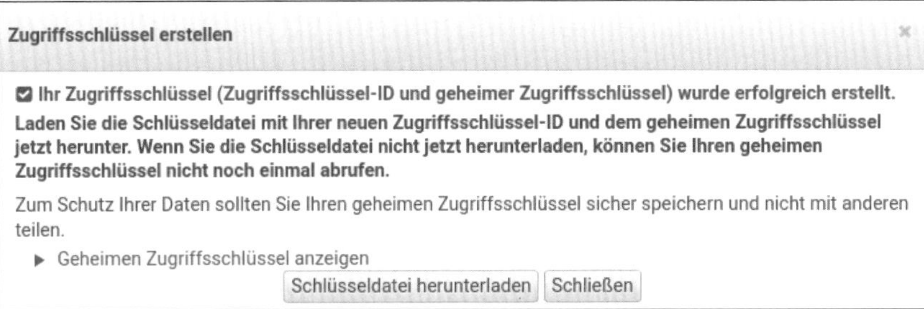

Abbildung 4.6 Erstellen eines Sicherheitsschlüssels in den Sicherheitsanmeldeinformationen

[!]

Einmalige Chance

Die ID des Zugriffsschlüssels kann über das Menü auch nachträglich noch eingesehen werden, der geheime Zugriffsschlüssel kann dagegen *nur direkt nach dem Erstellen* eingesehen, kopiert bzw. heruntergeladen werden. Sollten Sie ihn verlieren, muss ein neuer Satz Zugangsdaten erstellt werden. Die alten Zugriffsschlüssel können gelöscht werden.

[«]

Zugriffsberechtigung

Der soeben erstellte Zugriffsschlüssel besitzt die gleichen Berechtigungen wie der Benutzer, der diese Zugriffsschlüssel erstellt hat. Um hier die Rechte genauer einstellen zu können, gehen Sie zum Punkt BENUTZER auf der linken Seite und schränken die Rechte entsprechend ein.

Die Informationen zu den Zugriffsschlüsseln stellen ein Sicherheitsrisiko dar. Behalten Sie die ID und vor allem den geheimen Schlüssel für sich und bewahren Sie beide sicher auf.

Den Provider mit Terraform-Code einrichten

In Abschnitt 4.2 wurde der aws-Provider als Beispiel genommen, um die Konfiguration eines Providers kurz anzureißen. Das verwendete Beispiel sah so aus:

```
provider "aws" {
  region = "eu-central-1"
}
```

Dieser Codeschnipsel wird auch für das folgende Beispiel eingesetzt, denn mehr als die Konfiguration der `region` ist im Terraform-Code nicht nötig. Der Provider benötigt natürlich noch Informationen zu den oben erstellten Zugriffsschlüsseln, um die Cloud-Infrastruktur verwalten zu dürfen. Die Zugangsdaten eines Benutzers im Terraform-Code zu hinterlegen, ist sicherheitstechnisch jedoch die schlechteste Wahl, da jeder Benutzer mit Zugriff auf den Terraform-Code sofort Zugang zur Infrastruktur bekommt. Wenn Sie Ihren Terraform-Code in einem Versionskontrollsystem wie Git aufbewahren, hätte jeder Benutzer mit Leserechten auf das Git-Repository sofort die vertraulichen Anmeldeinformationen und kann mit Ihren Berechtigungen auf die Infrastruktur zugreifen.

Aufgrund der Sicherheitsrisiken wird an dieser Stelle kein Beispiel aufgeführt, das die Konfiguration der Zugangsdaten über den Code zeigt. In den nächsten Abschnitten erfahren Sie, wie Sie die Zugangsdaten sicher hinterlegen können. Den Codeschnipsel zur Konfiguration der Region können Sie hingegen unverändert übernehmen, da es für die im Buch befindlichen Beispiele sinnvoll ist, allgemeine Einstellungen im versionierten Terraform-Code konfiguriert und damit auch dokumentiert zu haben.

Den Provider über Umgebungsvariablen einrichten

Der aws-Provider kann Umgebungsvariablen auslesen, um seine Konfiguration zu ermitteln. Vorteil dieser Methode ist, dass der Terraform-Code keine sensiblen Informationen wie z. B. das Passwort enthält. Ein Nachteil besteht darin, dass die Konfiguration des Providers im Terraform-Code nicht ersichtlich ist.

Eine Kombination beider Varianten ist möglich, so kann beispielsweise das Passwort per Umgebungsvariable gesetzt werden. Der Rest der Konfiguration wird im Terraform-Code vorgenommen. Hierdurch vermeiden Sie es, Passwörter im Klartext im Code zu hinterlegen, müssen aber bei Änderungen zwei verschiedene Stellen berücksichtigen.

Ein weiterer Nachteil dieser Methode ist, dass sämtliche in Ihrer Kommandozeile gestarteten Programme ebenfalls auf diese Umgebungsvariable Zugriff haben und deren Werte auslesen können. Deshalb empfiehlt sich die Nutzung der Konfigurationsdateien.

Die genaue Benennung der verfügbaren Umgebungsvariablen und die Korrelation mit den Parametern der Konfigurationsdatei sind in der oben genannten Dokumentation des Providers aufgeführt. Der Dokumentation zufolge kann die Umgebungsvariable `AWS_ACCESS_KEY_ID` gesetzt werden, um die Zugriffsschlüssel-ID zu speichern.

Ist der Parameter `access_key` in der Konfiguration nicht gesetzt, greift der Provider auf diese Umgebungsvariable zurück.

Hier sei exemplarisch das Setzen der Umgebungsvariablen `AWS_ACCESS_KEY_ID` in einer bash-Shell auf einem System mit macOS, Linux oder einem anderen Unix-artigen Betriebssystem (FreeBSD, OpenBSD ...) gezeigt:


```
export AWS_ACCESS_KEY_ID='AKIAXXXXXXXXXXUDT5GO'
```

Je nach verwendeter Shell muss die Syntax gegebenenfalls angepasst werden, z. B. für die fish- oder die zsh-Shell.

Um die Einstellungen dauerhaft zu setzen, sodass sie auch nach einem Neustart oder einer Neuanmeldung des aktuellen Benutzers greifen, ist diese Zeile in die entsprechende Konfigurationsdatei der verwendeten Shell einzufügen. Für die bash-Shell wäre das je nach System entweder *~/.profile*, *~/.bash_profile* oder */.bashrc*, bei der zsh-Shell entsprechend */.zshrc*.

Auf einem Windows-System kann die Umgebungsvariable mittels des `setx`-Kommandos gesetzt werden, sowohl in der PowerShell als auch in der Batch-Kommandozeile. `setx` schreibt die Variable in die Windows-Registry für den aktuell angemeldeten Benutzer. Dies bewirkt, dass die Variable auch nach einem Neustart gesetzt ist. Daraus folgt jedoch, dass die Variable im aktuellen Fenster, in dem der Befehl ausgeführt wurde, nicht gesetzt, sondern erst in einem neu geöffneten Fenster gültig ist.

```
setx AWS_ACCESS_KEY_ID AKIAXXXXXXXXXXUDT5GO
```

Eine vollständige Konfiguration, bei der die Region analog zum oben gezeigten Terraform-Codebeispiel gesetzt wird, würde wie folgt aussehen (wieder für die bash-Shell):

```
export AWS_REGION='eu-central-1'
export AWS_ACCESS_KEY_ID='AKIAXXXXXXXXXXUDT5GO'
export AWS_SECRET_ACCESS_KEY='01189998819991197253'
```

[!]

Sicherheitsrisiko

Es sei noch mal darauf hingewiesen, dass diese Methode gegebenenfalls ein Sicherheitsrisiko darstellt. Andere Anwendungen neben Terraform haben Zugriff auf Umgebungsvariablen und sind somit in der Lage, diese auszulesen. In CI/CD-Systemen, in denen sichergestellt werden kann, dass nur bestimmte Anwendungen ausgeführt werden, kann das Sicherheitsrisiko in Kauf genommen werden, unter anderem weil es dort meist sehr einfach ist, Zugangsdaten auf sicherem Weg zu speichern und als Umgebungsvariablen zu setzen. Die für normale (d. h. menschliche) Benutzer empfohlene Methode wird im folgenden Abschnitt erläutert.

Die hier als Beispiel verwendeten Zugriffsschlüssel stellen normalerweise ein Sicherheitsrisiko dar, weil sie veröffentlicht wurden. Behalten Sie die ID und vor allem den geheimen Schlüssel für sich und bewahren Sie beides sicher auf. Im Fall der in den Beispielen verwendeten Zugriffsschlüssel handelt es sich um fiktive Daten, die so nie existiert haben.

Einrichtung des Providers über eine Konfigurationsdatei

Die dritte Methode zur Konfiguration ist eigentlich eine Mogelpackung, weil sie nicht ohne eine teilweise Konfiguration im Terraform-Code oder per Umgebungsvariable auskommt. Nichtsdestotrotz ist sie die sicherste Methode, zumindest für die meisten Anwendungsfälle. Im Terraform-Code oder in den Umgebungsvariablen werden allgemeine Informationen hinterlegt, und auf eine Credentials-Datei wird verwiesen, die unter anderem auch das AWS-Kommandozeilenprogramm (`aws-cli`) verwendet.

Die Zugangsdaten müssen in einer Datei des folgenden Formats vorliegen:

```
[default]
aws_access_key_id     = AKIAXXXXXXXXXXUDT5GO
aws_secret_access_key = 01189998819991197253
```

Konfiguration per Konfigurationsdatei und Terraform-Code

Im Terraform-Code gibt es nun die Möglichkeit, auf diese Datei zu referenzieren und anhand des angegebenen Profils die entsprechenden Zugangsdaten zu verwenden.

```
provider "aws" {
  region                  = "eu-central-1"
  shared_credentials_file = "/home/tux/.aws/creds"
}
```

Wurde die AWS-CLI schon installiert und konfiguriert, ist die Konfigurationsdatei unter *~/.aws/credentials* bereits vorhanden und enthält den korrekten Inhalt. Soll diese Datei verwendet werden, muss der Parameter `shared_credentials_file` nicht explizit mit angegeben werden. In diesem Fall genügt der bereits weiter oben gezeigte Code, der nur die `region` definiert.

```
provider "aws" {
  region = "eu-central-1"
}
```

Die AWS-CLI bietet die Möglichkeit, mehrere Zugriffsschlüssel zu definieren. Diese sogenannten Profile können dann je nach Anwendungsfall genutzt werden. Die Konfigurationsdatei sähe in diesem Fall wie folgt aus:

```
[default]
aws_access_key_id     = AKIAXXXXXXXXXXUDT5GO
aws_secret_access_key = ...

[terraform-buch]
aws_access_key_id     = AKIAXXXXXXXXXXYYYYYY
aws_secret_access_key = ...
```


Im Beispiel sind zwei sogenannte Profile hinterlegt, `default` und `terraform-buch`. Soll nicht das standardmäßig verwendete `default`-Profil genutzt werden, kann das gewünschte Profil über den Parameter `profile` ausgewählt werden:

```
provider "aws" {
  region  = "eu-central-1"
  profile = "terraform-buch"
}
```

Konfiguration per Konfigurationsdatei und Umgebungsvariablen

Sie können eine Konfigurationsdatei im oben beschriebenen Format mit Umgebungsvariablen kombinieren, sodass Ihr Terraform-Code keinerlei Providerkonfiguration enthält. Wie bereits angeführt, ist es für den Umfang der Beispiele sinnvoll, allgemeine Einstellungen im Code unter Versionskontrolle zu haben, daher nur der Vollständigkeit halber die Anweisungen für Umgebungsvariablen.

Sofern die Konfigurationsdatei unter */.aws/credentials* liegt und nur ein Profil enthält, genügt es, die Region über die Umgebungsvariable `AWS_REGION` zu setzen. Für die bash-Shell lautet die Anweisung folgendermaßen:

```
export AWS_REGION='eu-central-1'
```

Bei Bedarf kann der Pfad zur Konfigurationsdatei über die Umgebungsvariable `AWS_SHARED_CREDENTIALS_FILE` gesetzt werden. Ein Profil kann über das Setzen der Umgebungsvariablen `AWS_PROFILE` ausgewählt werden:

```
export AWS_REGION='eu-central-1'
export AWS_PROFILE='terraform-buch'
export AWS_SHARED_CREDENTIALS_FILE='/home/tux/.aws/creds'
```

Beispielcode

Das nun folgende Codebeispiel erstellt eine virtuelle Maschine in der AWS-Region Frankfurt (`eu-central-1`) sowie alle nötigen Ressourcen, um die VM von außen per SSH erreichbar zu machen. Beachten Sie, dass beim Wechsel der Region andere Bezeichnungen z. B. für Betriebssystemabbilder verwendet werden müssen. Achten Sie auch darauf, dass Sie in der Weboberfläche von AWS die richtige Region ausgewählt haben, ansonsten sehen Sie Ihre Änderungen nicht.

Das Beispiel setzt voraus, dass Sie eine AWS-Konfigurationsdatei unter */.aws/credentials* besitzen, die nur das `default`-Profil enthält. Außerdem werden diverse Komponenten, wie z. B. ein Netzwerk, erstellt, da diese schlichtweg die Voraussetzung für ein funktionierendes Beispiel sind. Es kann deshalb sinnvoll sein, die gezeigten Codebeispiele zum Teil nicht zu hinterfragen und einfach zu übernehmen, um den Lernerfolg zu gewährleisten.

Der Beispielcode ist auch im Git-Repository zu diesem Buch verfügbar.

Definieren der erforderlichen Provider

Um den aws-Provider verwenden zu können, muss, wie am Anfang dieses Kapitels beschrieben, der Provider installiert und konfiguriert werden.

In der Datei *versions.tf* wird Terraform mittels eines `required_providers`-Blocks mitgeteilt, welcher Provider zur Anwendung kommt.

```
terraform {
  required_providers {
    aws = {
      source = "hashicorp/aws"
    }
  }
}
```

Auswahl der AWS-Region

Wie bereits beschrieben, wird die AWS-Region im Terraform-Code in einer Datei *provider.tf* gesetzt:

```
provider "aws" {
  region = "eu-central-1"
}
```

Ein VPC-Netzwerk mit Subnetz und Gateway erstellen

Zuerst wird ein Netzwerk erstellt, dem die VM zugewiesen wird, da ohne Netzwerk der Zugriff auf die virtuelle Maschine aus dem Internet schlichtweg nicht möglich ist. Hierfür kommt die Ressource `aws_vpc` zum Einsatz. Diese erstellt ein einfaches sogenanntes virtuelles Netzwerk, *VPC* steht für *Virtual Private Cloud*. Diese Ressource ermöglicht Ihnen die vollständige Kontrolle über die Netzwerkumgebung innerhalb von AWS.

Die Ressource `aws_vpc` benötigt die Angabe eines IP-Adressbereichs über den Parameter `cidr_block`, im Beispiel kommt `172.16.0.0/16` zum Einsatz. Damit dieses VPC, bzw.

alle virtuellen Maschinen in diesem VPC, Verbindungen ins Internet aufbauen können, wird eine Ressource `aws_internet_gateway` benötigt.

Virtuelle Maschinen können jedoch nicht direkt einem VPC zugewiesen werden. Stattdessen wird im VPC ein sogenanntes Subnetz erzeugt, mit dem die virtuellen Maschinen verknüpft werden können. Dieses Subnetz muss mittels Terraform erstellt und mit dem VPC verknüpft werden. Wichtig ist hier, dass der IP-Adressbereich des Subnetzes (Parameter `cidr_block`) innerhalb des VPC-Adressbereichs (Parameter `cidr_block`) liegt. Im Beispiel wird für das Subnetz ein Adressbereich von `172.16.10.0/24` verwendet, der innerhalb des IP-Bereichs `172.16.0.0/16` liegt.

Speichern Sie den folgenden Code in einer Datei namens *network.tf*:

```
resource "aws_vpc" "terraform" {
  cidr_block = "172.16.0.0/16"
}

resource "aws_internet_gateway" "terraform" {
  vpc_id = aws_vpc.terraform.id
}

resource "aws_subnet" "terraform" {
  vpc_id                  = aws_vpc.terraform.id
  cidr_block              = "172.16.10.0/24"
  availability_zone       = "eu-central-1a"
  map_public_ip_on_launch = true
}
```

Im Beispiel wird das Gateway mit dem VPC verknüpft, indem als Wert für den Parameter `vpc_id` die ID der Ressource `aws_vpc.terraform` verwendet wird. Diese Ressource wurde am Anfang der Datei erstellt, ist vom Typ `aws_vpc` und trägt den Namen `terraform`. Über `.id` greift Terraform auf das Attribut zu, das die ID enthält.

Obwohl bei der Konfiguration des Providers eine Region `eu-central-1` angesetzt wurde, muss explizit angegeben werden, in welcher Verfügbarkeitszone (engl. *Availability Zone*) das Subnetz erstellt werden soll. Ein VPC umfasst immer alle Verfügbarkeitszonen einer Region, jedoch kann ein Subnetz nur in exklusiv einer Verfügbarkeitszone existieren.

Der Parameter `map_public_ip_on_launch` weist jeder virtuellen Maschine, die mit dem Subnetz verknüpft wird, automatisch eine öffentliche IP-Adresse zu. In diesem Beispiel ist das erwünscht, kann aber je nach Anwendungsfall unerwünscht oder gar ein Sicherheitsrisiko sein.

Definition einer Routingtabelle

Ein VPC samt Subnetz und Gateway reicht leider noch nicht aus, um einer virtuellen Maschine Zugriff aufs Internet zu erlauben. Hierfür muss das Subnetz wissen, dass es das Gateway gibt und dass Pakete an das Gateway geschickt werden können. Dazu erstellen Sie eine Routingtabelle (`aws_route_table`), die Sie über eine Ressource des Typs `aws_route_table_association` mit dem Subnetz verknüpfen.

Im Parameter `cidr_block` der Ressource `aws_route_table` muss das Zielnetz (hier `0.0.0.0/0` stellvertretend für »nach überallhin«) mit Verweis auf das oben definierte Gateway eingetragen werden. Das Beispiel zeigt nur eine Route, jedoch können in einer `aws_route_table`-Routingtabelle mehrere Routen gleichzeitig angelegt werden. Mehr dazu finden Sie in der Dokumentation der Ressource `aws_route_table` unter *https://registry.terraform.io/providers/hashicorp/aws/latest/docs/resources/route_table*.

Der Inhalt der Datei *route_table.tf* sieht wie folgt aus:

```
resource "aws_route_table" "terraform" {
  vpc_id = aws_vpc.terraform.id

  route {
    cidr_block = "0.0.0.0/0"
    gateway_id = aws_internet_gateway.terraform.id
  }
}

resource "aws_route_table_association" "terraform" {
  subnet_id      = aws_subnet.terraform.id
  route_table_id = aws_route_table.terraform.id
}
```

Konfiguration der Firewall-Regeln über eine Sicherheitsgruppe (Security Group)

Sobald die virtuelle Maschine von AWS gestartet ist, soll eine Anmeldung per SSH über die der VM zugewiesene öffentliche IP-Adresse möglich sein. AWS arbeitet, wie viele andere Cloud-Anbieter, mit einer sogenannten *Deny by Default*-Firewall-Konfiguration. Dies bedeutet, dass standardmäßig (*by Default*) jeglicher Traffic zu und von einer virtuellen Maschine untersagt (*Deny*) ist. Dieser Ansatz soll verhindern, dass Server ungeschützt aus dem Internet erreichbar sind, da unkonfigurierte Software möglicherweise ein Einfallstor für Angreifer darstellt. Der Anwender muss gewünschten Netzwerkverkehr explizit erlauben. Das Beispiel arbeitet z. B. mit SSH-Verbindungen.

AWS nutzt sogenannte Sicherheitsgruppen (engl. *Security Groups*), die eine oder mehrere Firewall-Regeln enthalten. Es können mehrere dieser Sicherheitsgruppen erstellt werden, um alle Anwendungsfälle (Webserver, Datenbanken etc.) abzubilden. Die Sicherheitsgruppe wird anschließend einer Netzwerkschnittstelle (engl. *Network Interface*) zugewiesen. Diese Netzwerkschnittstelle wird im nächsten Abschnitt erstellt und beim Erstellen einer virtuellen Maschine mit dieser verknüpft.

Eine Sicherheitsgruppe kann jeweils eine oder mehrere eingehende (*ingress*) oder ausgehende (*egress*) Regeln definieren. In jeder Regel müssen ein Port-Bereich (von `from_port` bis `to_port`) sowie das Protokoll (`tcp`, `udp` oder `all`) angegeben werden. Soll nur ein einzelner Port freigegeben werden, ist dieser sowohl für `from_port` als auch für `to_port` anzugeben. Wird für beide Parameter Port 0 angegeben, ist das gleichbedeutend mit »alle Ports erlauben«. Werden innerhalb der Regeln keine Adressbereiche (per `cidr_blocks` bzw. `ipv6_cidr_blocks` für IPv6) angegeben, gilt die Regel ohne Beschränkungen der IP-Adressen von Quellen (bei *ingress*-Regeln) oder Ziel (bei *egress*-Regeln).

In der zum Zeitpunkt der Erstellung dieses Buchs aktuellen Version war die Angabe eines `cidr_blocks` zwar nicht erforderlich, das Weglassen dieses Parameters führt aber dazu, dass bei jedem Aufruf von `terraform apply` die Sicherheitsgruppe als geändert (`changed`) angezeigt wird. Daher wird der Parameter im Beispielcode verwendet.

Im Beispiel wird nur eine eingehende Regel erstellt, die den Zugriff per SSH (Protokoll TCP, Port 22) erlaubt. Die *egress*-Regel erlaubt allen ausgehenden Netzwerkverkehr.

Das Beispiel verwendet der Einfachheit halber eine sehr abgespeckte Sicherheitsgruppe. Das Thema Firewall-Regeln kann aufgrund der großen Flexibilität und der damit einhergehenden hohen Komplexität nur angeschnitten werden, Funktionen wie das Beschränken auf Quell-IP-Adressbereiche oder das Erlauben des ICMP-Protokolls (Stichwort `ping`) zur Fehlersuche wurden explizit außen vor gelassen. Daher sollte diese Sicherheitsgruppe nicht unverändert in produktive Umgebungen übernommen werden.

Die Dokumentation des aws-Providers (siehe *https://registry.terraform.io/providers/hashicorp/aws/latest/docs/resources/security_group*) sowie die AWS-Dokumentation (*https://docs.aws.amazon.com/vpc/latest/userguide/VPC_SecurityGroups.html*) selbst enthalten ausführliche Details sowie Hinweise zu bekannten Fallstricken oder Fehlern beim Arbeiten mit Sicherheitsgruppen. Hier finden Sie auch Hinweise dazu, wann und wie Sie die alternative Ressource `aws_security_group_rule` einsetzen können.

Die Datei *security_group.tf* enthält folgenden Code:

```
resource "aws_security_group" "terraform" {
  name   = "Erlaube SSH von allen IPs"
  vpc_id = aws_vpc.terraform.id

  ingress {
    from_port   = 22
```

```
    to_port     = 22
    protocol    = "tcp"
    cidr_blocks = ["0.0.0.0/0"]
  }

  egress {
    from_port   = 0
    to_port     = 0
    protocol    = "all"
    cidr_blocks = ["0.0.0.0/0"]
  }
}
```

Erstellen einer Netzwerkschnittstelle und Zuweisen einer Sicherheitsgruppe

Vor dem Erstellen der virtuellen Maschine müssen Sie noch die Netzwerkschnittstelle erzeugen, die dem oben erstellten Subnetz zugewiesen wird und die erstellte Sicherheitsgruppe verwendet. Der zugehörige Code in der Datei *network_interface.tf* besteht nur aus vier Zeilen:

```
resource "aws_network_interface" "terraform" {
  subnet_id       = aws_subnet.terraform.id
  security_groups = [aws_security_group.terraform.id]
}
```

Beachten Sie die eckigen Klammern um die Referenz auf die Sicherheitsgruppe. Als Wert für den Parameter `security_groups` erwartet der aws-Provider eine Liste mit IDs der Sicherheitsgruppen. Auch wenn, wie im Beispiel, nur eine Sicherheitsgruppe verwendet werden soll, muss diese über die eckigen Klammern als Liste übergeben werden. Detaillierte Informationen zu Listen und anderen Variablentypen in Terraform finden Sie in Abschnitt 6.2, »Eingabevariablen setzen und verwenden«.

Angabe eines öffentlichen SSH-Schlüssels

Um die Anmeldung per SSH zu ermöglichen, bietet AWS die Möglichkeit, einen oder mehrere öffentliche SSH-Schlüssel in den Formaten *RSA* und *ED25519* zu konfigurieren. Diese SSH-Schlüssel werden beim Start in eine virtuelle Maschine hineingereicht und passend hinterlegt. Zu beachten ist lediglich, dass Schlüssel des Typs *ED22519* weder für Windows-Instanzen noch für den Zugriff per AWS-Webkonsole verwendet werden können. Beide Einschränkungen sind für das vorliegende Beispiel jedoch irrelevant.

Lassen Sie sich bitte nicht davon verwirren, dass die entsprechende Ressource `aws_key_pair` heißt, was auf ein Schlüsselpaar schließen lässt. Es muss nur der öffentliche Schlüssel hinterlegt werden.

Um einen öffentlichen *ED25519*-Schlüssel zu hinterlegen, kann der folgende Code verwendet werden, den Sie in der Datei *keypair.tf* ablegen:

```
resource "aws_key_pair" "terraform" {
  key_name   = "terraform-key"
  public_key = file(pathexpand("~/.ssh/id_ed25519.pub"))
}
```

Die Konfiguration für einen SSH-Schlüssel des Typs *RSA* lautet dementsprechend:

```
resource "aws_key_pair" "terraform" {
  key_name   = "terraform-key"
  public_key = file(pathexpand("~/.ssh/id_rsa.pub"))
}
```

Die Variable `public_key` enthält den öffentlichen SSH-Schlüssel. Anstatt den Inhalt des öffentlichen SSH-Schlüssels direkt anzugeben, wird er aus einer Datei eingelesen. Wichtig ist es, hier den Pfad zum öffentlichen Schlüssel anzugeben, der in der Regel auf *.pub* endet, und nicht den privaten SSH-Schlüssel.

Die Funktion `pathexpand` wird in Abschnitt 7.7 näher erklärt. Kurz gesagt, sorgt sie dafür, dass mit einer Tilde beginnende Pfade unter allen Betriebssystemen korrekt aufgelöst werden. Die Nutzung der Tilde als Abkürzung zum Benutzerverzeichnis erlaubt es, den Terraform-Code benutzerunabhängig zu schreiben.

Verwenden Sie bitte den für Sie passenden Code, je nachdem, welchen Typ von Schlüssel Sie bereits besitzen. Sollte Ihr Schlüssel nicht am gewohnten Ort liegen, passen Sie die Pfade in den Beispielen entsprechend an. Hinweise zum Erstellen eines SSH-Schlüsselpaars (in diesem Fall wirklich ein Paar) finden Sie z. B. in der OpenSSH-Dokumentation (siehe *https://man.openbsd.org/ssh-keygen.1*) oder im GitHub-Artikel *https://docs.github.com/en/authentication/connecting-to-github-with-ssh/generating-a-new-ssh-key-and-adding-it-to-the-ssh-agent*. Sofern Sie noch kein SSH-Schlüsselpaar besitzen, raten die OpenSSH-Entwickler dazu, ein Schlüsselpaar des Typs *ED25519* zu erstellen.

Im obigen Beispiel wird bei jedem Terraform-Lauf die Datei *~/.ssh/id_ed25519.pub* bzw. *~/.ssh/id_rsa.pub* erneut eingelesen und ihr Inhalt als Wert des Parameters `public_key` verwendet. Dies vermeidet die unschön lange Zeile, wenn der RSA-Schlüssel direkt angegeben wird:

```
resource "aws_key_pair" "terraform" {
  key_name   = "terraform-key"
  public_key = "ssh-rsa
  AAAAB3NzaC1yc2EAAAADAQABAAABgQCwzGoKKPDue/eYEyN5mEfjgGnE4CozFFY27QYMCLGboyj
  YjBoev+IvFph0rgGgkXVgpKw9kRdo3+TxVgcvXB73dZk8pE1TF1pq8otSWWqk1T6Tn+rsGcmKO7
  cLZPZnYGWXi8idZv3ElbsjNX8UI3K6kqxSiWi/NXJO5xEhNBsFw7SlT6X4bOVr5ufmEOvOgG/Wn
```

```
  bmbtqkfU5vwQcOHgcKb97X/umPzMjHZEaeBTIiNvJ3s9Wl+48kw8uA5NkLDTdGU7jr3R8tOFOka
  RynAuSCOO34MCaCzPAhAVATuKP9B6nPvpgIKL8L/dYLquFBseBfHsS5ZEtILfAc5ttQPVz7WK45
  f5/Bd+PsXwRjYF/LEY3FHTmjtwOPW5zPCyaKryXfcdxLROrZBP2rs75Eh3nxXG+asiBOzjfs1N5
  8zwmdpij72bTU322MIzSHU7V3xNgpQDSg2+kWTpkiuIBlxqr+GQUg/RqycMqQ8LGFLA7la5g2g+
  Rcyhit5qu5H6+Ur8FE= tux@terraformbuch.de"
}
```

ED25519-Schlüssel sind zwar kürzer, jedoch ist der Code besser lesbar und eleganter, wenn wie oben gezeigt eine Datei eingelesen wird.

Eine virtuelle Maschine erstellen

Zum Schluss kann nun die virtuelle Maschine erstellt werden. Hierfür benötigen Sie, neben Angaben zu den oben erstellten Ressourcen, ein Betriebssystemabbild und einen sogenannten *Instance_Type*, d. h. eine Angabe zu den Dimensionen der virtuellen Maschine.

- **Betriebssystemabbild auswählen**

  AWS muss natürlich wissen, welches Betriebssystem in welcher Version Sie als Basis für die virtuelle Maschine verwenden wollen. Basierend auf Ihren Angaben, provisioniert AWS die virtuelle Maschine aus einem Betriebssystemabbild (engl. *Image*), die AWS als *Amazon Machine Images* (*AMI*) bezeichnet. Jedes dieser Abbilder hat eine eindeutige ID zur Kennzeichnung. Die Abbilder können von Amazon, von Ihnen selbst oder von Dritten erstellt und gewartet werden. Generell sollten nach Möglichkeit nur offizielle oder selbst hochgeladene Abbilder genutzt werden. Abbilder von Drittanbietern sind je nach Renommee des Anbieters mehr oder weniger vertrauenswürdig und werden auch nicht in allen Fällen langfristig gewartet.

  Abhängig vom Abbild wird ein anderes Betriebssystem oder eine andere Betriebssystemversion als Basis verwendet und eventuell Software bereits vorinstalliert und konfiguriert. Unter Umständen fallen bei der Nutzung Lizenzkosten oder Subskriptionskosten an.

  Eine Liste aller AMI-Abbilder ist in der EC2-Konsole in der linken Navigationsleiste unter AMI KATALOG zu finden. Dort können Sie nach dem gewünschten Betriebssystem suchen. Auf der Detailseite zum Abbild steht die AMI-ID, die Sie für Terraform benötigen. Übrigens: Die AMI-ID ist in jeder Region unterschiedlich!

  Im Beispiel wird ein Betriebssystemabbild für Red Hat Enterprise Linux 8 verwendet, die Informationen zum AMI zeigt Abbildung 4.7

  Anstatt die AMI-ID herauszusuchen und an Terraform zu übergeben, ist es auch möglich, Terraform diese Arbeit erledigen zu lassen. Anhand einer sogenannten *Data Source* können Sie die ID zu einem Image ermitteln lassen, wobei nach Name oder Ersteller gesucht werden kann. Auf Details geht dieser Abschnitt nicht ein, die Dokumentation des aws-Providers zur entsprechenden Ressource hilft hier weiter: *https://registry.terraform.io/providers/hashicorp/aws/latest/docs/data-sources/ami*.

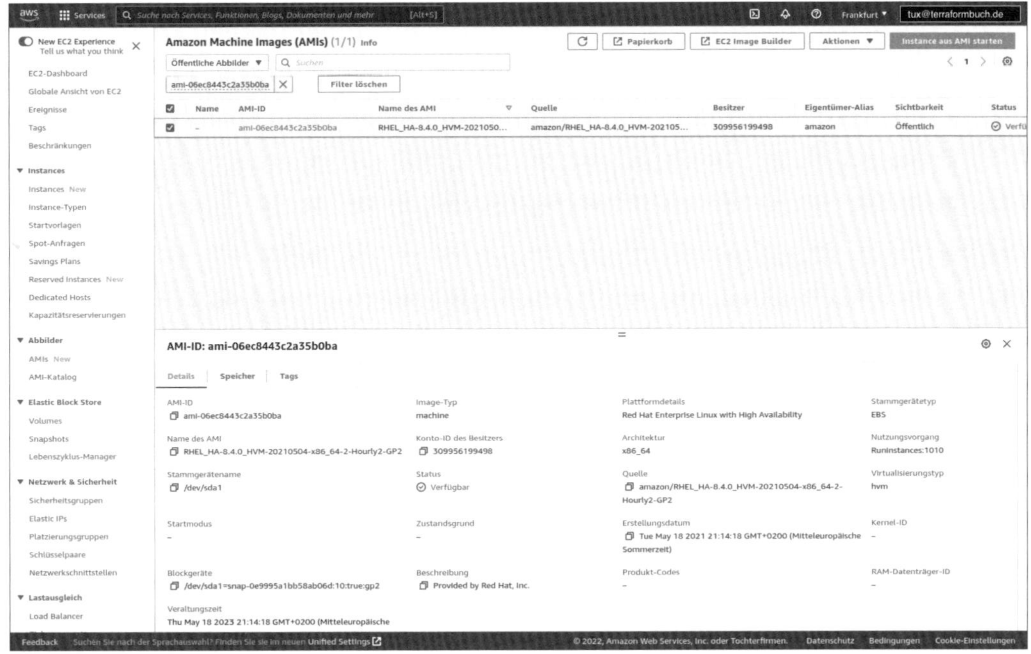

Abbildung 4.7 Details zum im Beispiel verwendeten RHEL8-Abbild

- **Instanztyp auswählen**

  Nach dem Betriebssystemabbild müssen Sie den Instanztyp für die virtuelle Maschine auswählen, der die Dimensionierung Ihrer virtuellen Maschine festlegt. Jeder Instanztyp verfügt über eine andere Kombination aus virtuellen CPU-Kernen, Größe des Arbeitsspeichers (RAM) und Leistungsfähigkeit der Netzwerkschnittstelle. Der in diesem Beispiel verwendete Instanztyp `t2.micro` verfügt zum Beispiel über eine vCPU, 1 GB Arbeitsspeicher und eine niedrige bis mittlere Leistungsfähigkeit der Netzwerkschnittstelle.

  Eine Übersicht der verfügbaren Instanztypen ist unter *https://aws.amazon.com/de/ec2/instance-types/* zu finden. Natürlich wird jeder Instanztyp unterschiedlich abgerechnet. Die Preise sind immer pro Stunde angegeben, werden jedoch je nach Instanztyp zum Teil auch sekundengenau abgerechnet. Eine Auflistung der jeweiligen Preise ist unter *https://aws.amazon.com/de/ec2/pricing/on-demand/* zu finden.

Endlich haben Sie alle benötigten Informationen, um die Konfiguration Ihrer virtuellen Maschine in einer Datei *instance.tf* festzulegen. Neben der ID des Betriebssystemabbilds und dem Instanztyp müssen Sie nur noch zwei Referenzen angeben. Zum einen verweist der Wert des Parameters key_name auf die ID der erstellten aws_key-pair-Ressource. Zum anderen wird im Abschnitt network die ID des network interface mit der ID der bereits erstellten Netzwerkschnittstelle (aws_network_interface.terraform.id) belegt.

```
resource "aws_instance" "terraform" {
  ami           = "ami-06ec8443c2a35b0ba"
  instance_type = "t2.micro"
  key_name      = aws_key_pair.terraform.key_name

  network_interface {
    network_interface_id = aws_network_interface.terraform.id
    device_index         = 0
  }
}
```

Ausgeben der öffentlichen IP-Adresse am Ende des Terraform-Laufs

Auch wenn noch nicht genauer erklärt wurde, was ein output ist, so wird er dennoch bereits verwendet, um das Beispiel vollständig und benutzerfreundlich zu gestalten. Am Ende des Laufs soll die zugewiesene öffentliche IP-Adresse ausgegeben werden, damit Sie wissen, mit welcher IP-Adresse Sie sich per SSH verbinden sollen, um sich an der virtuellen Maschine anzumelden. Dies wird über die Konfiguration eines output (deutsch Ausgabe) ermöglicht. Mehr zum Thema output kann in Abschnitt 6.3 gefunden werden.

Ein output besitzt einen Namen und ein Attribut value, dem ein Wert zugewiesen wird. In diesem Fall ist dies der Wert des Attributs public_ip der Ressource aws_instance.terraform. Die Datei *outputs.tf* enthält nur drei Zeilen:

```
output "Public_IP_der_VM" {
  value = aws_instance.terraform.public_ip
}
```

Ausführen des Beispielcodes

Der Beispielcode kann entweder in einzelne Dateien aufgeteilt werden, was die Übersichtlichkeit erhöht, Terraform selbst kommt aber auch damit zurecht, wenn der komplette Code in einer Datei steht.

Den vollständigen Beispielcode finden Sie im Download-Material und im Repo zum Buch.

Damit der Beispielcode ausgeführt werden kann, muss zuerst das Verzeichnis initialisiert werden. Dies geschieht mit dem Befehl terraform init.

```
$ terraform init

Initializing the backend...

Initializing provider plugins...
- Reusing previous version of hashicorp/aws from the dependency lock file
- Installing hashicorp/aws v4.34.0...
- Installed hashicorp/aws v4.34.0 (signed by HashiCorp)

Terraform has been successfully initialized!

You may now begin working with Terraform. Try running "terraform plan" to see
any changes that are required for your infrastructure. All Terraform commands
should now work.

If you ever set or change modules or backend configuration for Terraform,
rerun this command to reinitialize your working directory. If you forget,
other commands will detect it and remind you to do so if necessary.
```

Nach dem erfolgreichen Initialisieren lassen Sie sich die geplanten Änderungen mittels `terraform plan` anzeigen.

[«]

Ausführliche Ausgaben

Die Ausgaben von `terraform plan`, `terraform destroy` und einigen anderen Parametern sind sehr ausführlich und informieren Sie umfassend über die anstehenden Änderungen Ihrer Infrastruktur. Wir geben die Ausgaben im Folgende gekürzt wieder, Sie finden die vollständigen Beispielausgaben beim Downloadmaterial.

```
$ terraform plan

Terraform used the selected providers to generate the following execution
plan. Resource actions are indicated with the following symbols:
  + create

Terraform will perform the following actions:

  # aws_instance.terraform will be created
  + resource "aws_instance" "terraform" {
      + ami = "ami-06ec8443c2a35b0ba"
      + arn = (known after apply)
[...]
```

```
  # aws_key_pair.terraform will be created
  + resource "aws_key_pair" "terraform" {
      + arn             = (known after apply)
      + fingerprint     = (known after apply)
      + id              = (known after apply)
      + key_name        = "terraform-key"
      + key_name_prefix = (known after apply)
      + key_pair_id     = (known after apply)
      + key_type        = (known after apply)
      + public_key      = "ssh-ed25519 AAAA... BBBB= tux@terraformbuch.de"
      + tags_all        = (known after apply)
    }
[...]

Plan: 9 to add, 0 to change, 0 to destroy.

Changes to Outputs:
  + Public_IP_der_VM = (known after apply)
```

Prüfen Sie, ob die angezeigten Änderungen Ihrer Meinung nach richtig aussehen. Anschließend können Sie durch Ausführen von `terraform apply` Terraform anweisen, die Änderungen in die Tat umzusetzen. `terraform apply` führt nochmals `plan` aus und zeigt die Änderungen ein weiteres Mal an, weshalb die Ausgabe der beiden Befehle nahezu identisch ist.

Erst wenn Sie die Nachfragen mit `yes` bestätigen, fängt Terraform an, die virtuelle Maschine samt allen Ressourcen zu erstellen.

```
[...]
Plan: 9 to add, 0 to change, 0 to destroy.

Changes to Outputs:
  + Public_IP_der_VM = (known after apply)

Do you want to perform these actions?
  Terraform will perform the actions described above.
  Only 'yes' will be accepted to approve.

  Enter a value: yes

aws_key_pair.terraform: Creating...
aws_vpc.terraform: Creating...
aws_key_pair.terraform: Creation complete after 0s [id=terraform-key]
aws_vpc.terraform: Creation complete after 2s [id=vpc-0c7d23b8914fae562]
```

```
aws_internet_gateway.terraform: Creating...
aws_security_group.terraform: Creating...
aws_internet_gateway.terraform: Creation complete after 1s [id=igw-
0c6461c4653a7d392]
aws_subnet.terraform: Creating...
aws_route_table.terraform: Creating...
aws_route_table.terraform: Creation complete after 1s [id=rtb-
08c88125d225539d2]
aws_security_group.terraform: Creation complete after 2s [id=sg-
0040176b6a8c66f1f]
aws_subnet.terraform: Still creating... [10s elapsed]
aws_subnet.terraform: Creation complete after 11s [id=subnet-
07b53c6ac3a6ffb1a]
aws_route_table_association.terraform: Creating...
aws_network_interface.terraform: Creating...
aws_route_table_association.terraform: Creation complete after 1s [id=
rtbassoc-0338406ebc2e6066e]
aws_network_interface.terraform: Still creating... [10s elapsed]
aws_network_interface.terraform: Still creating... [20s elapsed]
aws_network_interface.terraform: Still creating... [30s elapsed]
aws_network_interface.terraform: Creation complete after 31s [id=eni-
022ac45d7f618a355]
aws_instance.terraform: Creating...
aws_instance.terraform: Still creating... [10s elapsed]
aws_instance.terraform: Still creating... [20s elapsed]
aws_instance.terraform: Still creating... [30s elapsed]
aws_instance.terraform: Creation complete after 33s [id=i-0fa39f1fbdc510a34]

Apply complete! Resources: 9 added, 0 changed, 0 destroyed.

Outputs:
Public_IP_der_VM = "1.2.3.4"
```

Die IP-Adresse wird in Ihrer Ausgabe natürlich von der oben gezeigten Adresse abweichen.

Nach wenigen Sekunden können Sie Ihre virtuelle Maschine über die am Ende des Terraform-Laufs ausgegebene IP-Adresse per SSH erreichen, es sei denn, Sie führen diese Übung zu Stoßzeiten aus. Zur Weihnachtszeit kann es durchaus auch ein paar Minuten dauern.

Bei den meisten Betriebssystemabbildern ist ein direkter Zugang zum Benutzer root aus Sicherheitsgründen nicht möglich. Daher wird bei einem erfolgreichen Anmeldeversuch, d. h. beim Einloggen mit dem zuvor konfigurierten SSH-Key, als Benutzer root meist folgende Meldung angezeigt.

```
$ ssh root@1.2.3.4
The authenticity of host '1.2.3.4 (1.2.3.4)' can't be established.
[…]
Please login as the user "ec2-user" rather than the user "root".
```

Brechen Sie den Verbindungsversuch mit [Strg]+[C] ab. Die Fehlermeldung Please login as the user "ec2-user" rather than the user "root". verweist auf den Benutzer ec2-user, der anstelle des root-Benutzers verwendet werden soll. In den meisten Betriebssystemabbildern ist dieser Benutzer so konfiguriert, dass er sich über das sudo-Kommando erweiterte Rechte (Root-Rechte) verschaffen kann.

```
$ ssh ec2-user@1.2.3.4
[ec2-user@ip-172-16-10-174 ~]$ sudo -i
[root@ip-172-16-10-174 ~]# whoami
root
[root@ip-172-16-10-174 ~]# logout
[ec2-user@ip-172-16-10-174 ~]$ logout
```

Aufmerksame Leserinnen und Leser werden den seltsamen Hostnamen der virtuellen Maschine bemerken. Im Minimalbeispiel wird der von AWS gesetzte Hostname übernommen, der auf der im Subnetz vergebenen IP-Adresse (nicht der öffentlichen IP-Adresse) basiert. In der obigen Ausgabe war der Hostname ip-172-16-10-174 hergeleitet von der IP-Adresse 172.16.10.174.

Aufräumen der erstellten Ressourcen

Wenn die erstellten Ressourcen nicht mehr benötigt werden, können sie mittels terraform destroy entfernt werden. Auch hier erfolgt eine Abfrage, die mit yes beantwortet werden muss.

Eine ausführliche Beschreibung zu terraform destroy ist in Kapitel 12 zu finden.

```
$ terraform destroy
aws_key_pair.terraform: Refreshing state… [id=terraform-key]
aws_vpc.terraform: Refreshing state… [id=vpc-0e236bc172739aa2a]
aws_internet_gateway.terraform: Refreshing state… [id=igw-0a5566dd601ec39ea]
aws_security_group.terraform: Refreshing state… [id=sg-046ef4bdca92311e2]
aws_subnet.terraform: Refreshing state… [id=subnet-08f59b5384c731975]
aws_route_table.terraform: Refreshing state… [id=rtb-0f51f9d23dded38a7]
aws_network_interface.terraform: Refreshing state… [id=eni-0b52cf95de9fb4197]
aws_route_table_association.terraform: Refreshing state… [id=rtbassoc-
07ae3515f09b4bbfd]
```

```
aws_instance.terraform: Refreshing state... [id=i-05c8d79fe0b9f36f3]

Terraform used the selected providers to generate the following execution
plan. Resource actions are indicated with the following symbols:
  - destroy

Terraform will perform the following actions:

  # aws_instance.terraform will be destroyed
  - resource "aws_instance" "terraform" {
      - key_name = "terraform-key" -> null
      - [...]
    }
[...]

Plan: 0 to add, 0 to change, 9 to destroy.
Changes to Outputs:
  - Public_IP_der_VM = "1.2.3.4" -> null

Do you really want to destroy all resources?
  Terraform will destroy all your managed infrastructure, as shown above.
  There is no undo. Only 'yes' will be accepted to confirm.

  Enter a value: yes

aws_route_table_association.terraform: Destroying... [id=rtbassoc-
07ae3515f09b4bbfd]
aws_instance.terraform: Destroying... [id=i-05c8d79fe0b9f36f3]
[...]
Destroy complete! Resources: 9 destroyed.
```

4.3.2 Google Cloud Platform

Die Google Cloud Platform (*https://cloud.google.com*), kurz *GCP*, gehört zu den großen Cloud-Anbietern und bietet eine Vielzahl unterschiedlichster Dienste an. Das Angebot reicht von einfachen virtuellen Maschinen über Kubernetes-Cluster und PostgreSQL-Cluster bis hin zu Content Delivery Networks und Machine Learning. Google selbst verwendet die Cloud Platform für eigene Dienste wie YouTube oder die Google-Suche. Andere Unternehmen bauen Teile ihrer Infrastruktur in GCP auf, laut Wikipedia unter anderem Apple, Spotify, TikTok und Twitter. Beim Erstellen dieses Buchs bot GCP 34 Regionen und 103 Verfügbarkeitszonen zur Auswahl.

Terraform kann viele Ressourcen in der Google Cloud Platform über den offiziellen google-Provider verwalten. Eine Übersicht über alle verfügbaren Ressourcen und deren Parameter sowie Funktionen finden Sie in der Dokumentation des google-Providers:

- Terraform Registry: *https://registry.terraform.io/providers/hashicorp/google/latest*
- GitHub: *https://github.com/hashicorp/terraform-provider-google/*

Benötigte Zugangsdaten für den google-Provider

Um mit dem google-Provider arbeiten zu können, benötigen Sie Zugangsdaten, damit Terraform in Ihrem Namen auf die GCP-API zugreifen und Ressourcen erstellen und verwalten kann.

Die Dokumentation des google-Providers empfiehlt die Nutzung der Google-Cloud-Befehlszeile (gcloud-CLI), um die Authentifizierung einzurichten. Im Folgenden wird die Installation unter verschiedenen Betriebssystemen erklärt. Anschließend folgt die Einrichtung der Authentifizierung über die gcloud-CLI, die unabhängig vom Betriebssystem mit den gleichen Befehlen erledigt wird.

Für andere Anwendungsfälle folgen Erläuterungen im Unterabschnitt »Authentifizierung« weiter unten.

Installation der gcloud-CLI

Die gcloud-CLI ist für viele Linux-Distributionen sowie für macOS und Windows verfügbar. Die offizielle Dokumentation finden Sie unter *https://cloud.google.com/sdk/docs*.

Installation der gcloud-CLI unter Debian und Ubuntu

Zur Installation der gcloud-CLI unter Debian 11 bzw. Ubuntu 22.04 führen Sie folgende Befehle aus. Diese Befehle

- installieren alle Abhängigkeiten zum Anlegen der Paketquelle,
- installieren den GPG-Schlüssel, den Google zum Signieren der Pakete verwendet,
- legen die Paketquelle an und
- installieren zum Schluss das Paket `google-cloud-cli`.

Bestätigen Sie die Rückfragen bei der Installation der Pakete mit `y`.

```
$ sudo apt install apt-transport-https ca-certificates gnupg
[...]
$ echo "deb [signed-by=/usr/share/keyrings/cloud.google.gpg] https://
packages.cloud.google.com/apt cloud-sdk main" | sudo tee -a /etc/apt/
sources.list.d/google-cloud-sdk.list
[...]
```

```
$ curl https://packages.cloud.google.com/apt/doc/apt-key.gpg | sudo tee /usr/
share/keyrings/cloud.google.gpg
[...]
$ sudo apt update && sudo apt install google-cloud-cli
[...]
```


Für ältere Versionen von Debian bzw. Ubuntu weichen die Schritte zur Installation gegebenenfalls leicht ab, Details finden Sie in der offiziellen gcloud-Dokumentation: *https://cloud.google.com/sdk/docs/install#deb*.

Installation der gcloud-CLI unter Fedora, RHEL & Co.

Um die gcloud-CLI auf Fedora oder RHEL-artigen Betriebssystemen wie Red Hat Enterprise Linux 7 oder 8, CentOS 7 oder 8, AlmaLinux, Rocky Linux oder Ähnlichen zu installieren, sind folgende Kommandos notwendig. Bestätigen Sie die Rückfragen danach, ob das Paket installiert und der GPG-Schlüssel importiert werden soll, jeweils mit y.

```
$ sudo tee -a /etc/yum.repos.d/google-cloud-sdk.repo << EOM
[google-cloud-cli]
name=Google Cloud CLI
baseurl=https://packages.cloud.google.com/yum/repos/cloud-sdk-el8-x86_64
enabled=1
gpgcheck=1
repo_gpgcheck=0
gpgkey=https://packages.cloud.google.com/yum/doc/rpm-package-key.gpg
EOM
$ sudo dnf install google-cloud-cli
[...]
Install 1 Package

Total download size: 102 M
Installed size: 553 M
Is this ok [y/N]: y
[...]
Importing GPG key 0x3E1BA8D5:
 Userid : "Google Cloud Packages RPM Signing Key gc-team@google.com"
  Fingerprint: 3749 E1BA 95A8 6CE0 5454 6ED2 F09C 394C 3E1B A8D5
   From : https://packages.cloud.google.com/yum/doc/rpm-package-key.gpg
   Is this ok [y/N]: y
   Key imported successfully
[...]
$ gcloud --version
Google Cloud SDK 405.0.0
```

```
alpha 2022.09.30
beta 2022.09.30
bq 2.0.78
bundled-python3-unix 3.9.12
core 2022.09.30
gcloud-crc32c 1.0.0
gsutil 5.14
```

Beachten Sie, dass die gezeigten Befehle für RHEL und dessen Derivate in Version 8 gelten. Bei Betriebssystemen der Version 7 oder 9 ersetzen Sie bitte `el8` entsprechend durch `el7` bzw. `el9`. Auch müssen Sie unter RHEL 7 bzw. CentOS 7 den Paketmanager `yum` statt `dnf` verwenden, die Syntax des Befehls ist aber die gleiche (`sudo yum install google-cloud-cli`).

Unter Fedora ist laut der offiziellen Dokumentation zusätzlich die Installation des Pakets `libxcrypt-compat.x86_64` notwendig, was Sie mit `sudo dnf install libxcrypt-compat.x86_64` erledigen können.

Die Ausgabe des Befehls `gcloud --version` wird bei Ihnen mit Sicherheit andere Versionsangaben enthalten. Wichtig ist nur, dass dieser Befehl ohne Fehlermeldung ausgeführt werden kann.

Installation der gcloud-CLI auf anderen Linux-Distributionen

Wenn Sie eine Linux-Distribution einsetzen, die nicht in den bisherigen Abschnitten erklärt wurde, können Sie dennoch auf das generische gcloud-Paket zugreifen. Sie finden Links zum Paket (für x86 32 Bit und 64 Bit sowie für ARM) und Installationsanweisungen in der Dokumentation: *https://cloud.google.com/sdk/docs/install-sdk#linux*.

Die folgenden Befehle laden Version 405, die bei Erstellung dieses Buchs aktuell war, herunter und entpacken sie nach */opt/google-cloud-sdk/*. Der Aufruf des *install.sh*-Skripts aktiviert die Befehlsvervollständigung für die bash-Shell und fügt das Verzeichnis */opt/google-cloud-sdk/bin/* dem PATH hinzu, wobei die Datei *$HOME/.profile* modifiziert wird.

```
$ cd ~/Downloads
$ wget https://dl.google.com/dl/cloudsdk/channels/rapid/downloads/google-
cloud-cli-405.0.0-linux-x86_64.tar.gz
[...]
$ tar xzf google-cloud-cli-405.0.0-linux-x86_64.tar.gz -C /opt/
[...]
$ /opt/google-cloud-sdk/install.sh --path-update true --bash-completion true
--rc-path $HOME/.profile
Welcome to the Google Cloud CLI!
[...]
```

```
$ gcloud --version
Google Cloud SDK 405.0.0
bq 2.0.78
bundled-python3-unix 3.9.12
core 2022.09.30
gcloud-crc32c 1.0.0
gsutil 5.14
```


Je nach Distribution, verwendeter Shell und persönlichen Vorlieben müssen Sie die obigen Befehle anpassen.

Installation der gcloud-CLI unter Windows

Google bietet für Windows ab 8.1 bzw. Windows Server ab 2012 ein Installationspaket an, das Sie entweder von der offiziellen Installationsseite *https://cloud.google.com/sdk/docs/install-sdk* oder per PowerShell-Befehl herunterladen können. Die PowerShell-Befehle lauten

```
(New-Object Net.WebClient).DownloadFile("https://dl.google.com/dl/cloudsdk/
channels/rapid/GoogleCloudSDKInstaller.exe", "$env:Temp.exe") & $env:Temp.exe
```

Das Installationsprogramm installiert alle benötigten Abhängigkeiten – dazu gehört unter anderem Python 3 –, sofern diese noch nicht installiert sind.

Sie können die korrekte Funktion der gcloud-CLI mit dem Befehl `gcloud --version` prüfen, der ohne Fehler beendet werden sollte und eine Vielzahl unterschiedlicher Versionsangaben ausgibt.

Installation der gcloud-CLI unter macOS

Unter macOS ist die Installation der gcloud-CLI leider nicht mit wenigen Befehlen im Terminal erledigt. Als Erstes müssen Sie das für Ihre CPU-Architektur (x86, ARM64, Apple Silicon M1/M2 ...) passende Paket herunterladen. Die jeweils aktuelle Version finden Sie in der offiziellen Installationsanleitung.

Entpacken Sie das heruntergeladene Archiv per Doppelklick und führen Sie das im neu erstellten Verzeichnis *google-cloud-sdk* enthaltene Skript *install.sh* aus. Letzteres fügt die Programme wie `gcloud` Ihrem PATH hinzu, sodass Sie die Befehle auch ohne komplette Pfadangabe aufrufen können. Zusätzlich erlaubt es, die Befehlsvervollständigung (bash oder zsh Completion) zu konfigurieren oder Python 3 zu installieren. Sie können das Skript entweder ohne Parameter aufrufen und interaktiv verwenden, oder Sie geben dem Skript die korrekten Argumente mit, sodass es nicht interaktiv die gewünschten Funktionen einrichtet. Details finden Sie in der Installationsanleitung und der Ausgabe von `./install.sh --help`.

Beachten Sie, dass die gcloud-CLI Python 3 in einer Version erfordert, die noch offiziell unterstützt wird. Ihre Version können Sie durch einen Aufruf von `python3 -V` prüfen. Falls keine passende Version verfügbar ist, kann diese über das oben beschriebene Skript nachinstalliert werden.

Sie können die korrekte Installation durch den Aufruf von `gcloud --version` prüfen, der ohne Fehler beendet werden sollte und eine Vielzahl unterschiedlicher Versionsangaben ausgibt.

Authentifizierung

Die Dokumentation des google-Providers empfiehlt für normale Anwender die Authentifizierung per gcloud-CLI mithilfe sogenannter *User Application Default Credentials* (ADCs). Mehr zu diesen anwendungsbasierten Zugangsdaten erklärt die Google-Cloud-Dokumentation unter *https://cloud.google.com/sdk/gcloud/reference/auth/application-default*.

Zuerst müssen Sie sich mit Ihrem Account einloggen. Nach dem Aufrufen des Befehls `gcloud auth login ACCOUNT`, bei dem Sie statt `ACCOUNT` Ihr GCP-Konto angeben, wird ein Browserfenster geöffnet, in dem Sie sich bei GCP anmelden müssen.

Nach erfolgreicher Authentifizierung werden Sie gebeten, die Anwendung Google Cloud SDK zu erlauben und ihr die aufgeführten Berechtigungen zu erteilen.

Abbildung 4.8 Bitte um Erlaubnis und Auflistung der Berechtigungen für die Anwendung Google Cloud SDK

Sobald Sie das erlaubt haben, sehen Sie die Übersichtsseite.

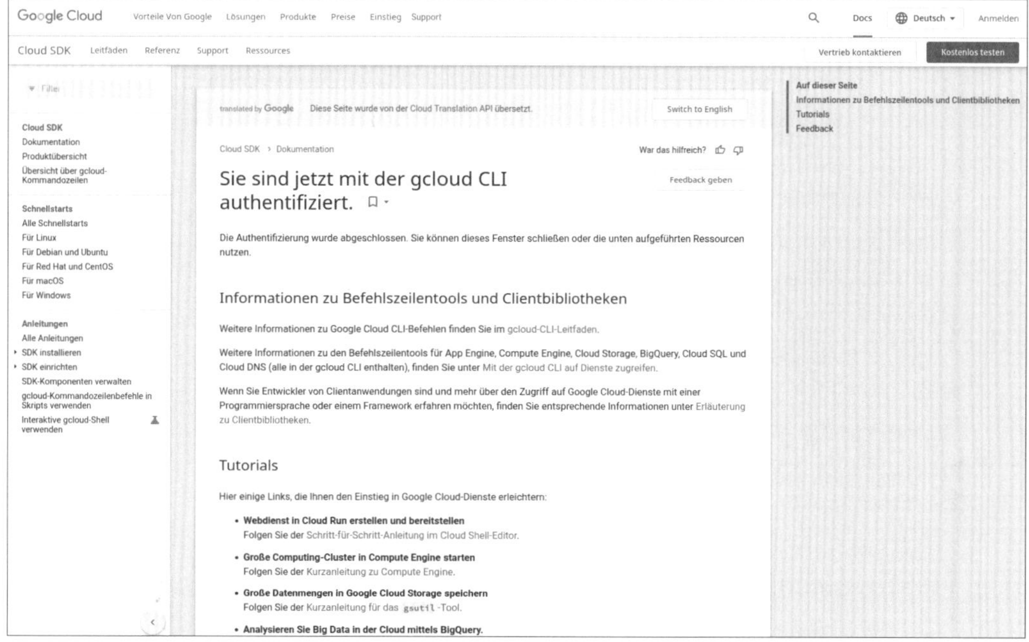

Abbildung 4.9 Übersichtsseite nach erfolgreichem Erlauben der Anwendung Google Cloud SDK

Die (gekürzte) Ausgabe des Befehls sieht wie folgt aus:

```
$ gcloud auth login tux@terraformbuch.de
Your browser has been opened to visit:

    https://accounts.google.com/o/oauth2/auth?response_type=code&[...]&code_
    challenge_method=S256

    You are now logged in as [tux@terraformbuch.de].
    Your current project is [None]. You can change this setting by running:
      $ gcloud config set project PROJECT_ID
```

Ihre lokale gcloud-CLI-Installation ist somit erfolgreich authentifiziert und kann genutzt werden, um damit auf die GCP-API zuzugreifen.

Für den Einsatz mit Terraform sollten Sie jetzt noch die Nutzung der User Application Default Credentials einschalten. Dies geschieht mit dem Aufruf des Befehls `gcloud auth application-default login`. Abermals öffnet sich ein Browserfenster, das Sie (gegebenenfalls nach erneutem Anmelden) bittet, die Anwendung Google Auth Library zu erlauben:

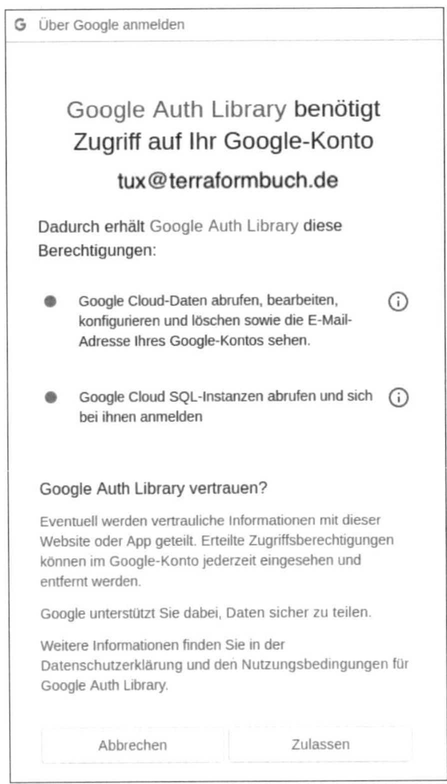

Abbildung 4.10 Bitte um Erlaubnis und Auflistung der Berechtigungen für die Anwendung Google Auth Library

Haben Sie diesen Zugriff erlaubt, werden Sie wiederum auf die bereits gezeigte Übersichtsseite mit dem erfolgreichen Log-in weitergeleitet und können das Browserfenster schließen.

Die Ausgabe des Befehls enthält anschließend den Hinweis auf eine Credentials-Datei, die im Beispiel unter */home/tux/.config/gcloud/application_default_credentials.json* abgelegt wurde. Bewahren Sie diese Datei sicher auf und behandeln Sie sie vertraulich. Jede Person, die Zugriff auf diese Datei hat, kann unter Ihrem Namen auf die Ressourcen innerhalb von GCP zugreifen.

```
$ gcloud auth application-default login
Your browser has been opened to visit:

https://accounts.google.com/o/oauth2/auth?response_type=code&[...]&code_
challenge_method=S256

Credentials saved to file: [/home/tux/.config/gcloud/application_default_
credentials.json]
```

```
These credentials will be used by any library that requests Application
Default Credentials (ADC).
WARNING:
Cannot find a quota project to add to ADC. You might receive a "quota
exceeded" or "API not enabled" error. Run $ gcloud auth application-default
set-quota-project to add a quota project.
```


Daneben gibt es auch noch andere Möglichkeiten der Authentifizierung:

- **Authentifizierung bei Nutzung innerhalb der Google Cloud Platform**
  Wenn Sie Terraform innerhalb der Google Cloud Platform verwenden, d. h. Terraform-Befehle auf einer virtuellen Maschine in GCP aufrufen und nicht z. B. lokal auf Ihrem Laptop, können Sie Terraform über einen Google-Service-Account authentifizieren. Dieses Kapitel geht nicht weiter auf diese Möglichkeit ein, Details entnehmen Sie der Dokumentation:
  https://cloud.google.com/compute/docs/authentication
- **Authentifizierung bei Nutzung außerhalb der Google Cloud Platform**
  Zur automatisierten Nutzung von Terraform außerhalb der Google Cloud Platform können Sie den Zugriff über OIDC-Zugriffstokens erlauben. Auch die Erklärung hierzu würden den Rahmen dieses Kapitels sprengen, Sie finden die vollständige und aktuelle Herangehensweise in der Dokumentation zur Workload-Identity-Föderation:
  https://cloud.google.com/iam/docs/configuring-workload-identity-federation#oidc
- **Authentifizierung des google-Providers bei Nutzung der Terraform Cloud**
  Die Terraform Cloud wird in Kapitel 11 vorgestellt. Zur Nutzung von GCP mit der Terraform Cloud beachten Sie die offizielle Dokumentation des google-Providers:
  https://registry.terraform.io/providers/hashicorp/google/latest/docs/guides/provider_reference#primary-authentication

Konfiguration des google-Providers

Nachdem Sie die gcloud-CLI installiert haben, geht es damit weiter, sie für den Einsatz mit Terraform zu konfigurieren.

Konfiguration des google-Providers zur lokalen Nutzung

Wenn Sie direkt nach dem Erstellen der User Application Default Credentials versuchen, eine Ressource per Terraform zu erstellen, werden Sie feststellen, dass alles wie von Zauberhand funktioniert. Der google-Provider greift im Hintergrund auf die Konfiguration der gcloud-CLI zurück.

Sollten Sie sich in der gcloud-CLI mittels `gcloud auth revoke ACCOUNT` abmelden, würde Terraform den folgenden Fehler anzeigen:

```
[…]
| Error: Attempted to load application default credentials since neither
credentials nor access_token was set in the provider block. No credentials
loaded. To use your gcloud credentials, run 'gcloud auth application-default
login'. Original error: google: could not find default credentials. See
https://developers.google.com/accounts/docs/application-default-credentials
for more information.
|
| with provider["registry.terraform.io/hashicorp/google"],
| on provider.tf line 1, in provider "google":
| 1: provider "google" {
[…]
```

Um, wie in der google-Provider-Dokumentation empfohlen, die User Application Default Credentials zu verwenden, müssen Sie dem google-Provider den Pfad zur Credentials-Datei angeben:

```
provider "google" {
  credentials = pathexpand("~/.config/gcloud/application_default_
credentials.json")
}
```

Den korrekten Pfad entnehmen Sie der Ausgabe des Befehls `gcloud auth application-default login`. Die Funktion `pathexpand` wird in Abschnitt 7.7 näher erläutert – kurz gesagt, sorgt sie dafür, dass mit einer Tilde beginnende Pfade unter allen Betriebssystemen korrekt aufgelöst werden. Die Nutzung der Tilde als Abkürzung zum Benutzerverzeichnis erlaubt es, den Terraform-Code benutzerunabhängig zu schreiben.

Wenn die gcloud-CLI nicht angemeldet ist und die konfigurierte Credentials-Datei nicht existiert, erhalten Sie folgende (nicht hilfreiche) Fehlermeldung:

```
[…]
| Error: JSON credentials are not valid: invalid character '/' looking for
beginning of value
|
| with provider["registry.terraform.io/hashicorp/google"],
| on provider.tf line 2, in provider "google":
| 2: credentials = pathexpand("~/.config/gcloud/application_default_
credentials.json")
[…]
```

Konfiguration des google-Providers zur Nutzung in CI/CD-Systemen

Wollen Sie Terraform und den google-Provider in automatisierten Systemen wie z. B. CI/CD-Systemen verwenden, müssen Sie den Pfad zur Datei mit den Zugangsdaten in einer Umgebungsvariablen namens `GOOGLE_APPLICATION_CREDENTIALS` ablegen. Details hierzu finden Sie in der umfangreichen Dokumentation des google-Providers und der GCP-Dokumentation:

- *https://registry.terraform.io/providers/hashicorp/google/latest/docs/guides/provider_reference*
- *https://cloud.google.com/docs/authentication*

Konfiguration von Projekt, Region und Verfügbarkeitszone

Alle Ressourcen, die in GCP erstellt werden, müssen einem Projekt zugeordnet werden. Sie müssen daher als Erstes ein Projekt erstellen.

Sie können ein existierendes Projekt verwenden oder ein neues anlegen. Dies kann entweder über die GCP-Konsole (*https://console.cloud.google.com/*) oder per gcloud-CLI erfolgen:

```
$ gcloud projects create terraform-buch
Create in progress for [https://cloudresourcemanager.googleapis.com/v1/
projects/terraform-buch].
Waiting for [operations/cp.01234567890123456789] to finish...done.
Enabling service [cloudapis.googleapis.com] on project [terraform-buch]...
Operation "operations/acat.p2-123456789-[...]" finished successfully.
```

[!]

Fehlerhafte Aktivierung

Zum Zeitpunkt der Drucklegung dieses Buchs wurde aufgrund eines Fehlers in GCP die *Compute Engine API* nicht korrekt aktiviert. Die Erstellung von Ressourcen scheiterte mit dem folgenden Fehler:

```
[...]
google_compute_network.net: Creating...
.
| Error: Error creating Network: googleapi: Error 403: Compute Engine API
has not been used in project 1234567890 before or it is disabled. Enable it
by visiting https://console.developers.google.com/apis/api/compute.google-
apis.com/overview?project=1234567890 then retry. If you enabled this API
recently, wait a few minutes for the action to propagate to our systems and
retry.
| Details:
[...]
```

Der Aufruf der in der Fehlermeldung angegebenen URL erlaubt es, die genannte API zu deaktivieren und wieder zu aktivieren. Anschließend sollte die API zur Verfügung stehen, laut Google kann es einige Minuten dauern.

In Abbildung 4.11 sehen Sie die Unterseite APIs UND DIENSTE im Projekt `terraform-buch`. Oben in der Mitte finden Sie den Button API DEAKTIVIEREN. Nach einem Klick darauf kommt eine Nachfrage, die Sie mit DEAKTIVIEREN bestätigen. Danach wiederholen Sie den Vorgang über den Button API AKTIVIEREN und die entsprechende Bestätigung.

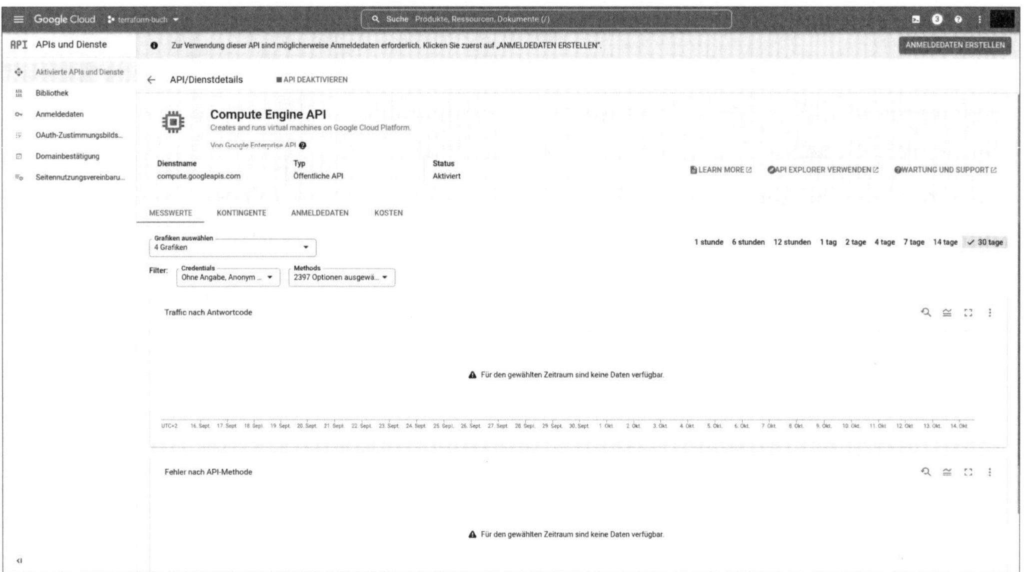

Abbildung 4.11 Unterseite APIs und Dienste im Projekt terraform-buch

Der google-Provider bietet die Möglichkeit, Projekte per Terraform anzulegen. Bis zur Behebung des oben geschilderten Fehlers ist jedoch die Erstellung per GCP-Konsole oder `gcloud projects create` notwendig.

Um alle Ressourcen des Beispielcodes im Projekt `terraform-buch` zu erstellen, schreiben Sie folgenden Code in die Datei *provider.tf*:

```
provider "google" {
  credentials = pathexpand("~/.config/gcloud/application_default_
credentials.json")
  project     = "terraform-buch"
}
```

Dem Parameter `credentials` sind Sie bereits im vorangegangenen Abschnitt begegnet. Der Parameter `project` erwartet die Angabe der ID Ihres Projekts. In diesem Fall ist das die eindeutige (aber menschenlesbare) Bezeichnung, jedoch nicht der Name oder die Projektnummer. Alle Informationen finden Sie in der Ausgabe des Befehls `gcloud projects list` oder in der GCP-Konsole.

```
$ gcloud projects list
PROJECT_ID       NAME             PROJECT_NUMBER
terraform-buch   terraform-buch   1234567890
```


Um die Ressourcen in einer bestimmten Region zu erstellen, kann diese im Terraform-Code angegeben werden. Der folgende Abschnitt wählt die Region `europe-west3` (Frankfurt) aus.

```
provider "google" {
  credentials = pathexpand("~/.config/gcloud/application_default_
credentials.json")
  project     = "terraform-buch"
  region      = "europe-west3"
}
```

Falls gewünscht, können Sie auch die Verfügbarkeitszone setzen, wie unter *https://cloud.google.com/compute/docs/regions-zones/* erläutert. Hinweise zu Diensten und eventuellen Abhängigkeiten sind ebenfalls in der Dokumentation aufgeführt. Jede Region hat mindestens drei Verfügbarkeitszonen, die mit den Suffixen `-a`, `-b` und `-c` bezeichnet werden.

Um die Zone `europe-west3-b` zu nutzen, ist folgender Code notwendig:

```
provider "google" {
  credentials = pathexpand("~/.config/gcloud/application_default_
credentials.json")
  project     = "terraform-buch"
  region      = "europe-west3"
  zone        = "europe-west3-b"
}
```

Die Angabe von Region und Zone wird vom google-Provider als Vorgabe behandelt, kann aber bei Bedarf auf Ressourcenebene überschrieben werden.

Die Dokumentation des google-Providers enthält weitere Optionen, die vom Provider unterstützt werden: *https://registry.terraform.io/providers/hashicorp/google/latest/docs/guides/provider_reference*.

Beispielcode

Das nun folgende Codebeispiel erstellt eine virtuelle Maschine in der Region Frankfurt (`europe-west3`) sowie alle nötigen Ressourcen, um die VM von außen per SSH erreichbar zu machen. Bitte beachten Sie, dass beim Wechsel der Region gegebenenfalls andere Bezeichnungen z. B. für Betriebssystemabbilder verwendet werden müssen.

Das Beispiel setzt voraus, dass Sie wie erläutert die Anmeldung per *User Application Default Credentials* aktiviert haben und dass daher die Datei *~/.config/gcloud/application_default_credentials.json* vorhanden ist. Sollte diese Datei bei Ihnen in einem anderen Pfad liegen, passen Sie ihn im Beispielcode entsprechend an.

Der Beispielcode ist auch im Git-Repository zu diesem Buch verfügbar.

Den erforderlichen Provider definieren

Um den google-Provider verwenden zu können, muss, wie am Anfang dieses Kapitels beschrieben, der Provider installiert und konfiguriert werden.

In der Datei *versions.tf* wird Terraform mittels eines `required_providers`-Blocks mitgeteilt, welcher Provider zur Anwendung kommt.

```
terraform {
  required_providers {
    google = {
      source = "hashicorp/google"
    }
  }
}
```

Angabe des Projekts und Auswahl der Region

Wie bereits erläutert, muss ein Projekt angegeben werden, in dem alle Ressourcen erstellt werden. Der folgende Abschnitt in der Datei *provider.tf* erledigt dies:

```
provider "google" {
  credentials = pathexpand("~/.config/gcloud/application_default_
credentials.json")
  project     = "terraform-buch"
}
```

Sinnvoll ist es, die gewünschte GCP-Region zu definieren, damit alle erstellten Ressourcen korrekt in dieser Region erzeugt werden. Im Beispielcode wird Frankfurt alias `europe-west3` samt Verfügbarkeitszone `europe-west3-b` ausgewählt. Die vollständige Datei *provider.tf* sieht wie folgt aus:

```
provider "google" {
  credentials = pathexpand("~/.config/gcloud/application_default_
credentials.json")
  project     = "terraform-buch"
  region      = "europe-west3"
```

```
  zone          = "europe-west3-b"
}
```

Erstellen eines Netzwerks mit Subnetz

Bevor eine virtuelle Maschine erstellt werden kann, müssen Sie ein Netzwerk samt dazugehörigem Subnetz erstellen. Kopieren Sie den folgenden Terraform-Code in die Datei *network.tf*:

```
resource "google_compute_network" "terraform" {
  name                    = "terraform-netzwerk"
  auto_create_subnetworks = "false"
}

resource "google_compute_subnetwork" "terraform" {
  name          = "terraform-subnet"
  network       = google_compute_network.terraform.name
  ip_cidr_range = "172.16.10.0/24"
}
```

Das Netzwerk erstellen Sie mittels der Ressource `google_compute_network`, die einen Namen (im Beispiel `terraform-netzwerk`) benötigt. Beachten Sie, dass dieser Name innerhalb von GCP verwendet wird, Terraform jedoch den Namen der Ressource nutzt, der im Beispiel `terraform` lautet.

Über den Parameter `auto_create_subnetworks` des Netzwerks weisen Sie die GCP-API an, nicht automatisch Subnetze zu erstellen. Stattdessen definieren Sie das Subnetz selbst über die Ressource `google_compute_subnetwork`. Als Parameter geben Sie den Namen und den gewünschten IP-Adressbereich (`ip_cidr_range`) an. Der Parameter `network` erwartet den Namen des Netzwerks, in dem das Subnetz erstellt werden soll. Hier verwendet der Beispielcode einen Terraform-internen Verweis auf die Ressource des Typs `google_compute_network`, die den Namen `terraform` trägt. Von dieser Ressource wird das Attribut `name` zurückgegeben, im Beispiel also `terraform-netzwerk`.

Konfiguration der Firewall-Regeln

Um die virtuelle Maschine über ihre öffentliche IP-Adresse per SSH erreichen zu können, müssen Sie GCP bzw. die darin enthaltene Firewall bitten, den zugehörigen Netzwerkverkehr zu erlauben. Dies wird über folgenden Code, abgelegt in der Datei *firewall.tf*, erreicht:

```
resource "google_compute_firewall" "terraform" {
  name          = "erlaube-ssh-und-icmp"
  network       = google_compute_network.terraform.name
  source_ranges = ["0.0.0.0/0"]
```

```
  allow {
    protocol = "tcp"
    ports    = ["22"]
  }

  allow {
    protocol = "icmp"
  }
}
```

Das Codebeispiel legt eine Firewall-Ressource an und weist sie dem zuvor definierten Netzwerk `google_compute_network.terraform.name` zu. Neben einem Namen für diese Firewall-Ressource enthält das Beispiel noch den Parameter `source_ranges` sowie zwei `allow`-Blöcke. Der Parameter `source_ranges` beschränkt die Regel auf Netzwerkverkehr, der aus den angegebenen Quell-IP-Bereichen kommt. Die Angabe von `"0.0.0.0/0"` (als Liste in eckigen Klammern, siehe Abschnitt 6.2.11) bewirkt, dass jeglicher Netzwerkverkehr von der Regel erfasst wird.

Die beiden `allow`-Blöcke erlauben einmal den SSH-Zugang, d. h. Netzwerkverkehr des Protokolls TCP auf Port 22, sowie das ICMP-Protokoll. Letzteres ist für das Prüfen der Verbindung im Fehlerfall unter anderem für das Kommando `ping` notwendig.

Die `google_compute_firewall`-Ressource unterstützt eine Vielzahl weiterer Parameter und unterschiedliche Herangehensweisen zur Konfiguration. Die vollständige Erklärung würde den Rahmen sprengen, Sie finden sie in der Dokumentation des google-Providers zur Ressource `google_compute_firewall` unter *https://registry.terraform.io/providers/hashicorp/google/latest/docs/resources/compute_firewall*.

Erwähnt werden soll hier auch die Möglichkeit, Regeln in eigene `google_compute_firewall_policy_rule`-Ressourcen auszulagern und in einer `google_compute_firewall_policy`-Ressource zum fertigen Regelwerk zu kombinieren. Hierzu konsultieren Sie ebenfalls die Dokumentation zur Ressource: *https://registry.terraform.io/providers/hashicorp/google/latest/docs/resources/compute_firewall_policy_rule*.

Die virtuelle Maschine erstellen

Das Netzwerk und das Subnetz sind definiert und die Firewall-Regeln vorbereitet. Daher können Sie jetzt die virtuelle Maschine selbst konfigurieren. Dafür benötigen Sie noch zwei Dinge: Angaben zum Betriebssystem und die gewünschte Dimensionierung der virtuellen Maschine.

Der Aufbau des Terraform-Codes für eine Ressource des Typs `google_compute_instance` sieht folgendermaßen aus:

```
resource "google_compute_instance" "terraform" {
  name         = "beispiel-instanz"
  machine_type = "[…]"

  boot_disk {
    initialize_params {
      image = "[…]"
    }
  }

  network_interface {
    subnetwork = google_compute_subnetwork.terraform.name
    […]
  }

  metadata = {
    […]
  }
}
```

Die virtuelle Maschine erhält einen Namen, im Beispiel `beispiel-instanz`. Über `machine_type` müssen Sie den Maschinentyp angeben, wie im nächsten Abschnitt erklärt.

Der `boot_disk`-Block enthält Angaben zur ersten virtuellen Festplatte, von der das System startet (engl. *to boot* für starten, daher `boot_disk`). Der Parameter `image` definiert, welches Betriebssystemabbild zum Einsatz kommt, dazu gleich mehr.

Im Block `network_interface` muss das Netzwerk oder Subnetz spezifiziert werden, in dem die Maschine erstellt werden soll. Hierüber wird bestimmt, aus welchem IP-Adressbereich die Maschine eine IP-Adresse bekommt und welche Firewall-Regeln für sie gelten.

Schlussendlich können Sie noch Metadaten für die virtuelle Maschine angeben, im Beispiel wird darüber die SSH-Anmeldung konfiguriert.

Maschinentyp auswählen

Die Dimensionierung der virtuellen Maschine ist die erste wichtige Information, die Sie benötigen. Je nachdem, welche Anwendung Sie in der virtuellen Maschine betreiben wollen, kann es auf die Anzahl oder die Geschwindigkeit der CPU-Kerne ankommen. Oder Ihre Anwendung ist besonders umfangreich, weshalb Sie eine bestimmte Menge an Arbeitsspeicher (RAM) benötigen.

Auch die Google Compute Platform bietet viele verschiedene vorgefertigte Maschinentypen an. Natürlich unterscheiden sich die Kosten, die für den Betrieb einer Instanz anfallen, in Abhängigkeit davon, welche Dimensionierung Sie auswählen. Eine Auflistung der Kosten ist unter *https://cloud.google.com/compute/vm-instance-pricing* zu finden. Hier werden auch Details zu Abrechnungsmodalitäten und Rabatten für dauerhaft laufende Maschinen (24/7, d. h. 24 Stunden an 7 Tagen in der Woche) ausführlich erklärt.

Der einfachste Weg, an eine vollständige Liste der in Ihrem Projekt verfügbaren Maschinentypen zu gelangen, führt über die gcloud-CLI. Um alle im Projekt `terraform-buch` in der Zone `europe-west3-b` verfügbaren Maschinentypen auszugeben, genügt folgender Befehl:

```
$ gcloud compute machine-types list --project terraform-buch
    --filter="zone:( europe-west3-b )"
NAME             ZONE            CPUS  MEMORY_GB DEPRECATED
c2-standard-16   europe-west3-b  16     64.00
c2-standard-30   europe-west3-b  30    120.00
[…]
e2-medium        europe-west3-b   2      4.00
[…]
```

Anfang 2023 wurden in der Zone `europe-west3-b` 127 verschiedene Maschinentypen unterstützt. Im Beispielcode wird der Maschinentyp `e2-medium` verwendet, der zwei virtuelle CPU-Kerne und 4 GB RAM bietet.

Betriebssystemabbild auswählen

Wie andere Cloud-Anbieter bietet auch die Google Cloud Platform eine Vielzahl verschiedener Betriebssysteme und Betriebssystemversionen zur Auswahl an, die in Form von Betriebssystemabbildern (engl. *Image*) bereitgestellt werden. Je nach Betriebssystemabbild kann es sein, dass eine bestimmte Mindestgröße der virtuellen Maschine vorausgesetzt wird (siehe den folgenden Abschnitt zu Maschinentypen). Erklärungen zu Betriebssystemabbildern enthält die GCP-Dokumentation: *https://cloud.google.com/compute/docs/images*.

Die in Ihrem Projekt `terraform-buch` verfügbaren Betriebssystemabbilder können Sie über den folgenden gcloud-CLI-Befehl ermitteln:

```
$ gcloud compute images list --project terraform-buch
NAME                 PROJECT       FAMILY    DEPRECATED STATUS
centos-7-v20221004   centos-cloud  centos-7  READY
[…]
```

Um die Suche noch mehr einzuschränken, können Sie die Ausgabe weiter filtern. Die Debian-Abbilder in GCP werden vom Project `debian-cloud` bereitgestellt:

```
$ gcloud compute images list --project terraform-buch
--filter="PROJECT:( debian-cloud )"
                                                                  DEPRECATED
NAME                                  PROJECT       FAMILY              STATUS
debian-10-buster-v20220920            debian-cloud  debian-10           READY
debian-11-bullseye-arm64-v20220920    debian-cloud  debian-11-arm64     READY
debian-11-bullseye-v20220920          debian-cloud  debian-11           READY
```

Im Beispielcode wird als Betriebssystem Debian 11 genutzt.

Konfiguration der virtuellen Maschine

Die vollständige Konfiguration der virtuellen Maschine, abgelegt in der Datei *instance.tf*, sieht wie folgt aus:

```
resource "google_compute_instance" "terraform" {
  name         = "beispiel-instanz"
  machine_type = "e2-medium"

  boot_disk {
    initialize_params {
      image = "debian-cloud/debian-11"
    }
  }

  network_interface {
    subnetwork = google_compute_subnetwork.terraform.name

    access_config {
    }
  }

  metadata = {
    ssh-keys = "tux:${file(pathexpand("~/.ssh/id_ed25519.pub"))}"
  }
}
```

Wie bereits erläutert, wird der Maschinentyp `e2-medium` verwendet. Als Betriebssystemabbild kommt `debian-cloud/debian-11` zum Einsatz.

Um die Maschine nicht nur mit einer IP-Adresse aus dem (internen) Subnetz zu versorgen, sondern ihr auch eine aus dem Internet erreichbare öffentliche IP-Adresse zuzuweisen, wird der leere Block `access_config` benötigt.

Im `metadata`-Block wurde der Parameter `ssh-keys` hinzugefügt. Dieser erwartet die Angabe eines Benutzernamens und eines öffentlichen SSH-Schlüssels. Der Benutzername, im Beispiel tux, wird verwendet, um einen lokalen Benutzer in der virtuellen Maschine anzulegen. Dieser wird anschließend passend vorbereitet, sodass eine Anmeldung per SSH-Schlüssel möglich ist. Achten Sie hier darauf, nicht den Benutzer root zu verwenden. Dieser würde zwar passend konfiguriert, in den meisten Betriebssystemabbildern ist eine Anmeldung des root-Benutzers jedoch in der Standardkonfiguration des SSH-Diensts untersagt.

Der Parameter ssh-keys kann mit allen gängigen SSH-Schlüsseltypen wie *ssh-rsa*, *ssh-ecdsa* und *ssh-ed25519* umgehen. Die Dokumentation zu den verfügbaren Metadaten von Instanzen und zum Verwalten von SSH-Schlüsseln in den Metadaten gibt weitere Hinweise, die in produktiven Umgebungen zu beachten sind:

- *https://cloud.google.com/compute/docs/metadata/default-metadata-values*
- *https://cloud.google.com/compute/docs/instances/access-overview#ssh-access*

So hat beispielsweise jeder Benutzer, dessen SSH-Schlüssel über die Metadaten hinzugefügt wird, automatische volle root-Berechtigungen per sudo. Für das vorliegende Beispiel ist dies jedoch kein Problem.

Ausgeben der öffentlichen IP-Adresse am Ende des Terraform-Laufs

Auch wenn noch nicht genauer erklärt wurde, was ein output ist, wird er bereits verwendet, um das Beispiel vollständig und benutzerfreundlich zu gestalten. Am Ende des Laufs soll die zugewiesene öffentliche IP-Adresse ausgegeben werden, damit Sie wissen, mit welcher IP-Adresse Sie sich per SSH verbinden sollen, um sich an der virtuellen Maschine anzumelden. Dies wird über die Konfiguration eines output (deutsch Ausgabe) ermöglicht. Mehr zum Thema output finden Sie in Abschnitt 6.3.

Ein output besitzt einen Namen und ein Attribut value, dem ein Wert zugewiesen wird. In diesem Fall ist dies der Wert des Attributs network_interface.0.access_config.0.nat_ip der Ressource google_compute_instance.terraform. Das Attribut ist nicht unbedingt selbsterklärend, alle Details zur HCL-Deklarationssprache werden in Kapitel 7 erläutert. Vorab zum Verständnis in Kürze: Es wird auf die erste Netzwerkschnittstelle (network_interface.0) zugegriffen, deren Konfiguration ein Attribut namens nat_ip enthält. Dies wurde über den leeren access_config-Block in der Definition der virtuellen Maschine aktiviert. Der Inhalt des Attributs nat_ip entspricht der öffentlich erreichbaren IP-Adresse der Instanz.

Die Datei *outputs.tf* enthält die folgenden drei Zeilen:

```
output "Public_IP_der_VM" {
  value = google_compute_instance.terraform.network_interface.0.access_
config.0.nat_ip
}
```

Ausführen des Beispielcodes

Der Beispielcode kann entweder in einzelne Dateien aufgeteilt werden, was die Übersichtlichkeit erhöht, Terraform selbst kommt aber auch damit zurecht, wenn der komplette Code in einer Datei steht. Den vollständigen Beispielcode finden Sie bei den Materialien zum Buch und im Beispiel-Repo.

Damit der Beispielcode ausgeführt werden kann, muss zuerst das Verzeichnis initialisiert werden. Dies geschieht mit dem Befehl `terraform init`.

```
$ terraform init

Initializing the backend...

Initializing provider plugins...
- Finding latest version of hashicorp/google...
- Installing hashicorp/google v4.40.0...
- Installed hashicorp/google v4.40.0 (signed by HashiCorp)

Terraform has created a lock file .terraform.lock.hcl to record the provider
selections it made above. Include this file in your version control repository
so that Terraform can guarantee to make the same selections by default when
you run "terraform init" in the future.

Terraform has been successfully initialized!

You may now begin working with Terraform. Try running "terraform plan" to see
any changes that are required for your infrastructure. All Terraform commands
should now work.

If you ever set or change modules or backend configuration for Terraform,
rerun this command to reinitialize your working directory. If you forget,
other commands will detect it and remind you to do so if necessary.
```

Nach dem erfolgreichen Initialisieren lassen Sie sich die geplanten Änderungen mittels `terraform plan` anzeigen. Die Ausgabe wird im Folgenden gekürzt dargestellt:

```
$ terraform plan

Terraform used the selected providers to generate the following execution
plan. Resource actions are indicated with the following symbols:
  + create
```

```
Terraform will perform the following actions:

  # google_compute_firewall.terraform will be created
  + resource "google_compute_firewall" "terraform" {
      + creation_timestamp = (known after apply)
      + destination_ranges = (known after apply)
      + direction          = (known after apply)
      + enable_logging     = (known after apply)
      + id                 = (known after apply)
      + name               = "erlaube-ssh-und-icmp"
      + network            = "terraform-netzwerk"
      + priority           = 1000
      + project            = (known after apply)
      + self_link          = (known after apply)
      + source_ranges      = [
          + "0.0.0.0/0",
        ]

      + allow {
          + ports = [
              + "22",
            ]
          + protocol = "tcp"
        }
      + allow {
          + ports    = []
          + protocol = "icmp"
        }
    }
[...]
Plan: 4 to add, 0 to change, 0 to destroy.

Changes to Outputs:
  + Public_IP_der_VM = (known after apply)

─────────────────────────────────────────────────────────────────────────────

Note: You didn't use the -out option to save this plan, so Terraform can't
guarantee to take exactly these actions if you run "terraform apply" now.
```

Prüfen Sie, ob die angezeigten Änderungen Ihrer Meinung nach richtig aussehen. Anschließend können Sie durch Ausführen von `terraform apply` Terraform anweisen, die Änderungen in die Tat umzusetzen. `terraform apply` führt nochmals `plan` aus und zeigt die Änderungen ein weiteres Mal an, weshalb die Ausgabe der beiden Befehle nahezu identisch ist.

Erst wenn Sie die Nachfragen mit `yes` bestätigen, fängt Terraform an, die virtuelle Maschine samt allen Ressourcen zu erstellen.


```
$ terraform apply
[...]
Plan: 4 to add, 0 to change, 0 to destroy.

Changes to Outputs:
  + Public_IP_der_VM = (known after apply)

Do you want to perform these actions?
  Terraform will perform the actions described above.
  Only 'yes' will be accepted to approve.

  Enter a value: yes

google_compute_network.terraform: Creating...
google_compute_network.terraform: Still creating... [10s elapsed]
google_compute_network.terraform: Creation complete after 12s [id=projects/
terraform-buch/global/networks/terraform-netzwerk]
google_compute_subnetwork.terraform: Creating...
google_compute_firewall.terraform: Creating...
google_compute_subnetwork.terraform: Still creating... [10s elapsed]
google_compute_firewall.terraform: Still creating... [10s elapsed]
google_compute_firewall.terraform: Creation complete after 11s [id=projects/
terraform-buch/global/firewalls/erlaube-ssh-und-icmp]
google_compute_subnetwork.terraform: Still creating... [20s elapsed]
google_compute_subnetwork.terraform: Creation complete after 22s [id=projects/
terraform-buch/regions/europe-west3/subnetworks/terraform-subnet]
google_compute_instance.terraform: Creating...
google_compute_instance.terraform: Still creating... [10s elapsed]
google_compute_instance.terraform: Creation complete after 13s [id=projects/
terraform-buch/zones/europe-west3-b/instances/beispiel-instanz]

Apply complete! Resources: 4 added, 0 changed, 0 destroyed.

Outputs:

Public_IP_der_VM = "1.2.3.4"
```

Die IP-Adresse wird in Ihrer Ausgabe natürlich von der oben gezeigten Adresse abweichen.

Nach wenigen Sekunden können Sie Ihre virtuelle Maschine über die am Ende des Terraform-Laufs ausgegebene IP-Adresse per SSH erreichen.

Ein direkter Zugang zum Benutzer root ist aus Sicherheitsgründen nicht möglich. Daher wird bei einem Anmeldeversuch mit dem zuvor konfigurierten SSH-Key als Benutzer root folgende Meldung angezeigt:

```
$ ssh root@1.2.3.4
The authenticity of host '1.2.3.4 (1.2.3.4)' can't be established.
[...]
root@1.2.3.4: Permission denied (publickey).
```

Die Fehlermeldung besagt, dass die Anmeldung per SSH-Schlüssel (publickey) erfolgen muss und dass eine Anmeldung als Benutzer root nicht möglich ist. Verwenden Sie stattdessen den konfigurierten Benutzer tux, gelangen Sie ohne Weiteres per SSH auf Ihre virtuelle Maschine:

```
$ ssh tux@1.2.3.4
Linux beispiel-instanz 5.10.0-18-cloud-amd64

tux@beispiel-instanz:~$
```

Aufräumen der erstellten Ressourcen

Wenn die erstellten Ressourcen nicht mehr benötigt werden, können sie mittels terraform destroy entfernt werden. Auch hier erfolgt eine Abfrage, die mit yes beantwortet werden muss.

Eine ausführliche Beschreibung zu terraform destroy ist in Kapitel 12 zu finden.

```
$ terraform destroy
google_compute_network.terraform: Refreshing state... [id=projects/terraform-buch/global/networks/terraform-netzwerk]
google_compute_subnetwork.terraform: Refreshing state... [id=projects/terraform-buch/regions/europe-west3/subnetworks/terraform-subnet]
google_compute_firewall.terraform: Refreshing state... [id=projects/terraform-buch/global/firewalls/erlaube-ssh-und-icmp]
google_compute_instance.terraform: Refreshing state... [id=projects/terraform-buch/zones/europe-west3-b/instances/beispiel-instanz]

Terraform used the selected providers to generate the following execution plan. Resource actions are indicated with the following symbols:
  - destroy
```

```
Terraform will perform the following actions:

  # google_compute_firewall.terraform will be destroyed
  - resource "google_compute_firewall" "terraform" {
      - creation_timestamp = "2022-10-14T05:18:47.200-07:00" -> null
      - destination_ranges = [] -> null
      - direction          = "INGRESS" -> null
[…]
Plan: 0 to add, 0 to change, 4 to destroy.

Do you really want to destroy all resources?
  Terraform will destroy all your managed infrastructure, as shown above.
  There is no undo. Only 'yes' will be accepted to confirm.

  Enter a value: yes

Changes to Outputs:
  - Public_IP_der_VM = "1.2.3.4" -> null
google_compute_firewall.terraform: Destroying… [id=projects/terraform-buch/
global/firewalls/erlaube-ssh-und-icmp]
google_compute_instance.terraform: Destroying… [id=projects/terraform-buch/
zones/europe-west3-b/instances/beispiel-instanz]
[…]
google_compute_network.terraform: Destruction complete after 21s

Destroy complete! Resources: 4 destroyed.
```

4.3.3 Azure

Azure ist die Cloud-Umgebung von Microsoft. Auch wenn Microsoft bisher vor allem als Anbieter von Windows-Betriebssystemen und Office-Anwendungen bekannt war, ist Azure mittlerweile ein ernst zu nehmender Konkurrent für AWS, GCP & Co. Die angebotenen Dienste gehen, ebenfalls wie bei den genannten Alternativen, weit über bloße virtuelle Maschinen hinaus. Und wie bei den anderen Cloud-Anbietern gibt es neben virtuellen Maschinen mit Windows eine Vielzahl unterschiedlicher Linux-Distributionen.

Auch bei Microsoft Azure kann mittels Terraform eine große Anzahl an Diensten konfiguriert oder orchestriert werden. Hierfür wird der Azure-Provider (*azurerm*-Provider) verwendet. Eine komplette Auflistung aller im azurerm-Provider verfügbaren Ressourcen finden Sie in der Dokumentation des Providers unter *https://registry.terraform.io/providers/hashicorp/azurerm/latest/docs*.

Die Dokumentation sollte stets parallel zur Entwicklung konsultiert werden, da sich die API-Schnittstellen auf der Azure-Seite schnell ändern können und gegebenenfalls Anpassungen an der Konfiguration des Providers benötigen. Auch werden kontinuierlich zusätzliche Dienste bereitgestellt, die dann peu à peu vom Provider unterstützt werden.

- Terraform Registry: *https://registry.terraform.io/providers/hashicorp/azurerm/latest/*
- GitHub: *https://github.com/hashicorp/terraform-provider-azurerm/*

Falls Sie sich darüber wundern, was das *rm* im Providernamen soll: Die APIs, die vom azurerm-Provider angesprochen werden, gehören zum *Azure Resource Manager*. Da es auch noch einen Provider gibt, der ein *Azure Active Directory* konfigurieren kann, wurde zur Unterscheidung nicht der allgemeine Name `azure` verwendet.

Benötigte Zugangsdaten für den azurerm-Provider

Damit Sie den azurerm-Provider mit Terraform verwenden können, muss dieser sich an der Azure-API anmelden dürfen. Um an die hierfür benötigten Zugangsdaten zu gelangen und diese zu konfigurieren, gibt es mehrere Möglichkeiten.

Der einfachste und am meisten verwendete Weg ist, die Azure-CLI zu nutzen. Mit diesem Kommandozeilenprogramm lassen sich alle Komponenten von Azure steuern, wenn dem Benutzerkonto die entsprechenden Berechtigungen eingeräumt wurden. Terraform kann auf die Zugangsdaten, die die Azure-CLI verwendet, zugreifen, um mit der Azure-API zu kommunizieren.

Eine andere Möglichkeit, den azurerm-Provider mit Azure zu verbinden, ist die Verwendung eines sogenannten Service Principal. Ein *Service Principal* ist ein technischer Benutzer, der sich mittels eines Passworts (*Client Secret*) oder Zertifikats (*Client Certificate*) an der Azure-API anmelden darf.

Beide Wege werden im Folgenden erläutert.

Bereitstellung der Zugangsdaten per Azure-CLI

Zur Nutzung der Azure-CLI muss diese erst installiert werden. Für die Betriebssysteme Windows und macOS sowie die Linux-Distributionen Debian/Ubuntu, RHEL/Fedora/CentOS und openSUSE/SLE gibt es fertige Pakete, deren Installation auch in der Azure-CLI-Dokumentation erklärt wird: *https://learn.microsoft.com/de-de/cli/azure/install-azure-cli*.

Sollten Sie eine Distribution einsetzen, die nicht in der vorangegangenen Aufzählung aufgeführt ist, steht zumindest eine skriptbasierte Installationsmethode zur Verfügung.

Um die Azure-CLI unter Linux zu installieren, stellt Microsoft kleine Skripte bereit, die mit nur einem Befehl die Azure-CLI über den Paketmanager der Distribution installieren. In allen Fällen sollten Sie etwaige distributionseigene Azure-CLI-Pakete deinstallieren, damit es bei der Installation der offiziellen Pakete nicht zu Problemen kommt.

Installation der Azure-CLI unter Debian und Ubuntu

Zur Installation der Azure-CLI unter Debian (10, 11) bzw. Ubuntu (18.04 LTS, 20.04 LTS, 22.04 LTS) führen Sie bitte nachfolgende Befehle aus. Diese Befehle

- installieren alle Abhängigkeiten zum Anlegen der Paketquelle,
- installieren den GPG-Schlüssel, den Microsoft zum Signieren der Pakete verwendet,
- legen die Paketquelle an und
- installieren zum Schluss das Paket `azure-cli`.

Bestätigen Sie die Rückfragen bei der Installation der Pakete mit `y`.

```
$ sudo apt update
[...]
$ sudo apt install ca-certificates curl apt-transport-https lsb-release gnupg
[...]
$ curl -sL https://packages.microsoft.com/keys/microsoft.asc | gpg --dearmor |
sudo tee /etc/apt/trusted.gpg.d/microsoft.gpg > /dev/null
$ AZ_REPO=$(lsb_release -cs)
$ echo "deb [arch=amd64] https://packages.microsoft.com/repos/azure-cli/
$AZ_REPO main" | sudo tee /etc/apt/sources.list.d/azure-cli.list
[...]
$ sudo apt update
[...]
$ sudo apt install azure-cli
[...]
$ az version
{
  "azure-cli": "2.42.0",
  "azure-cli-core": "2.42.0",
  "azure-cli-telemetry": "1.0.8",
  "extensions": {}
}
```

Installation der Azure-CLI unter RHEL, CentOS und anderen RHEL-Klonen

Microsoft pflegt eine YUM-Paketquelle, die auf den folgenden Linux-Distributionen verwendet werden kann:

- Red Hat Enterprise Linux 8 und 9
- CentOS Stream 8 und 9
- RHEL-kompatiblen Distributionen wie AlmaLinux 8 und 9, RockyLinux 8 und 9 oder Oracle Linux 8 und 9

Seit Azure-CLI-Version 2.40.0 (erschienen am 02.08.2022) werden keine RPM-Pakete für RHEL7 und CentOS7 mehr veröffentlicht. Version 2.39.0 kann weiterhin verwendet werden, erhält aber keine Sicherheitsupdates oder Fehlerbehebungen.

Bitte beachten Sie, dass die Azure-CLI zwingend Python 3 voraussetzt. Da Python 2 jedoch bereits seit Anfang 2020 nicht mehr gepflegt wird, sollte ein Umstieg auf Python 3 bereits erfolgt sein.

Vor dem Hinzufügen der Paketquelle muss der GPG-Schlüssel, den Microsoft zum Signieren der Pakete verwendet, installiert werden.

```
sudo rpm --import https://packages.microsoft.com/keys/microsoft.asc
```

Anschließend kann die Paketquelle angelegt werden, je nach Betriebssystemversion verwenden Sie einen der folgenden Befehle.

RHEL9, CentOS9 etc.:

```
sudo dnf install -y https://packages.microsoft.com/config/rhel/9.0/packages-
microsoft-prod.rpm
```

RHEL8, CentOS8 etc.:

```
sudo dnf install -y https://packages.microsoft.com/config/rhel/8.0/packages-
microsoft-prod.rpm
```

RHEL7 und CentOS7:

```
echo -e "[azure-cli]
name=Azure-CLI
baseurl=https://packages.microsoft.com/yumrepos/azure-cli
enabled=1
gpgcheck=1
gpgkey=https://packages.microsoft.com/keys/microsoft.asc" | sudo tee /etc/
yum.repos.d/azure-cli.repo
```

Die Installation erfolgt mit dem `dnf`-Paketmanager, auf RHEL7/CentOS7 nutzen Sie bitte anstelle von `dnf` das Kommando `yum`.

```
sudo dnf install azure-cli
```

Installation der Azure-CLI unter Fedora

Zur Installation der Azure-CLI unter Fedora müssen Sie den GPG-Schlüssel importieren, mit dem Microsoft die Pakete signiert. Anschließend können Sie die Paketquelle hinzufügen und das Paket `azure-cli` installieren.

Die Versionsnummer, `36` im Beispiel, passen Sie der Version Ihrer Distribution entsprechend an.

Beachten Sie, dass die Azure-CLI zwingend Python 3 voraussetzt. Fedora enthält jedoch ausreichend aktuelle Python 3-Pakete.

```
sudo rpm --import https://packages.microsoft.com/keys/microsoft.asc
sudo dnf install -y https://packages.microsoft.com/config/fedora/36/packages-
microsoft-prod.rpm
sudo dnf install azure-cli
```

Installation der Azure-CLI unter openSUSE oder SUSE Linux Enterprise (SLE)

Auch unter openSUSE und SUSE Linux Enterprise (SLE) gibt es fertige Pakete für die Azure-CLI. Getestet und bereitgestellt werden diese Pakete für openSUSE Leap 15.x sowie SLES 15. Wie bei RHEL/CentOS und Fedora setzt die Azure-CLI zwingend Python 3 voraus, was aber in einer ausreichend aktuellen Version von der Distribution bereitgestellt wird.

Der erste Schritt ist die Installation des GPG-Schlüssels, der von Microsoft zum Signieren der Pakete verwendet wird.

```
sudo rpm --import https://packages.microsoft.com/keys/microsoft.asc
```

Im nächsten Schritt wird die Paketquelle angelegt:

```
sudo zypper addrepo --name 'Azure-CLI' --check https://packages.microsoft.com/
yumrepos/azure-cli azure-cli
```

Nun können Sie die Paketquellen aktualisieren lassen und das Paket installieren:

```
sudo zypper refresh
sudo zypper install --from azure-cli azure-cli
```

Installation der Azure-CLI auf anderen Linux-Distributionen

Wenn Ihre Linux-Distribution in der offiziellen Liste nicht erwähnt wird, bleiben Ihnen drei Möglichkeiten.

Bei Distributionen, die auf offiziell unterstützten Distributionen basieren, kann es sein, dass das von Microsoft bereitgestellte Paket funktioniert. Beispielsweise basiert Linux Mint auf Ubuntu, daher können Sie Ihr Glück mit der Installationsmethode für Debian/Ubuntu versuchen.

Bei anderen Linux-Distributionen stellt die Distribution Pakete für die Azure-CLI zur Verfügung. Für Arch Linux existiert ein AUR-Paket für die Azure-CLI, das aktiv gepflegt und auf dem neuesten Stand gehalten wird. Je nach Distribution kann es jedoch vorkommen, dass die Distributionspakete nur veraltete Versionen bereitstellen. In diesem Fall weichen Sie bitte auf die Installation per Skript aus, die in der offiziellen Dokumentation beschrieben wird: *https://learn.microsoft.com/de-de/cli/azure/install-azure-cli-linux?pivots=script*.

Für die Installation per Skript müssen folgende Abhängigkeiten erfüllt sein, da ohne sie das Skript nicht erfolgreich ausgeführt werden kann. Auch kann anderenfalls die fehlerfreie Nutzung der Azure-CLI nicht garantiert werden.

- Python 3.6.X, 3.7.X oder 3.8.X
- libffi
- OpenSSL 1.0.2
- curl

Die eigentliche Installation kann mit dem Befehl `curl -L https://aka.ms/InstallAzureCli | sudo bash` gestartet werden.

Installation der Azure-CLI unter Windows

Für Windows stellt Microsoft ein fertiges MSI-Paket bereit. Dieses kann unter *https://aka.ms/installazurecliwindows* heruntergeladen und installiert werden.

Installation der Azure-CLI unter macOS

Unter macOS kann die Azure-CLI mit dem Paketmanager Homebrew für den aktuellen Benutzer installiert werden.

```
brew update
brew install azure-cli
```

Anmeldung mit der Azure-CLI

Nach der Installation der Azure-CLI können Sie sich anmelden, d. h. der Azure-CLI Zugriff auf Azure unter Ihrer Benutzerkennung erlauben. Mit dem Befehl `az login` auf der Kommandozeile starten Sie den Vorgang. Es öffnet sich ein Browserfenster, in dem Sie sich bei Azure anmelden. Nach erfolgreicher Anmeldung erhalten Sie in einer kurzen Notiz die Info, dass der Browser geschlossen werden kann. Die Azure-CLI ist nun erfolgreich angebunden.

```
$ az login
The default web browser has been opened at https://login/.microsoftonline.com/
organizations/oauth2/v2.0/authorize. Please continue the login in the web
browser. If no web browser is available or if the web browser fails to open,
use device code flow with az login --use-device-code.
```

```
[
  {
    "cloudName": "AzureCloud",
    "homeTenantId": "01189998-8199-9119-7253-011899988199",
    "id": "91197253-0118-9998-8199-911972530118",
    "isDefault": true,
    "managedByTenants": [],
    "name": "Azure subscription 1",
    "state": "Enabled",
    "tenantId": "99988199-9119-7253-0118-999881999119",
    "user": {
      "name": "tux@terraformbuch.de",
      "type": "user"
    }
  }
]
```


Sollten in der Ausgabe mehr Einträge als im obigen Beispiel angezeigt werden, sind für Ihr Benutzerkonto mehrere sogenannte *Subscriptions* verfügbar. In diesem Fall können Sie mittels `az account set --subscription="SUBSCRIPTION_ID"` eine Subskription auswählen. Alternativ können Sie, wie gleich erläutert wird, die Subskription im Terraform-Code angeben.

Authentifizierung mit einem technischen Benutzer (Service Principal)

Die zweite Möglichkeit zur Authentifizierung des azurerm-Providers ist die Verwendung eines technischen Benutzers. Bei Azure wird dieser *Service Principal* genannt.

In vielen Fällen kann die Anmeldung per `az login` über ein Browserfenster, wie sie die Azure-CLI voraussetzt, nicht automatisiert ausgeführt werden. Dies trifft vor allem auf CI/CD-Systeme oder andere Automationslösungen zu. In diesem Fall kann ein technischer Benutzer zum Einsatz kommen. Dieser muss von Ihnen explizit erstellt werden, kann sich anschließend jedoch ohne Interaktion per Passwort (*Client Secret*) oder Zertifikat (*Client Certificate*) bei Azure anmelden.

Zum Anlegen eines solchen technischen Benutzers kann die Azure-CLI verwendet werden – das wird in diesem Abschnitt erklärt. Alternativ können Sie den technischen Benutzer über die Weboberfläche erstellen, wie die Dokumentation veranschaulicht: *https://learn.microsoft.com/de-de/azure/active-directory/develop/app-objects-and-service-principals*.

Zur Verwendung mit Terraform sollte ein technischer Benutzer mit der Rolle `contributor` angelegt werden. Dieser besitzt die notwendigen Berechtigungen, um Ressourcen anzulegen und wieder zu löschen. Als Wert für `--scope` verwenden Sie die beim

Ausführen von `az login` ausgegebene `id` (im Beispiel `"id": "91197253-0118-9998-8199-911972530118"`).

```
$ az ad sp create-for-rbac --display-name="terraform" --role="Contributor"
      --scopes="/subscriptions/91197253-0118-9998-8199-911972530118"
Creating 'Contributor' role assignment under scope '/subscriptions/91197253-
0118-9998-8199-911972530118"
The output includes credentials that you must protect. Be sure that you do not
include these credentials in your code or check the credentials into your
source control. For more information, see https://aka/.ms/azadsp-cli
{
  "appId": "01189998-8199-9119-7253-011899988199",
  "displayName": "azure-cli-2022-01-18-23-42-48",
  "password": "1ZZQlI_xxxxXXXXxxxxxxxxxx4~Sj29X",
  "tenant": "99988199-9119-7253-0118-999881999119"
}
```

Die Werte in der Ausgabe des Befehls speichern Sie bitte sicher und behandeln sie vertraulich, da mit diesen Zugangsdaten eine Anmeldung in Azure und damit der Zugriff auf Ihre Infrastruktur möglich ist.

Konfiguration des azurerm-Providers

Nachdem Sie sich entweder per Azure-CLI authentifiziert oder einen technischen Benutzer angelegt haben, müssen Sie diese Informationen noch dem azurerm-Provider mitteilen. Abhängig von der Methode, die Sie gewählt haben, sind unterschiedliche Konfigurationsoptionen anzuwenden.

Konfiguration bei Verwendung der Anmeldung per Azure-CLI

Wenn Sie die Azure-CLI zur Authentifizierung nutzen können, genügt der folgende Block in der Datei *provider.tf*:

```
provider "azurerm" {
  features {}
}
```

Dann ist Terraform bereit, mit der Azure-API zu kommunizieren, und kann Ressourcen anlegen und verwalten.

Falls Sie beim Log-in per `az login` mehr als einen Eintrag als Ausgabe erhalten haben, sind für Ihren Zugang mehrere sogenannte *Subscriptions* aktiv. In diesem Fall müssen Sie dem azurerm-Provider die entsprechende `subscription_id` mitteilen:

```
provider "azurerm" {
  features {}
```

```
  subscription_id = "91197253-0118-9998-8199-911972530118"
}
```

Alternativ können Sie dies über den Befehl `az account set --subscription="SUBSCRIPTION_ID"` außerhalb von Terraform konfigurieren. Aus unserer Sicht ist es jedoch sinnvoll, derartige Informationen im Terraform-Code zu setzen und damit zu dokumentieren. Zudem würde der Befehl auch andere Nutzungen als Terraform beeinflussen, was unter Umständen nicht gewünscht ist.

Sollten in Ihrem Azure-Zugang mehrere *Tenants* verfügbar sein, muss der gewünschte Tenant über den Parameter `tenant_id` gesetzt werden.

```
provider "azurerm" {
  features {}
  subscription_id = "91197253-0118-9998-8199-911972530118"
  tenant_id       = "99988199-9119-7253-0118-999881999119"
}
```

Konfiguration bei Verwendung eines technischen Benutzers (Service Principal)

Wollen Sie einen technischen Benutzer mit Terraform verwenden, sind die dafür nötigen Zugangsdaten in Form von Umgebungsvariablen zu setzen. Die in Abschnitt 4.2, »Konfiguration und Authentifizierung«, ausgesprochene Warnung gilt auch hier: Umgebungsvariablen können ein Sicherheitsrisiko darstellen.

Zur Konfiguration über Umgebungsvariablen benötigen Sie vier Variablen, die die vier Informationen zu Subskription, `tenant` sowie ID und Passwort des technischen Benutzers setzen. Unglücklicherweise sind die Bezeichnungen der Umgebungsvariablen nicht deckungsgleich mit der Ausgabe beim Erstellen des *Service Principal*.

```
$ az ad sp create-for-rbac --role="Contributor" --scopes="/subscriptions/
    91197253-0118-9998-8199-911972530118"
[...]
{
  "appId": "01189998-8199-9119-7253-011899988199",
  "displayName": "azure-cli-2022-01-18-23-42-48",
  "password": "1ZZQlI_xxxxXXXXXxxxxxxxxx4~Sj29X",
  "tenant": "99988199-9119-7253-0118-999881999119"
}
```

- Die Ausgabe von `appID` wird als Wert für `ARM_CLIENT_ID` verwendet.
- Die Ausgabe von `password` wird als Wert für `ARM_CLIENT_SECRET` gesetzt.
- Die Ausgabe von `tenant` enthält die ID des `tenant` und wird als `ARM_TENANT_ID` genutzt.

Zusätzlich benötigen Sie noch eine Variable ARM_SUBSCRIPTION_ID, der Sie als Wert die ID Ihrer Subskription geben.

Das Setzen der Umgebungsvariablen in einer bash-Shell auf einem System mit macOS, Linux oder einem anderen Unix-artigen Betriebssystem (FreeBSD, OpenBSD ...) bewerkstelligen Sie über die folgenden Befehle:

```
export ARM_CLIENT_ID="01189998-8199-9119-7253-011899988199"
export ARM_CLIENT_SECRET="1ZZQlI_xxxxXXXXXxxxxxxxxxx4~Sj29X"
export ARM_SUBSCRIPTION_ID="91197253-0118-9998-8199-911972530118"
export ARM_TENANT_ID="99988199-9119-7253-0118-999881999119"
```

Je nach verwendeter Shell muss die Syntax gegebenenfalls angepasst werden, z. B. für die fish- oder die zsh-Shell.

Um die Einstellungen dauerhaft zu setzen, sodass sie auch nach einem Neustart oder einer Neuanmeldung des aktuellen Benutzers greifen, ist diese Zeile in die entsprechende Konfigurationsdatei der verwendeten Shell einzufügen. Für die bash-Shell wäre dies je nach System entweder *~/.profile*, *~/.bash_profile* oder *~/.bashrc*, bei der zsh-Shell entsprechend *~/.zshrc*.

Auf einem Windows-System können Umgebungsvariablen mittels des setx-Kommandos gesetzt werden, und zwar sowohl in der PowerShell als auch in der Batch-Kommandozeile. setx schreibt die Variable in die Windows-Registry für den aktuell angemeldeten Benutzer. Dies bewirkt, dass die Variable auch nach einem Neustart gesetzt ist, hat aber auch zur Folge, dass die Variable im aktuellen Fenster, in dem der Befehl ausgeführt wurde, nicht gesetzt, sondern erst in einem neu geöffneten Fenster gültig ist. Für CI/CD-Systeme, bei denen technische Benutzer am häufigsten zum Einsatz kommen, sollte Windows jedoch nur eine vernachlässigbare Rolle spielen.

Weitere Konfigurationsoptionen

Wie der Dokumentation des azurerm-Providers unter *https://registry.terraform.io/providers/hashicorp/azurerm/latest/docs* zu entnehmen ist, können Sie in der Providerkonfiguration, d. h. im Block provider, weitere Optionen setzen. Anders als z. B. beim aws-Provider (vgl. Abschnitt 4.3.1) beziehen sich die meisten Optionen auf einzelne vom azurerm-Provider unterstützte Ressourcen. So kann zum Beispiel konfiguriert werden, ob die Betriebssystemfestplatte einer virtuellen Maschine beim Entfernen der virtuellen Maschine gelöscht wird. Zwar muss die Festplatte manuell gelöscht werden, jedoch kann dadurch verhindert werden, dass Daten ungewollt verloren gehen.

Da es sich hierbei um Funktionen handelt, werden diese im features-Parameter angegeben, wie im folgenden Beispiel gezeigt:

```
provider "azurerm" {
  features {
```

```
    virtual_machine {
      delete_os_disk_on_deletion = false
    }
  }
}
```


[«]

Besonderheiten von Azure

Funktionen wie diese sind bei anderen Cloud-Anbietern nicht vorhanden. Sie entsprechen nicht dem *Cloud-native*-Ansatz und ermöglichen einen sanfteren Umstieg in die Cloud von On-premise-Umgebungen. Grundsätzlich sollten Sie bei Ihrem Umzug in die Cloud diese Funktionen wenn möglich nicht nutzen. Sie suggerieren falsche Sicherheiten und nehmen Ihnen indirekt die Notwendigkeit ab, sich vollumfänglich um Backup-Strategien zu kümmern. Außerdem fördern sie das Mitschleppen von technischen Schulden oder suboptimalen Designentscheidungen bezüglich Ihrer Landschaft. Vielmehr dienen sie dazu, schnell, aber nicht gut durchdacht, in die Cloud zu wechseln.

Beispielcode

Das nun folgende Codebeispiel erstellt eine virtuelle Maschine in der Region West Europe sowie alle nötigen Ressourcen, um die VM von außen per SSH erreichbar zu machen. Bitte beachten Sie, dass beim Wechsel der Region andere Bezeichnungen z. B. für Betriebssystemabbilder verwendet werden müssen.

Der Beispielcode ist auch im Git-Repository zu diesem Buch verfügbar.

Definieren der erforderlichen Provider

Üblicherweise wird in der Datei *versions.tf* die Liste der erforderlichen Provider definiert:

```
terraform {
  required_providers {
    azurerm = {
      source = "hashicorp/azurerm"
    }
  }
}
```

Beim Aufruf von `terraform init` kümmert sich Terraform darum, alle als erforderlich definierten Provider, gegebenenfalls in der erforderlichen Version, herunterzuladen und bereitzustellen.

Erstellen einer Ressourcengruppe

Azure benötigt zuallererst eine Ressourcengruppe (`resource group`), in der Ressourcen erstellt werden können. Sinnvoll ist diese Gruppierung in dem Moment, in dem Ressourcen aus unterschiedlichen Bereichen oder Umgebungen (`stages`, d. h. DEV/QA/PROD oder Ähnliches) erstellt werden. Über die Ressourcengruppen sind sie logisch getrennt, was unter anderem die Suche über das Azure-Webportal ungemein erleichtert.

Zum Anlegen einer Ressourcengruppe benötigt der azurerm-Provider neben einem Namen noch eine `location`-Angabe dazu, in welcher Region bzw. in welchem Rechenzentrum die Ressourcen abgelegt werden sollen. Eine Übersicht aller verfügbaren *Locations* gibt der Befehl `az account list-locations -o table` aus. Wichtig für den azurerm-Provider ist die Spalte `DisplayName`.

Der folgende Terraform-Code, abgelegt in einer Datei namens *resource_group.tf*, erstellt eine Ressourcengruppe in Westeuropa:

```
resource "azurerm_resource_group" "terraform" {
  name     = "terraform-resources"
  location = "West Europe"
}
```

Erstellen eines Netzwerks mit einem Subnetz

Um eine virtuelle Maschine zu erstellen, muss zuerst ein Netzwerk existieren, in dem wiederum ein Subnetz angelegt wird. Die Ressource `azurerm_virtual_network` erstellt ein Netzwerk, muss dazu aber wissen, in welcher Region und in welcher Ressourcengruppe das Netzwerk angelegt werden soll. Der folgende Code in der Datei *network.tf* greift dafür auf die erstellte `azurerm_resource_group` namens `terraform` zurück.

Nach dem Erzeugen des Netzwerks wird ein Subnetz erstellt, dem wiederum die Namen der Ressourcengruppe und des eben erstellten Netzwerks mitgegeben werden.

```
resource "azurerm_virtual_network" "terraform" {
  name                = "terraform-network"
  resource_group_name = azurerm_resource_group.terraform.name
  location            = azurerm_resource_group.terraform.location
  address_space       = ["10.0.0.0/16"]
}

resource "azurerm_subnet" "terraform" {
  name                 = "terraform-subnet"
  resource_group_name  = azurerm_resource_group.terraform.name
  virtual_network_name = azurerm_virtual_network.terraform.name
  address_prefixes     = ["10.0.2.0/24"]
}
```

Wichtig ist an dieser Stelle, dass der IP-Adressbereich des Subnetzes (Parameter address_prefixes) innerhalb des Virtual-Network-Adressbereichs (Parameter address_space) liegt. Im Beispiel wird für das Subnetz ein Adressbereich von 10.0.2.0/24 verwendet, der innerhalb des IP-Bereichs 10.0.0.0/16 des Netzwerks liegt.

Konfiguration der Firewall-Regeln über eine Sicherheitsgruppe (Security Group)

Wenn die virtuelle Maschine von Azure gestartet wird, soll eine Anmeldung per SSH über die der VM zugewiesene öffentliche IP-Adresse möglich sein. Azure arbeitet, im Unterschied zu vielen anderen Cloud-Anbietern, mit einer sogenannten *Allow by Default*-Firewall-Konfiguration. Dies bedeutet, dass standardmäßig (*by Default*) jeglicher Traffic zu und von einer virtuellen Maschine erlaubt ist. Aus unserer Sicht ist es keine gute Praxis, virtuelle Maschinen ungeschützt direkt erreichbar zu machen. Daher wird im Beispiel eine Sicherheitsgruppe eingerichtet und nur SSH-Zugriff auf Port 22 (TCP-Protokoll) erlaubt. Zusätzlich zur im Beispiel erstellten Regel für SSH legt Azure standardmäßig Regeln an, die allen ausgehenden Verkehr erlauben und allen eingehenden Verkehr unterbinden. Die DenyAllInbound-Regel, die mit niedrigster Priorität erstellt wird, verbietet allen eingehenden Netzwerkverkehr. Der SSH-Zugriff wird jedoch weiterhin erlaubt, da die im Beispiel erstellte Regel eine höhere Priorität hat.

Wie AWS nutzt auch Azure sogenannte Sicherheitsgruppen (*Security Groups*), denen im Gegensatz zum AWS-Beispiel in Abschnitt 4.3.1 eine oder mehrere Firewall-Regeln zugeordnet werden. Diese werden in separaten Ressourcen des Typs azurerm_network_security_rule konfiguriert.

Es können mehrere dieser Sicherheitsgruppen erstellt werden, um alle Anwendungsfälle (Webserver, Datenbanken etc.) abzubilden. Die Sicherheitsgruppe wird anschließend einer Netzwerkschnittstelle (*Network Interface*) zugewiesen. Diese Netzwerkschnittstelle wird im übernächsten Abschnitt erstellt und beim Erzeugen einer virtuellen Maschine mit dieser verknüpft.

In der Datei *security_group.tf* legen Sie eine Ressource des Typs azurerm_network_security_group an. Diese leere Hülle wird anschließend mit der Regel azurerm_network_security_rule verknüpft. Die Sicherheitsgruppe benötigt wieder Informationen zur Region und zur Ressourcengruppe. Die Regelressource wird einerseits der Ressourcengruppe zugeordnet und andererseits über den Parameter network_security_group_name mit der Sicherheitsgruppe verknüpft.

```
resource "azurerm_network_security_group" "terraform" {
  name                = "terraform-security-group"
  location            = azurerm_resource_group.terraform.location
  resource_group_name = azurerm_resource_group.terraform.name
}
```

```
resource "azurerm_network_security_rule" "terraform" {
  name                        = "terraform-security-rule"
  priority                    = 100
  direction                   = "Inbound"
  access                      = "Allow"
  protocol                    = "Tcp"
  source_port_range           = "*"
  destination_port_range      = "22"
  source_address_prefix       = "*"
  destination_address_prefix  = "*"
  resource_group_name         = azurerm_resource_group.terraform.name
  network_security_group_name = azurerm_network_security_group.terraform.name
}
```

Bei den Regeln werden nicht nur die Ports (`source_port_range` bzw. `destination_port_range`) oder die IP-Adressen (`source_address_prefix` bzw. `destination_address_prefix`) benötigt. Über den Parameter `direction` wird festgelegt, ob die Regel für eingehenden (`Inbound`) oder ausgehenden (`Outbound`) Netzwerkverkehr gelten soll.

Ob die Regel den Netzwerkverkehr erlaubt oder verbietet, wird über den Parameter `access` konfiguriert. `Allow` wie in dem Beispiel erlaubt den Zugriff, `Deny` verbietet ihn.

Konfiguration einer öffentlichen IP-Adresse

Die virtuelle Maschine soll per SSH aus dem Internet erreichbar sein, was eine öffentliche IP-Adresse voraussetzt. Um der virtuellen Maschine zusätzlich zu einer IP-Adresse aus dem oben erstellten Subnetz (IP-Adressbereich `10.0.2.0/24`) eine öffentliche IP-Adresse zuzuweisen, wird im azurerm-Provider eine `azurerm_public_ip`-Ressource benötigt.

Der Code in der Datei *public_ip.tf* sieht folgendermaßen aus:

```
resource "azurerm_public_ip" "terraform" {
  name                = "terraform-public-ip"
  resource_group_name = azurerm_resource_group.terraform.name
  location            = azurerm_resource_group.terraform.location
  allocation_method   = "Static"
}
```

Wie bei den anderen bisher erstellten Ressourcen werden wiederum die Region und die Ressourcengruppe angegeben. Zusätzlich wird der Parameter `allocation_method` benötigt. Dieser Parameter drückt aus, ob die öffentliche IP-Adresse erst zugeteilt wird, wenn sie verwendet wird, oder ob sie direkt reserviert wird. Der Wert `Dynamic` legt die dynamische Zuteilung bei Verwendung fest, `Static` bewirkt eine direkte Reservierung. Näheres zu diesem und anderen unterstützten Parametern enthält die

Dokumentation der azurerm_public_ip-Ressource unter *https://registry.terraform.io/providers/hashicorp/azurerm/latest/docs/resources/public_ip*.

Erstellen einer Netzwerkschnittstelle

Als Nächstes wird über eine azurerm_network_interface-Ressource eine Netzwerkschnittstelle erstellt, die bei der Konfiguration der virtuellen Maschine dieser zugewiesen wird.

Die Datei *network_interface.tf* sieht wie folgt aus:

```
resource "azurerm_network_interface" "terraform" {
  name                = "terraform-nic"
  location            = azurerm_resource_group.terraform.location
  resource_group_name = azurerm_resource_group.terraform.name

  ip_configuration {
    name                          = "internal"
    subnet_id                     = azurerm_subnet.terraform.id
    private_ip_address_allocation = "Dynamic"
    public_ip_address_id          = azurerm_public_ip.terraform.id
  }
}
```

Im Block ip_configuration muss das Subnetz angegeben werden, das dieser Netzwerkschnittstelle zugeordnet werden soll. Auch kann konfiguriert werden, ob eine nicht-öffentliche IP-Adresse per DHCP zugeteilt werden soll oder die IP-Adresse selbst angegeben wird.

Zum Schluss wird die Netzwerkschnittstelle noch mit der öffentlichen IP-Adresse verknüpft.

Zuweisen einer Sicherheitsgruppe für die Netzwerkschnittstelle

Da an dieser Stelle sowohl die Netzwerkschnittstelle als auch die Sicherheitsgruppe definiert wurden, ist es an der Zeit, beide miteinander zu verheiraten. Hierfür kommt die Ressource azuremrm_network_interface_security_association zum Einsatz, die Sie in der Datei *security_group_association.tf* abspeichern:

```
resource "azurerm_network_interface_security_group_association" "terraform" {
  network_interface_id      = azurerm_network_interface.terraform.id
  network_security_group_id = azurerm_network_security_group.terraform.id
}
```

Der Code sollte selbsterklärend sein, verknüpft er doch nur die zuvor erstellte Sicherheitsgruppe (azurerm_network_security_group.terraform.id) mit der Netzwerkschnittstelle (azurerm_network_interface.terraform.id), wobei in beiden Fällen IDs erwartet werden.

Erstellen einer virtuellen Maschine

Zum Schluss geht es an die Konfiguration der virtuellen Maschine. Speichern Sie den folgenden Code in einer Datei namens *virtual_machine.tf*:

```
resource "azurerm_linux_virtual_machine" "terraform" {
  name                = "terraform-machine"
  resource_group_name = azurerm_resource_group.terraform.name
  location            = azurerm_resource_group.terraform.location

  size = "Standard_F2"

  admin_username = "adminuser"
  admin_ssh_key {
    username   = "adminuser"
    public_key = file(pathexpand("~/.ssh/id_rsa.pub"))
  }

  network_interface_ids = [
    azurerm_network_interface.terraform.id,
  ]

  os_disk {
    caching              = "ReadWrite"
    storage_account_type = "Standard_LRS"
  }

  source_image_reference {
    publisher = "SUSE"
    offer     = "opensuse-leap-15-4"
    sku       = "gen1"
    version   = "latest"
  }
}
```

Anders als beim aws-Provider, der in Abschnitt 4.3.1 vorgestellt wurde, erfordert die Definition der virtuellen Maschine beim azurerm-Provider mehr als nur die Angabe der Größe, des Betriebssystems und der Netzwerkschnittstelle.

Wie mittlerweile gewohnt, müssen auch bei der Definition der virtuellen Maschine die Ressourcengruppe sowie die Region (*Location*) angegeben werden. Eine Erklärung der restlichen Parameter folgt in den nächsten Abschnitten.

Angabe der Dimensionen der virtuellen Maschine

Der Parameter `size` gibt die Dimensionen der virtuellen Maschine an, also wie viele virtuelle CPU-Kerne und wie viel Arbeitsspeicher (RAM) die virtuelle Maschine bekommen soll. Eine Übersicht über alle verfügbaren Größen in der Region `westeurope` kann per `az vm list-sizes --location westeurope -o table` angezeigt werden. Eine Beschreibung dazu, welche Größe für welchen Anwendungszweck nach dem Dafürhalten des Azure-Teams am sinnvollsten ist, finden Sie in der Azure-Dokumentation: *https://docs.microsoft.com/de-de/azure/virtual-machines/sizes*.

Angaben zu Benutzer und SSH-Authentifizierung mit öffentlichem Schlüssel

Um das Anmelden per SSH zu erlauben, müssen Sie in der Konfiguration der virtuellen Maschine einen Benutzer sowie einen öffentlichen SSH-Schlüssel angeben. Die virtuelle Maschine wird nach dem Start dahin gehend angepasst, dass ein Log-in per SSH über den angegebenen SSH-Schlüssel möglich ist.

Der Parameter `admin_username` muss bei jeder Ressource des Typs `azurerm_linux_virtual_machine` angegeben werden. Er beschreibt den Benutzernamen des lokalen Administrators für diese virtuelle Maschine.

Zusätzlich zum Namen des Benutzers müssen Sie noch Details zur Anmeldung dieses Benutzers konfigurieren. Zur Auswahl steht die Anmeldung per Passwort oder per SSH-Schlüssel, von denen lediglich eine Methode eingesetzt werden kann. Die Passwortauthentifizierung, konfigurierbar über den Parameter `admin_password`, sollten Sie aus Sicherheitsgründen vermeiden. Jedes aus dem Internet erreichbare System ist permanent automatisierten Angriffen von Botnetzen oder Ähnlichem ausgesetzt, die versuchen, Passwörter für SSH-Zugänge zu erraten. Details hierzu erläuterte Peter N. M. Hansteen in einem Blogbeitrag bereits 2013: *http://bsdly.blogspot.co.uk/2013/10/the-hail-mary-cloud-and-lessons-learned.html*.

Die wesentlich sicherere Alternative ist die Anmeldung über SSH-Schlüssel, also per *Public Key Authentication*. Diese wird im Fall des azurerm-Providers über den Parameter `admin_ssh_key` aktiviert und eingerichtet. Im Beispiel wird für den Benutzer `adminuser` der öffentliche SSH-Schlüssel aus der Datei *~/.ssh/id_rsa.pub* eingelesen und ist nach der Installation des virtuellen Servers für den angegebenen Benutzer einsetzbar. Zum Zeitpunkt der Erstellung dieses Buchs unterstützen Azure und der azurerm-Provider nur SSH-Schlüssel im Format *ssh-rsa* (siehe Azure-Dokumentation: *https://learn.microsoft.com/de-de/azure/virtual-machines/linux/mac-create-ssh-keys#supported-ssh-key-formats*).

```
[...]
  admin_username = "adminuser"
  admin_ssh_key {
    username    = "adminuser"
```

```
    public_key = file(pathexpand("~/.ssh/id_rsa.pub"))
  }
[...]
```

Im Beispiel wird bei jedem Terraform-Lauf die Datei *~/.ssh/id_rsa.pub* erneut eingelesen und ihr Inhalt als Wert des Parameters `public_key` verwendet. Das vermeidet die unschön lange Zeile, wenn der Schlüssel direkt angegeben wird:

```
[...]
  admin_username = "adminuser"
  admin_ssh_key {
    username    = "adminuser"
    public_key = "ssh-rsa
    AAAAB3NzaC1yc2EAAAADAQABAAABgQCwzGoKKPDue/eYEyN5mEfjgGnE4CozFFY27QYMCLGbo
    yjYjBoev+IvFph0rgGgkXVgpKw9kRdo3+TxVgcvXB73dZk8pE1TF1pq8otSWWqk1T6Tn+rsGc
    mKO7cLZPZnYGWXi8idZv3ElbsjNX8UI3K6kqxSiWi/NXJO5xEhNBsFw7SlT6X4bOVr5ufmEOv
    OgG/WnbmbtqkfU5vwQcOHgcKb97X/umPzMjHZEaeBTIiNvJ3s9Wl+48kw8uA5NkLDTdGU7jr3
    R8tOFOkaRynAuSCOO34MCaCzPAhAVATuKP9B6nPvpgIKL8L/dYLquFBseBfHsS5ZEtILfAc5t
    tQPVz7WK45f5/Bd+PsXwRjYF/LEY3FHTmjtwOPW5zPCyaKryXfcdxLROrZBP2rs75Eh3nxXG+
    asiBOzjfs1N58zwmdpij72bTU322MIzSHU7V3xNgpQDSg2+kWTpkiuIBlxqr+GQUg/RqycMqQ
    8LGFLA7la5g2g+Rcyhit5qu5H6+Ur8FE= tux@terraformbuch.de"
  }
[...]
```

Die Funktion `pathexpand` wird in Abschnitt 7.7 näher erläutert, kurz gesagt, sorgt sie dafür, dass mit einer Tilde beginnende Pfade unter allen Betriebssystemen korrekt aufgelöst werden. Die Nutzung der Tilde als Abkürzung zum Benutzerverzeichnis erlaubt es, den Terraform-Code benutzerunabhängig zu schreiben.

Angaben zum Netzwerk der virtuellen Maschine

Mit dem Parameter `network_interface_ids` wird die vorab erstellte Netzwerkschnittstelle (in der Ressource `azurerm_network_interface`) an die virtuelle Maschine angehängt, sodass diese Netzwerkkonnektivität über sowohl die interne als auch die öffentliche IP-Adresse besitzt.

Einstellungen der virtuellen Festplatte

Beim Erstellen der virtuellen Maschine müssen Sie Informationen zur Betriebssystemfestplatte (`os_disk`) angeben. Über den Parameter `caching` muss angegeben werden, inwiefern Caching für die Festplatte aktiviert werden soll und, falls ja, mit welcher Einstellung. Zur Auswahl stehen neben `ReadWrite` auch `ReadOnly` sowie `None`. Im Beispiel wird `ReadWrite` verwendet. Welche Unterschiede sich aus den verschiedenen Werten ergeben, schlüsselt die Azure-Dokumentation unter *https://learn.microsoft.com/en-us/azure/virtual-machines/managed-disks-overview* auf.

Der Parameter storage_account_type gibt an, auf welchem Typ Festplatte das Betriebssystem installiert werden soll. Zur Auswahl stehen:

- Standard_LRS
- StandardSSD_LRS
- Premium_LRS
- StandardSSD_ZRS
- Premium_ZRS

Standard_LRS ist vergleichbar mit der Performance von Festplatten (HDDs). StandardSSD_LRS sowie Premium_LRS bauen auf den viel schnelleren SSDs auf, sind jedoch entsprechend teurer. Details zu den verfügbaren Disktypen und der damit einhergehenden Performance sind in der Azure-Dokumentation unter *https://learn.microsoft.com/en-us/azure/virtual-machines/disks-types* aufgeführt. Die Unterschiede zwischen Locally-redundant storage (LRS) und Zone-redundant storage (ZRS) finden Sie in der Dokumentation der *Disk Redundancy Options*.

Angabe des Betriebssystems

Über den source_image_reference-Block spezifizieren Sie Details zum gewünschten Betriebssystem, das, wie in Cloud-Umgebungen üblich, basierend auf einem Betriebssystemabbild bereitgestellt wird. Der Befehl az vm image list -o table gibt einen ersten Überblick, spuckt jedoch auch einen Hinweis aus:

```
$ az vm image list --output table
You are viewing an offline list of images, use --all to retrieve an up-to-
date list
[...]
```

Der Aufruf des Befehls mit dem zusätzlichen Parameter --all, wie im Hinweis angegeben, dauert sehr lange, da er wirklich alle Betriebssystemabbilder auflistet und dazu vorher eine aktualisierte Liste herunterlädt.

Sofern Sie den Anbieter des Betriebssystemabbilds kennen, können Sie die Suche eingrenzen. Sinnvoll ist zudem die Angabe der Region, in der Sie die virtuelle Maschine erstellen wollen:

```
$ az vm image list --output table --publisher SUSE
       --location westeurope --all
Architecture Offer Publisher Sku Urn Version
____________________________________________
[...]
x64 opensuse-leap-15-4 SUSE gen1 SUSE:opensuse-leap-15-4:
gen1:2022.06.23 2022.06.23
x64 opensuse-leap-15-4 SUSE gen1 SUSE:opensuse-leap-15-4:
gen1:2022.07.22 2022.07.22
```

```
x64 opensuse-leap-15-4 SUSE gen2 SUSE:opensuse-leap-15-4:
gen2:2022.06.23 2022.06.23
x64 opensuse-leap-15-4 SUSE gen2 SUSE:opensuse-leap-15-4:
gen2:2022.07.22 2022.07.22
[...]
```

Beim Erstellen dieses Buchs enthielt die ausgegebene Liste für den Publisher Canonical 3.478 Einträge, für den Publisher SUSE immerhin noch fast 500. Es bietet sich also an, die Suche weiter einzuschränken. Hierfür stehen Ihnen zusätzlich zu --publisher die Parameter --sku und --offer zur Verfügung.

```
$ az vm image list --output table --publisher SUSE
      --offer opensuse-leap-15-4 --location westeurope --all
Architecture Offer Publisher Sku Urn Version
______ _________ _____ __ _________________ _____
x64 opensuse-leap-15-4 SUSE gen1 SUSE:opensuse-leap-15-4:
gen1:2022.06.23 2022.06.23
x64 opensuse-leap-15-4 SUSE gen1 SUSE:opensuse-leap-15-4:
gen1:2022.07.22 2022.07.22
x64 opensuse-leap-15-4 SUSE gen2 SUSE:opensuse-leap-15-4:
gen2:2022.06.23 2022.06.23
x64 opensuse-leap-15-4 SUSE gen2 SUSE:opensuse-leap-15-4:
gen2:2022.07.22 2022.07.22
Arm64 opensuse-leap-15-4-arm64 SUSE gen2 SUSE:opensuse-leap-15-4-
arm64:gen2:2022.06.24 2022.06.24
Arm64 opensuse-leap-15-4-arm64 SUSE gen2 SUSE:opensuse-leap-15-4-
arm64:gen2:2022.07.22 2022.07.22
```

Im obigen Beispielcode sind die Parameter wie folgt gesetzt:

```
[...]
  source_image_reference {
    publisher = "SUSE"
    offer     = "opensuse-leap-15-4"
    sku       = "gen1"
    version   = "latest"
  }
[...]
```

Die Angaben zu publisher, offer und sku können Sie der Ausgabe des az vm image list-Befehls in den jeweiligen Spalten entnehmen. Anstelle einer exakten Versionsangabe (2022.07.22) können Sie durch den Wert latest einfach auf die aktuellste Version zurückgreifen.

Beachten Sie, dass es Abhängigkeiten zwischen der Größe (size) und den Abbildern gibt. So kann eine VM der Größe Standard_F2 kein Abbild der Hypervisor Generation '2' booten. Daher wurde im obigen Abschnitt die sku auf gen1 gesetzt.

Ausgeben der öffentlichen IP-Adresse am Ende des Terraform-Laufs

Auch wenn noch nicht genauer erklärt wurde, was ein output ist, wird er bereits verwendet, um das Beispiel vollständig und benutzerfreundlich zu gestalten. Am Ende des Laufs soll die zugewiesene öffentliche IP-Adresse ausgegeben werden, damit Sie wissen, mit welcher IP-Adresse Sie sich per SSH verbinden sollen, um sich an der virtuellen Maschine anzumelden. Dies wird über die Konfiguration eines output (deutsch Ausgabe) ermöglicht. Mehr zum Thema output kann in Abschnitt 6.3 gefunden werden.

Ein output besitzt einen Namen und ein Attribut value, dem ein Wert zugewiesen wird. In diesem Fall ist dies der Wert des Attributs ip_address der Ressource azurerm_public_ip.terraform. Die Datei *outputs.tf* enthält nur drei Zeilen:

```
output "Public_IP_der_VM" {
  value = azurerm_public_ip.terraform.ip_address
}
```

Ausführen des Beispielcodes

Die zusammengefasste Konfiguration des Beispiels finden Sie in der Datei *main.tf*, die bei den Materialien zum Download und im Git-Repository zu diesem Buch verfügbar ist.

Damit der Beispielcode ausgeführt werden kann, muss zuerst das Verzeichnis initialisiert werden. Dies geschieht mit dem Befehl terraform init.

```
$ terraform init

Initializing the backend...

Initializing provider plugins...
- Finding latest version of hashicorp/azurerm...
- Installing hashicorp/azurerm v3.26.0...
- Installed hashicorp/azurerm v3.26.0 (signed by HashiCorp)

Terraform has created a lock file .terraform.lock.hcl to record the provider
selections it made above. Include this file in your version control repository
so that Terraform can guarantee to make the same selections by default when
you run "terraform init" in the future.

Terraform has been successfully initialized!
```

```
You may now begin working with Terraform. Try running "terraform plan" to see
any changes that are required for your infrastructure. All Terraform commands
should now work.

If you ever set or change modules or backend configuration for Terraform,
rerun this command to reinitialize your working directory. If you forget,
other commands will detect it and remind you to do so if necessary.
```

Nach dem erfolgreichen Initialisieren lassen Sie sich die geplanten Änderungen mittels `terraform plan` anzeigen:

```
$ terraform plan

Terraform used the selected providers to generate the following execution
plan. Resource actions are indicated with the following symbols:
  + create

Terraform will perform the following actions:

  # azurerm_linux_virtual_machine.terraform will be created
  + resource "azurerm_linux_virtual_machine" "terraform" {
      + admin_username              = "adminuser"
      + allow_extension_operations = true
      + computer_name               = (known after apply)
[…]

Plan: 9 to add, 0 to change, 0 to destroy.

Changes to Outputs:
  + Public_IP_der_VM = (known after apply)

────────────────────────────────────────────────────────────────

Note: You didn't use the -out option to save this plan, so Terraform can't
guarantee to take exactly these actions if you run "terraform apply" now.
```

Prüfen Sie, ob die angezeigten Änderungen richtig aussehen. Anschließend können Sie durch Ausführen von `terraform apply` Terraform anweisen, die Änderungen in die Tat umzusetzen. `terraform apply` führt `plan` nochmals aus und zeigt die Änderungen ein weiteres Mal an, weshalb die Ausgabe der beiden Befehle nahezu identisch ist.

Erst wenn Sie die Nachfragen mit `yes` bestätigen, beginnt Terraform damit, loszulegen und die virtuelle Maschine samt allen Ressourcen darum herum zu erstellen.

```
$ terraform apply
[...]

Plan: 9 to add, 0 to change, 0 to destroy.

Changes to Outputs:
  + Public_IP_der_VM = (known after apply)

Do you want to perform these actions?
  Terraform will perform the actions described above.
  Only 'yes' will be accepted to approve.

  Enter a value: yes

azurerm_resource_group.terraform: Creating...
azurerm_resource_group.terraform: Creation complete after 1s [id=
/subscriptions/0123456789-abcd-efgh-.../resourceGroups/terraform-resources]
azurerm_network_security_group.terraform: Creating...
azurerm_virtual_network.terraform: Creating...
azurerm_public_ip.terraform: Creating...
[...]
azurerm_linux_virtual_machine.terraform: Still creating... [1m20s elapsed]
azurerm_linux_virtual_machine.terraform: Creation complete after 1m20s [id=
/subscriptions/0123456789-abcd-efgh-.../resourceGroups/terraform-resources/
providers/Microsoft.Compute/virtualMachines/terraform-machine]

Apply complete! Resources: 9 added, 0 changed, 0 destroyed.

Outputs:

Public_IP_der_VM = "1.2.3.4"
```

In der Ausgabe wurden die *Uniform Resource Names* (*URN*, z. B. `id=/subscriptions/0123456789-abcd-efgh-.../resourceGroups/terraform-resources`), die die Subskriptions-ID enthalten, gekürzt und zensiert. Ihre Ausgabe wird daher an dieser Stelle abweichen. Auch die ausgegebene IP-Adresse wird sich natürlich von der oben gezeigten Adresse unterscheiden.

Nach wenigen Augenblicken können Sie Ihre virtuelle Maschine über die am Ende des Terraform-Laufs ausgegebene IP-Adresse per SSH erreichen.

Das Anmelden per SSH als Benutzer `root` ist aus Sicherheitsgründen nicht möglich. Daher wird bei einem erfolgreichen Anmeldeversuch, d. h. beim Einloggen mit dem zuvor konfigurierten SSH-Key, als Benutzer `root` folgende Meldung angezeigt:

```
$ ssh root@1.2.3.4
The authenticity of host '1.2.3.4 (1.2.3.4)' can't be established.
[...]
Please login as the user "adminuser" rather than the user "root".
```

Brechen Sie den Verbindungsversuch mit [Strg]+[C] ab. Die Meldung `Please login as the user "adminuser" rather than the user "root"` verweist auf den im Terraform-Code der virtuellen Maschine als lokaler Administrator angegebenen Benutzer `adminuser`. Mit diesem funktioniert ein Anmelden per SSH:

```
$ ssh adminuser@1.2.3.4
[...]
openSUSE Leap 15.4 x86_64 (64-bit)
[...]
Have a lot of fun...
adminuser@terraform-machine:~>
```

Aufräumen der erstellten Ressourcen

Wenn die erstellten Ressourcen nicht mehr benötigt werden, können sie mittels `terraform destroy` entfernt werden. Auch hier erfolgt eine Abfrage, die mit `yes` beantwortet werden muss.

Eine ausführliche Beschreibung zu `terraform destroy` ist in Kapitel 12 zu finden.

```
$ terraform destroy
[...]
Terraform used the selected providers to generate the following execution
plan. Resource actions are indicated with the following symbols:
  - destroy

Terraform will perform the following actions:

  # azurerm_linux_virtual_machine.terraform will be destroyed
  - resource "azurerm_linux_virtual_machine" "terraform" {
      - admin_username                  = "adminuser" -> null
      - allow_extension_operations      = true -> null
      - computer_name                   = "terraform-machine" -> null
      - disable_password_authentication = true -> null
      - encryption_at_host_enabled      = false -> null
[...]
Plan: 0 to add, 0 to change, 9 to destroy.
```

```
Changes to Outputs:
  - Public_IP_der_VM = "1.2.3.4" -> null

Do you really want to destroy all resources?
  Terraform will destroy all your managed infrastructure, as shown above.
  There is no undo. Only 'yes' will be accepted to confirm.

  Enter a value: yes

azurerm_network_interface_security_group_association.terraform: Destroying…
[id=/subscriptions/0123456789-abcd-efgh-…/resourceGroups/terraform-resources/
providers/Microsoft.Network/networkInterfaces/terraform-nic|/subscriptions/
0123456789-abcd-efgh-…/resourceGroups/terraform-resources/providers/
Microsoft.Network/networkSecurityGroups/terraform-security-group]
[…]
azurerm_resource_group.terraform: Still destroying… [id=/subscriptions/
73d6486e-bf02-47d6-8b37-…8b3/resourceGroups/terraform-resources, 10s elapsed]
azurerm_resource_group.terraform: Destruction complete after 17s

Destroy complete! Resources: 9 destroyed.
```

Auch in dieser Ausgabe wurden die *Uniform Resource Names* (*URN*, z. B. `id=/subscriptions/0123456789-abcd-efgh-.../resourceGroups/terraform-resources`), die die Subskriptions-ID enthalten, gekürzt und zensiert. Ihre Ausgabe wird daher an dieser Stelle abweichen. Gleiches gilt wieder für die IP-Adresse.

4.3.4 OpenStack

OpenStack (*https://www.openstack.org*) ist eine freie Softwarelösung, die es erlaubt, eigene Cloud-Umgebungen aufzubauen. Die Funktionalität entspricht zu großen Teilen der bei AWS, GCP und Azure. So können zum Beispiel virtuelle Maschinen, Netzwerke und dergleichen aufgebaut werden. Die Entwicklung wird von einer Vielzahl an Firmen weltweit quelloffen vorangetrieben, sodass beständig Verbesserungen und neue Funktionen eingebaut werden.

Größter Vorteil von OpenStack ist die Nutzung eigener Hardware im eigenen Rechenzentrum unter eigener Kontrolle. Anders als VMware ist OpenStack lizenzfrei und Open Source. Zugleich ist OpenStack mandantenfähig, d. h., ein gemeinsamer Unterbau kann für verschiedene unabhängige Firmen, Teams oder Abteilungen genutzt werden, ohne dass diese sich gegenseitig stören können.

Die Übersichtsseiten von OpenStack können unterschiedlich aussehen; die native sehen Sie in Abbildung 4.12.

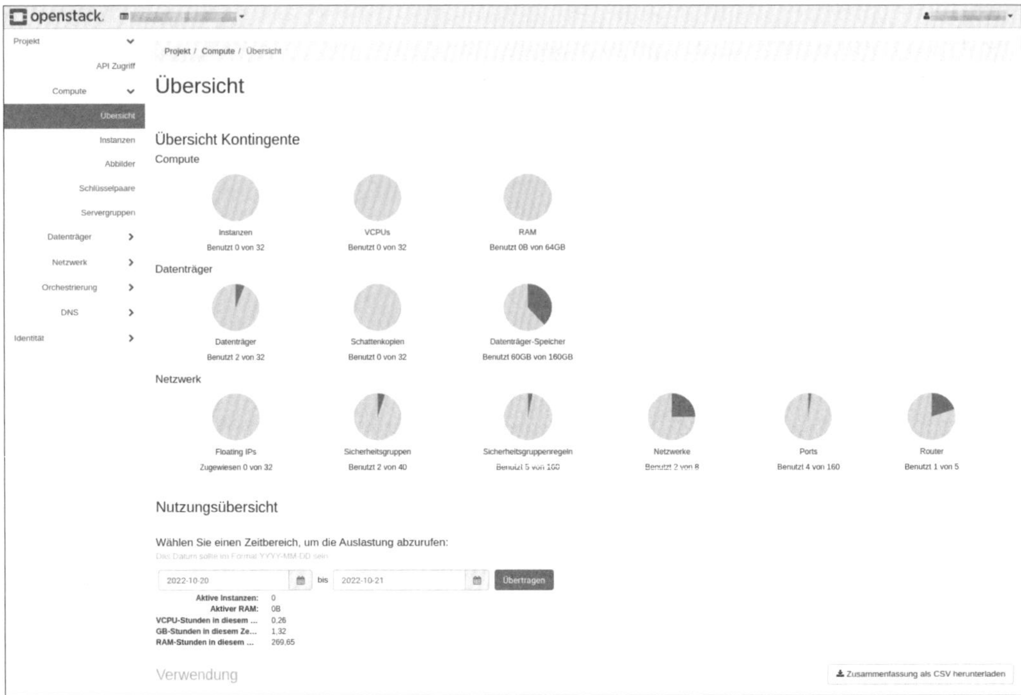

Abbildung 4.12 Die Übersichtsseite von OpenStack

Der openstack-Provider ermöglicht es, auf eine OpenStack-Umgebung zuzugreifen, Ressourcen zu erstellen und Daten auszulesen. Der Provider wird aktiv gepflegt und ist in der Terraform Registry zu finden. Die Entwicklung findet auf GitHub statt.

- Terraform Registry: *https://registry.terraform.io/providers/terraform-provider-openstack/openstack/latest*
- GitHub: *https://github.com/terraform-provider-openstack/terraform-provider-openstack*

Konfiguration des openstack-Providers

Um mit einer OpenStack-Installation interagieren zu können, ist die Konfiguration von Zugangsdaten, passendem API-Endpunkt und gegebenenfalls zusätzlichen Parametern notwendig. Beispielsweise muss konfiguriert werden, ob *Octavia*-Loadbalancer verwendet werden sollen (`use_octavia`). Außer bei alten OpenStack-Installationen sollte dies standardmäßig der Fall sein. Im Zweifelsfall kann der Administrator der OpenStack-Umgebung weiterhelfen. Der Administrator sollte auch Informationen zum *Tenant* haben, also zu welcher Unterorganisation innerhalb der OpenStack-Umgebung der Benutzer gehört.

Einrichtung des Providers im Terraform-Code

Zur Konfiguration gibt es mehrere Möglichkeiten. Die erste Möglichkeit besteht darin, die Informationen innerhalb eines Providerblocks im Terraform-Code anzugeben. Der Nachteil dieser Methode ist, dass sensible Daten wie Passwörter im Code enthalten sind. Daher ist es ratsam, die ausschließliche Konfiguration im Terraform-Code nicht zu verwenden. Auf ein Beispiel, das die Zugangsdaten enthält, wird daher an dieser Stelle verzichtet. Ein alternativer Ansatz, der das Sicherheitsrisiko umgeht, wird im Verlauf des Kapitels gezeigt.

Nichtsdestotrotz bietet es sich an, die allgemeinen Parameter im Terraform-Code zu definieren und nur sensible Daten wie Benutzername und Passwort auf anderem Weg zu setzen. Eine Konfigurationsdatei, die die allgemeinen Parameter enthält, sähe beispielsweise wie folgt aus:

```
provider "openstack" {
  tenant_name = "webserver"
  auth_url    = "https://api.openstack.terraformbuch.de:5000/v2.0"
  use_octavia = true
}
```

Hier wurde der API-Endpunkt auf `https://api.openstack.terraformbuch.de:5000/v2.0` gesetzt, die Nutzung von *Octavia*-Loadbalancern ist eingeschaltet. Daneben wurde der Tenant so konfiguriert, dass auf Ressourcen der Unterorganisation `webserver` zugegriffen wird.

Eine Liste der vom openstack-Provider unterstützten Parameter ist in der Dokumentation unter *https://registry.terraform.io/providers/terraform-provider-openstack/openstack/latest/docs* zu finden.

Einrichtung des Providers über Umgebungsvariablen

Wie viele andere Provider kann auch der openstack-Provider Umgebungsvariablen auslesen, um seine Konfiguration zu ermitteln. Der Vorteil dieser Methode ist, dass der Terraform-Code keine sensiblen Informationen wie z. B. das Passwort enthält. Ein Nachteil besteht darin, dass die Konfiguration des Providers im Terraform-Code nicht ersichtlich ist, zudem stellt dieser Weg ein Sicherheitsrisiko dar. Lesen Sie dazu unbedingt auch Abschnitt 4.2, »Konfiguration und Authentifizierung«.

Eine Kombination beider Möglichkeiten ist möglich, so kann beispielsweise das Passwort per Umgebungsvariable gesetzt werden. Der Rest der Konfiguration wird im Terraform-Code vorgenommen. Hierdurch vermeiden Sie es, Passwörter im Klartext im Code zu hinterlegen, müssen jedoch bei Änderungen zwei verschiedene Stellen berücksichtigen.

Ein weiterer Nachteil dieser Methode ist, dass sämtliche in Ihrer Kommandozeile gestarteten Programme ebenfalls auf diese Umgebungsvariable Zugriff haben und deren Wert auslesen können. Aus diesem Grund ist die Nutzung der OpenStack-Konfigurationsdateien die sicherste Lösung.

Die genaue Benennung der verfügbaren Umgebungsvariablen und die Korrelation mit den Parametern der Konfigurationsdatei ist in der oben genannten Dokumentation des Providers aufgeführt. Der Dokumentation zufolge kann die Umgebungsvariable `OS_PASSWORD` gesetzt werden, um das Passwort zu speichern. Ist der Parameter `password` in der Konfiguration nicht gesetzt, greift der Provider auf diese Umgebungsvariable zurück.

Hier sei exemplarisch das Setzen der Umgebungsvariablen `OS_PASSWORD` in einer bash-Shell auf einem System mit macOS, Linux oder einem anderen Unix-artigen Betriebssystem (FreeBSD, OpenBSD ...) gezeigt:

```
export OS_PASSWORD='strenggeheim'
```

Je nach verwendeter Shell muss die Syntax gegebenenfalls angepasst werden, z. B. für die fish- oder die zsh-Shell.

Um die Einstellungen dauerhaft zu setzen, sodass sie auch nach einem Neustart oder einer Neuanmeldung des aktuellen Benutzers greifen, ist diese Zeile in die entsprechende Konfigurationsdatei der verwendeten Shell einzufügen. Für die bash-Shell wäre dies je nach System entweder *~/.profile*, *~/.bash_profile* oder *~/.bashrc*, bei der zsh-Shell entsprechend *~/.zshrc*.

Auf einem Windows-System kann die Umgebungsvariable mittels des `setx`-Kommandos gesetzt werden, und zwar sowohl in der PowerShell als auch in der Batch-Kommandozeile. `setx` schreibt die Variable in die Windows-Registry für den aktuell angemeldeten Benutzer. Dies bewirkt, dass die Variable auch nach einem Neustart gesetzt ist. Jedoch hat es auch zur Folge, dass die Variable im aktuellen Fenster, in dem der Befehl ausgeführt wurde, nicht gesetzt, sondern erst in einem neu geöffneten Fenster gültig ist.

```
setx OS_PASSWORD strenggeheim
```

Eine vollständige Konfiguration analog zum oben gezeigten Terraform-Codebeispiel, jedoch mit gesetzten Zugangsdaten, würde wie folgt aussehen (wieder für die bash-Shell):

```
export OS_USERNAME='admin'
export OS_PASSWORD='strenggeheim'
export OS_TENANT_NAME='webserver'
```

```
export OS_AUTH_URL='http://api.openstack.terraformbuch.de:5000/v2.0'
export OS_USE_OCTAVIA='true'
```

Einrichten des Providers über OpenStack-Konfigurationsdateien

Ein weiterer Weg, der in der praktischen Anwendung häufig genutzt wird, führt über die Konfigurationsdateien von OpenStack selbst. Diese können aus der OpenStack-Oberfläche für den angemeldeten Benutzer heruntergeladen werden und müssen im Verzeichnis *~/.config/openstack* (Linux, macOS, andere Unix-Varianten) bzw. *C:\Users\USERNAME\AppData\Local\OpenStack\openstack* (Windows) gespeichert werden. Für mehr Informationen zu diesem Thema sei auf die OpenStack-Dokumentation verwiesen: *https://docs.openstack.org/os-client-config/latest/user/configuration.html.*

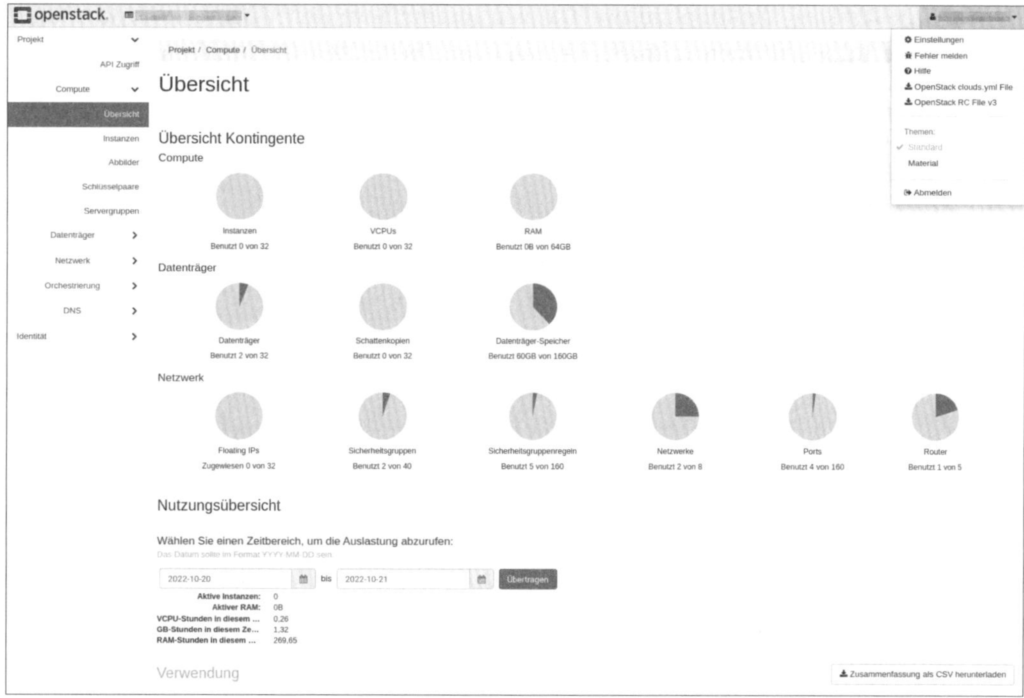

Abbildung 4.13 Herunterladen der OpenStack-Konfigurationsdateien über das Menü in der OpenStack-Oberfläche

Eine Beispieldatei *clouds.yaml* mit dem Inhalt des obigen Beispiels sieht so aus:

```
-
clouds:
  terraformbuch:
    auth:
      auth_url: http://api.openstack.terraformbuch.de:5000/v2.0
```

```
      username: admin
      password: strenggeheim
      project_name: webserver
    identity_api_version: 3
    verify: false
  meine-weitere-cloud:
    auth:
      auth_url: https://api.xyz.terraformbuch.de:5000/v2.0
      username: user42
      password: superstrenggeheim
      project_name: office
    identity_api_version: 3
```

Bei Bedarf kann der Inhalt in zwei Dateien aufgeteilt werden, wobei *clouds.yaml* allgemeine Informationen enthält, während sensible Daten (Benutzername, Passwort etc.) in der Datei *secure.yaml* hinterlegt werden.

Bei Nutzung der OpenStack-Konfigurationsdateien muss dem openstack-Provider nur noch mittgeteilt werden, welche der konfigurierten Clouds angesprochen werden soll.

```
provider "openstack" {
  cloud = "terraformbuch"
}
```

Wahlweise kann auch dies über eine Umgebungsvariable geschehen. Der Providercodeblock in den Terraform-Dateien kann somit vollständig weggelassen werden.

```
export OS_CLOUD=terraformbuch
```

Nutzung von Applikations-Zugangsdaten (Application Credentials)

Sofern es vom Administrator nicht explizit ausgeschaltet wurde, sollte jede aktuelle OpenStack-Umgebung die Nutzung sogenannter Applikations-Zugangsdaten (*Application Credentials*) erlauben. Anstatt Benutzername und Passwort zu hinterlegen, erstellt der Anwender für jeden Anwendungsfall einen Satz Applikations-Zugangsdaten in der OpenStack-Oberfläche und hinterlegt diese in den Konfigurationsdateien.

In der OpenStack-Oberfläche finden Sie links im Menü unter IDENTITÄT den Punkt APPLIKATIONS-ZUGANGSDATEN (siehe Abbildung 4.14). Ein Klick auf APPLIKATIONS-ZUGANGSDATEN ERSTELLEN öffnet die Eingabemaske für einen neuen Satz Applikations-Zugangsdaten. Geben Sie NAME und BESCHREIBUNG ein (siehe Abbildung 4.15). Falls gewünscht, können Sie sowohl ein ABLAUFDATUM setzen als auch die Rechte beschränken, die bei der Nutzung dieser Zugangsdaten gewährt werden.

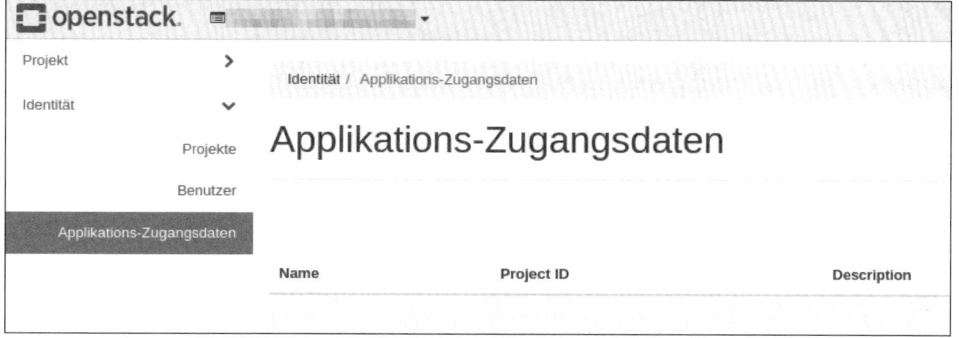

Abbildung 4.14 Übersicht der angelegten Applikations-Zugangsdaten

Applikations-Zugangsdaten erstellen

Name *

terraform-buch

Beschreibung

Zugangsdaten für das Terraform Buch

Geheimnis

Ablaufdatum

mm/dd/yyyy

Ablaufzeit

--:-- --

Rollen

heat_stack_owner
member
load-balancer_member

Zugriffsregeln

Unbeschränkt (gefährlich)

Beschreibung:

Neue Applikations-Zugangsdaten erstellen.

Applikations-Zugangsdaten werden für das ausgewählte Projekt erstellt.

Secret: Sie können Ihr eigenes Geheimwort angeben oder es wird eines für Sie erstellt. Nachdem Sie Applikations-Zugangsdaten erstellt haben, wird das Geheimwort einmalig angezeigt. Wenn Sie dieses verlieren, so müssen Sie neue Applikations-Zugangsdaten erstellen.

Expiration Date/Time: Sie können den Applikations-Zugangsdaten ein Ablaufdatum mitgeben. Die Ablaufzeit entspricht UTC. Wenn Sie ein Ablaufdatum ohne Zeit angeben wird 00:00:00 angenommen. Wenn Sie eine Ablaufzeit ohne Datum angeben wird Heute als Datum angenommen.

Roles: Sie können eine oder mehrere Rollen für die Applikations-Zugangsdaten auswählen. Wenn Sie keine auswählen, so werden alle dem aktuellen Projekt zugewiesenen Rollen auf die Applikations-Zugangsdaten angewendet.

Access Rules: If you want more fine-grained access control delegation, you can create one or more access rules for this application credential. The list of access rules must be a JSON- or YAML-formatted list of rules each containing a service type, an HTTP method, and a URL path, for example:

```
[
  {"service": "compute",
  "method": "POST",
  "path": "/v2.1/servers"}
]
```

or:

```
- service: compute
  method: POST
  path: /v2.1/servers
```

Unrestricted: Es ist aus Sicherheitsgründen in der Standardeinstellung verboten, dass mit Hilfe von Applikations-Zugangsdaten weitere Applikations-Zugangsdaten oder Keystone Trusts erzeugt werden. Sofern dies mit Ihren Applikations-Zugangsdaten möglich sein soll, markieren Sie "unbeschränkt".

Abbrechen | Applikations-Zugangsdaten erstellen

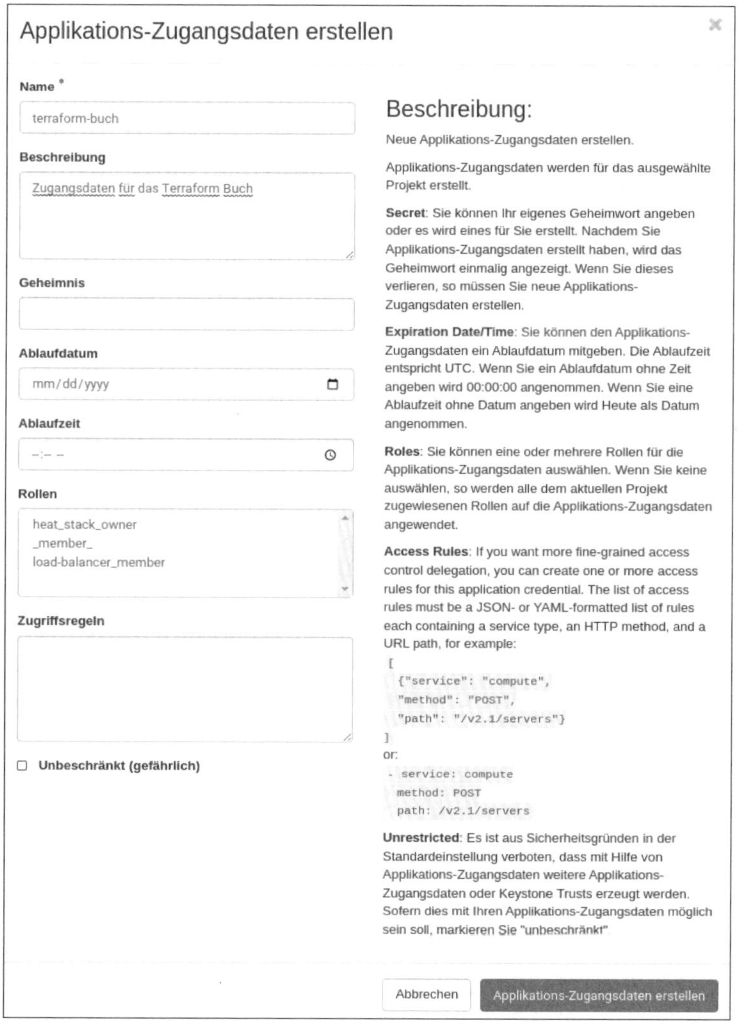

Abbildung 4.15 Anlegen von Applikations-Zugangsdaten

Nach einem Klick auf APPLIKATIONS-ZUGANGSDATEN ERSTELLEN wird Ihnen *einmalig* das automatisch erstellte Geheimnis angezeigt, wie in Abbildung 4.16 zu sehen ist. Kopieren Sie die ID und das Geheimnis oder laden Sie die Datei *clouds.yaml* herunter. Bewahren Sie beides sicher auf!

Abbildung 4.16 Einmaliges Anzeigen der vertraulichen Daten

Die Übersichtsseite zeigt anschließend nur noch die nicht sensitiven Informationen zum neu erstellten Satz Applikations-Zugangsdaten an. Ein Zugriff auf das Geheimnis ist nicht mehr möglich. Sollte Sie das Geheimnis verlieren oder vergessen, müssen Sie einen neuen Satz Applikations-Zugangsdaten erstellen und den alten Satz über APPLIKATIONS-ZUGANGSDATEN LÖSCHEN entfernen.

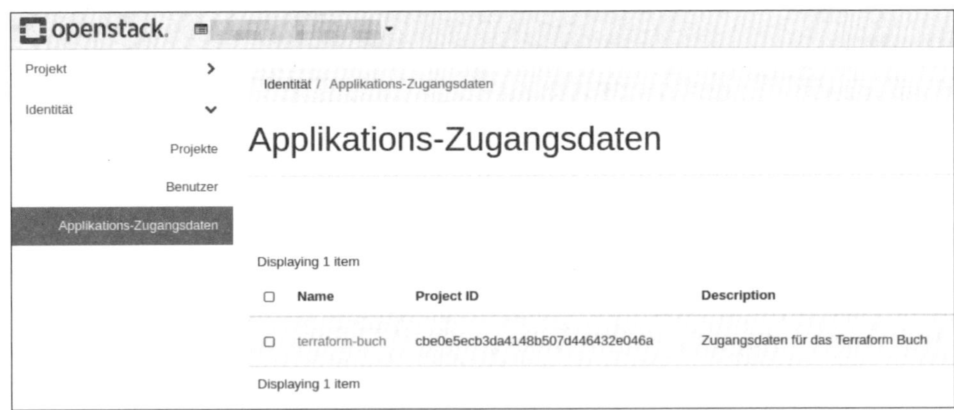

Abbildung 4.17 Übersicht nach dem Anlegen neuer Applikations-Zugangsdaten

In den obigen Beispielen würde statt des Parameters `username` der Parameter `application_credential_id` (im Terraform-Code oder der OpenStack-Konfigurationsdatei) oder die Umgebungsvariable `OS_APPLICATION_CREDENTIAL_ID` verwendet. Hier tragen Sie bitte die ID des neu erstellen Satzes Applikations-Zugangsdaten ein.

Der Parameter `application_credential_secret` ersetzt den Parameter `password`, die Umgebungsvariable `OS_APPLICATION_CREDENTIAL_SECRET` ersetzt entsprechend die Variable `OS_PASSWORD`. Hier kommt das Geheimnis zum Einsatz, das Sie beim Erstellen der Applikations-Zugangsdaten kopiert haben oder in der heruntergeladenen Datei *clouds.yaml* finden.

Der Einsatz von Applikations-Zugangsdaten erlaubt es, für jede Nutzung eigene Zugangsdaten zu erstellen, die bei Bedarf (z. B. Diebstahl des Laptops) zurückgezogen werden können. Sie vermeidet das Speichern des Benutzerpassworts im Klartext, was vor allem problematisch ist, wenn die Anmeldung an der OpenStack-Umgebung über den firmenweiten LDAP- oder Active-Directory-Zugang erfolgt. Zudem können die Rechte eines Kontos mit Applikations-Zugangsdaten gegebenenfalls beschnitten werden, sodass Terraform mittels des openstack-Providers nur eingeschränkte Berechtigungen innerhalb der Umgebung hat.

Empfehlung zur Einrichtung des Providers

So unterschiedlich die Anwendungsfälle in der Praxis sind, so unterschiedlich sind auch die Gründe für oder gegen eine der oben aufgeführten Konfigurationsmethoden. Es empfiehlt sich eine Mischung der Methoden für die ersten Schritte. Wie erwähnt, greift der openstack-Provider auf Umgebungsvariablen zurück, wenn der entsprechende Parameter im Code nicht gesetzt wurde. Dies gilt auch für die OpenStack-Konfigurationsdateien. Hierdurch ist eine Trennung der Konfiguration möglich. So hat es Vorteile, wenn der Terraform-Code grundlegende Einstellungen zum Provider enthält, die für alle Benutzer gelten. Dazu gehören API-Endpunkt, die Unterorganisation (*Tenant*) sowie weitere generische Parameter wie die Aktivierung der *Octavia*-Loadbalancer. Damit ist sichergestellt, dass die gewünschte Infrastruktur dort aufgebaut wird, wo sie hingehört.

Persönliche oder sensible Daten wie Benutzername und Passwort sollten außerhalb des Terraform-Codes gesetzt werden, empfehlenswert ist hier die Nutzung der OpenStack-Konfigurationsdateien. So ist die Sicherheit dieser Informationen gewährleistet, und jeder Benutzer greift mit seinen Zugangsdaten auf die OpenStack-Umgebung zu (Stichwort Auditierbarkeit).

Für die Verwendung in automatisierten CI/CD-Systemen können die Variablen immer noch über Umgebungsvariablen gesetzt werden.

Beispielcode

Im folgenden Beispiel soll eine virtuelle Maschine (VM) in einer OpenStack-Umgebung erstellt werden. Die virtuelle Maschine soll auch von außerhalb der OpenStack-Umgebung erreichbar sein. Hierfür müssen ein Netzwerk sowie eine sogenannte *Floating IP* eingerichtet und passende Firewall-Regeln definiert werden. Um dem User den Zugang per SSH zu erlauben, wird dem SSH-Schlüssel des Users der Log-in erlaubt. Am Ende des Terraform-Laufs wird die von extern erreichbare IP-Adresse ausgegeben.

Der Beispielcode ist auch im Git-Repository zu diesem Buch verfügbar.

Definieren der erforderlichen Provider

Als Erstes werden in der Datei *versions.tf* die erforderlichen Provider konfiguriert, sodass Terraform weiß, welche Provider es beim Aufruf von `terraform init` bereitstellen muss.

```
terraform {
  required_providers {
    openstack = {
      source = "terraform-provider-openstack/openstack"
    }
  }
}
```

Angabe eines öffentlichen SSH-Schlüssels

Damit sich der Anwender in der virtuellen Maschine per SSH einloggen kann, muss in der virtuellen Maschine der öffentliche SSH-Schlüssel des Anwenders konfiguriert werden. Ein Log-in per Passwort stellt ein Sicherheitsrisiko dar und ist daher nicht vorgesehen. Dies wird von (fast) allen großen Cloud-Anbietern auf gleiche Weise gehandhabt und ist Stand der Technik.

Um die Anmeldung mittels SSH zu konfigurieren, wird eine Ressource mit dem frei gewählten Namen `my_keypair` vom Typ `openstack_compute_keypair_v2` erzeugt.

```
resource "openstack_compute_keypair_v2" "my_keypair" {
  name       = "SSH-Schluessel Tux"
  public_key = file(pathexpand("~/.ssh/id_rsa.pub"))
}
```

Lassen Sie sich nicht durch die Endung `_v2` irritieren. Die Ressourcenbezeichnungen sind an ihre Pendants aus OpenStack angelehnt, eine Ressource `openstack_compute_keypair_v1` gibt es jedoch nicht.

Die Ressource `openstack_compute_keypair_v2` versteht unter anderem die Parameter `name` und `public_key`. Für `name` kann eine beliebige Bezeichnung ausgewählt werden, die es anderen Nutzern ermöglicht, zu erkennen, um welchen öffentlichen Schlüssel es sich handelt. Sinnvoll ist es, die Zuordnung zum Benutzer zu ermöglichen.

Die Variable `public_key` enthält den öffentlichen SSH-Schlüssel. Anstatt den Inhalt des öffentlichen SSH-Schlüssels direkt anzugeben, wird er aus der Datei *~/.ssh/id_rsa.pub* eingelesen. Wichtig ist es, hier den Pfad zum öffentlichen Schlüssel anzugeben, der in der Regel auf *.pub* endet, und *nicht* den privaten SSH-Schlüssel. Sollten Sie einen SSH-Schlüssel verwenden, der nicht vom Typ *RSA* ist, geben Sie bitte die entsprechende Datei (*id_ecdsa.pub, id_ed25519.pub* etc.) an.

Die Funktion `pathexpand` wird in Abschnitt 7.7 näher erklärt, kurz gesagt, sorgt sie dafür, dass mit einer Tilde beginnende Pfade unter allen Betriebssystemen korrekt aufgelöst werden. Die Nutzung der Tilde als Abkürzung zum Benutzerverzeichnis erlaubt es, den Terraform-Code benutzerunabhängig zu schreiben.

Weitere Parameter können in der Dokumentation zur `openstack_compute_keypair_v2`-Ressource nachgelesen werden, sind jedoch für dieses Beispiel nicht notwendig: *https://registry.terraform.io/providers/terraform-provider-openstack/openstack/latest/docs/resources/compute_keypair_v2.*

Im Beispiel wird bei jedem Terraform-Lauf die Datei *~/.ssh/id_rsa.pub* erneut eingelesen und ihr Inhalt als Wert des Parameters `public_key` verwendet. Dies vermeidet die unschön lange Zeile:

```
resource "openstack_compute_keypair_v2" "my_keypair" {
  name       = "SSH-Schluessel Tux"
  public_key = "ssh-rsa
  AAAAB3NzaC1yc2EAAAADAQABAAABgQCwzGoKKPDue/eYEyN5mEfjgGnE4CozFFY27QYMCLGboyj
  YjBoev+IvFphOrgGgkXVgpKw9kRdo3+TxVgcvXB73dZk8pE1TF1pq8otSWWqk1T6Tn+rsGcmKO7
  cLZPZnYGWXi8idZv3ElbsjNX8UI3K6kqxSiWi/NXJO5xEhNBsFw7SlT6X4bOVr5ufmEOvOgG/Wn
  bmbtqkfU5vwQcOHgcKb97X/umPzMjHZEaeBTIiNvJ3s9Wl+48kw8uA5NkLDTdGU7jr3R8tOFOka
  RynAuSCOO34MCaCzPAhAVATuKP9B6nPvpgIKL8L/dYLquFBseBfHsS5ZEtILfAc5ttQPVz7WK45
  f5/Bd+PsXwRjYF/LEY3FHTmjtwOPW5zPCyaKryXfcdxLROrZBP2rs75Eh3nxXG+asiBOzjfs1N5
  8zwmdpij72bTU322MIzSHU7V3xNgpQDSg2+kWTpkiuIBlxqr+GQUg/RqycMqQ8LGFLA7la5g2g+
  Rcyhit5qu5H6+Ur8FE= tux@terraformbuch.de"
}
```

Konfiguration der Firewall-Regeln über eine Sicherheitsgruppe (Security Group)

Um zu ermöglichen, dass die virtuelle Maschine per SSH erreichbar ist, muss eine Sicherheitsgruppe (*Security Group*) angelegt werden. Hierzu wird eine Ressource vom Typ `openstack_compute_secgroup_v2` definiert. Die Sicherheitsgruppe beinhaltet eine oder mehrere Regeln, die als Blöcke innerhalb der Ressource `security_group` dargestellt werden. Jede Regel enthält dabei eigene Parameter, die von der ursprünglichen Ressource unabhängig sind.

Die Ressource benötigt einen Namen, eine Beschreibung und eine oder mehrere Regeln, die durch das Wort `rule` eingeleitet werden. Die Beschreibung der Regel erfolgt in den geschweiften Klammern nach dem Wort `rule`.

```
resource "openstack_compute_secgroup_v2" "my_security_group" {
  name        = "Meine Sicherheitsgruppe"
  description = "SSH und ICMP erlauben"
```

```
  rule {
    cidr        = "0.0.0.0/0"
    from_port   = 22
    to_port     = 22
    ip_protocol = "tcp"
  }

  rule {
    cidr        = "0.0.0.0/0"
    from_port   = -1
    to_port     = -1
    ip_protocol = "icmp"
  }
}
```

Dieses Minimalbeispiel erlaubt nur den Zugriff per TCP-Protokoll (Parameter `ip_protocol`) auf Port 22 sowie der Einfachheit halber das komplette ICMP-Protokoll (Stichwort `ping`). Das Beispiel wurde bewusst kurz gehalten, um nicht zu sehr auf Details von OpenStack einzugehen. Die vollständige Syntax und die von der Ressource `openstack_compute_secgroup_v2` unterstützten Parameter sind in der Dokumentation nachzulesen: *https://registry.terraform.io/providers/terraform-provider-openstack/openstack/latest/docs/resources/compute_secgroup_v2.*

Konfiguration der virtuellen Maschine

Bei der Konfiguration der virtuellen Maschine schließt sich der Kreis, und alle oben angelegten Ressourcen werden miteinander verknüpft.

Eine virtuelle Maschine wird im OpenStack-Jargon *Instance* (deutsch Instanz) genannt und in Terraform daher als `openstack_compute_instance_v2` angesprochen. Neben dem Parameter `name` steht eine Vielzahl an unterschiedlichen optionalen und erforderlichen Parametern zur Verfügung. Da nicht pauschal bestimmte Parameter notwendig oder optional, sondern teilweise voneinander abhängig sind, lohnt ein Blick in die Dokumentation unter *https://registry.terraform.io/providers/terraform-provider-openstack/openstack/latest/docs/resources/compute_instance_v2.*

Auch dieses Beispiel wird der Einfachheit halber nur die benötigten Parameter verwenden.

Der `flavor_name` gibt die Dimensionen der virtuellen Maschine an, d. h. die Anzahl der CPUs bzw. CPU-Kerne sowie die Menge an Arbeitsspeicher (RAM) und Speicherplatz auf der virtuellen Festplatte. In OpenStack werden ähnlich wie in anderen Cloud-Lösungen verschiedene Konfektionsgrößen vom Administrator hinterlegt, aus denen der Anwender wählen kann. Im Beispiel wird ein *Flavor* mit der Bezeichnung `2C-2GB-10GB` verwendet (2 Kerne, 2 GB RAM, 10 GB Speicherplatz).

Der Parameter image_name gibt das zu verwendende Betriebssystem vor. Die vorhandenen Betriebssystemabbilder und deren genaue Bezeichnung obliegen den Administratoren der OpenStack-Umgebung. Das Beispiel verwendet ein Abbild namens Ubuntu 22.04.

Über den Parameter key_pair injiziert OpenStack öffentliche SSH-Schlüssel in die virtuellen Maschinen. Für dieses Beispiel wird der Wert aus der zuvor konfigurierten Ressource my_keypair des Typ openstack_compute_keypair_v2 bezogen und gesetzt. Um die Referenz herzustellen, wird von dieser Ressource das Attribut name verwendet.

Beim Parameter security_groups zeigt sich eine Besonderheit von Terraform. Wie der Plural in der Bezeichnung (security_groups statt security_group) bereits andeutet, erlaubt Terraform die Angabe mehrerer Sicherheitsgruppen, erwartet aber, dass der Anwender eine Liste übergibt. Selbst wenn nur eine Sicherheitsgruppe konfiguriert werden soll, muss diese als Liste mit einem Element übergeben werden. Die zuvor erstellte Sicherheitsgruppe my_security_group ist für das Beispiel die einzige notwendige. Auch hier wird wieder auf das Attribut name verwiesen. Die vollständige Angabe als Liste lautet also [openstack_compute_secgroup_v2.my_security_group.name].

Der Parameter network wird, ähnlich wie die Sicherheitsgruppenregeln, in Blockform geschrieben. Auch hier können unbegrenzt viele Netzwerke definiert werden. Im Beispiel wird das Netzwerk mit dem Namen net-to-external-terraform verwendet.

Die Ressource openstack_compute_instance_v2 bietet noch viele weitere Konfigurationsmöglichkeiten, die den Rahmen dieses Beispiels jedoch bei Weitem sprengen würden. Für ein umfangreicheres Beispiel wird auf Kapitel 10 verwiesen.

Die komplette Konfiguration der virtuellen Maschine sähe wie folgt aus:

```
resource "openstack_compute_instance_v2" "my_instance" {
  name            = "beispiel-instanz"
  flavor_name     = "2C-2GB-10GB"
  image_name      = "Ubuntu 22.04"
  key_pair        = openstack_compute_keypair_v2.my_keypair.name
  security_groups = [openstack_compute_secgroup_v2.my_security_group.name]

  network {
    name = "net-to-external-terraform"
  }
}
```

Konfiguration einer Floating-IP-Adresse

Aus Sicherheitsgründen sind Ressourcen wie z. B. eine virtuelle Maschine in OpenStack nicht »von außen«, also nicht von außerhalb der OpenStack-Umgebung erreichbar. Dies bezieht sich nicht nur auf den Zugriff aus dem Internet, sondern auch auf andere lokale Netze, die Zugang zur OpenStack-Installation haben. Um den Zugriff auf die Ressource zu ermöglichen, muss zunächst eine *Floating IP Address* reserviert werden. Diese ist aus anderen Netzen außerhalb von OpenStack erreichbar und leitet Anfragen in die OpenStack-Umgebung weiter. Da eine solche Floating IP zusätzlich zur eigentlichen IP-Adresse der virtuellen Maschine angelegt wird und zudem nicht fest an diese gebunden ist, sondern bei Bedarf an eine andere virtuelle Maschine genutzt werden kann, hat sich die Bezeichnung *Floating* (engl. für schwebend) eingebürgert. In anderen Cloud-Lösungen wird auch der Begriff »virtuelle IP-Adresse« verwendet.

Damit eine solche Floating IP reserviert werden kann, muss sie aus einem der verfügbaren *Pools* gebucht werden. Im Beispiel wird ein Pool mit der Bezeichnung `external` verwendet. Ein Pool ist eine Ansammlung von Floating IPs, die vom OpenStack-Administrator erstellt wurde. Weitere Details nennt die Dokumentation: *https://registry.terraform.io/providers/terraform-provider-openstack/openstack/latest/docs/resources/networking_floatingip_v2*.

Die Konfiguration der Floating IP in der Datei *floatingip.tf* ist sehr kurz und übersichtlich:

```
resource "openstack_networking_floatingip_v2" "my_public_ip" {
  pool = "external"
}
```

Zuweisung einer Floating-IP-Adresse

Wurde eine Floating IP reserviert, kann sie an die entsprechende Ressource (z. B. virtuelle Maschine) gebunden werden. Jetzt kann Netzwerkverkehr von außerhalb des OpenStack über diese IP-Adresse an die Ressource geleitet werden. Zur Verknüpfung von Floating IP und virtueller Maschine wird eine Ressource des Typs `openstack_compute_floatingip_associate_v2` benötigt, die die Parameter `instance_id` und `floating_ip` erwartet (siehe auch die Dokumentation: *https://registry.terraform.io/providers/terraform-provider-openstack/openstack/latest/docs/resources/compute_floatingip_associate_v2*).

`instance_id` erwartet die ID einer OpenStack-Instanz. Anders als bei den oben gezeigten Beispielen wird in diesem Fall nicht das Attribut `name` benötigt, sondern `id`. Daher wird im Beispiel der Wert `openstack_compute_instance_v2.my_instance.id` angegeben.

Die Dokumentation der Ressourcen enthält stets die Liste der unterstützten Parameter, jedoch wird nicht immer klar, welchen Wert der Provider hier erwartet. An dieser Stelle spielt Erfahrung eine große Rolle. Oft lässt sich aus dem Namen des Parameters schließen, ob eine ID angegeben werden soll, wie im Beispiel bei `instance_id`.

In anderen Fällen lässt sich aus dem Parameternamen nicht auf den erwarteten Inhalt schließen. Dies wird auch beim zweiten Parameter `floating_ip` deutlich: Hier wird die IP-Adresse selbst erwartet, daher wird auf das Attribut `address` der Ressource `my_public_ip` vom Typ `openstack_networking_floatingip_v2` zugegriffen.

Die Datei *floatingip_associate.tf* enthält folgenden Terraform-Code:

```
resource "openstack_compute_floatingip_associate_v2" "my_public_ip_to_
instance_association" {
  instance_id = openstack_compute_instance_v2.my_instance.id
  floating_ip = openstack_networking_floatingip_v2.my_public_ip.address
}
```

Ausgeben der Floating-IP-Adresse am Ende des Terraform-Laufs

Auch wenn noch nicht genauer erklärt wurde, was ein `output` ist, wird er bereits verwendet, um das Beispiel vollständig und benutzerfreundlich zu gestalten. Am Ende des Laufs soll die zugewiesene Floating-IP-Adresse ausgegeben werden, damit Sie wissen, mit welcher IP-Adresse Sie sich per SSH verbinden sollen, um sich an der virtuellen Maschine anzumelden. Dies wird über die Konfiguration eines `output` ermöglicht. Mehr zum Thema `output` kann in Abschnitt 6.3 gefunden werden.

Ein `output` besitzt einen Namen und ein Attribut `value`, dem ein Wert zugewiesen wird. In diesem Fall ist das die bereits konfigurierte Floating-IP-Adresse. Die Datei *outputs.tf* enthält nur drei Zeilen:

```
output "oeffentliche_ip_adresse" {
  value = openstack_compute_floatingip_associate_v2.my_public_ip_to_instance_
association.floating_ip
}
```

An dieser Stelle ist das Beispiel komplett, und einem Aufruf von Terraform zum Erstellen der virtuellen Maschine steht nichts mehr im Weg.

Ausführen des Beispielcodes

Der Beispielcode kann entweder in einzelne Dateien aufgeteilt werden, was die Übersichtlichkeit erhöht, Terraform selbst kommt aber auch damit zurecht, wenn der komplette Code in einer Datei steht.

Der Beispielcode ist auch im Git-Repository zu diesem Buch verfügbar.

Damit der Beispielcode ausgeführt werden kann, muss zuerst das Verzeichnis initialisiert werden. Dies geschieht mit dem Befehl `terraform init`.

```
$ terraform init
Initializing the backend...
```

```
Initializing provider plugins...
- Finding latest version of terraform-provider-openstack/openstack...
- Installing terraform-provider-openstack/openstack v1.44.0...
- Installed terraform-provider-openstack/openstack v1.44.0 (self-signed, key
ID 4F80527A391BEFD2)

Partner and community providers are signed by their developers.
If you'd like to know more about provider signing, you can read about it here:
https://www.terraform.io/docs/cli/plugins/signing.html

Terraform has created a lock file .terraform.lock.hcl to record the provider
selections it made above. Include this file in your version control repository
so that Terraform can guarantee to make the same selections by default when
you run "terraform init" in the future.

Terraform has been successfully initialized!

You may now begin working with Terraform. Try running "terraform plan" to see
any changes that are required for your infrastructure. All Terraform commands
should now work.

If you ever set or change modules or backend configuration for Terraform,
rerun this command to reinitialize your working directory. If you forget,
other
commands will detect it and remind you to do so if necessary.
```

Nach dem erfolgreichen Initialisieren lassen Sie sich die geplanten Änderungen mittels `terraform plan` anzeigen:

```
$ terraform plan
Terraform used the selected providers to generate the following execution
plan. Resource actions are indicated with the following symbols:
  + create

Terraform will perform the following actions:

  # openstack_compute_floatingip_associate_v2.my_public_ip_to_instance_
association will be created
  + resource "openstack_compute_floatingip_associate_v2" "my_public_ip_to_
instance_association" {
      + floating_ip = (known after apply)
      + id          = (known after apply)
```

```
      + instance_id = (known after apply)
      + region      = (known after apply)
    }

  # openstack_compute_instance_v2.my_instance will be created
  + resource "openstack_compute_instance_v2" "my_instance" {
      + access_ip_v4 = (known after apply)
      + access_ip_v6 = (known after apply)
[...]
  # openstack_compute_keypair_v2.my_keypair will be created
  + resource "openstack_compute_keypair_v2" "my_keypair" {
      + fingerprint = (known after apply)
      + id          = (known after apply)
      + name        = "SSH-Schluessel Tux"
      + private_key = (known after apply)
      + public_key  = "ssh-rsa AAAA...Ur8FE= tux@terraformbuch.de"
      + region      = (known after apply)
    }

  # openstack_compute_secgroup_v2.my_public_access_secgroup will be created
  + resource "openstack_compute_secgroup_v2" "my_public_access_secgroup" {
      + id          = (known after apply)
      + name        = "Meine Sicherheitsgruppe"
      + description = "SSH und ICMP erlauben"
      + region      = (known after apply)

Plan: 5 to add, 0 to change, 0 to destroy.

Changes to Outputs:
  + oeffentliche_ip_adresse = (known after apply)

_______________________________________________

Note: You didn't use the -out option to save this plan, so Terraform can't
guarantee to take exactly these actions if you run "terraform apply" now.
```

Prüfen Sie, ob die angezeigten Änderungen Ihrer Meinung nach richtig aussehen. Anschließend können Sie durch Ausführen von `terraform apply` Terraform anweisen, die Änderungen in die Tat umzusetzen. `terraform apply` führt nochmals `plan` aus und zeigt die Änderungen ein weiteres Mal an, weshalb die Ausgabe der beiden Befehle nahezu identisch ist.

Erst wenn Sie die Nachfragen mit yes bestätigen, fängt Terraform an, die virtuelle Maschine samt allen Ressourcen zu erstellen.

```
[...]
Plan: 5 to add, 0 to change, 0 to destroy.

Changes to Outputs:
  + oeffentliche_ip_adresse = (known after apply)

Do you want to perform these actions?
  Terraform will perform the actions described above.
  Only 'yes' will be accepted to approve.

  Enter a value: yes

openstack_compute_keypair_v2.my_keypair: Creating...
openstack_networking_floatingip_v2.my_public_ip: Creating...
openstack_compute_secgroup_v2.my_public_access_secgroup: Creating...
openstack_compute_keypair_v2.my_keypair: Creation complete after 1s [id=Mein-
SSH-Schluessel]
openstack_compute_secgroup_v2.my_public_access_secgroup: Creation complete
after 2s [id=18c3236d-7ccd-44d1-b8e7-b67c2a465ab5]
openstack_compute_instance_v2.my_instance: Creating...
openstack_networking_floatingip_v2.my_public_ip: Creation complete after 9s
[id=5368e85c-a2ef-4568-b6d1-19eed6d6432e]
openstack_compute_instance_v2.my_instance: Still creating... [10s elapsed]
openstack_compute_instance_v2.my_instance: Creation complete after 14s [id=
3c8eefb8-febd-4dbe-9a97-432fcd5a159b]
openstack_compute_floatingip_associate_v2.my_public_ip_to_instance_
association: Creating...
openstack_compute_floatingip_associate_v2.my_public_ip_to_instance_
association: Creation complete after 3s [id=1.2.3.4/3c8eefb8-febd-4dbe-9a97-
432fcd5a159b/]

Apply complete! Resources: 5 added, 0 changed, 0 destroyed.

Outputs:

oeffentliche_ip_adresse = "1.2.3.4"
```

Die IP-Adresse wird in Ihrer Ausgabe natürlich von der oben gezeigten Adresse abweichen.

Nach wenigen Sekunden können Sie Ihre virtuelle Maschine über die am Ende des Terraform-Laufs ausgegebene IP-Adresse per SSH erreichen oder anpingen. Bei den meisten Betriebssystemabbildern ist ein direkter Zugang zum Benutzer `root` aus Sicherheitsgründen nicht möglich. Daher wird bei einem erfolgreichen Anmeldeversuch, d. h. beim Einloggen mit dem zuvor konfigurierten SSH-Key, als Benutzer `root` meist folgende Meldung angezeigt.

```
$ ping -c 5 1.2.3.4
PING 1.2.3.4 (1.2.3.4) 56(84) Bytes an Daten.
64 Bytes von 1.2.3.4: icmp_seq=1 ttl=57 Zeit=24.7 ms
64 Bytes von 1.2.3.4: icmp_seq=2 ttl=57 Zeit=32.4 ms
[...]
$ ssh root@1.2.3.4
The authenticity of host '1.2.3.4 (1.2.3.4)' can't be established.
[...]
root@1.2.3.4: Permission denied (publickey).
```

Melden Sie sich statt als `root`-Benutzer mit dem im Betriebssystemabbild eingerichteten Benutzer an. Der Benutzername ist dabei abhängig vom verwendeten Betriebssystemabbild. Im Zweifelsfall ist auch hier wieder der Administrator der OpenStack-Umgebung der richtige Ansprechpartner.

Natürlich können Sie Ihr Werk bzw. das Werk von Terraform in der grafischen OpenStack-Oberfläche näher in Augenschein nehmen. Nach der Ausführung von `terraform apply` sieht OpenStack wie in Abbildung 4.18 aus.

Abbildung 4.18 Die neu erstellte und im Aufbau befindliche Instanz in der Liste der Instanzen in der OpenStack-Oberfläche

Wollen Sie die Konfiguration der virtuellen Maschine kontrollieren, können Sie dies in den Eigenschaften der neuen Instanz tun.

Abbildung 4.19 Spezifikationen der per Terraform erstellten Instanz in der OpenStack-Oberfläche

Aufräumen der erstellten Ressourcen

Wenn die erstellten Ressourcen nicht mehr benötigt werden, können sie mittels `terraform destroy` entfernt werden. Auch hier erfolgt eine Abfrage, die mit `yes` beantwortet werden muss.

```
$ terraform destroy
openstack_networking_floatingip_v2.my_public_ip: Refreshing state... [id=
5368e85c-a2ef-4568-b6d1-19eed6d6432e]
openstack_compute_keypair_v2.my_keypair: Refreshing state... [id=Mein-SSH-
Schluessel]
openstack_compute_secgroup_v2.my_public_access_secgroup: Refreshing state...
[id=18c3236d-7ccd-44d1-b8e7-b67c2a465ab5]
```

```
openstack_compute_instance_v2.my_instance: Refreshing state… [id=3c8eefb8-
febd-4dbe-9a97-432fcd5a159b]
openstack_compute_floatingip_associate_v2.my_public_ip_to_instance_
association: Refreshing state… [id=1.2.3.4/3c8eefb8-febd-4dbe-9a97-
432fcd5a159b/]

Terraform used the selected providers to generate the following execution
plan. Resource actions are indicated with the following symbols:
  - destroy

Terraform will perform the following actions:

  # openstack_compute_floatingip_associate_v2.my_public_ip_to_instance_
association will be destroyed
  - resource "openstack_compute_floatingip_associate_v2" "my_public_ip_to_
instance_association" {
      - floating_ip = "1.2.3.4" -> null
      - id          = "1.2.3.4/3c8eefb8-febd-4dbe-9a97-432fcd5a159b/" -> null
      - instance_id = "3c8eefb8-febd-4dbe-9a97-432fcd5a159b" -> null
      - region      = "cloud-1" -> null
    }
[…]
Plan: 0 to add, 0 to change, 5 to destroy.

Changes to Outputs:
  - oeffentliche_ip_adresse = "1.2.3.4" -> null

Do you really want to destroy all resources?
  Terraform will destroy all your managed infrastructure, as shown above.
  There is no undo. Only 'yes' will be accepted to confirm.

  Enter a value: yes

openstack_compute_floatingip_associate_v2.my_public_ip_to_instance_
association: Destroying… [id=1.2.3.4/3c8eefb8-febd-4dbe-9a97-432fcd5a159b/]
openstack_compute_floatingip_associate_v2.my_public_ip_to_instance_
association: Destruction complete after 3s
[…]
openstack_compute_keypair_v2.my_keypair: Destruction complete after 0s
openstack_compute_secgroup_v2.my_public_access_secgroup: Destruction complete
after 1s

Destroy complete! Resources: 5 destroyed.
```

4.3.5 libvirt

Im Gegensatz zu den bisher vorgestellten Providern (AWS, GCP, Azure und OpenStack), die eine Cloud-Umgebung ansprechen, ist die Zielsetzung des libvirt-Providers eine andere. *libvirt* ist eine Sammlung von Software zur Verwaltung virtueller Maschinen sowie anderer Virtualisierungsfunktionen wie z. B. Netzwerkschnittstellen. Dabei ist libvirt eine Abstraktionsschicht über dem eigentlichen Hypervisor (KVM/QEMU, Xen, LXC, OpenVZ, Virtualbox etc.) und stellt eine einheitliche und generische Schnittstelle zur Verfügung, um die verschiedenen Hypervisoren anzusprechen. libvirt bietet eine API, bereitgestellt vom *libvirtd*-Daemon, und ein Befehlszeilenprogramm (`virsh`). Im Unterschied zu den genannten öffentlichen Cloud-Anbietern muss sich der Anwender bei libvirt selbstständig um Infrastruktur wie Netzwerke oder Speicherplatz z. B. für Betriebssystemabbilder oder die virtuellen Festplatten virtueller Maschinen kümmern.

Die Installation von libvirt mittels eines KVM/QEMU-Hypervisors erläutern wir in einem Bonuskapitel, das Sie bei den Materialien zum Buch und im Repo unter *https://github.com/terraformbuch/anhang* finden. Hier geht es um die Verwendung des libvirt-Providers.

- Terraform Registry: *https://registry.terraform.io/providers/dmacvicar/libvirt/latest*
- GitHub: *https://github.com/dmacvicar/terraform-provider-libvirt*

Konfiguration des libvirt-Providers

Bevor der libvirt-Provider verwendet werden kann, müssen Sie Details zum Zugriff inklusive Berechtigungen konfigurieren.

libvirt bietet mehrere Zugriffsmöglichkeiten, unter anderem per `unix domain socket`, per SSH-Log-in oder über eine (unverschlüsselte oder verschlüsselte) TCP-Verbindung. Beachten Sie, dass gegebenenfalls nicht alle Zugriffsmöglichkeiten, die von libvirt angeboten werden, mit dem libvirt-Provider genutzt werden können.

Im folgenden Beispiel wird die lokale Verbindung mittels `unix domain socket` verwendet. Die Zugriffskontrolle erfolgt dabei durch die Linux-Zugriffsrechte auf dem aktuellen System, die es dem Benutzer erlauben, auf den Socket zuzugreifen. Details finden Sie wie erwähnt im Onlineanhang.

Die Konfiguration des Providers sieht in diesem Fall wie folgt aus:

```
provider "libvirt" {
  uri = "qemu:///system"
}
```

Wie beim openstack-Provider (siehe Abschnitt 4.3.4) kann alternativ eine Umgebungsvariable gesetzt werden. Die benötigte Umgebungsvariable heißt `LIBVIRT_DEFAULT_URI`. Um sie in der bash-Shell zu setzen, wäre folgender Befehl auszuführen.

```
export LIBVIRT_DEFAULT_URI="qemu:///system"
```

Je nach verwendeter Shell muss die Syntax gegebenenfalls angepasst werden, z. B. für die fish- oder die zsh-Shell.

Um die Einstellungen dauerhaft zu setzen, sodass sie auch nach einem Neustart oder einer Neuanmeldung des aktuellen Benutzers greifen, ist diese Zeile in die entsprechende Konfigurationsdatei der verwendeten Shell einzufügen. Für die bash-Shell wäre das je nach System entweder *~/.profile*, *~/.bash_profile* oder */.bashrc*, bei der zsh-Shell entsprechend */.zshrc*.

Bitte beachten Sie, dass diese Variable nicht nur vom Terraform-Provider verwendet wird, sondern auch von libvirt-eigenen Programmen wie `virsh`, `virt-manager` und anderen.

Beispielcode

In diesem Beispiel soll eine virtuelle Maschine auf einem KVM/QEMU-Hypervisor erstellt werden. QEMU ist eine freie Virtualisierungssoftware, die durch Nutzung von KVM beschleunigt wird. Daher ist die Kombination beider Techniken sehr häufig in der Praxis anzutreffen.

Als Betriebssystemabbild (engl. *Image*) wird CirrOS verwendet. Das CirrOS-Projekt stellt Betriebssystemabbilder für KVM/QEMU bereit, um die Installation auf einem Hypervisor testen und validieren zu können. Da die Zugangsdaten für den Benutzer (Benutzername `cirros`, Password `gocubsgo`) fest im Abbild konfiguriert sind, eignet sich CirrOS nur zum Testen und sollte in produktiven Umgebungen auch nur dafür eingesetzt werden.

Neben einem Betriebssystem benötigt die virtuelle Maschine eine Definition, die unter anderem die folgenden Angaben enthält:

- die Angabe der virtuellen CPU,
- die Größe des Hauptspeichers (RAM),
- die Größe der virtuellen Festplatte oder das zu verwendende Betriebssystemabbild,
- Details zur Netzwerkkonfiguration, unter anderem welches Netzwerk verwendet werden soll, sowie
- welcher *Disk Pool* für die virtuelle Festplatte verwendet wird.

Netzwerke und Pools müssen vom Anwender angelegt werden, dies kann über Terraform geschehen.

Der Beispielcode ist auch im Git-Repository zu diesem Buch verfügbar.

Definieren der erforderlichen Provider

Als erste Amtshandlung muss der libvirt-Provider als erforderlich angegeben werden. Es hat sich eingebürgert, dies in eine Datei namens *versions.tf* zu schreiben:

```
terraform {
  required_providers {
    libvirt = {
      source = "dmacvicar/libvirt"
    }
  }
}
```

Falls gewünscht, kann eine Version des Providers explizit vorgeschrieben werden, im obigen Beispiel wurde dies weggelassen. Sofern keine Funktionen verwendet werden, die erst ab bestimmten Versionen zur Verfügung stehen, sollten Sie Terraform die freie Wahl der Providerversion überlassen. Eine Ausnahme träte ein, wenn neuere Versionen einen Fehler enthalten, der in einer älteren Version nicht auftaucht. Hier könnten Sie Terraform auf diese alte Providerversion »festnageln« (*Pinning*).

Einrichtung des libvirt-Providers

Wie bereits erwähnt, müssen Sie dem libvirt-Provider das gewünschte Ziel (`uri`) mitteilen, was Sie in einer Datei *provider.tf* erledigen:

```
provider "libvirt" {
  uri = "qemu:///system"
}
```

Definition eines Disk Pool und Angabe des Betriebssystemabbilds

Die Definition des *Disk Pool* und des Betriebssystemabbilds (in libvirt-Terminologie ein *Volume*) erfolgt in der Datei *libvirt_pool.tf*:

```
resource "libvirt_pool" "base" {
  name = "base"
  type = "dir"
  path = "/var/lib/libvirt/images"
}

resource "libvirt_volume" "cirros_rootdisk" {
  name   = "cirros_disk.qcow2"
```

```
  pool   = libvirt_pool.base.name
  source = "https://github.com/cirros-dev/cirros/releases/download/0.6.0/
cirros-0.6.0-x86_64-disk.img"
}
```


Der libvirt-Provider kümmert sich im Hintergrund selbstständig darum, das CirrOS-Betriebssystemabbild von der Projektseite herunterzuladen und im Verzeichnis */var/lib/libvirt/images* unter dem Namen *cirros_disk.qcow2* zu speichern. Im Beispiel wird das beim Erstellen dieses Buchs aktuelle CirrOS-Image in der Version 0.6.0 verwendet, passen Sie die Version gegebenenfalls an.

Konfiguration eines Netzwerks

Die virtuelle Maschine soll natürlich über einen funktionierenden Netzwerkzugang verfügen. Hierfür konfigurieren Sie zuerst ein neues libvirt-Netzwerk, das Sie später bei der Erstellung der virtuellen Maschine zuweisen. Nach dem Start der virtuellen Maschine wird sie sich per DHCP eine IP-Adresse holen. Der von libvirt konfigurierte Router weist diese zusammen mit einer DNS-Domain zu (Parameter `domain` und `dns`).

Das Beispiel verwendet einen IP-Adressbereich von `192.168.42.0/24`. Sollte dieser Bereich in Ihrem Netzwerk bereits belegt sein, passen Sie ihn entsprechend an.

Das Netzwerk wird mit einer Adressübersetzung (*NAT*) konfiguriert, sodass nach außen hin Ihre virtuelle Maschine unter der IP-Adresse des Hypervisors erscheint. Dies wird durch den Parameter `mode` geregelt, der im Beispiel auf `nat` gesetzt wird. Details zu anderen Modi nennt die Dokumentation des libvirt-Providers unter *https://registry.terraform.io/providers/dmacvicar/libvirt/latest/docs/resources/network*.

Die Konfiguration des Netzwerks in der Datei *libvirt_network.tf* sieht folgendermaßen aus:

```
resource "libvirt_network" "network" {
  name   = "terraform_netzwerk"
  mode   = "nat"
  domain = "terraformbuch.de"

  addresses = [
    "192.168.42.0/24"
  ]

  dns {
    enabled = true
  }
}
```

Konfiguration der virtuellen Maschine

Die virtuelle Maschine, im libvirt-Kontext `domain` genannt, wird im Beispiel mit 1.024 MB Speicher, einer virtuellen CPU und dem zuvor erstellten Netzwerk `terraform_netzwerk` in der Datei *libvirt_domain.tf* konfiguriert.

```
resource "libvirt_domain" "cirros" {
  name   = "cirros"
  memory = 1024
  vcpu   = 1

  disk {
    volume_id = libvirt_volume.cirros_rootdisk.id
  }

  network_interface {
    network_name   = libvirt_network.network.name
    wait_for_lease = true
  }

  cpu {
    mode = "host-passthrough"
  }

  console {
    type        = "pty"
    target_port = "0"
    target_type = "serial"
  }

  console {
    type        = "pty"
    target_type = "virtio"
    target_port = "1"
  }

  graphics {
    type        = "vnc"
    listen_type = "address"
    autoport    = true
  }
}
```

Das Setzen des Parameters `wait_for_lease` auf `true` ist hierbei nötig, damit Terraform die per DHCP zugewiesene IP-Adresse feststellen und korrekt im State hinterlegen kann.

Der obige Codeblock enthält noch weitere Konfigurationsoptionen, die für die korrekte Darstellung sowohl grafisch als auch per (serielle) Konsole sorgen. Der Parameter `host-passthrough` weist QEMU/KVM an, die CPU des Hypervisors unverändert durchzureichen, sodass die VM eine virtuelle CPU des gleichen Typs sieht.

Eine vollständige Auflistung der möglichen Parameter würde den Rahmen dieses Kapitels sprengen, Sie finden die Parameter samt Erklärungen jedoch in der `domain`-Dokumentation des libvirt-Providers: *https://registry.terraform.io/providers/dmacvicar/libvirt/latest/docs/resources/domain*.

Ausgabe wichtiger Information am Ende des Terraform-Laufs

Die Datei *outputs.tf* enthält eine sogenannten `output`, sodass Terraform am Ende die IP-Adresse der virtuellen Maschine ausgibt. Ein `output` besitzt einen Namen und ein Attribut `value`, dem ein Wert zugewiesen wird. In diesem Fall ist dies die per DHCP zugewiesene Adresse, die Terraform im Attribut `addresses` des ersten Netzwerk-Interface (`network_interface.0`, vgl. Kapitel 7) der libvirt-Domain `cirros` speichert.

Mehr zum Thema `output` finden Sie in Abschnitt 6.3.

```
output "cirros_ip" {
  description = "Die private IP Addresse der virtuellen Machine."
  value       = libvirt_domain.cirros.network_interface.0.addresses
}
```

Ausführen des Beispielcodes

Der Beispielcode kann entweder in einzelne Dateien aufgeteilt werden, was die Übersichtlichkeit erhöht, Terraform selbst kommt aber auch damit zurecht, wenn der komplette Code in einer Datei steht.

Der Beispielcode ist auch im Git-Repository zu diesem Buch verfügbar.

Damit der Beispielcode ausgeführt werden kann, muss zuerst das Verzeichnis initialisiert werden. Dies geschieht mit dem Befehl `terraform init`.

```
$ terraform init

Initializing the backend...

Initializing provider plugins...
- Finding dmacvicar/libvirt versions matching "0.6.14"...
- Installing dmacvicar/libvirt v0.6.14...
```

```
- Installed dmacvicar/libvirt v0.6.14 (self-signed, key ID 96B1FE1A8D4E1EAB)

Partner and community providers are signed by their developers.
If you'd like to know more about provider signing, you can read about it here:
https://www.terraform.io/docs/cli/plugins/signing.html

Terraform has created a lock file .terraform.lock.hcl to record the provider
selections it made above. Include this file in your version control repository
so that Terraform can guarantee to make the same selections by default when
you run "terraform init" in the future.

Terraform has been successfully initialized!

You may now begin working with Terraform. Try running "terraform plan" to see
any changes that are required for your infrastructure. All Terraform commands
should now work.

If you ever set or change modules or backend configuration for Terraform,
rerun this command to reinitialize your working directory. If you forget,
other commands will detect it and remind you to do so if necessary.
```

Nach dem erfolgreichen Initialisieren lassen Sie sich die geplanten Änderungen mittels `terraform plan` anzeigen und prüfen diese auf Korrektheit. Wie in Abschnitt 3.2, »Schnelleinstieg: Ein typischer Terraform-Workflow«, bereits erklärt, gibt der Aufruf von `terraform apply` die gleichen Informationen aus und wartet anschließend auf ihre Bestätigung, bevor die anstehenden Aktionen ausgeführt werden.

```
$ terraform apply

Terraform used the selected providers to generate the following execution
plan. Resource actions are indicated with the following symbols:
  + create

Terraform will perform the following actions:

  # libvirt_domain.cirros will be created
  + resource "libvirt_domain" "cirros" {
      + arch = (known after apply)
      + disk = [
          + {
              + block_device = null
              + file         = null
              + scsi         = null
```

```
          + url           = null
          + volume_id     = (known after apply)
          + wwn           = null
        },
    ]
[…]
  # libvirt_volume.cirros_rootdisk will be created
  + resource "libvirt_volume" "cirros_rootdisk" {
      + format = (known after apply)
      + id     = (known after apply)
      + name   = "cirros_disk.qcow2"
      + pool   = "base"
      + size   = (known after apply)
      + source = "https://github.com/cirros-dev/cirros/releases/download/
0.6.0/cirros-0.6.0-x86_64-disk.img"
    }

Plan: 4 to add, 0 to change, 0 to destroy.

Changes to Outputs:
  + cirros_ip = (known after apply)

Do you want to perform these actions?
  Terraform will perform the actions described above.
  Only 'yes' will be accepted to approve.

  Enter a value: yes

libvirt_pool.base: Creating…
libvirt_network.network: Creating…
libvirt_pool.base: Creation complete after 5s [id=522dd850-c456-403b-8952-
8bec4f2d130d]
libvirt_volume.cirros_rootdisk: Creating…
libvirt_network.network: Creation complete after 5s [id=bc2a8b12-2080-4023-
abec-fa29b5ac1f3a]
libvirt_volume.cirros_rootdisk: Creation complete after 3s [id=/var/lib/
libvirt/images/cirros_disk.qcow2]
libvirt_domain.cirros: Creating…
libvirt_pool.base: Creation complete after 5s [id=522dd850-c456-403b-8952-
8bec4f2d130d]
libvirt_volume.cirros_rootdisk: Creating…
libvirt_network.network: Creation complete after 5s [id=bc2a8b12-2080-4023-
abec-fa29b5ac1f3a]
```

```
libvirt_volume.cirros_rootdisk: Creation complete after 3s [id=/var/lib/
libvirt/images/cirros_disk.qcow2]
libvirt_domain.cirros: Creating...
libvirt_domain.cirros: Still creating... [10s elapsed]
libvirt_domain.cirros: Creation complete after 16s [id=7350e3e3-8786-4dd8-
b639-071a304226b6]

Apply complete! Resources: 4 added, 0 changed, 0 destroyed.

Outputs:

cirros_ip = tolist([
  "192.168.42.194",
])
```

Die virtuelle Maschine ist unter der am Ende des Laufs ausgegebenen IP-Adresse per SSH und ICMP (ping) erreichbar. Die IP-Adresse wird in Ihrer Ausgabe von der oben gezeigten Adresse abweichen.

```
$ ping -c 1 192.168.42.194
[...]
$ ssh -l cirros 192.168.42.194
The authenticity of host '192.168.42.194 (192.168.42.194)' can't be
established.
[...]
cirros@192.168.42.194's password:
$ cat /etc/os-release
PRETTY_NAME="CirrOS 0.6.0"
NAME="CirrOS"
VERSION_ID="0.6.0"
ID=cirros
HOME_URL="https://cirros-cloud.net"
BUG_REPORT_URL="https://github.com/cirros-dev/cirros/issues"
$ exit
```

Beim ersten Versuch, sich in der virtuellen Maschine per SSH anzumelden, wird eine Nachfrage von SSH angezeigt. Diese rührt daher, dass der SSH-Hostschlüssel der VM Ihrem lokalen ssh-Programm noch nicht bekannt ist. Bei der ersten Verbindung haben Sie keine Möglichkeit, den SSH-Hostschlüssel zu überprüfen. Bestätigen Sie daher die Rückfrage mit yes, wird die Verbindung aufgebaut und die Fehlermeldung angezeigt.

Der Fingerabdruck des Hostschlüssels wird lokal abgelegt und bei zukünftigen Verbindungsversuchen überprüft. Sollte die virtuelle Maschine plötzlich mit einem anderen SSH-Hostschlüssel antworten, unterbindet der OpenSSH-Client die Verbindung und zeigt eine Warnung an. Mehr dazu erfahren Sie in der Manpage des `ssh`-Kommandos.

Die virtuelle Maschine und alle erstellten Ressourcen können über alle Programme verwaltet werden, die auf libvirt aufsetzen. Zum Beispiel ist die virtuelle Maschine in der Ausgabe des Befehls `virsh list` sichtbar, der die laufenden Domains auflistet:


```
$ virsh list
 Id  Name     State
-----------
  1  cirros   running
```

Auch über das grafische Programm `virt-manager` ist die virtuelle Maschine sichtbar.

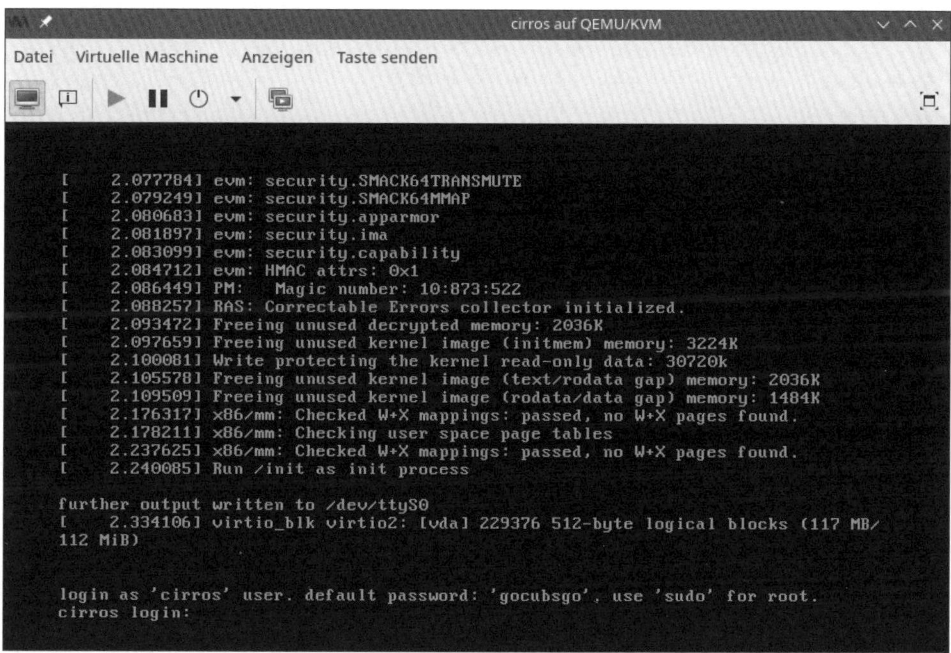

Abbildung 4.20 cirros-VM nach dem erfolgreichen Start

Die Einstellungen können über die Konfigurationsprogramme auch verändert werden, außerdem können Sie sich dort anmelden (siehe Abbildung 4.21).

Beachten Sie, dass alle Änderungen, die Sie über die libvirt-Programme vornehmen, beim nächsten Aufruf von `terraform apply` rückgängig gemacht werden, was im schlimmsten Fall zum Löschen und nochmaligen Erstellen der virtuellen Maschine führt.

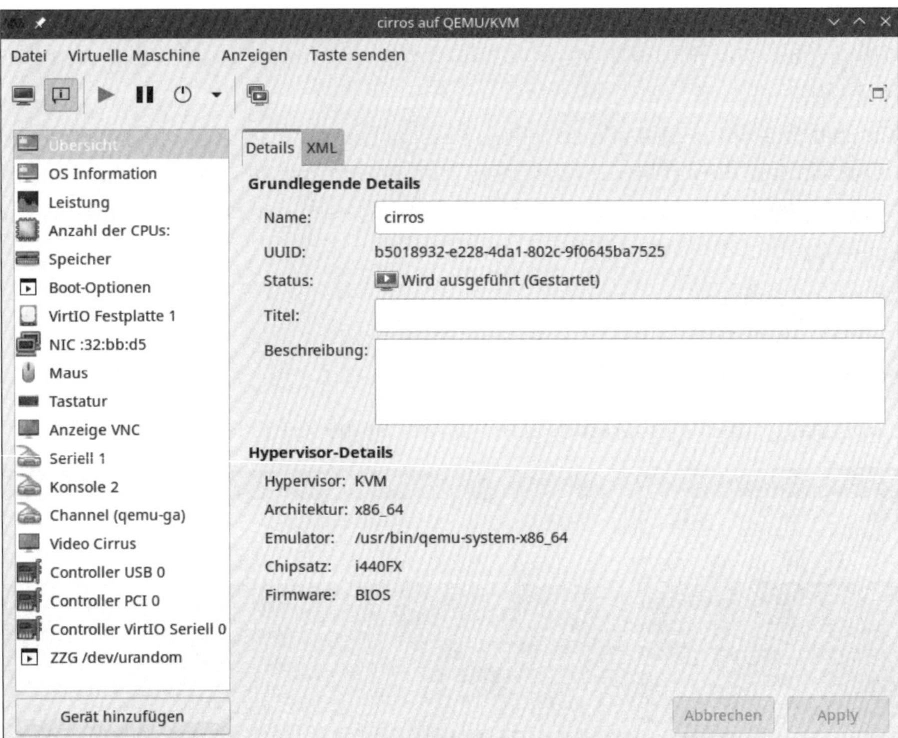

Abbildung 4.21 Einstellungen der virtuellen Maschine im virt-manager

Aufräumen der erstellten Ressourcen

Wenn die erstellten Ressourcen nicht mehr benötigt werden, können sie mittels `terraform destroy` entfernt werden. Auch hier erfolgt eine Abfrage, die mit `yes` beantwortet werden muss.

Eine ausführliche Beschreibung zu `terraform destroy` ist in Abschnitt 12.2.5 zu finden.

```
$ terraform destroy
libvirt_network.network: Refreshing state... [id=bc2a8b12-2080-4023-abec-
fa29b5ac1f3a]
libvirt_pool.base: Refreshing state... [id=522dd850-c456-403b-8952-8bec4f2d130d]
libvirt_volume.cirros_rootdisk: Refreshing state... [id=/var/lib/libvirt/images/
cirros_disk.qcow2]
libvirt_domain.cirros: Refreshing state... [id=7350e3e3-8786-4dd8-b639-
071a304226b6]

Terraform used the selected providers to generate the following execution
plan. Resource actions are indicated with the following symbols:
  - destroy
```

```
Terraform will perform the following actions:

  # libvirt_domain.cirros will be destroyed
  - resource "libvirt_domain" "cirros" {
      - arch         = "x86_64" -> null
      - cmdline      = [] -> null
      - disk = [
          - {
              - block_device = ""
              - file         = ""
              - scsi         = false
              - url          = ""
              - volume_id    = "/var/lib/libvirt/images/cirros_disk.qcow2"
              - wwn          = ""
            },
        ] -> null
      - emulator     = "/usr/bin/qemu-system-x86_64" -> null
      - fw_cfg_name = "opt/com.coreos/config" -> null
      - id           = "7350e3e3-8786-4dd8-b639-071a304226b6" -> null
      - machine      = "pc" -> null
      - memory       = 1024 -> null
      - name         = "cirros" -> null
      - qemu_agent   = false -> null
      - running      = true -> null
      - vcpu         = 1 -> null
[...]
Do you really want to destroy all resources?
  Terraform will destroy all your managed infrastructure, as shown above.
  There is no undo. Only 'yes' will be accepted to confirm.

  Enter a value: yes

libvirt_domain.cirros: Destroying... [id=7350e3e3-8786-4dd8-b639-071a304226b6]
libvirt_domain.cirros: Destruction complete after 1s
libvirt_volume.cirros_rootdisk: Destroying... [id=/var/lib/libvirt/images/
cirros_disk.qcow2]
libvirt_network.network: Destroying... [id=bc2a8b12-2080-4023-abec-fa29b5ac1f3a]
libvirt_volume.cirros_rootdisk: Destruction complete after 0s
libvirt_pool.base: Destroying... [id=522dd850-c456-403b-8952-8bec4f2d130d]
libvirt_pool.base: Destruction complete after 5s
libvirt_network.network: Destruction complete after 5s

Destroy complete! Resources: 4 destroyed.
```

4.3.6 VMware

VMware stellt kommerzielle Lösungen für die IT-Infrastruktur bereit. Dies reicht von der VMware Workstation, mit der virtuelle Maschinen auf Entwickler-Laptops erstellt werden können, bis zum Rechenzentrum. Unter anderem wird mit VMware vSphere eine einfache Verwaltung für virtuelle Maschinen im eigenen Rechenzentrum ermöglicht. Auch hier besteht die Kernfunktionalität aus der Bereitstellung von virtuellen Maschinen, Datenspeichern und Netzwerken. VMware-vSphere-Produkte wie z. B. VMware ESXi oder VMware vCenter sind besonders oft bei mittelständischen Unternehmen im Einsatz.

Der Terraform-Provider für VMware vSphere steht kostenfrei zur Verfügung. Er erlaubt es, mit einem vCenter und dessen Komponenten zu interagieren. Er gehört zu den offiziellen Providern, wird also von HashiCorp selbst gepflegt.

- Terraform Registry: *https://registry.terraform.io/providers/hashicorp/vsphere/latest*
- GitHub: *https://github.com/hashicorp/terraform-provider-vsphere*

Konfiguration des VMware-vsphere-Providers

Um mit einem vCenter interagieren zu können, ist die Konfiguration von Zugangsdaten, passendem API-Endpunkt und gegebenenfalls zusätzlichen Parametern notwendig. Beispielsweise kann die Validierung von SSL-Zertifikaten abgeschaltet oder der Session-Timeout angepasst werden. Im Zweifelsfall kann der Administrator der VMware-Umgebung weiterhelfen.

Zur Konfiguration gibt es mehrere Möglichkeiten. Die erste Möglichkeit besteht darin, die Informationen innerhalb eines Providerblocks im Terraform-Code anzugeben. Die zweite Möglichkeit ist, mit Umgebungsvariablen zu arbeiten. Die Verwendung von Konfigurationsdateien ist mit dem vsphere-Provider leider nicht möglich.

Einrichtung des Providers im Terraform-Code

Sie können die Konfiguration des vsphere-Providers direkt im Terraform-Code vornehmen. Der Nachteil dieser Methode ist, dass sensible Daten wie Passwörter im Code enthalten sind. Daher ist es ratsam, die Konfiguration nicht ausschließlich im Terraform-Code vorzunehmen. Auf ein Beispiel, das die Zugangsdaten enthält, wird daher an dieser Stelle verzichtet. Ein alternativer Ansatz, der das Sicherheitsrisiko umgeht, wird im weiteren Verlauf des Abschnitts gezeigt.

Nichtsdestotrotz bietet es sich an, die allgemeinen Parameter im Terraform-Code zu definieren und nur sensible Daten wie Benutzername und Passwort auf anderem Weg zu setzen. Eine Terraformdatei, die die allgemeinen Parameter enthält, sähe beispielsweise wie folgt aus:

```
provider "vmware" {
  vsphere_server       = "192.168.1.111"
  allow_unverified_ssl = true
}
```


Hier wurde der API-Endpunkt auf die IP-Adresse `192.168.1.111` gesetzt. Die Validierung der SSL-Zertifikate ist ausgeschaltet, sodass z. B. selbst signierte Zertifikate verwendet werden können. Selbstverständlich ist es sinnvoller, diesen Parameter auf `false` zu setzen und ein offizielles SSL-Zertifikat zu verwenden.

Eine Liste der vom VMware-vsphere-Provider unterstützten Parameter ist in der Dokumentation unter *https://registry.terraform.io/providers/hashicorp/vsphere/latest/docs#argument-reference* zu finden.

Einrichtung des Providers über Umgebungsvariablen

Wie viele andere Provider kann auch der VMware-vsphere-Provider Umgebungsvariablen auslesen, um seine Konfiguration zu ermitteln. Der Vorteil dieser Methode ist, dass der Terraform-Code keine sensiblen Informationen wie z. B. das Passwort enthält. Ein Nachteil besteht darin, dass die Konfiguration des Providers im Terraform-Code nicht ersichtlich ist.

Eine Kombination beider Varianten ist möglich. So können beispielsweise Benutzername und Passwort per Umgebungsvariable gesetzt werden. Der Rest der Konfiguration wird im Terraform-Code vorgenommen. Hierdurch vermeiden Sie es, sensible Daten im Klartext im Code zu hinterlegen, müssen jedoch bei Änderungen zwei verschiedene Stellen berücksichtigen.

Ein weiterer Nachteil dieser Methode ist, dass sämtliche in Ihrer Kommandozeile gestarteten Programme ebenfalls auf diese Umgebungsvariable Zugriff haben und deren Wert auslesen können. Da die Nutzung von Konfigurationsdateien (siehe z. B. Abschnitt 4.3.1 zu AWS) leider nicht möglich ist, ist dies aus unserer Sicht dennoch die sicherste Methode. Das Sicherheitsrisiko, dass Programme die Variable auslesen können, ist geringer als das Risiko, dass jemand Zugriff auf den in der Versionsverwaltung abgelegten Terraform-Code bekommt und dort das Passwort auslesen kann.

Die genaue Benennung der verfügbaren Umgebungsvariablen und die Korrelation mit den Parametern der Konfigurationsdatei ist in der oben genannten Dokumentation des Providers aufgeführt. Der Dokumentation zufolge kann die Umgebungsvariable `VSPHERE_PASSWORD` gesetzt werden, um das Passwort zu speichern.

Hier sei exemplarisch das Setzen der Umgebungsvariablen `VSPHERE_PASSWORD` in einer bash-Shell auf einem System mit macOS, Linux oder einem anderen Unix-artigen Betriebssystem (FreeBSD, OpenBSD ...) gezeigt:

```
export VSPHERE_PASSWORD='strenggeheim'
```

Je nach verwendeter Shell muss die Syntax gegebenenfalls angepasst werden, z. B. für die fish- oder die zsh-Shell.

Um die Einstellungen dauerhaft zu setzen, sodass sie auch nach einem Neustart oder einer Neuanmeldung des aktuellen Benutzers greifen, ist diese Zeile in die entsprechende Konfigurationsdatei der verwendeten Shell einzufügen. Für die bash-Shell wäre dies je nach System entweder *~/.profile*, *~/.bash_profile* oder */.bashrc*, bei der zsh-Shell entsprechend */.zshrc*.

Auf einem Windows-System kann die Umgebungsvariable mittels des `setx`-Kommandos gesetzt werden, und zwar sowohl in der PowerShell als auch in der Batch-Kommandozeile. `setx` schreibt die Variable in die Windows-Registry für den aktuell angemeldeten Benutzer. Dies bewirkt, dass die Variable auch nach einem Neustart gesetzt ist. Jedoch hat es auch zur Folge, dass die Variable im aktuellen Fenster, in dem der Befehl ausgeführt wurde, nicht gesetzt wird, sondern erst in einem neu geöffneten Fenster gültig ist.

```
setx VSPHERE_PASSWORD strenggeheim
```

Eine vollständige Konfiguration analog zum oben gezeigten Terraform-Codebeispiel, jedoch mit gesetzten Zugangsdaten, sieht wie folgt aus (wieder für die bash-Shell):

```
export VSPHERE_USER='administrator@vsphere.local'
export VSPHERE_PASSWORD='strenggeheim'
export VSPHERE_SERVER='192.168.1.111'
export VSPHERE_ALLOW_UNVERIFIED_SSL=true
```

Bitte achten Sie den Aufbau des Benutzernamens `administrator@vsphere.local`. Je nachdem, wie Ihre Umgebung aufgebaut ist, ändert sich die Anmelde-Domain (`vsphere.local`) oder entfällt sogar vollständig.

Beispielcode

Im folgenden Beispiel soll eine virtuelle Maschine (VM) in einer vSphere-Umgebung erstellt werden. Verfügbarer Speicher (Storage) und Netzwerkanbindung werden als gegeben betrachtet.

Der Beispielcode ist auch im Git-Repository zu diesem Buch verfügbar.

Definieren der erforderlichen Provider

Die Datei *versions.tf* sollte folgenden Codeblock enthalten, gegebenenfalls ergänzt um eine exakte Versionsangabe:

```
terraform {
  required_providers {
    vsphere = {
      source = "hashicorp/vsphere"
```

```
    }
  }
}
```

Ermitteln des Datacenters

Für diverse Ressourcen, aber auch für einige Datenquellen, ist eine gültige *Datacenter*-ID Voraussetzung. Über diese weiß die API, in welcher Umgebung gearbeitet werden soll. Um diese ID zu ermitteln, genügt der Name des bereits hinterlegten Datacenters. Adaptieren Sie den im Beispiel verwendeten Namen (dc-01) in der Datei *datacenter.tf* entsprechend Ihrer Umgebung.

```
data "vsphere_datacenter" "datacenter" {
  name = "dc-01"
}
```

Ermitteln des Datastores

Die *Datastores* speichern sowohl die zu einer virtuellen Maschine gehörenden Daten als auch andere Daten, wie z. B. ISO-Abbilder. Je nach vSphere-Umgebung können ein oder mehrere Datastores eingerichtet sein.

Für dieses Beispiel wird ein Datastore für alles verwendet. Er befindet sich im Datacenter dc-01 und heißt default_pool. In Ihrer Umgebung wird dieser Name höchstwahrscheinlich abweichen. Nutzen Sie daher den für Sie passenden Namen.

Eingerichtet wird der Datastore als Datenquelle, sodass der vsphere-Provider an Informationen über die gespeicherten Daten gelangt. Die Datei *datastore.tf* enthält folgenden Codeschnipsel:

```
data "vsphere_datastore" "datastore" {
  name          = "default_pool"
  datacenter_id = data.vsphere_datacenter.datacenter.id
}
```

Wenn Sie Abbilder und VMs in unterschiedlichen Datastores speichern, müssen Sie zwei Datenquellen konfigurieren. Dies könnte z. B. wie folgt aussehen:

```
data "vsphere_datastore" "datastore_images" {
  name          = "image_pool"
  datacenter_id = data.vsphere_datacenter.datacenter.id
}

data "vsphere_datastore" "datastore_vms" {
  name          = "vm_pool"
  datacenter_id = data.vsphere_datacenter.datacenter.id
}
```

Verwenden Sie mehrere Datastores, müssen Sie auch bei der VM-Ressource (siehe unten) aufpassen und die richtige `datastore_id` konfigurieren.

Ermitteln des Clusters

Um innerhalb von vSphere virtuelle Maschinen erzeugen zu können, müssen diese Teil eines sogenannten *Compute Cluster* sein. Für dieses Beispiel wird wieder auf einen bereits existierenden Cluster namens `cluster-01` zurückgegriffen. Passen Sie die Bezeichnung in der Datei *cluster.tf* an Ihre Umgebung an.

```
data "vsphere_compute_cluster" "cluster" {
  name          = "cluster-01"
  datacenter_id = data.vsphere_datacenter.datacenter.id
}
```

Ermitteln des Netzwerks

Damit die virtuelle Maschine erfolgreich gestartet werden kann, benötigt sie mindestens eine Netzwerkschnittstelle. Hierfür muss ein Netzwerk angegeben werden, an das die VM angeschlossen werden soll.

Netzwerke sind ebenfalls Datacenter-spezifisch, somit muss auch hier über die `datacenter_id` gefiltert werden. Für dieses Beispiel wurde bereits ein Netzwerk `VM Network` über das vCenter angelegt. Auch hier passen Sie bitte den Namen des Netzwerks in der Datei *network.tf* an die Gegebenheiten in Ihrer vSphere-Landschaft an.

```
data "vsphere_network" "network" {
  name          = "VM Network"
  datacenter_id = data.vsphere_datacenter.datacenter.id
}
```

Konfiguration der virtuellen Maschine

In diesem Beispiel wird lediglich eine Basiskonfiguration für eine virtuelle Maschine verwendet. Die detaillierte Konfiguration einer virtuellen Maschine funktioniert in vSphere etwas anders als bei den bereits vorgestellten Cloud-Anbietern wie AWS, GCP oder Azure.

Anders als die genannten Cloud-Anbieter arbeitet VMware nicht mit `cloud-init` (*https://cloud-init.io/*), sondern mit sogenannten *vApp Properties*. Über diese Eigenschaften lassen sich z. B. statische IP-Adressen oder SSH-Zugänge aktivieren. Voraussetzung hierfür ist ein Betriebssystemabbild im OVF/OVA-Format. Eine vollständige Übersicht der möglichen Parameter erhalten Sie in der Dokumentation des vsphere-Providers: *https://registry.terraform.io/providers/hashicorp/vsphere/latest/docs/resources/virtual_machine*.

Die komplette Konfiguration der virtuellen Maschine, zu finden in der Datei *vm.tf*, sieht wie folgt aus:

```
resource "vsphere_virtual_machine" "vm" {
  name             = "BeispielVM"
  resource_pool_id = data.vsphere_compute_cluster.cluster.resource_pool_id
  datastore_id     = data.vsphere_datastore.datastore.id
  num_cpus         = 2
  memory           = 2048
  guest_id         = "other3xLinux64Guest"

  wait_for_guest_net_timeout = 0

  cdrom {
    datastore_id = data.vsphere_datastore.datastore.id
    path         = "/images/ubuntu-22.04.1-live-server-amd64.iso"
  }

  network_interface {
    network_id = data.vsphere_network.network.id
  }

  disk {
    label = "disk0"
    size  = 20
  }
}
```

Der Parameter `name` ist der Bezeichner, über den später die virtuelle Maschine im vCenter oder im ESXi-Dashboard zu finden ist.

Mit dem Parameter `resource_pool_id` wird angegeben, zu welchem vSphere-Cluster die virtuelle Maschine gehört. Dieser Wert wird über die bereits konfigurierte Datenquelle `data.vsphere_compute_cluster.cluster.resource_pool_id` ermittelt.

Der Datastore, in dem die virtuelle Maschine gespeichert wird, wurde ebenfalls bereits zuvor ermittelt. Er wird über den Parameter `datastore_id` konfiguriert.

Um die Anzahl der CPUs einer virtuellen Maschine festzulegen, wird `num_cpus` verwendet. Der Parameter `memory` gibt die Größe des Arbeitsspeichers an, der der virtuellen Maschine zur Verfügung gestellt wird. Dieser Parameter wird immer in Megabyte angegeben.

Es ist notwendig, mittels des Parameters `guest_id` festzulegen, um welchen Typ von virtueller Maschine es sich handelt. Bitte entnehmen Sie Ihrer jeweiligen ESXi-Dokumentation, welche Typen hier möglich sind. Im Beispiel wird der Typ `other3xLinux64-Guest` verwendet, der ein Linux-Betriebssystem in 64 Bit definiert.

Der vsphere-Provider kennt mehrere Möglichkeiten, um eine Virtuelle-Maschinen-Ressource als erfolgreich erstellt zu markieren. Über den Parameter `wait_for_guest_net_timeout` kann dieses Verhalten beeinflusst werden. Wird dieser Parameter nicht vom Anwender gesetzt, wartet der Provider fünf Minuten lang, ob die virtuelle Maschine eine IP-Adresse zugewiesen bekommen hat. Wird wie im Beispielcode mit einem (interaktiven) Installationsmedium gearbeitet, kann das Warten durch Setzen des Parameters auf `0` abgeschaltet werden. Terraform meldet dann direkt nach dem Starten der virtuellen Maschine, dass die Ressource erstellt wurde.

Als Block kann der Parameter `cdrom` angegeben werden, mit dem z. B. ein ISO-Abbild gestartet werden kann. Dieses muss in einem Datastore abgelegt sein. Der Parameter `datastore_id` verweist hierzu auf die Datenquelle `data.vsphere_datastore.datastore.id`. Um das Abbild eindeutig auszuwählen, muss noch der Pfad (`path`) innerhalb des Datastores angegeben werden. Theoretisch lässt sich dieser Block wie jeder andere Block unendlich oft wiederholen, jedoch ist die Sinnhaftigkeit bei `cdrom` nicht gegeben.

Der Parameter `network_interface` wird ebenfalls in Blockform geschrieben. Auch hier können theoretisch unbegrenzt viele Netzwerkschnittstellen definiert werden. Im Beispiel wird das bereits vorhandene Netzwerk verwendet, das vorher ermittelt wurde (siehe die Datenquelle `data.vsphere_network.network.id`).

Zuletzt folgt noch ein Block namens `disk`, der die Kapazität des virtuellen »Festplatten«-Speichers der zu erzeugenden virtuellen Maschine definiert. Mit dem Parameter `label` kann der Speicherplatz sinnvoll benannt werden, `size` gibt die Größe in Gigabyte an, die reserviert werden soll. *Thin Provisioning* ist natürlich auch möglich und sogar eventuell schon voreingestellt. Schauen Sie in der Dokumentation unter *https://registry.terraform.io/providers/hashicorp/vsphere/latest/docs/resources/virtual_machine* nach und erfragen Sie bei Ihrem zuständigen Administrator das Standardverhalten, sofern Sie diese Funktion nutzen wollen. Des Weiteren finden Sie in der Dokumentation zusätzliche Parameter, die das Verhalten des Speichers weiter beeinflussen können (`keep_on_remove`, `attach` und mehr). Sollte eine virtuelle Platte nicht ausreichen, können beliebig viele weitere ergänzt werden.

Ausführen des Beispielcodes

Der Beispielcode kann entweder in einzelne Dateien aufgeteilt werden, was die Übersichtlichkeit erhöht, Terraform selbst kommt aber auch damit zurecht, wenn der komplette Code in einer Datei steht.

Der Beispielcode ist auch im Git-Repository zu diesem Buch verfügbar.

Damit der Beispielcode ausgeführt werden kann, muss zuerst das Verzeichnis initialisiert werden. Dies geschieht mit dem Befehl `terraform init`.


```
$ terraform init

Initializing the backend...

Initializing provider plugins...
- Finding latest version of hashicorp/vsphere...
- Installing hashicorp/vsphere v2.2.0...
- Installed hashicorp/vsphere v2.2.0 (signed by HashiCorp)

Terraform has created a lock file .terraform.lock.hcl to record the provider
selections it made above. Include this file in your version control repository
so that Terraform can guarantee to make the same selections by default when
you run "terraform init" in the future.

Terraform has been successfully initialized!

You may now begin working with Terraform. Try running "terraform plan" to see
any changes that are required for your infrastructure. All Terraform commands
should now work.

If you ever set or change modules or backend configuration for Terraform,
rerun this command to reinitialize your working directory. If you forget,
other commands will detect it and remind you to do so if necessary.
```

Nach dem erfolgreichen Initialisieren lassen Sie sich die geplanten Änderungen mittels `terraform plan` anzeigen:

```
$ terraform plan
data.vsphere_datacenter.datacenter: Reading...
data.vsphere_datacenter.datacenter: Read complete after 0s [id=datacenter-3]
data.vsphere_compute_cluster.cluster: Reading...
data.vsphere_network.network: Reading...
data.vsphere_datastore.datastore: Reading...
data.vsphere_datastore.datastore: Read complete after 0s [id=datastore-15]
data.vsphere_network.network: Read complete after 0s [id=network-16]
data.vsphere_compute_cluster.cluster: Read complete after 0s [id=domain-c8]
```

```
Terraform used the selected providers to generate the following execution
plan. Resource actions are indicated with the following symbols:
  + create

Terraform will perform the following actions:

  # vsphere_virtual_machine.vm will be created
  + resource "vsphere_virtual_machine" "vm" {
      + annotation              = (known after apply)
      + boot_retry_delay        = 10000
      + cpu_share_count         = (known after apply)
      + cpu_share_level         = "normal"
      + datastore_id            = "datastore-15"
      + default_ip_address      = (known after apply)
      + ept_rvi_mode            = "automatic"
[...]

Plan: 1 to add, 0 to change, 0 to destroy.

─────────────────────────────────────────────────

Note: You didn't use the -out option to save this plan, so Terraform can't
guarantee to take exactly these actions if you run "terraform apply" now.
```

Prüfen Sie, ob die angezeigten Änderungen Ihrer Meinung nach richtig aussehen. Anschließend können Sie durch Ausführen von `terraform apply` Terraform anweisen, die Änderungen in die Tat umzusetzen. `terraform apply` führt nochmals `plan` aus und zeigt die Änderungen ein weiteres Mal an, weshalb die Ausgabe der beiden Befehle nahezu identisch ist.

Erst wenn Sie die Nachfragen mit `yes` bestätigen, fängt Terraform an, die virtuelle Maschine samt allen Ressourcen zu erstellen.

```
$ terraform apply
[...]
Plan: 1 to add, 0 to change, 0 to destroy.

Do you want to perform these actions?
  Terraform will perform the actions described above.
  Only 'yes' will be accepted to approve.

  Enter a value: yes
```

```
vsphere_virtual_machine.vm: Creating...
vsphere_virtual_machine.vm: Creation complete after 8s [id=42241ebc-fd45-9bfb-4d11-2d4d43accce7]

Apply complete! Resources: 1 added, 0 changed, 0 destroyed.
```

Da die virtuelle Maschine im Beispiel mit einem ISO-Abbild gestartet wurde, das ein Installationsprogramm für ein Betriebssystem beinhaltet, können Sie sich nicht direkt per SSH an der VM anmelden. Stattdessen müssen Sie die virtuelle Maschine zuerst über die Konsole des vCenters vollständig installieren. Natürlich ist das Verhalten anders, wenn Sie präparierte OVF- oder OVA-Abbilder verwenden.

Selbstverständlich können Sie Ihr Werk bzw. das Werk von Terraform in der grafischen Oberfläche des vCenters (oder auch des jeweiligen ESXi-Servers) näher in Augenschein nehmen (siehe Abbildung 4.22).

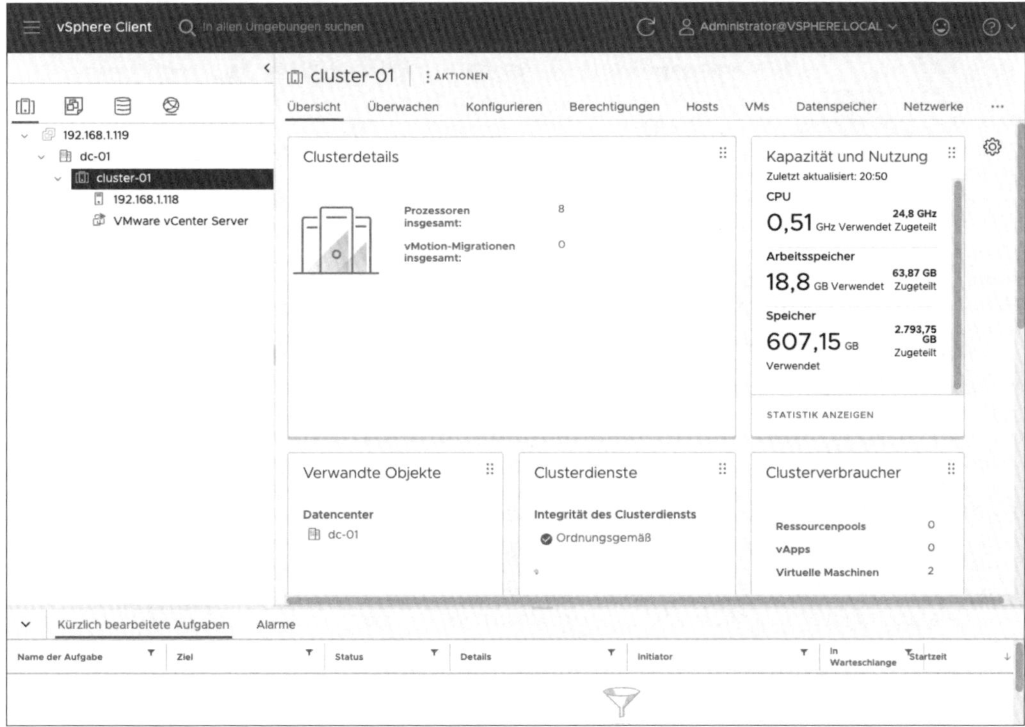

Abbildung 4.22 Liste der VMs in der vCenter-Oberfläche vor dem Start von terraform apply

Die Bestandsliste inklusive der neuen VM nach dem Ausführen von `terraform apply` zeigt Abbildung 4.23.

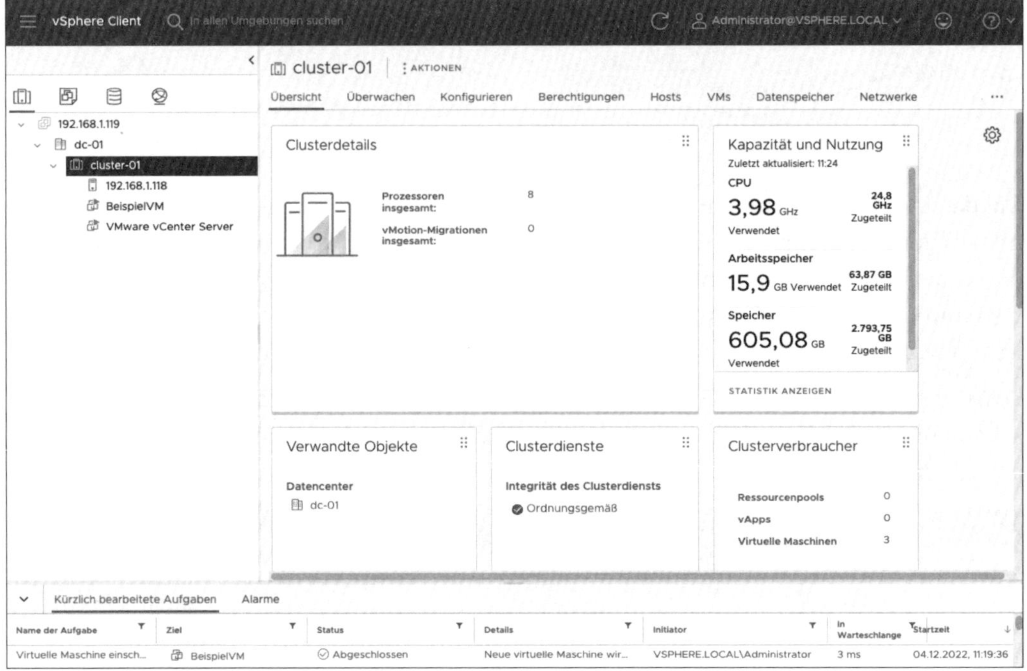

Abbildung 4.23 Die neu erstellte VM in der Bestandsliste der vCenter-Oberfläche

Aufräumen der erstellten Ressourcen

Wenn die erstellten Ressourcen nicht mehr benötigt werden, können sie mittels `terraform destroy` entfernt werden. Auch hier erfolgt eine Abfrage, die mit `yes` beantwortet werden muss.

Eine ausführliche Beschreibung zu `terraform destroy` ist in Kapitel 12 zu finden.

```
$ terraform destroy
data.vsphere_datacenter.datacenter: Reading...
data.vsphere_datacenter.datacenter: Read complete after 0s [id=datacenter-3]
data.vsphere_network.network: Reading...
data.vsphere_datastore.datastore: Reading...
data.vsphere_compute_cluster.cluster: Reading...
data.vsphere_network.network: Read complete after 0s [id=network-16]
data.vsphere_datastore.datastore: Read complete after 0s [id=datastore-15]
data.vsphere_compute_cluster.cluster: Read complete after 0s [id=domain-c8]
vsphere_virtual_machine.vm: Refreshing state... [id=42246304-6395-e3d9-cc86-
0b95a78b9cc7]

Terraform used the selected providers to generate the following execution
plan. Resource actions are indicated with the following symbols:
  - destroy
```

```
Terraform will perform the following actions:

  # vsphere_virtual_machine.vm will be destroyed
  - resource "vsphere_virtual_machine" "vm" {
      - boot_delay          = 0 -> null
      - boot_retry_delay    = 10000 -> null
      - boot_retry_enabled = false -> null
      - change_version      = "2022-11-13T19:48:12.128219Z" -> null

[…]
Plan: 0 to add, 0 to change, 1 to destroy.
vsphere_virtual_machine.vm: Destroying… [id=42246304-6395-e3d9-cc86-
0b95a78b9cc7]
vsphere_virtual_machine.vm: Still destroying… [id=42246304-6395-e3d9-cc86-
0b95a78b9cc7, 10s elapsed]
vsphere_virtual_machine.vm: Destruction complete after 1m4s

Destroy complete! Resources: 1 destroyed.
```

4.3.7 Weitere Provider im Überblick

Nachfolgend wird eine kleine Auswahl weiterer Provider gezeigt, die für Sie von Interesse sein könnten. Viele sind eher Hilfsmittel und bedienen keine APIs bei Cloud-Anbietern.

Der null-Provider

Der null-Provider bietet die Möglichkeit, Arbeitsschritte zu bündeln, die nicht direkt zu einer oder mehreren anderen Ressourcen gehören. Außerdem lässt sich mit der `null`-Ressource über sogenannte *Trigger*-Argumente festlegen, wann diese Arbeitsschritte erneut ausgeführt werden sollen. Beispielsweise eignet sich die `null`-Ressource für das Aktualisieren von Loadbalancer-Konfigurationseinträgen:

```
resource "google_compute_instance" "webserver" {
  count = 3
  […]
}

resource "null_resource" "update_loadbalancer" {
  triggers = {
    webserver_list = join(",", google_compute_instance.webserver[*].id)
  }
```

```
  provisioner "local-exec" {
    command = "update_loadbalancer.sh ${join(" ", google_compute_
instance.webserver[*].network_interface.0.network_ip)}"
  }
}
```

Wird die Anzahl der Webserver verändert, wird in jedem Fall erneut die `null`-Ressource ausgeführt. Dadurch wird durch den `local-exec`-Provisioner ein Skript namens *update_loadbalancer.sh* angestoßen, das die Einträge des Loadbalancers aktualisiert.

Mehr Informationen zur `null`-Ressource finden Sie in Abschnitt 7.2.

Der local-Provider

Mithilfe des local-Providers können Dateien im Dateisystem erstellt oder ausgelesen werden. Zum Beispiel kann hiermit der Inhalt eines öffentlichen SSH-Schlüssels ausgelesen werden:

```
data "local_file" "public_key" {
  filename = pathexpand("~/.ssh/id_rsa.pub")
}

output "public_key" {
  value = data.local_file.public_key.content
}
```

Natürlich können so auch Dateien geschrieben werden:

```
resource "local_file" "my_file" {
  content  = "Hello, world!"
  filename = "beispiel.txt"
}
```

[!]

Neu oder nicht?

Erfahrungsgemäß tut sich Terraform schwer damit, festzustellen, ob die Datei bereits den gewünschten Zustand enthält. Stattdessen wird die Datei fast immer neu erzeugt.

Die verwendete `pathexpand`-Funktion wird in Abschnitt 7.7 näher erläutert.

Der http-Provider

Der http-Provider hat lediglich eine einzige Funktion: Er stellt eine Datenquelle namens `http` bereit. Mit ihr können HTTP-Anfragen gestellt werden. Dazu gehören die

HTTP-Methoden GET, HEAD und POST, wobei POST keine Payload enthalten kann. Vielmehr wird es damit ermöglicht, Suchanfragen zu senden.

```
data "http" "my_public_ip" {
  url = "https://ifconfig.io"
}

output "my_public_ip" {
  value = data.http.my_public_ip.response_body
}
```

Der external-Provider

Auch der external-Provider hat nur eine Funktion, er stellt die Datenquelle external zur Verfügung. Mit dieser Datenquelle kann ein Programm, wahlweise mit Parametern, gestartet werden. Die Ausgabe des Programms wird abgefangen und kann durch Terraform wieder verarbeitet werden. Dabei ist zu beachten, dass das aufgerufene Programm im JSON-Format von der Standardeingabe (STDIN) lesen und im JSON-Format auf der Standardausgabe (STDOUT) ausgeben muss.

```
data "external" "my_program" {
  program = ["python3", "${path.module}/script.py"]

  query = {
    id = "abc123"
  }
}

output "ausgabe" {
  value = data.external.my_program.result
}
```

Das zugehörige Python-Skript *script.py* könnte so aussehen:

```
import json
import sys

eingabe = json.load(sys.stdin)
ausgabe = {"parameters": str(eingabe)}
print(json.dumps(ausgabe))
```

Das Skript bekommt eine JSON-formatierte Zeichenkette {"id": "abc123"} übergeben, die es einfach um ein vorangestelltes parameter: erweitert wieder ausgibt:

```
$ terraform apply
data.external.my_program: Reading...
data.external.my_program: Read complete after 0s [id=-]

Changes to Outputs:
  + ausgabe = {
      + "parameters" = "{'id': 'abc123'}"
    }

[...]
Apply complete! Resources: 0 added, 0 changed, 0 destroyed.

Outputs:

ausgabe = tomap({
  "parameters" = "{'id': 'abc123'}"
})
```

Der dominos-Provider

Tatsächlich gibt es einen Provider, mit dem Pizza bei *Dominos* bestellt werden kann. Natürlich entspricht dies nicht direkt dem Prinzip Terraforms, jedoch zeigt dieser Provider auf eine nette Art, dass Terraform letztendlich nur API-Aufrufe ausführt – in diesem Fall nicht gegen eine Cloud-API mit dem Auftrag, Ressourcen zu erstellen, sondern gegen die Dominos-API mit der Bitte um eine Pizza.

Zu finden ist der Provider in der Terraform Registry unter *https://registry.terraform.io/providers/MNThomson/dominos/latest/docs*.

Kapitel 5

State – der Zustand der Umgebung

5

Der *State* ist die Zustandsbeschreibung aller definierten Ressourcen und eine Bestandsaufnahme Ihrer Metadaten. Er wird außerdem benötigt, um alle Abhängigkeiten darzustellen und aufzulösen.

Ein State kann auch als programmatischer Versuch betrachtet werden, »die Wirklichkeit« über Ressourcen bzw. Objekte abzubilden. Dabei gilt es zu beachten, dass Terraform den State nicht kontinuierlich überprüft und aktualisiert. Vielmehr fungiert der State als eine Art Gedächtnis, das bei jeder Ausführung von Terraform geladen, überprüft und aktualisiert wird.

Der State beinhaltet außerdem die Metadaten, die nicht direkt durch die Terraform-Ressourcen definiert werden, aber im jeweiligen Terraform-Provider als Entitäten, Objekte oder Relationen vorliegen. Dies können auch die Reihenfolge und die Abhängigkeiten zwischen den Ressourcen sein. Die zugehörige Logik ist im jeweiligen Terraform-Provider implementiert und wird entsprechend im State über Beziehungen abgebildet.

Die Datei, in der der State gespeichert wird, ist standardmäßig die Datei *terraform.tfstate*. Sie liegt immer im JSON-Format vor.

Wie bereits beschrieben, wird vor jeder Operation von Terraform der State aktualisiert (engl. *refreshed*), befragt und ausgewertet. Hierfür werden alle verwendeten Terraform-Provider angewiesen, den aktuellen Zustand jeder einzelnen definierten Ressource zu liefern. Je nach Größe, Komplexität und Provider des Terraform-Projekts dauert dies unterschiedlich lange. Die Aktualisierung ist jedoch der einzige Weg, um zu vermeiden, dass Terraform mit veralteten Metadaten arbeitet.

Das Aktualisierungsverhalten kann optional abgestellt werden mit dem `-refresh=false`-Kommandozeilenparameter. Ein Grund, diesen zu setzen, ist z. B. der Einsatz einer limitierten API-Schnittstelle oder einfach Zeitersparnis. Natürlich müssen Sie das Risiko einkalkulieren, dass etwas »außerhalb von Terraform« geändert wurde, was bei einem `terraform plan` oder `terraform apply` dann nicht berücksichtigt würde.

Es ist wichtig noch einmal zu betonen: *Änderungen an von Terraform verwalteter Infrastruktur sollten nur über Terraform durchgeführt werden.*

Änderungen von außerhalb führen entweder zu einem nicht mehr aktualisierbaren State, etwa wenn eine Ressource gelöscht wurde, oder (seit Version 0.15.4) zu folgender Warnmeldung:

```
$ terraform plan
[…]
module.compute_node.openstack_compute_instance_v2.node[0]: Refreshing state…
[id=feada02a-985b-4918-88b7-ea39f00fb6d7]
[…]
Note: Objects have changed outside of Terraform

Terraform detected the following changes made outside of Terraform since the
last "terraform apply"

  # module.compute_node.openstack_compute_instance_v2.node[0] has been changed
  ~ resource "openstack_compute_instance_v2" "node" {
        id   = "feada02a-985b-4918-88b7-ea39f00fb6d7"
      ~ name = "node01" -> "node01-test"
        tags = []

        # (15 unchanged attributes hidden)

        # (1 unchanged block hidden)
    }

Unless you have made equivalent changes to your configuration, or ignored the
relevant attributes using ignore_changes, the following plan may include
actions to undo or respond to these changes.

─────────────────────────────────────────────────────────────────

Terraform used the selected providers to generate the following execution
plan. Resource actions are indicated with the following symbols:
  ~ update in-place

Terraform will perform the following actions:
  # module.netweaver_node.openstack_compute_instance_v2.netweaver[0] will be
    updated in-place
  ~ resource "openstack_compute_instance_v2" "netweaver" {
        id   = "feada02a-985b-4918-88b7-ea39f00fb6d7"
      ~ name = "node01-test" -> "node01"
        tags = []
        # (15 unchanged attributes hidden)

        # (1 unchanged block hidden)
    }
```

```
Plan: 0 to add, 1 to change, 0 to destroy.

Note: You didn't use the -out option to save this plan, so Terraform can't
guarantee to take exactly these actions if you run "terraform apply" now.
```

Die Ausgabe ist sehr ausführlich und sagt genau, wie Terraform mit der Diskrepanz umgehen wird. In diesem Fall wurde »außerhalb von Terraform« der Name der Instanz von `node01` in `node01-test` geändert. Terraform schlägt nun vor, diese Änderung zurückzurollen, weil die Ressource nicht dem Wunschzustand entspricht. In diesem Fall würde das Zurückrollen der Änderung ohne das Neuerstellen der Ressource passieren (*Update in-place*), d. h., es wird keine neue virtuelle Maschine erstellt.

Bei Änderungen, die ein Neuerstellen der Ressource benötigen, wie z. B. Netzwerkänderungen, verhält sich Terraform bei unbedachter Anwendung möglicherweise unerwünscht, etwa indem es Ressourcen neu erstellt und dadurch Datenverlust verursacht.

Darum hier noch einmal: *Änderungen an von Terraform verwalteter Infrastruktur sollten nur über Terraform durchgeführt werden*

Um zu verhindern, dass Terraform diese Änderungen mitbekommt und entsprechend handelt, können Sie, wie in der Ausgabe erwähnt, die `lifecycle option ignore_changes` nutzen, um bestimmte Attribute hiervon auszunehmen. Details zu den `lifecycle`-Optionen finden Sie in Abschnitt 7.5, »Deployments versionieren«.

5.1 Interaktion mit dem State

Das Auslesen von Informationen aus dem State, z. B. das Auflisten von Objekten, kann mit `terraform show` oder `terraform state` vorgenommen werden. Mit dem ersten Befehl wird der gesamte State ausgegeben, bei `terraform state` können noch weitere Argumente mitgegeben werden, wie z. B. `list` oder `show`.

Ein Beispiel für `terraform state list`:

```
$ terraform state list
data.local_file.beispiel
local_file.beispiel_datei
openstack_compute_instance_v2.my_instance[0]
openstack_compute_instance_v2.my_instance[1]
```

Es werden alle Datenquellen sowie alle Ressourcen ohne ihre individuellen Parameter aufgelistet. Außerdem wird die Schreibweise mit Punktnotation verwendet. Im folgenden `terraform state show`-Beispiel muss eben diese verwendet werden, um Detailinformationen zu erhalten.

```
$ terraform state show local_file.beispiel_datei
# local_file.beispiel_datei:
resource "local_file" "beispiel_datei" {
    content              = "Hello, world!"
    directory_permission = "0777"
    file_permission      = "0777"
    filename             = "./beispiel.txt"
    id                   = "8843d7f92416211de9ebb963ff4ce28125932878"
}
```

Die Ausgabe der State-bezogenen Kommandos ist gut dafür geeignet, mit Unix-Programmen wie `grep`, `awk` usw. weiterverarbeitet zu werden. Jedoch gibt es wie bei fast allen CLI-Befehlen keine Möglichkeit, die Ausgabe im JSON-Format zu erzeugen. Somit bleibt der Einsatz von Programmen wie `jq` verwehrt.

Die vollständige Dokumentation beider Kommandos finden Sie in Kapitel 12.

Den State modifizieren

In den meisten Fällen ist kein direktes Bearbeiten des State nötig. Terraform ist so gebaut, dass es versucht, den State konsistent zu halten.

Es gibt jedoch Ausnahmesituationen, in denen es sinnvoll ist, den State zu editieren. Dies sind meist Situationen, in denen der State von »der Wirklichkeit« abweicht, etwa wenn

- sich der Name einer Ressource geändert hat,
- eine per Hand angelegte Ressource importiert werden soll oder
- bei größeren Umbauten, z. B. beim Verlagern von Quelltext in Module.

Die JSON-Datei selbst zu bearbeiten, kann den Zustand schnell ungewollt invalidieren und irreparabel machen. Auch in den oben genannten Beispielen ist dies nicht nötig. Es gibt einige Werkzeuge, die Ihnen hier das Leben erleichtern:

- das Kommando `terraform state mv` (siehe Kapitel 12)
- das Kommando `terraform import` (siehe Kapitel 12)
- das Programm `terraform-state-mover` (*https://github.com/mbode/terraform-state-mover*)

Außerdem wurde mit Terraform-Version 1.1.X ein Metablock ergänzt, der Ressourcen ähnlich wie `terraform state mv` verschieben kann. Der Vorteil gegenüber dem Befehl ist, dass in einer automatisierten Umgebung lediglich der Code angepasst werden muss. Es ist keine manuelle Interaktion vonnöten.

5.2 Format

Die Speicherung des State selbst erfolgt im JSON-Format. (Weitere Informationen dazu finden Sie unter *https://www.json.org/json-de.html*.)

Das eigentliche Format bzw. Schema kann sich zwischen den verwendeten Terraform-Versionen unterscheiden. In der Regel sind Änderungen jedoch abwärtskompatibel.

Dies ist ein weiterer Grund, den State nicht direkt manuell oder durch selbst entwickelte Drittprogramme automatisiert zu bearbeiten. Auch der direkte lesende Zugriff kann Probleme bereiten, wenn das verwendete Programm Änderungen am Format vornimmt.

Es ist also in jedem Fall empfehlenswert, die Kommandozeilenwerkzeuge (siehe Kapitel 12) für den schreibenden (und gegebenenfalls den lesenden) Zugriff zu nutzen.

Aus oben genannten Gründen wird nicht weiter auf das Format eingegangen. Hier als Referenz ein Beispiel für das Format in Terraform-Version 1.3.2:

```
{
  "version": 4,
  "terraform_version": "1.3.2",
  "serial": 2,
  "lineage": "39db6942-4c37-c22c-3fdc-8b4f8f60c8f0",
  "outputs": {},
  "resources": [
    {
      "mode": "managed",
      "type": "local_file",
      "name": "beispiel_datei",
      "provider": "provider[\"registry.terraform.io/hashicorp/local\"]",
      "instances": [
        {
          "schema_version": 0,
          "attributes": {
            "content": "Hello, world!",
            "content_base64": null,
            "directory_permission": "0777",
            "file_permission": "0777",
            "filename": "./beispiel.txt",
            "id": "8843d7f92416211de9ebb963ff4ce28125932878",
            "sensitive_content": null,
            "source": null
          },
```

```
          "sensitive_attributes": [],
          "private": "bnVsbA=="
        }
      ]
    }
  ],
  "check_results": []
}
```

Der zugehörige Terraform-Code sähe wie folgt aus:

```
resource "local_file" "beispiel_datei" {
  content  = "Hello, world!"
  filename = "./beispiel.txt"
}
```

Eventuell ist Ihnen aufgefallen, dass die Parameter `file_permission` bzw. `directory_permission` im State Zugriffe für alle Benutzerinnen erlauben (Unix-Berechtigungen `0777`).

Zum Zeitpunkt der Erstellung dieses Buchs werden die Berechtigungen von Terraform jedoch nicht umgesetzt. Dateien erhalten die Berechtigungen entsprechend der im System vergebenen Umask, wenn wie im Beispielcode keine Berechtigungen angegeben werden. Wir haben diesen Fehler bereits an die Betreuer des local-Providers gemeldet: *https://github.com/hashicorp/terraform-provider-local/issues/147*. Wenn Sie dieses Buch lesen, kann es sein, dass der Fehler bereits behoben wurde.

5.3 Speicherort des State

Der State wird normalerweise in einer Datei namens *terraform.tfstate* im Wurzelverzeichnis des Terraform-Projekts gespeichert. Wenn Sie anfangen, sich mit Terraform zu beschäftigen, oder allein an einem Projekt arbeiten, mag dies hinnehmbar sein. Arbeiten Sie jedoch auf Produktionsumgebungen und im Team, kann es kompliziert bis unmöglich sein, sicherzustellen, dass jede Beteiligte immer über den aktuellen State verfügt. Dies ist extrem wichtig, da sonst von »unterschiedlichen Wirklichkeiten« ausgegangen wird und Inkonsistenzen auftreten werden.

Das Hochladen des State in einen zentralen und durch mehrere Personen nutzbaren Speicherort, in der Terraform-Dokumentation als *Remote State* bezeichnet, schafft hier Abhilfe. Alle Möglichkeiten, den State zu speichern, werden über sogenannte *Backends* implementiert. Auch der lokale Speicherort ist ein Backend namens *local*.

5.3.1 Remote Backends – Beispiele für entfernte Speicherorte

Die von Terraform unterstützten Backends sind in der offiziellen Dokumentation unter *https://developer.hashicorp.com/terraform/language/settings/backends/configuration* aufgeführt. Anfang 2023 unterstützte Terraform folgende Backends, wovon alle außer dem local-Backend den State in einem zentralen Speicherort lagern:

- `local`
- `remote` (Terraform Cloud)
- `azurerm`
- `consul`
- `cos`
- `gcs`
- `http`
- `kubernetes`
- `oss`
- `pg`
- `s3`

Die Unterstützung der folgenden Backends wurde in Terraform-Version 1.3.0 entfernt:

- `artifactory`
- `etcd`
- `etcdv3`
- `manta`
- `swift`

Die Terraform Cloud wurde in älteren Versionen der Terraform-Dokumentation als *erweitertes Backend* (*Enhanced Backend*) eingestuft, da neben dem Auslagern des State auch die Möglichkeit besteht, `terraform plan` und `terraform apply` direkt in der Terraform Cloud auszuführen. Die Klassifizierung von Backends als `Standard` oder `Enhanced` wurde mit Terraform-Version 1.1.0 jedoch aufgegeben. Mehr Details zur Terraform Cloud und zu Terraform Enterprise gibt es im Ausblick in Kapitel 11.

Aktuell gibt es keinen Weg, weitere Backends z. B. als Plug-in zu laden. Die vorgegebene Auswahl an Backends sollte jedoch ausreichen, um für jede Umgebung ein passendes Backend zu finden, zumal sich die meisten Remote Backends in der Konfiguration und im Funktionsumfang sehr ähnlich sind: Es müssen immer ein genauer Speicherort und ein Authentifizierungsmechanismus konfiguriert werden.

Eine wichtige Funktion ist das *Locking*, also das Sperren des State und damit das Verhindern des gleichzeitigen Zugriffs. Fast alle Remote Backends beherrschen dies, es gibt jedoch auch hier Ausnahmen.

5.3.2 Einrichten eines Remote Backend

In den nächsten Abschnitten folgen Beispiele dazu, wie ein paar gängige Remote Backends eingerichtet werden.

Für die Nutzung einiger Remote Backends kann es nötig sein, dass Sie die entsprechende CLI des Cloud-Anbieters installieren. In den folgenden Beispielen ist dies die Azure-CLI im Fall von Microsoft Azure oder die AWS-CLI im Fall von Amazon AWS. Die Installation der Azure-CLI wurde in Abschnitt 4.3.3 erklärt. Für die AWS-CLI folgen Sie bitte der offiziellen Dokumentation unter *https://docs.aws.amazon.com/cli/latest/userguide/getting-started-install.html*.

Speichern des State in der Terraform Cloud

Bei dieser Implementierung wird der State direkt in der *Terraform Cloud* gespeichert. Die einzige Voraussetzung dafür ist ein Zugang zur Terraform Cloud.

Die folgende Konfiguration kann nach Anpassung an Ihre Zugangsdaten direkt genutzt werden, das Erstellen weiterer Ressourcen ist nicht notwendig.

```
terraform {
  backend "remote" {
    hostname     = "app.terraform.io"
    organization = "terraformbuch"

    workspaces {
      name = "production"
    }
  }
}
```

Seit Terraform-Version 1.1.0 gibt es außerdem noch die Möglichkeit, für die Konfiguration der Terraform Cloud statt eines `backend`-Blocks einen entsprechenden `cloud`-Block zu verwenden:

```
terraform {
  cloud {
    hostname     = "app.terraform.io"
    organization = "terraformbuch"
```

```
    workspaces {
      name = "production"
    }
  }
}
```


Für Details zur Konfiguration der Terraform Cloud speziell im Hinblick auf die Cloud-Integration konsultieren Sie bitte die Backend-Dokumentation und die Dokumentation der Cloud-Integration:

- *https://developer.hashicorp.com/terraform/language/settings/backends/remote*
- *https://developer.hashicorp.com/terraform/cli/cloud/settings*

Das folgende Beispiel zeigt die Verwendung der Terraform Cloud:

```
terraform {
  cloud {
    hostname     = "app.terraform.io"
    organization = "terraformbuch"

    workspaces {
      name = "tux_workspace"
    }
  }
}

resource "null_resource" "debug" {
  provisioner "local-exec" {
    command = "echo test"
  }
}
```

Der erste Teil der Ausgabe zeigt das Ausführen von `terraform init`. Danach folgt der Befehl `tree` zur Darstellung der Ordnerstruktur sowie das Ausgeben der *terraform.tfstate*-Datei mittels `cat`:

```
$ terraform init
Initializing Terraform Cloud...

Initializing provider plugins...
- Finding latest version of hashicorp/null...
- Installing hashicorp/null v3.1.1...
- Installed hashicorp/null v3.1.1 (signed by HashiCorp)
```

```
Terraform has created a lock file .terraform.lock.hcl to record the provider
selections it made above. Include this file in your version control repository
so that Terraform can guarantee to make the same selections by default when
you run "terraform init" in the future.

Terraform Cloud has been successfully initialized!

You may now begin working with Terraform Cloud. Try running "terraform plan"
to see any changes that are required for your infrastructure.

If you ever set or change modules or Terraform Settings, run "terraform init"
again to reinitialize your working directory.
$ tree -a .
.
|- .terraform
| |- environment
| |- providers
| | '- registry.terraform.io
| | '- hashicorp
| | '- null
| | '- 3.1.1
| | '- darwin_arm64
| | '- terraform-provider-null_v3.1.1_x5
| '- terraform.tfstate
|- .terraform.lock.hcl
'- main.tf
$ cat .terraform/terraform.tfstate
{
    "version": 3,
    "serial": 1,
    "lineage": "584511ae-9e8c-f7b9-e116-4c95870d1c89",
    "backend": {
        "type": "cloud",
        "config": {
            "hostname": "app.terraform.io",
            "organization": "terraformbuch",
            "token": null,
            "workspaces": {
                "name": "tux_workspace",
                "tags": null
            }
        },
```

```
        "hash": 1234567890
    },
    "modules": [
        {
            "path": [
                "root"
            ],
            "outputs": {},
            "resources": {},
            "depends_on": []
        }
    ]
}
```


Etwas verwunderlich ist, dass es trotz des Auslagerns in die Terraform Cloud eine *terraform.tfstate*-Datei im Verzeichnis *.terraform* gibt. Diese enthält allerdings nur einen Verweis auf das zu verwendende Backend in der Terraform Cloud. Der eigentliche State liegt nicht lokal vor, wie durch den Befehl `terraform state pull` deutlich wird:

```
$ terraform state pull
{
  "version": 4,
  "terraform_version": "1.3.6",
  "serial": 0,
  "lineage": "",
  "outputs": {},
  "resources": [],
  "check_results": null
}
```

Beim Ausführen des Codes per `terraform apply -auto-approve` sehen Sie folgenden Ausgaben:

```
$ terraform apply -auto-approve
Running apply in Terraform Cloud. Output will stream here. Pressing Ctrl-C
will cancel the remote apply if it's still pending. If the apply started it
will stop streaming the logs, but will not stop the apply running remotely.

Preparing the remote apply...

To view this run in a browser, visit:
https://app.terraform.io/app/terraformbuch/tux_workspace/runs/run-
Atcr3SHuZv5r8jGu
```

```
Waiting for the plan to start…

Terraform v1.3.2
on linux_amd64
Initializing plugins and modules…

Terraform used the selected providers to generate the following execution
plan. Resource actions are indicated with the following symbols:
  + create

Terraform will perform the following actions:

  # null_resource.debug will be created
  + resource "null_resource" "debug" {
      + id = (known after apply)
    }

Plan: 1 to add, 0 to change, 0 to destroy.


null_resource.debug: Provisioning with 'local-exec'…
null_resource.debug (local-exec): Executing: ["/bin/sh" "-c" "echo test"]
null_resource.debug (local-exec): test
null_resource.debug: Creation complete after 0s [id=9081314687553580974]

Apply complete! Resources: 1 added, 0 changed, 0 destroyed.
```

Ein erneutes `terraform state pull` offenbart den Inhalt des State, der jetzt in der Terraform Cloud liegt:

```
$ terraform state pull
{
  "version": 4,
  "terraform_version": "1.3.2",
  "serial": 0,
  "lineage": "3f92df1d-ceaf-1a97-2f7d-a5473278d1f8",
  "outputs": {},
  "resources": [
    {
      "mode": "managed",
      "type": "null_resource",
      "name": "debug",
```

```
      "provider": "provider[\"registry.terraform.io/hashicorp/null\"]",
      "instances": [
        {
          "schema_version": 0,
          "attributes": {
            "id": "9081314687553580974",
            "triggers": null
          },
          "sensitive_attributes": [],
          "private": "bnVsbA=="
        }
      ]
    }
  ],
  "check_results": []
}
```


Speichern des State in einem Microsoft Azure Blob Container mit dem azurerm-Backend

Im folgenden Beispiel wird der State in einem *Azure Blob Storage Container* in Microsoft Azure gespeichert. Hervorzuheben ist, dass ein Locking des State über den *Blob Storage* erfolgt und alle Daten vor dem Speichern verschlüsselt werden.

Alle Codebeispiele sind im Git-Repository zu diesem Buch verfügbar. Beachten Sie, dass in einigen Dateien Platzhalter für z. B. Benutzernamen oder Ähnliches verwendet werden.

Anlegen der Ressourcen zum Speichern des State in Azure

Die Voraussetzungen für das folgende Beispiel sind:

- ein Microsoft-Azure-Zugang
- eine Ressourcengruppe (*Resource Group*)
- ein Speicherkonto (*Storage Account*)
- ein *Storage Container*

Diese Ressourcen können entweder von Hand im Azure-Portal, per `azure-cli` oder auch per Terraform angelegt werden.

Beim Erstellen der Ressourcen per Terraform gibt es ein Henne-Ei-Problem, da die State-Ressourcen erst aufgebaut werden müssen, damit der State später dort gespeichert werden kann. Daher ist es in diesem Fall sinnvoll, den State in ein separates Terraform-Projekt auszulagern.

Streng genommen müssten die Ressourcen ebenfalls in einem zentralen State abgelegt werden, die überhaupt erst das Speichern der anderen States ermöglichen.

Oder Sie entscheiden sich schlichtweg dafür, diese Anforderung zu ignorieren, da das eigentlich Wichtige bei diesen Ressourcen die Daten sind und nicht deren infrastrukturelle Definition. Da sich die Ressourcen, in denen der State gelagert wird, nach dem Erstellen nicht mehr ändern werden, empfehlen wir das händische Erstellen ohne Terraform.

Eine logische Trennung von State-Ressourcen und anderen Ressourcen ist jedoch sinnvoll, z. B. indem Sie die Ressourcen in einer anderen Ressourcengruppe anlegen oder mit anderen *Tags* versehen.

Es folgt ein komplettes Beispiel, um eine Ressourcengruppe mit dem Namen `tfstate` samt einem Speicherkonto und einem *Storage Container* für den eigentlichen State anzulegen. Der Name des Speicherkontos muss weltweit eindeutig sein, deshalb wird eine zufällige Zeichenkette als Bestandteil des Namens verwendet:

```
terraform {
  required_providers {
    azurerm = {
      source = "hashicorp/azurerm"
    }
  }
}

provider "azurerm" {
  features {}
}

resource "random_string" "resource_code" {
  length  = 10
  special = false
  upper   = false
}

resource "azurerm_resource_group" "tfstate" {
  name     = "tfstate"
  location = "westeurope"
}

resource "azurerm_storage_account" "tfstate" {
  name                = "tfstate${random_string.resource_code.result}"
  resource_group_name = azurerm_resource_group.tfstate.name
  location            = azurerm_resource_group.tfstate.location
```

```
  account_tier                    = "Standard"
  account_replication_type        = "LRS"
  public_network_access_enabled   = true
  allow_nested_items_to_be_public = true

  tags = {
    type        = "tfstate"
    environment = "production"
  }
}

resource "azurerm_storage_container" "tfstate" {
  name                  = "tfstate"
  storage_account_name  = azurerm_storage_account.tfstate.name
  container_access_type = "blob"
}

output "NAME_DES_SPEICHERKONTOS" {
  value = azurerm_storage_account.tfstate.name
}
```

Erstellen Sie die Ressourcen wie üblich per `terraform init`, `terraform plan` und `terraform apply`. Am Ende wird der Name des Speicherkontos als Output ausgegeben:

```
$ terraform apply
[...]
Apply complete! Resources: 4 added, 0 changed, 0 destroyed.

Outputs:

NAME_DES_SPEICHERKONTOS = "tfstate01234abcde"
```

Der genaue Name wird in Ihrer Ausgabe natürlich abweichen.

Das azurerm-Backend

Nach dem Aufbauen der oben beschriebenen Ressourcen können Sie das azurerm-Backend wie folgt nutzen.

Zunächst lesen Sie den *Storage Access Key* in eine Umgebungsvariable `ACCOUNT_KEY` ein, damit diese dem azurerm-Provider zur Verfügung steht. Es gibt noch weitere Wege, um an den `ACCOUNT_KEY` zu gelangen. Ein anderer wird z. B. in Abschnitt 4.3.3 beschrieben.

Im Beispiel verwenden wir den oben ausgegebenen Namen des Speicherkontos (`tfstate01234abcde`), Sie müssen den Wert aus Ihrer Ausgabe einsetzen.

Um in einer bash-Shell die nötigen Informationen für das azurerm-Backend zu hinterlegen, sind folgende Befehle notwendig:

```
RESOURCE_GROUP_NAME=tfstate
STORAGE_ACCOUNT_NAME=tfstate01234abcde
ACCOUNT_KEY=$(az storage account keys list --resource-group $RESOURCE_GROUP_
NAME --account-name $STORAGE_ACCOUNT_NAME --query '[0].value' -o tsv)
export ARM_ACCESS_KEY=$ACCOUNT_KEY
```

Diese Befehle speichern den Access Key des Speicherkontos `tfstate01234abcde` in einer Umgebungsvariablen, die das azurerm-Backend verwendet, um den State im Azure Blob Storage abzulegen. Danach kann dann das erstellte Backend verwendet werden. Das nun folgende Beispiel erzeugt eine einfache lokale Ressource und speichert den State in Azure.

Zur Klarstellung: Sie können jedes Backend verwenden, um den State auszulagern, sofern Sie passende Zugangsdaten für den entsprechenden Anbieter besitzen. Wo Sie die Ressourcen, deren State Sie verwalten wollen, erstellen, ist vom Backend unabhängig. Sie können lokale Ressourcen oder AWS-Ressourcen erstellen und den State in Azure lagern – oder GCP-Ressourcen erstellen, wobei der State in AWS-S3 liegt.

```
terraform {
  required_providers {
    local = {
      source = "hashicorp/local"
    }
  }
  backend "azurerm" {
      resource_group_name  = "tfstate"
      # bitte passen Sie den Namen des Storage Account an
      storage_account_name = "tfstate01234abcde"
      container_name       = "tfstate"
      key                  = "terraform.tfstate"
  }
}

resource "local_file" "Beispieldatei" {
  content  = "Terraform ist toll"
  filename = "./Beispieldatei.txt"
}
```

Beim Aufruf von `terraform init` wird das azurerm-Backend initialisiert, wie in der folgenden Ausgabe zu sehen ist:

```
$ terraform init
Initializing the backend...

Successfully configured the backend "azurerm"! Terraform will automatically
use this backend unless the backend configuration changes.

Initializing provider plugins...
- Finding latest version of hashicorp/local...
- Installing hashicorp/local v2.2.3...
- Installed hashicorp/local v2.2.3 (signed by HashiCorp)

Terraform has created a lock file .terraform.lock.hcl to record the provider
selections it made above. Include this file in your version control repository
so that Terraform can guarantee to make the same selections by default when
you run "terraform init" in the future.

Terraform has been successfully initialized!
[...]
```

Nach dem Aufrufen von `terraform plan` und `terraform apply` finden Sie neben der erstellten Beispieldatei auch eine Datei *terraform.tfstate* im Unterordner *.terraform* vor.

```
$ cat Beispieldatei.txt
Terraform ist toll
$ cat .terraform/terraform.tfstate
{
    "version": 3,
    "serial": 1,
    "lineage": "b0bf5623-3bd3-b90b-4c41-aacb1f94d873",
    "backend": {
        "type": "azurerm",
        "config": {
            "access_key": "",
            "client_certificate_password": null,
            "client_certificate_path": null,
            "client_id": null,
            "client_secret": null,
            "container_name": "tfstate",
            "endpoint": null,
            "environment": null,
            "key": "terraform.tfstate",
            "metadata_host": null,
            "msi_endpoint": null,
```

```
                "oidc_request_token": null,
                "oidc_request_url": null,
                "resource_group_name": "tfstate",
                "sas_token": null,
                "snapshot": null,
                "storage_account_name": "tfstate01234abcde",
                "subscription_id": null,
                "tenant_id": null,
                "use_azuread_auth": null,
                "use_msi": null,
                "use_oidc": null
            },
            "hash": 4180903425
        },
        "modules": [
            {
                "path": [
                    "root"
                ],
                "outputs": {},
                "resources": {},
                "depends_on": []
            }
        ]
}
```

In der Ausgabe der Datei *.terraform/terraform.tfstate* im obigen Beispiel wurde der `access_key` zensiert.

Dies ist nur eine von vielen Möglichkeiten, das azurerm-Backend zu nutzen. Andere Optionen, weitergehende Informationen und Beispiele sind in der offiziellen Microsoft-Dokumentation und in der Terraform-Dokumentation zum azurerm-Backend zu finden:

- *https://docs.microsoft.com/de-de/azure/developer/terraform/store-state-in-azure-storage?tabs=azure-cli*
- *https://developer.hashicorp.com/terraform/language/settings/backends/azurerm*

Entfernen der Ressourcen

Das obige Beispiel besteht aus zwei getrennten Terraform-Codebeispielen, wobei im ersten die Ressourcen erstellt wurden, in denen der State des zweiten Terraform-Laufs gelagert wird.

Falls Sie die Beispiele nur zum Ausprobieren ausgeführt haben, sollten Sie nach dem Ende die Ressourcen wieder entfernen. Hierzu starten Sie mit einem `terraform destroy` im zweiten Codebeispiel mit der lokalen Datei *Beispiel.txt*. Auch wenn es streng genommen nicht notwendig ist, lokale Dateien aufzuräumen, sollten Sie es sich angewöhnen. Beim Ausprobieren in Cloud-Umgebungen kann ein vergessenes `terraform destroy` am Monatsende für Überraschungen sorgen, wenn der Cloud-Anbieter die Rechnung schickt.

Nach dem Entfernen der Ressourcen im zweiten Beispiel können Sie die für das Speichern des State erstellten Ressourcen löschen. Beachten Sie, dass hierbei der State gelöscht wird. Daher ist dies natürlich nur beim Ausprobieren der Beispiele nötig. In produktiven Umgebungen sollten Sie vielmehr alles daransetzen, die Ressourcen vor dem Löschen zu schützen.

Speichern des State in einem Amazon-S3-Bucket

In diesem Beispiel wird der State in einem *Amazon-S3-Bucket* gespeichert, und zusätzlich wird ein Locking per DynamoDB, Amazons eigener NoSQL-Datenbank, implementiert.

Anlegen der Ressourcen zum Speichern des State in S3

Die Voraussetzungen dafür sind:

- ein Amazon-AWS-Zugang
- ein S3-Bucket für das Speichern des State
- eine DynamoDB-Instanz für das Locking

Diese Ressourcen können entweder von Hand in der AWS-Konsole, per `aws-cli` oder auch per Terraform angelegt werden.

Beim Erstellen der Ressourcen per Terraform gibt es ein Henne-Ei-Problem, da die State-Ressourcen erst aufgebaut werden müssen, damit der State später dort gespeichert werden kann. Daher ist es in diesem Fall sinnvoll, den State in ein separates Terraform-Projekt auszulagern.

Streng genommen müssten die Ressourcen ebenfalls in einem zentralen State abgelegt werden, die überhaupt erst das Speichern der anderen States ermöglichen.

Oder Sie entscheiden sich schlichtweg dafür, diese Anforderung zu ignorieren, da das eigentlich Wichtige bei diesen Ressourcen die Daten sind und nicht deren infrastrukturelle Definition. Da sich die Ressourcen, in denen der State gelagert wird, nach dem Erstellen nicht mehr ändern werden, empfehlen wir das händische Erstellen ohne Terraform.

Eine logische Trennung von State-Ressourcen und anderen Ressourcen ist jedoch sinnvoll, z. B. indem Sie die Ressourcen mit anderen *Tags* versehen.

Es folgt ein komplettes Beispiel, um allen benötigten Ressourcen für den State anzulegen. Die Konfiguration ist deutlich komplexer als bei vielen anderen Backends, unter anderem durch die Notwendigkeit des Anlegens von Rollen und Rechten für den S3-Storage und die DynamoDB.

Um das Beispiel kurz und verständlich zu halten, wird das Modul `nozaq/remote-state-s3-backend/aws` (*https://registry.terraform.io/modules/nozaq/remote-state-s3-backend/aws/latest*) aus der Terraform Registry verwendet, das viele Schritte abstrahiert.

Dieses Modul kann wie folgt verwendet werden:

```
terraform {
  required_providers {
    aws = {
      source  = "hashicorp/aws"
      version = ">= 4.0.0"
    }
  }
}

provider "aws" {
  region = "eu-central-1"
}

provider "aws" {
  alias  = "replica"
  region = "eu-west-1"
}

module "remote_state" {
  source = "nozaq/remote-state-s3-backend/aws"

  providers = {
    aws         = aws
    aws.replica = aws.replica
  }
}

resource "aws_iam_user" "terraform" {
  name = "TerraformUser"
}
```

```
resource "aws_iam_user_policy_attachment" "remote_state_access" {
  user       = aws_iam_user.terraform.name
  policy_arn = module.remote_state.terraform_iam_policy.arn
}

output "kms_key" {
  description = "The KMS customer master key to encrypt state buckets."
  value       = module.remote_state.kms_key.key_id
}

output "state_bucket" {
  description = "The S3 bucket to store the remote state file."
  value       = module.remote_state.state_bucket.bucket
}

output "dynamodb_table_id" {
  description = "The ID of the DynamoDB table"
  value       = module.remote_state.dynamodb_table.id
}
```

Beachten Sie bitte, dass die beiden Provider `aws` und `replica` unterschiedliche Regionen verwenden müssen.

Nach dem üblichen Dreischritt aus `terraform init`, `terraform plan` und `terraform apply` erhalten Sie am Ende folgende Ausgabe:

```
$ terraform apply
[...]
Plan: 25 to add, 0 to change, 0 to destroy.

Changes to Outputs:
  + kms_key      = (known after apply)
  + state_bucket = (known after apply)

[...]
Apply complete! Resources: 25 added, 0 changed, 0 destroyed.

Outputs:

dynamodb_table_id = "tf-remote-state-lock"
kms_key           = "12345678-aaaa-bbbb-cccc-1234567890"
state_bucket      = "tf-remote-state20221017124401021700000002"
```

Die Ausgaben von `kms_key` und `state_bucket` werden in Ihrem Fall abweichen, ersetzen Sie daher im weiteren Verlauf diese Werte durch für Sie gültige Werte.

Nutzung des S3-Backends

Nach dem Erstellen der oben beschriebenen Ressourcen kann das S3-Backend wie folgt genutzt werden.

```
terraform {
  backend "s3" {
    # Bitte passen Sie den Bucket-Namen an
    bucket         = "tf-remote-state20221017124401021700000002"
    key            = "some_environment/terraform.tfstate"
    region         = "eu-central-1"
    encrypt        = true
    # Bitte passen Sie die kms_key_id an
    kms_key_id     = "12345678-aaaa-bbbb-cccc-1234567890"
    # Bitte passen Sie die dynamodb_table an
    dynamodb_table = "tf-remote-state-lock"
  }
}

resource "local_file" "Beispieldatei" {
  content  = "Terraform ist toll"
  filename = "./Beispieldatei.txt"
}
```

Nach dem Ausführen des Codes, d. h. `terraform init` gefolgt von `terraform plan` und `terraform apply`, prüfen Sie, ob die Datei existiert, und kontrollieren den Inhalt der Datei *terraform.tfstate* im Unterordner *.terraform*.

```
$ terraform apply
[...]
$ cat Beispieldatei.txt
Terraform ist toll
$ cat .terraform/terraform.tfstate
{
    "version": 3,
    "serial": 1,
    "lineage": "01520f85-d371-6363-4b72-caee3c8f8ff6",
    "backend": {
        "type": "s3",
        "config": {
            "access_key": null,
            "acl": null,
            "assume_role_duration_seconds": null,
            "assume_role_policy": null,
            "assume_role_policy_arns": null,
```

```
}
            "assume_role_tags": null,
            "assume_role_transitive_tag_keys": null,
            "bucket": "tf-remote-state20221017124401021700000002",
            "dynamodb_endpoint": null,
            "dynamodb_table": "tf-remote-state-lock",
            "encrypt": true,
            "endpoint": null,
            "external_id": null,
            "force_path_style": null,
            "iam_endpoint": null,
            "key": "some_environment/terraform.tfstate",
            "kms_key_id": "12345678-aaaa-bbbb-cccc-1234567890",
            "max_retries": null,
            "profile": null,
            "region": "eu-central-1",
            "role_arn": null,
            "secret_key": null,
            "session_name": null,
            "shared_credentials_file": null,
            "skip_credentials_validation": null,
            "skip_metadata_api_check": null,
            "skip_region_validation": null,
            "sse_customer_key": null,
            "sts_endpoint": null,
            "token": null,
            "workspace_key_prefix": null
        },
        "hash": 1406295426
    },
    "modules": [
        {
            "path": [
                "root"
            ],
            "outputs": {},
            "resources": {},
            "depends_on": []
        }
    ]
}
```

Dies ist nur eine von vielen Möglichkeiten, das S3-Backend zu nutzen. Weitergehende Informationen, andere Möglichkeiten und Beispiele sind in der Terraform-Referenz unter *https://developer.hashicorp.com/terraform/language/settings/backends/s3* zu finden.

Mehr Informationen zum `nozaq/remote-state-s3-backend/aws`-Terraform-Modul gibt es in der Terraform Registry: *https://registry.terraform.io/modules/nozaq/remote-state-s3-backend/aws/latest*.

Speichern des State per http am Beispiel GitLab

Das http-Backend ist sehr flexibel. Den State in einer GitLab-Instanz zu verwalten, ist ein gutes Beispiel für dessen Anwendung. Terraform ist mittlerweile sehr gut in GitLab integriert, und es gibt einige interessante Möglichkeiten im Zusammenspiel der beiden Werkzeuge und auch zur Automatisierung von Tests und Deployments mittels CI/CD-Pipelines. Die einzige Voraussetzung ist eine offizielle oder selbst betriebene GitLab-Instanz.

Weitere Informationen zur Einrichtung und den Möglichkeiten enthält die GitLab-Dokumentation: *https://docs.gitlab.com/ee/user/infrastructure/iac/terraform_state.html*.

5.4 State durch Locking verriegeln

Wie im letzten Abschnitt zu den Remote Backends erwähnt, ist das Verriegeln oder Sperren des State (*Locking*) und dadurch das Verhindern des gleichzeitigen Zugriffs auf diesen eine wichtige Funktion. Fast alle Remote Backends inklusive des local-Backends beherrschen dies, es gibt jedoch auch hier Ausnahmen.

Durch Locking verhindern Sie zum einen, dass der State korrumpiert wird, weil mehrere Operationen gleichzeitig unterschiedliche Daten in den State schreiben. Zum anderen vermeiden Sie, dass ungewollt mehrere identische Aufbauten laufen und am Ende Ressourcen mehrfach existieren.

Um Locking zu nutzen, muss nichts weiter konfiguriert werden, sofern das Backend diese Funktion unterstützt. Alle Schreiboperationen sperren automatisch den State und entsperren den State auch wieder.

Das Locking kann mit dem Kommandozeilenparameter `-lock=false` (siehe Kapitel 12) verhindert werden, was jedoch nur bei Migrationen des State sinnvoll ist und nur in Ausnahmefällen verwendet werden sollte.

Mit dem `force-unlock`-Befehl (siehe Kapitel 12) kann eine bestehende Sperre des State aufgebrochen werden. Auch dies sollte jedoch nur in Ausnahmesituationen benötigt werden.

Beispiel

Um das Verhalten zu demonstrieren, folgt ein Minimalbeispiel mit dem local-Backend und einer minimalen `null_resource` (siehe Abschnitt 4.3.7) mit `local-exec`-Provisioner (siehe Abschnitt 7.2). Dieses konstruierte Beispiel dient nur dazu, einen Terraform-Lauf zu haben, der ungefähr 30 Sekunden dauert.

```
resource "null_resource" "schlafen" {
  provisioner "local-exec" {
    command = "sleep 30"
  }
}
```

Diese minimale Ressource können Sie nun wie beschrieben aufbauen und währenddessen einige interessante Beobachtungen machen. Wichtig sind die Umleitung der Befehlsausgabe von `terraform apply` ins Nichts über `> /dev/null` sowie das kaufmännische Und-Zeichen am Ende der Zeile. Hierdurch wird der Befehl im Hintergrund ausgeführt und die Eingabe wieder freigegeben. So können Sie den zweiten Befehl `terraform destroy -auto-approve` ausführen, während der erste noch läuft.

```
$ terraform init
[...]
$ terraform apply -auto-approve > /dev/null &
$ sleep 10
$ cat .terraform.tfstate.lock.info
{"ID":"c7a84194-0f24-48bc-623b-
066409cc3cb6","Operation":"OperationTypeApply","Info":"","Who":"tux@computer",
"Version":"1.3.2","
Created":"2022-10-11T08:49:09.704699295Z","Path":"terraform.tfstate"}
$ terraform destroy -auto-approve
.
| Error: Error acquiring the state lock
|
| Error message: resource temporarily unavailable
| Lock Info:
| ID: c7a84194-0f24-48bc-623b-066409cc3cb6
| Path: terraform.tfstate
| Operation: OperationTypeApply
| Who: tux@computer
| Version: 1.3.6
| Created: 2022-10-12 08:49:09.704699295 +0000 UTC
| Info:
|
|
```

```
| Terraform acquires a state lock to protect the state from being written
| by multiple users at the same time. Please resolve the issue above and try
| again. For most commands, you can disable locking with the "-lock=false"
| flag, but this is not recommended.
'
```

Nach dem Aufbau und dem Verschieben des `terraform apply`-Aufrufs in den Hintergrund warten Sie zehn Sekunden lang (`sleep 10`). Beim Ausführen des `apply`-Kommandos wird von Terraform auch ein `refresh` durchgeführt, was allerdings nicht unbedingt direkt das Locking aktiviert. Während der erste `terraform apply`-Befehl noch immer im Hintergrund läuft, lässt sich die Sperrdatei mit `cat .terraform.tfstate.lock.info` betrachten. Diese Sperrdatei (*Lockfile*) enthält einige Informationen zum aktuellen Terraform-Lauf im JSON-Format. Wenn Sie einen zweiten Aufruf von `terraform destroy -auto-approve` starten, während der erste im Hintergrund noch läuft, werden Sie mit der Fehlermeldung `Error acquiring the state lock` konfrontiert. Diese besagt, dass bereits eine andere Inkarnation von Terraform den State gesperrt hat.

Die gleichen Informationen, die die Ausgabe der Sperrdatei per `cat` ergeben hat, bekommen Sie in menschenlesbarer Form, wenn Sie versuchen, bei existierender Sperrdatei den Befehl `terraform destroy` auszuführen.

Wie im Beispiel gezeigt, verwendet das local-Backend eine einfache lokale Datei, um die *Locking*-Funktionalität zu implementieren. Bei Remote Backends kommen wie bereits erwähnt je nach Backend unterschiedliche Methoden zum Einsatz.

5.5 Sicherheit

Der State kann sensible Daten enthalten, je nachdem, welche Daten Sie in Terraform-Ressourcen definieren. Dies können z. B. Passwörter und Schlüssel für Benutzer oder Applikationen sein. Aber auch Terraform-providerspezifische IDs und Metadaten können als sensibel gelten.

Nutzen Sie das local-Backend, liegen diese Daten unverschlüsselt im Wurzelverzeichnis des aktuellen Terraform-Projekts. Diese Dateien könnten von jeder Benutzerin oder Angreiferin mit Leserechten auf das Verzeichnis ausgelesen werden. Ein gutes Beispiel hierfür sind die Codeschnipsel aus Abschnitt 5.2. Der gesamte Inhalt der Datei *beispiel.txt* wird im State gespeichert, da der Inhalt im Parameter `content` angegeben wurde.

5.5.1 Backends

Die verschiedenen Remote Backends übertragen die Daten in der Regel TLS-verschlüsselt, und viele, aber nicht alle, bieten an, die Daten im jeweiligen Speicherort zu verschlüsseln. Diese *Encryption at Rest* genannte Funktionalität bieten z. B. Terraform Cloud, AWS-S3 und Azure Blob Storage.

Die englische Bezeichnung *Encryption at Rest*, deutsch etwa »Verschlüsselung im Ruhezustand«, besagt nur, dass die Daten verschlüsselt gelagert werden. Zur Nutzung müssen die Daten entschlüsselt werden und liegen daher unverschlüsselt im Arbeitsspeicher des jeweiligen Backends. Das gilt auch für das local-Backend.

5.5.2 Zugangsdaten

Zumindest für Provider bietet Terraform, wie in Kapitel 4 beschrieben, die Möglichkeit, die Zugangsdaten als Umgebungsvariablen oder Konfigurationsdateien zu hinterlegen.

Für Zugangsdaten abseits von Providern empfiehlt HashiCorp häufig die Nutzung von HashiCorp Vault, einem weiteren Produkt aus dem Hause HashiCorp: *https://www.hashicorp.com/products/vault*. Andere Lösungen wie das Verschlüsseln von Daten mittels OpenPGP sind denkbar, müssen aber von Ihnen selbst implementiert werden.

Wie üblich im Bereich Sicherheit gibt es hier keine einzig wahre Antwort, da jeder Anwendungsfall und jedes Szenario andere Herausforderungen hat.

Kapitel 6
Variablen und Datenquellen

Terraform bietet, wie auch viele weitere Tools, die Möglichkeit, Variablen zu verwenden. Der User kann dadurch einen Wert an einer Stelle mittels einer Variablen deklarieren und initialisieren. Die Nutzung oder der Zugriff auf den Wert erfolgt dann nur noch über diese Variable. Die Variable selbst kann mehrfach verwendet werden, sodass bei Änderungen des Werts nicht mehr der gesamte Code aktualisiert werden muss.

Ein Beispiel soll den Sinn von Variablen verdeutlichen: Ihre aus Dutzenden von Maschinen aufzubauende Infrastruktur soll mit der Linux-Distribution Ihrer Wahl betrieben werden. Anstatt bei jeder einzelnen Maschine das Betriebssystem erneut explizit zu definieren, definieren Sie einmalig eine Variable mit dem gewünschten Inhalt und verwenden anschließend nur noch diese Variable bei jeder einzelnen Ressource.

Außerdem lassen sich durch dieses Prinzip auch andere Abstraktionen schaffen, wie zum Beispiel eine Differenzierung zwischen Produktivprojekten und Testprojekten. Durch einfaches Ändern der Variablen können Sie den Code anweisen, die Zugangsdaten oder Spezifikationen für den Produktivbetrieb zu verwenden. So ist es möglich, große Teile des Codes in beiden Umgebungen einzusetzen, aber z. B. eine andere Dimensionierung der Maschinen zu definieren (sogenanntes *Flavor*, sprich Anzahl der CPU-Kerne sowie RAM- und Speicherplatzgröße).

Auch für Module werden Variablen schnell relevant. Hier kann durch definierte Schnittstellen zwischen den verschiedenen Bestandteilen Ihres Codes, die als Variablen definiert sind, der Austausch von Informationen ermöglicht werden. Auf Module wird in Abschnitt 7.4 detailliert eingegangen.

Neben dem Definieren von Variablen durch die Benutzerin bietet Terraform auch die Möglichkeit, durch Datenquellen auf vorhandene Informationen zurückzugreifen. Zudem bietet Terraform einige interne Werte, auf die Sie zurückgreifen können.

Über Ausgabewerte können Sie Werte an die Anwenderin zurückgeben. Bei Modulen werden Ausgabewerte verwendet, um Informationen aus dem Modul ans Hauptmodul zurückzugeben.

Sowohl Variablen als auch Ausgabewerte und Datenquellen werden in diesem Kapitel eingehend beleuchtet

6.1 Was sind Variablen?

Variablen sind, wie der Name sagt, variabel. Das bedeutet, es ist vorgesehen, dass sie sich anpassen und verändern können. In der Programmierung werden variable Werte in »abstrakten Behältern« abgelegt, auf die im weiteren Verlauf zugegriffen werden kann. Anstatt den immer gleichen Wert hartkodiert im Programmcode stehen zu haben, wird er nur einmalig gesetzt. Alle anderen Vorkommnisse verweisen dann auf diesen »Behälter«. Der Vorteil dieser Vorgehensweise ist die leichtere Pflege und Wartung des Codes, da eine Änderung des Werts nur noch an einer Stelle zu erfolgen hat.

Terraform unterscheidet drei Kategorien von Variablen:

- Eingabevariablen (Input Variables)
- Ausgabewerte (Output Values)
- lokale Werte oder Variablen (Local Values)

Die Begriffe *Eingabevariablen* und *Input Variables* werden häufig einfach abgekürzt und zu *Variablen* bzw. *Variables*.

Im Hinblick auf *Ausgabewerte* (*Output Values*) hat sich bei Terraform der Begriff *Output* eingebürgert.

Lokale Werte, manchmal auch lokale Variablen genannt, werden gern mit dem englischen Begriff *Locals* bezeichnet.

Thematisch zugehörig sind noch Datenquellen (*Data Sources*), auch wenn diese nicht zu Terraform selbst gehören, sondern providerabhängig sind. Mit Datenquellen können Informationen aus dem jeweiligen Cloud-Provider ausgelesen werden.

6.2 Eingabevariablen setzen und verwenden

Eingabevariablen (*Input Variables*) sind Variablen, die es ermöglichen, mit dem gleichen Terraform-Code unterschiedliche, aber gleichartige Ergebnisse zu erhalten – und dies, ohne den Code selbst bearbeiten zu müssen.

Typische Anwendungsfälle zur Nutzung von Variablen sind benutzerspezifische Werte. Anstatt hartkodiert die Informationen von Benutzerin *Marta Muster* im Code zu hinterlegen, werden sie in Variablen ausgelagert. Hierdurch können sowohl Marta als auch ihre Kollegin *Paula Platz* den Code verwenden, ohne dass Änderungen am Code benötigt werden. Dies ist möglich, weil Terraform Sie beim Ausführen bittet, Werte für diese Variablen einzugeben, daher auch der Begriff *Eingabevariablen*.

6.2.1 Einfache Eingabevariablen

Damit Terraform Variablen verstehen kann, müssen diese immer erst einmal deklariert, also Terraform bekannt gemacht werden.

```
variable "benutzername" {}
```

Führen Sie `terraform apply` aus, werden Sie gebeten, einen Wert für die Variable `benutzername` einzugeben:

```
$ terraform apply
var.benutzername
  Enter a value:
[...]
```

Erst wenn Sie den geforderten Wert eingeben, fährt Terraform fort.

Um der Anwenderin den Umgang mit Terraform zu erleichtern, können Sie der Variablen eine Beschreibung mitgeben:

```
variable "benutzername" {
  description = "Bitte geben Sie Ihren Benutzernamen ein"
}
```

Die Beschreibung wird von Terraform ausgeben, wenn Sie gebeten werden, den Wert einzugeben:

```
$ terraform apply
var.benutzername
  Bitte geben Sie Ihren Benutzernamen ein

  Enter a value:
[...]
```

Es hat sich eingebürgert, Variablen in einer Datei *variables.tf* zu deklarieren. Bei größeren Projekten können mehrere Dateien verwendet werden, hier bietet es sich an, das Präfix `variables_` zu verwenden. Alle Variablen für Webserver würden in *variables_webserver.tf* definiert, die für Datenbanken in *variables_datenbanken.tf* usw.

6.2.2 Nutzung von Variablen

Auf eine Variable greifen Sie durch Nutzung von `var.` gefolgt vom Variablennamen zu. Die im Beispiel deklarierte Variable `benutzername` wird also über `var.benutzername` ausgelesen.

```
variable "benutzername" {
  description = "Bitte geben Sie Ihren Benutzernamen ein"
}

output "wert_der_variable_benutzername" {
  value = var.benutzername
}
```

Das Beispiel nimmt die Ausgabewerte vorweg, die in Abschnitt 6.3 eingehend behandelt werden.

Führen Sie das Beispiel per `terraform apply` aus, erhalten Sie folgende Ausgabe:

```
$ terraform apply
var.benutzername
  Bitte geben Sie Ihren Benutzernamen ein

  Enter a value: marta.muster

Changes to Outputs:
  + wert_der_variable_benutzername = "marta.muster"

You can apply this plan to save these new output values to the Terraform
state, without changing any real infrastructure.

[...]
Apply complete! Resources: 0 added, 0 changed, 0 destroyed.

Outputs:
wert_der_variable_benutzername = "marta.muster"
```

In der letzten Zeile der Ausgabe sehen Sie den Ausgabewert namens `wert_der_variable_benutzername`, der den Wert ausgibt, der oben eingegeben wurde.

6.2.3 Syntax bei der Nutzung von Variablen

Wie im Beispiel gezeigt, genügt es meist, die Variable (`var.benutzername`) ohne vorangestellte Sonderzeichen zu verwenden.

Sie werden jedoch das eine oder andere Mal auf die ältere Schreibweise treffen, die von Terraform bis einschließlich Version 0.11 benötigt wurde. Hierbei wird auf Variablen über die Syntax `${var.benutzername}` zugegriffen.

```
[...]
output "wert_der_variable_benutzername" {
  value = ${var.benutzername}
}
```

Die neue Schreibweise ist einfacher zu lesen und zu schreiben, jedoch ist die alte Schreibweise `${var.benutzername}` noch notwendig, wenn mehrere Variablen miteinander oder mit Text kombiniert werden sollen.


```
[...]
output "wert_der_variable_benutzername" {
  value = "Ihr Benutzername lautet: ${var.benutzername}"
}
```

Hier wird die Zeichenkette `Ihr Benutzername lautet:`, gefolgt von einem Leerzeichen, mit dem Inhalt der Variablen `benutzername` kombiniert.

6.2.4 Übergeben von Variablen auf der Kommandozeile

Wie vorweg gezeigt, fragt Terraform interaktiv nach, wenn einer Variablen kein Wert zugewiesen wurde. Um diese Abfrage zu vermeiden, können Sie entweder einen Standardwert definieren (siehe unten) oder den gewünschten Wert der Variablen beim Aufruf von Terraform über den Parameter `-var=` übergeben. Um die Variable `benutzername` auf den Wert `marta.muster` zu setzen, verwenden Sie einen Aufruf der Form `terraform apply -var=benutzername=marta.muster`. Sie übergeben als Argument für den Parameter `-var=` den Namen der Variablen und den gewünschten Wert, getrennt durch ein Gleichheitszeichen:

```
$ terraform apply -var=benutzername=marta.muster
Changes to Outputs:
  + wert_der_variable_benutzername = "marta.muster"
[...]
Apply complete! Resources: 0 added, 0 changed, 0 destroyed.

Outputs:

wert_der_variable_benutzername = "marta.muster"
```

Wenn mehrere Variablen übergeben werden sollen, kann der Parameter `-var` mehrfach verwendet werden. Sofern Sie Sonderzeichen oder Leerzeichen im übergebenen Wert haben, setzen Sie Variablenname und Wert in einfache oder doppelte Anführungszeichen, je nach verwendeter Shell.

```
$ terraform apply -var="benutzername=marta.muster"
[...]
```

6.2.5 Eingabevariablen mit Standardwert

In vielen Fällen wollen Sie der Anwenderin die Freiheit geben, eigene Werte zu setzen. Gleichzeitig kann es sinnvoll sein, die Variablen passend vorzubelegen.

In diesem Fall geben Sie beim Deklarieren der Variablen einen Standardwert (*Default Value*) mit:

```
variable "anzahl_webserver" {
  description = "Anzahl der Webserver-VMs, die aufgebaut werden sollen"
  default     = 3
}

output "wie_viele_webserver" {
  value = var.anzahl_webserver
}
```

Beim Aufruf von `terraform apply` kontrolliert Terraform alle Variablen darauf, ob sie einen Standardwert enthalten oder von Ihnen im Code bereits gesetzt wurden. Ist dies nicht der Fall, fragt Terraform nach. Dies bedeutet, dass das obige Beispiel zur Anzahl der Webserver-VMs von Terraform ohne Rückfrage nach Variablen ausgeführt wird:

```
$ terraform apply
Changes to Outputs:
  + wie_viele_webserver = 3

You can apply this plan to save these new output values to the Terraform
state, without changing any real infrastructure.

[...]
Apply complete! Resources: 0 added, 0 changed, 0 destroyed.

Outputs:

wie_viele_webserver = 3
```

Auch bei Variablen mit Standardwerten können Sie über die Kommandozeile einen Wert definieren, der den Standardwert überschreibt.

Informationen zur Präzedenz von Variablen und den Wertigkeiten der verschiedenen Wege, Werte für Variablen zu definieren, finden Sie weiter unten, wenn es in Abschnitt 6.2.8 um die Reihenfolge und Variablenpräzedenz geht.

```
$ terraform apply -var=anzahl_webserver=5
Changes to Outputs:
  + wie_viele_webserver = "5"

[...]
Apply complete! Resources: 0 added, 0 changed, 0 destroyed.

Outputs:

wie_viele_webserver = "5"
```


6.2.6 Übergeben von Variablen über tfvars-Dateien

Selbst wenn es von Terraform sehr nett ist, fehlende Werte für Variablen von der Anwenderin zu erfragen, so wird das Eintippen von Werten auf Dauer mühsam und fehleranfällig. Auch das Übergeben von Werten über die Kommandozeile (per `-var=`-Parameter) ist nur bedingt praktikabel, vor allem wenn es um mehr als eine Handvoll Variablen geht.

In diesem Fall können Sie die Werte von Variablen in einer oder mehreren Dateien angeben. Hierfür gibt es zwei Standarddateien, die von Terraform automatisch eingelesen werden. Jedoch sollten Sie nach Möglichkeit nur eine dieser beiden Dateien verwenden, um die Übersichtlichkeit zu gewährleisten.

Die beiden Standarddateien für Variablen lauten:

- *terraform.tfvars*
- *terraform.tfvars.json*

[!]

Variablen deklarieren

Alle Variablen, die in *tfvars*-Dateien angegeben werden, müssen im Terraform-Code deklariert werden.

Übergeben von Variablen über die Dateien terraform.tfvars und terraform.tfvars.json

Die zum Einlesen von Variablen am häufigsten verwendete Datei hört auf den Namen *terraform.tfvars*. Die Syntax ist ähnlich einer INI-Datei, sie enthält eine Variablenzuweisung per Gleichheitszeichen (=) pro Zeile.

Das folgende kleine Beispiel würde die Variable `benutzername` auf den Wert `marta.muster` setzen:

```
benutzername = "marta.muster"
```

Die Datei *terraform.tfvars* ist häufig da anzutreffen, wo menschliche Benutzer Variablen setzen oder überschreiben wollen. Zum Überschreiben von Variablen beachten Sie die Reihenfolge und die Variablenpräzedenz (siehe Abschnitt 6.2.8).

Alternativ können Sie die Datei *terraform.tfvars.json* nutzen, die das JSON-Format verwendet. Das JSON-Format als maschinenlesbares Format ist für Menschen unbequem zu bearbeiten, kann jedoch sehr einfach von anderen Programmen generiert werden.

```
{
  "benutzername": "marta.muster"
}
```

Übergeben von Variablen über multiple tfvars-Dateien

Terraform liest jedoch nicht nur die beiden genannten Datei *terraform.tfvars* und *terraform.tfvars.json* ein. Alle Dateien, die auf *.auto.tfvars* oder *.auto.tfvars.json* enden, werden von Terraform ebenfalls berücksichtigt. Für besonders große Projekte lässt sich hiermit eine Unterteilung der Variablen erzeugen:

- Die Datei *webserver.auto.tfvars.json* enthält alle Variablen, die für Webserver benötigt werden.
- In der Datei *datenbankserver.auto.tfvars.json* sind alle Variablen für Datenbankserver definiert.
- Die Datei *netzwerk.auto.tfvars.json* beinhaltet die Werte, die bei Netzwerkressourcen verwendet werden sollen.

[!]

Variablen nur einmal setzen

Setzen Sie jede Variable nur in einer der Dateien. Terraform liest alle Dateien und die darin enthaltenen Variablenzuweisungen ein. Die Dateien sind lediglich dazu gedacht, dass Sie die Übersicht behalten, wenn Dutzende Variablen gesetzt werden müssen.

Die gleichzeitige Verwendung der Dateien *terraform.tfvars* und *terraform.tfvars.json* oder die Kombination einer Datei mit den genannten *.auto.tfvars*- oder *.auto.tfvars.json*-Dateien ist aus Gründen der Übersichtlichkeit nicht zu empfehlen. Entscheiden Sie sich für einen der Wege und dokumentieren Sie dies entsprechend.

Angeben von Variablendateien über die Kommandozeile

Sollten die benötigten *tfvars*-Dateien nicht im Terraform-Projektverzeichnis liegen, wo sie von Terraform automatisch gefunden und eingelesen werden, können sie über die Kommandozeile referenziert werden.

```
$ terraform apply -var-file="/path/to/testing.tfvars"
[...]
$ terraform apply -var-file="/path/to/testing.tfvars.json"
[...]
```

6.2.7 Zuweisen von Werten über Umgebungsvariablen

Neben dem Zuweisen von Werten über Kommandozeilenparameter und *tfvars*-Dateien bietet Terraform noch eine weitere Möglichkeit. Terraform erkennt Umgebungsvariablen, die auf Betriebssystemebene gesetzt werden, sofern sie ein bestimmtes Präfix enthalten. Wie bei Kommandozeilenparametern und *tfvars*-Dateien muss die Variable zunächst im Terraform-Code deklariert werden, die Umgebungsvariablen dienen nur der Zuweisung von Werten.

Abschnitt 4.2, »Konfiguration und Authentifizierung«, enthält Hinweise zum Setzen von Umgebungsvariablen und speziell zur Sicherheitsproblematik bei vertraulichen Umgebungsvariablen.

Verwenden Sie erneut das Beispiel mit der Variablen `benutzername`:

```
variable "benutzername" {
  description = "Bitte geben Sie Ihren Benutzernamen ein"
}

output "wert_der_variable_benutzername" {
  value = var.benutzername
}
```

Über eine Umgebungsvariable mit dem Präfix `TF_VAR_` gefolgt vom Variablennamen kann nun der Wert festgelegt werden. Im Beispiel wäre `TF_VAR_benutzername` der korrekte Name der Umgebungsvariablen.

Das Setzen einer Umgebungsvariablen ist abhängig vom Betriebssystem und der verwendeten Shell des Benutzers (bash, zsh, csh etc.). Hier sei exemplarisch das Setzen der Umgebungsvariablen `TF_VAR_benutzername` in einer bash-Shell (macOS, Linux, Unix-artige) gezeigt:

```
export TF_VAR_benutzername="paula.platz"
```

Je nach verwendeter Shell muss die Syntax gegebenenfalls angepasst werden, z. B. für die fish- oder die zsh-Shell.

Um die Einstellungen dauerhaft zu setzen, sodass sie auch nach einem Neustart oder einer Neuanmeldung des aktuellen Benutzers greifen, ist diese Zeile in die entsprechende Konfigurationsdatei der verwendeten Shell einzufügen. Für die bash-Shell wäre das je nach System entweder *~/.profile*, *~/.bash_profile* oder */.bashrc*, bei der zsh-Shell entsprechend */.zshrc*.

Auf einem Windows-System kann die Umgebungsvariable mittels des `setx`-Kommandos gesetzt werden, und zwar sowohl in der PowerShell als auch in der Batch-Kommandozeile. `setx` schreibt die Variable in die Windows-Registry für den aktuell angemeldeten Benutzer. Dies bewirkt, dass die Variable auch nach einem Neustart gesetzt ist. Daraus folgt allerdings ebenfalls, dass die Variable im aktuellen Fenster, in dem der Befehl ausgeführt wurde, nicht gesetzt, sondern erst in einem neu geöffneten Fenster gültig ist.

```
setx TF_VAR_benutzername paula.platz
```

Der anschließende Aufruf von `terraform apply` zeigt den korrekten Wert an:

```
$ terraform apply

Changes to Outputs:
  + wert_der_variable_benutzername = "paula.platz"

[...]
Apply complete! Resources: 0 added, 0 changed, 0 destroyed.

Outputs:

wert_der_variable_benutzername = "paula.platz"
```

6.2.8 Präzedenz von Variablenzuweisungen

Da es wie gezeigt mehrere Möglichkeiten gibt, einer Variablen in Terraform einen Wert zuzuweisen, kennt Terraform auch eine Präzedenz oder Wertigkeit der Variablenzuweisungen: *https://developer.hashicorp.com/terraform/language/values/variables#variable-definition-precedence*. Hierbei gilt, dass Zuweisungen mit höherer Wertigkeit andere Zuweisungen überschreiben, wenn diese eine niedrigere Wertigkeit besitzen.

1. *Standardwerte*, die einer Variablen in der Variablendeklaration zugewiesen werden, besitzen die niedrigste Wertigkeit. Sie gelten nur, wenn sie nicht durch höherwertige Zuweisungen überschrieben werden.
2. Als Nächstes in der Wertigkeit folgen die *Umgebungsvariablen*. Diese überschreiben Standardwerte, werden selbst jedoch von allen nachfolgenden Methoden überschrieben
3. *tfvars-Dateien* besitzen die zweithöchste Wertigkeit. Sie überschreiben Standardwerte und Zuweisungen über Umgebungsvariablen, werden selbst jedoch von

Kommandozeilenparametern überschrieben. Falls mehrere *tfvars*-Dateien verwendet werden, so werden diese in alphabetischer Reihenfolge abgearbeitet. Zuweisungen aus Dateien, die weiter hinten in der Reihenfolge angesiedelt sind, überschreiben dabei Zuweisungen aus bereits eingelesenen Dateien.

4. Die höchste Wertigkeit besitzen Werte, die über die *Kommandozeilenparameter* `-var` oder `-var-file` übergeben wurden.

Ein Beispiel soll die Präzedenz veranschaulichen:

Ein Terraform-Projekt verwendet sowohl einen Standardwert als auch eine *terraform.tfvars*-Datei und ein `-var`-Argument beim Aufruf. In der Datei *variables.tf* wird die Variable `betriebssystem` deklariert und ein Standardwert angegeben.

```
variable "betriebssystem" {
  default = "Ubuntu 22.04"
}
```

Die Datei *terraform.tfvars* enthält eine Variablenzuweisung, die der Variablen `betriebssystem` den Wert `CentOS 8` zuweist.

```
betriebssystem = "CentOS 8"
```

Beim Aufruf von Terraform wird die Variable `betriebssystem` auf den Wert `openSUSE Leap 15.4` gesetzt.

```
$ terraform apply -var='betriebssystem="openSUSE Leap 15.4"'
[...]
```

Anhand der obigen Präzedenztabelle können Sie das Beispiel einfach nachvollziehen. Der Standardwert (`Ubuntu 22.04`) wird nicht verwendet, weil sowohl die Zuweisung in der Datei *terraform.tfvars* als auch der Kommandozeilenparameter eine höhere Wertigkeit aufweisen.

Die Zuweisung in der Datei *terraform.tfvars* wird ihrerseits von der Zuweisung per Kommandozeilenparameter überschrieben und wird daher nicht verwendet.

Während der Laufzeit von Terraform hat die Variable `betriebssystem` also immer den Wert `openSUSE Leap 15.4`.

Erfolgt der Aufruf von Terraform aufgrund eines Anwenderfehlers jedoch nur per `terraform apply`, d. h., fehlt die Variablenzuweisung über den Kommandozeilenparameter, würde der Wert der Variablen `betriebssystem` `CentOS 8` lauten.

6.2.9 Empfehlungen zum Zuweisen von Variablen

Wie das Beispiel am Ende des letzten Abschnitts zeigt, ist es wichtig, die verschiedenen Methoden zur Zuweisung von Variablenwerten zu kennen.

Das Beispiel reißt jedoch nur an, welche Auswirkungen ein solcher Anwenderfehler haben könnte. Eine virtuelle Maschine, deren Betriebssystem über eine Variable zugewiesen wurde, wird abgerissen und neu aufgebaut, wenn sich der Wert dieser Variablen ändert. Die Daten in dieser virtuellen Maschine gehen verloren, sofern sie nicht anderweitig gesichert sind.

Abschnitt 8.3 erläutert die Möglichkeiten, die Terraform bietet, um derartige (teils schwerwiegende) Verluste zu unterbinden, und was für Abstriche Sie dafür an anderer Stelle machen müssen.

An dieser Stelle soll dennoch bereits auf Vor- und Nachteile sowie Fallstricke der verschiedenen Arten der Variablenzuweisungen eingegangen werden.

Aus unserer Sicht ist es sinnvoll, so viel wie möglich im Terraform-Code zu dokumentieren und diesen in einem Versionskontrollsystem wie Git zu verwalten. Hierfür bieten sich neben Standardwerten in der Variablendefinition die *tfvars*-Dateien an, die im gleichen Git-Repository liegen sollten wie der eigentliche Terraform-Code. Dadurch können diese Dateien versioniert werden, Änderungen können nachvollzogen und ungewollte Änderungen (z. B. durch *Branch Protections* und das Arbeiten mit *Pull Requests*) verhindert werden.

Das Gebot, möglichst sämtlichen Code in einer Versionsverwaltung abzulegen, führt dazu, dass Kommandozeilenparameter wie `-var` oder `-var-file` sich (außerhalb von Automatisierungslösungen, siehe unten) von selbst verbieten. Zu hoch ist die Wahrscheinlichkeit, dass einer der Parameter beim nächsten Aufruf vergessen wird.

Umgebungsvariablen sind in CI/CD-Systemen gängig und erlauben es dort, Konfigurationsoptionen einfach zu setzen. Da sie jedoch eine geringere Wertigkeit als *tfvars*-Dateien besitzen, können sie nur verwendet werden, wenn auf die Nutzung von *tfvars*-Dateien verzichtet wird (oder werden muss).

Sofern Sie Umgebungsvariablen nutzen wollen, um in z. B. CI/CD-Systemen Werte überschreiben zu können, müssen Sie versuchen, alle Werte als Standardwerte im Terraform-Code zu hinterlegen.

Wenn Sie jedoch die Befehle zum Ausführen von Terraform sowohl in CI/CD-Systemen als auch zum Ausrollen in Test- oder Produktionsumgebungen vorgeben können, z. B. in einer Automatisierungslösung, kann es sinnvoll sein, unterschiedliche *tfvars*-Dateien pro Umgebung zu nutzen. Der Aufruf von `terraform apply -var-file="test.tfvars"` würde in der Testumgebung andere Werte verwenden und z. B. kleiner dimensionierte virtuelle Maschinen verwenden, um Kosten zu sparen. In Produktion würden die richtigen Werte über den Aufruf `terraform apply -var-file="produktion.tfvars"` sichergestellt.

Wie in vielen Fällen kann keine eindeutige Empfehlung für eine der genannten Methoden ausgesprochen werden. Je nach Anwendungsfall kann eine der genannten Methodiken sinnvoll sein.

6.2.10 Beschränkungen bei der Wahl von Variablennamen

Bei der Benennung von Variablen haben Sie weitgehend freie Hand. Lediglich die folgenden Namen dürfen nicht verwendet werden, da sie mit internen Funktionsnamen in Terraform kollidieren:

- `source`
- `version`
- `providers`
- `count`
- `for_each`
- `lifecycle`
- `depends_on`
- `locals`

Ansonsten stehen Ihnen Groß- und Kleinbuchstaben, Zahlen, Unterstriche (_) und Bindestriche (-) zur Verfügung. Ein Variablenname darf nicht mit einer Zahl beginnen. Details zur *Terraform Identifier Syntax* finden Sie in der Dokumentation unter *https://developer.hashicorp.com/terraform/language/syntax/configuration#identifiers*.

6.2.11 Variablendeklaration im Detail

Die bisher gezeigten Variablendeklarationen waren sehr überschaubar. Neben einer Beschreibung per `description` wurde lediglich das Setzen eines Standardwerts über den Parameter `default` gezeigt.

In diesem Abschnitt sollen die wichtigsten Parameter vorgestellt und erklärt werden. Bei Fragen hilft die umfangreiche Terraform-Dokumentation zu Variablen: *https://developer.hashicorp.com/terraform/language/expressions*.

Typen von Variablen

Bei der Deklaration von Variablen können Sie in Terraform bei Bedarf festlegen, welchen Datentyp die Variable besitzt.

Neben den einfachen Datentypen, die der nächste Abschnitt erläutert, gibt es noch komplexe Datentypen, die in den darauffolgenden Abschnitten vorgestellt werden.

Alle komplexen Datentypen bauen auf einfachen Datentypen auf. Das heißt, dass zum Beispiel eine Liste (`list`) nur aus Elementen der Typen `string`, `number`, `bool` oder anderen komplexen Datentypen bestehen kann.

Variablen in Terraform sind stark typisiert. Eine Zeichenkette kann somit nicht einfach während der Laufzeit durch einen Zahlenwert ersetzt werden.

Die Zuweisung des Datentyps erfolgt über den Parameter `type`:

```
variable "anzahl_webserver" {
  type        = number
  description = "Anzahl der Webserver-VMs, die aufgebaut werden sollen"
}

variable "benutzername" {
  type        = string
  description = "Geben Sie bitte Ihren Benutzernamen ein"
}
```

Der Vollständigkeit halber: Wenn Sie explizit keinen Datentyp festlegen wollen, können Sie den Typ `any` verwenden.

```
variable "some_input" {
  type = any
}
```

Prüfung des Typs bei Benutzereingaben

Wird einer Variablen ein Typ zugewiesen, prüft Terraform, ob die von der Benutzerin getätigten Eingaben diesem Typ entsprechen. Ist das nicht der Fall, bricht Terraform ab und gibt eine Fehlermeldung aus. Diese Typeinschränkungen (*Type Constraints*) werden häufig in Modulen verwendet. Validierung von Benutzereingaben ist in Terraform zwar nicht in gleichem Maße sicherheitskritisch wie z. B. in Webanwendungen, sollte aber dennoch zur guten fachlichen Praxis gehören – zum einen, um Fehler zu vermeiden, zum anderen, um Sie auf Fehler hinzuweisen.

Das folgende Beispiel zeigt eine Fehlermeldung aufgrund einer solchen Typprüfung:

```
[...]
var.anzahl_webserver
  Anzahl der Webserver-VMs, die aufgebaut werden sollen

  Enter a value: "7"

var.benutzername
  Bitte geben Sie Ihren Benutzernamen ein
```

```
  Enter a value: marta.muster

│
│ Error: Invalid value for input variable
│
│ on variables.tf line 1:
│ 1: variable "anzahl_webserver" {
│
│ Unsuitable value for var.anzahl_webserver set using an interactive prompt: a
  number is required.
│
[...]
```

Im Beispiel wurde die Anzahl der Webserver-VMs als Zeichenkette `"7"` (`string`, erkennbar an den Anführungszeichen) eingegeben. Hier wird aber eine Zahl erwartet.

Umgekehrt funktioniert das nur bedingt:

```
$ terraform apply
var.anzahl_webserver
  Anzahl der Webserver-VMs, die aufgebaut werden sollen

  Enter a value: 7

var.benutzername
  Bitte geben Sie Ihren Benutzernamen ein

  Enter a value: 8


Changes to Outputs:
  + wert_der_variable_benutzername = "8"
  + wie_viele_webserver            = 7

[...]
wert_der_variable_benutzername = "8"
wie_viele_webserver            = 7
```

Obwohl hier eine Zahl als Wert für den Benutzernamen angegeben wurde, akzeptiert Terraform diese Eingabe ohne Murren. An den Ausgabewerten ist jedoch zu erkennen, dass die Zahl `8` intern in eine Zeichenkette `"8"` umgewandelt wurde und daher die Typprüfung besteht.

Wie Sie sehen, sind die Prüfungen auf Einhaltung der Typisierung nicht wasserdicht. Eine bessere Möglichkeit wird im Abschnitt »Validierung« im weiteren Verlauf dieses Kapitels vorgestellt.

Einfache Datentypen

Tabelle 6.1 zeigt die einfachen Datentypen, die Ihnen in Terraform zur Verfügung stehen.

Datentyp	Funktion
`string`	Eine Zeichenkette, die aus beliebig vielen Unicode-Zeichen bestehen kann.
`number`	Kann sowohl eine Ganzzahl (42) als auch eine Dezimalzahl (3,1415) darstellen. Dezimalzahlen müssen in englischer Notation, d. h. mit Punkt statt Komma, angegeben werden (`3.1415`).
`bool`	Stellt einen Wahrheitswert dar, der nur aus den Werte `true` (wahr) oder `false` (falsch) bestehen kann.
`null`	Steht für die Abwesenheit eines Werts. Terraform interpretiert `null`-Werte nicht und ignoriert Parameter, die `null` enthalten, komplett. Sinnvolle Anwendungen hierfür können in Kapitel 9, »Erfahrungswerte, Tipps und Tricks«, nachgelesen werden.

Tabelle 6.1 Die Datentypen von Terraform

Bitte beachten Sie, dass Zahlen in Terraform ohne Anführungszeichen angegeben werden, aber dass diese bei Zeichenketten notwendig sind. Wahrheitswerte wie `true` oder `false` werden ebenfalls ohne Anführungszeichen angegeben, da sie anderenfalls als Zeichenketten verstanden würden. Gleiches gilt für `null`-Werte.

```
variable "zeichenkette" {
  # Angabe mit Anführungszeichen
  default = "Eine Zeichenkette"
  type    = string
}

variable "zahl" {
  # Angabe ohne Anführungszeichen
  default = 5
  type    = number
}
```

```
variable "boolescher_wert" {
  # Angabe ohne Anführungszeichen
  default = true
  type    = bool
}

variable "wert_null_" {
  # Angabe ohne Anführungszeichen
  default = null
}
```


Liste

Eine Liste besteht aus einer geordneten Sequenz von Werten. Dabei gibt es keine Limitation für die maximale Anzahl der Werte, jedoch müssen alle Werte vom selben Typ sein. Es dürfen zum Beispiel keine Zeichenketten mit Zahlen gemischt werden.

Listen werden in eckigen Klammern um eine kommaseparierte Abfolge von Elementen definiert und sind vom Typ `list`. Ein Beispiel für eine Liste sieht wie folgt aus:

```
variable "server_namen" {
  default = ["webserver-10", "webserver-11"]
  type    = list
}
```

Terraform besitzt eine sehr gute automatische Erkennung der Typen, sodass in diesem Fall der Parameter `type` auch vollständig weggelassen werden kann. In diesem Fall erkennt Terraform zudem automatisch, dass die Elemente innerhalb der Liste vom Typ `string` sind.

In seltenen Fällen kann es jedoch notwendig sein, auch hier genau zu spezifizieren, welchen Typ die Elemente innerhalb der Liste verwenden. Um eine Liste aus Zahlen zu definieren, wäre folgendes Beispiel korrekt:

```
variable "zahlenfolge" {
  default = [1, 2, 4, 8, 16, 32, 64, 128]
  type    = list(number)
}
```

Wie bereits erwähnt, besitzen Listen in Terraform eine definierte Reihenfolge. Um auf einen bestimmten Wert in einer Liste zugreifen zu können, benötigen Sie die Position des Werts innerhalb der Liste. Dabei wird von null aufwärts gezählt. Ein Zugriff auf den Wert `8`, der das vierte Element in der vorherigen Liste ist, würde so aussehen:

```
output "viertes_element_aus_zahlenfolge" {
  value = var.zahlenfolge[3]
}
```

- 1 ist der erste Wert und befindet sich an Position 0,
- 2 ist der zweite Wert und befindet sich an Position 1,
- 4 ist der dritte Wert und befindet sich an Position 2,
- 8 ist der vierte Wert und befindet sich an Position 3
- usw.

Eine Liste kann außerdem denselben Wert mehrfach speichern:

```
variable "instances" {
  default = ["webserver", "webserver", "db-server", "webserver", "api-server"]
}
```

Tupel

Grob gesagt, ist ein Tupel vom Verhalten identisch mit einer Liste. Sogar die offizielle Dokumentation von Terraform behandelt beide fast identisch. Auch die Definition eines Tupels erfolgt mithilfe eckiger Klammern und unterscheidet sich nicht von einer Liste.

Der Unterschied zur Liste liegt darin, dass ein Tupel aus unterschiedlichen Datentypen bestehen kann.

```
variable "einfaches_tuple" {
  default = ["webserver", 42]
}
```

Hier wird die Variable implizit als Tupel erstellt, weil Elemente verschiedener Typen verwendet werden.

Möchten Sie den Datentyp der Variablen festlegen, müssen Sie die Datentypen der Elemente festlegen. Hierzu kommt abweichend von einer Liste der Typ `tuple([...,  ..., ...])` zum Einsatz:

```
variable "tuple_2" {
  default = ["webserver", 42]
  type    = tuple([string, number])
}
```

Anders als bei der Liste (`list(number)`) erfolgt die Angabe der Typen der einzelnen Elemente in Listennotation (`tuple([string, number])`), da die Elemente unterschiedliche Typen besitzen dürfen.

Der Zugriff auf die Werte eines Tupels erfolgt wie bei einer Liste durch Angabe der Position des gewünschten Elements.

```
output "element_aus_tuple" {
  value = var.einfaches_tuple[1]
}
```

Schlüssel-Wert-Paare (Map)

Eine Map besteht aus einem oder mehreren Schlüssel-Wert-Paaren (*Key Value Pairs*). Die Schlüssel müssen vom Typ `string` sein. Zu jedem Schlüssel (`key`) gibt es einen zugehörigen Wert (`value`). Die Werte müssen, ähnlich wie bei einer Liste, alle vom gleichen Datentyp sein.

Variablen vom Typ `map` werden in geschweiften Klammern definiert. Im Inneren der geschweiften Klammern werden die Schlüssel-Wert-Paare kommasepariert aufgelistet.

```
variable "autoren" {
  default = {
    "christian" = "rost",
    "eike"      = "waldt",
    "johannes"  = "kastl",
    "thorsten"  = "schifferdecker",
    "tim"       = "beermann"
  }
}
```

Anders als bei Listen und Tupeln gibt es bei Maps keine definierte Reihenfolge. Der Zugriff auf Elemente einer Map erfolgt stattdessen über den Schlüssel. Das folgende Beispiel greift auf den Schlüssel `tim` zu und würde daher den Wert »beermann« zurückliefern:

```
output "wert_von_key_tim" {
  value = var.autoren["tim"]
}
```

Wird eine Map ohne Angabe eines Typs angelegt, erkennt Terraform dies automatisch und verwendet den Typ `map(any)` implizit. Dies bedeutet, dass die Werte jeden Typ nutzen dürfen, vorausgesetzt, alle Elemente verwenden den gleichen Typ. Sie können also mit `map(any)` lauter Zahlen als Werte angeben, *oder* Sie können lauter Zeichenketten angeben.

Wollen Sie definieren, welchen Datentyp die Werte besitzen dürfen, funktioniert dies über `map(number)` oder `map(string)`:

```
variable "zahlen" {
  type    = map(number)
  default = {
```

```
    "datenbank" = 8,
    "webserver" = 4,
    "proxy"     = 2
  }
}

variable "zeichenketten" {
  type    = map(string)
  default = {
    "datenbank" = "db01",
    "webserver" = "web01",
    "proxy"     = "proxy01"
  }
}
```

Objekt

Analog zu Tupeln als Spezialfall von Listen ist ein Objekt eine Map, bei der die Datentypen der Werte nicht identisch sein müssen.

```
variable "person" {
  default = {
    "name"  = "tux",
    "alter" = 42
  }
}
```

Der Zugriff erfolgt analog zur Map durch Angabe des gewünschten Schlüssels.

Sammlung (Set)

Eine Sammlung (*Set*) ist eine modifizierte Form einer Liste. Wie bei einer Liste müssen alle Werte den gleichen Datentyp haben, jedoch müssen die Werte in einem Set einzigartig sein.

Wichtigster Unterschied zur Liste: Eine Sammlung ist unsortiert. Wird ein Wert einem Set hinzugefügt, geschieht dies an einer nicht vorhersagbaren Stelle. Auch die bereits vorhandenen Werte sind nach der Modifikation meist nicht mehr an der gleichen Position wie vorher.

Der Zugriff auf einzelne Werte über die Position ist zwar wie bei einer Liste möglich, jedoch wenig sinnvoll. Da sich beim Hinzufügen eines Elements zu oder Entfernen aus einem Set die Reihenfolge der Elemente nondeterministisch ändert, ist es sinnvoller, ein Set nur zu verwenden, wenn über alle Elemente im Set iteriert werden soll.

Prüfung des Typs bei komplexen Eingaben und unterschiedlichen Datentypen

Die bereits gezeigte Typprüfung funktioniert natürlich auch mit komplexeren Eingaben und den unterschiedlichen Datentypen, die Sie in den letzten Abschnitten kennengelernt haben.

Dies zeigt das folgende Beispiel:

```
variable "person_info" {
  default = { "name" = "Marta Muster", "age" = 50}
  type = object({
    name             = string
    age              = number
    favorite_dishes = optional(
      list (string)
    )
  })
}
```


Hier wird geprüft, ob ein `object` übergeben wurde, das die Schlüssel `name` und `age` beinhalten muss. Außerdem wurde festgelegt, dass der Wert für den Parameter `name` nur aus einer Zeichenkette bestehen darf. Der Wert des Parameters `age` darf lediglich als Zahl übergeben werden.

Der Schlüssel `favorite_dishes` ist als optional angegeben (siehe nächster Abschnitt) und ist somit nicht notwendig. Wird er übergeben, darf er nur mit einer Liste aus Zeichenketten belegt werden.

Bitte beachten Sie, dass Sie auch die Struktur einer Map mit der Zeile `type = object({` einleiten müssen. Die Angabe von `type = map({` ist nicht valide.

Optionale Parameter für Variablen

Bei einfachen Variablentypen wie Zeichenketten, Zahlen und booleschen Werten können Sie Parameter, deren Werte nicht von der Anwenderin erfragt werden sollen, mit einem Standardwert belegen. Dieser Standardwert könnte auch `null` oder "" sein. Im Terraform-Code prüfen Sie dann, ob der Benutzer einen Wert gesetzt hat, die Variable also nicht mehr `null` oder "" ist. Auf diese Weise können Sie Variablen als optional kennzeichnen.

Bei komplexen Variablentypen wie Maps oder Objects können Sie die genaue Struktur der erwarteten Werte, d. h. den Typ jedes einzelnen Werts in der komplexen Struktur, angeben, wie im letzten Abschnitt gezeigt. Sie können jedoch nur einen Standardwert für die *ganze* Variable angeben, nicht lediglich für einen der Werte in der Struktur.

```
variable "person_info" {
  default = { "name" = "Marta Muster", "age" = 50,
              "favorite_dishes" = ["pizza"] }
  type = object({
    name            = string
    age             = number
    favorite_dishes = list(string)
  })
}
```

Hier wird ein Standardwert hinterlegt, der jedoch *alle* geforderten Werte enthalten muss. Geben Sie als Standardwert nur Name und Alter an (`default = { "name" = "Marta Muster", "age" = 50}`), wirft Terraform einen Fehler aus.

Wollen Sie einen Parameter innerhalb der Struktur als optional kennzeichnen, können Sie dies über `optional(TYP)` bestimmen. Sie können dennoch den erwarteten Typ dieses Werts festlegen.

```
variable "person_info" {
  default = { "name" = "Marta Muster", "age" = 50 }
  type = object({
    name            = string
    age             = number
    favorite_dishes = optional(
      list(string)
    )
  })
}
```

Im Beispiel erwartet `favorite_dishes` eine Liste aus Zeichenketten (`list(string)`). Wenn der Wert gesetzt wird, muss er dieser Anforderung entsprechen. Wird der Wert weggelassen, wird das jedoch akzeptiert. Geben Sie den Parameter `favorite_dishes` als `optional` an, können Sie den Wert für `favorite_dishes` in der Angabe des Standardwerts weglassen.

Mittels `optional(TYP, Standardwert)` können Sie nicht nur einen Wert als optional kennzeichnen, Sie können auch einen Standardwert für nur diesen Wert angeben:

```
variable "person_info" {
  type = object({
    name            = string
    age             = number
    favorite_dishes = optional(
      list(string), ["pizza"]
```

```
    )
  })
}
```

Validierung

Mit dem Parameter `validation` lassen sich vom Benutzer übergebene Werte auf Gültigkeit überprüfen. Dies erweitert die bereits vorgestellte sehr rudimentäre Prüfung auf den korrekten Typ des Eingabewerts (siehe den Abschnitt »Prüfung des Typs bei Benutzereingaben« weiter oben).

Diese Funktionalität ist sehr hilfreich, wenn zum Beispiel sichergestellt werden soll, dass eine übergebene IP-Adresse dem geforderten Format oder das gewünschte Betriebssystem einem Wert aus einer vorgegebenen Liste entspricht.

```
variable "ip_address" {
  description = "Cluster-IP für die Datenbank"
  validation {
    condition     = can(regex("^(?:[0-9]{1,3}\.){3}[0-9]{1,3}/[0-9]{1,2}$",
var.ip_address))
    error_message = "Ungültiges IP-Adress-Format. Beispielformat: 192.168.0.1/
24."
  }
}

variable "betriebssystem" {
  validation {
    condition     = can(regex("^(SLES 15|RHEL 7|Ubuntu 20.04)$",
var.betriebssystem))
    error_message = "Ungültiges Betriebssystem. Bitte aus 'SLES 15', 'RHEL 7'
und 'Ubuntu 20.04' wählen."
  }
}
```

Die Eingaben werden gesammelt, nach Abfrage aller nicht gesetzten Werte geprüft, und gegebenenfalls werden Fehlermeldungen ausgegeben:

```
$ terraform apply
var.betriebssystem
  Enter a value: RHEL8
var.ip_address
  Cluster-IP für die Datenbank

  Enter a value: 1.2.3.4
```

```
│
│ Error: Invalid value for variable
│
│ on variables.tf line 1:
│ 1: variable "ip_address" {
│ │────
│ │ var.ip_address is "1.2.3.4"
│
│ Ungültiges IP-Adress-Format. Beispielformat: 192.168.0.1/24.
│
│ This was checked by the validation rule at variables.tf:3,3-13.
│
│
│ Error: Invalid value for variable
│
│ on variables.tf line 9:
│ 9: variable "betriebssystem" {
│ │────
│ │ var.betriebssystem is "RHEL8"
│
│ Ungültiges Betriebssystem. Bitte aus 'SLES 15', 'RHEL 7' und 'Ubuntu 20.04'
│ wählen.
│
│ This was checked by the validation rule at variables.tf:10,3-13.
│
```

Um Frustration zu vermeiden, sollten die Prüfung und die Beschreibung zueinander passen. Im obigen Beispiel wäre ein Hinweis darauf, dass die IP-Adresse mit angehängter Netzmaske (z. B. /24) erwartet wird, sicherlich sinnvoll, damit die Benutzerin dies nicht erst aus der Fehlermeldung erfährt.

In der Praxis kommen solche Validierungen leider sehr selten zum Einsatz, obwohl die Validierung von Benutzereingaben sowohl aus Sicherheitsgründen als auch zur Sicherstellung der korrekten Funktion eine Selbstverständlichkeit sein sollte. Ein Grund für die geringe Verbreitung könnte die Komplexität sein, da die meisten Validierungen reguläre Ausdrücke (*Regular Expressions*, kurz *Regex*) erfordern. Dafür gibt es jedoch hilfreiche Online-Werkzeuge wie *https://regex101.com*, die bei der Formulierung helfen.

Die in den Beispielen gezeigten Validierungen zeigen nur ein Minimum von dem, was umsetzbar ist. Für weitere Beispiele sehen Sie in der offiziellen Dokumentation nach: *https://developer.hashicorp.com/terraform/language/expressions/custom-conditions*.

Variablen mit vertraulichen Inhalten

Zur korrekten Interaktion mit dem gewünschten Provider und der darin zu verwaltenden Infrastruktur ist es unabdingbar, dass Terraform vertrauliche Informationen wie Benutzernamen, Passwörter, API-Tokens und Ähnliches verwendet. Diese Informationen sollten aus Sicherheitsgründen immer bestmöglich geschützt werden. Der von Terraform unterstützte Parameter `sensitive` scheint hier der richtige zu sein. Er verspricht jedoch mehr, als er tatsächlich bietet.

Wird innerhalb einer Variablendefinition der Parameter `sensitive` auf `true` gesetzt, wird damit lediglich verhindert, dass der Wert auf der Kommandozeile ausgegeben wird, er wird aber weiterhin im *Klartext* im State gespeichert (siehe auch Kapitel 5).

Als Anschauungsbeispiel wird folgende Terraform-Datei mittels `terraform apply` ausgeführt.

```
variable "passwort" {
  default   = "supersicher"
  sensitive = true
}

resource "local_file" "passwort" {
  content  = var.passwort
  filename = "passwort.txt"
}
```

In der Ausgabe des Befehls wird der Wert versteckt, markiert durch `(sensitive)`.

```
[...]
Terraform will perform the following actions:

  # local_file.passwort will be created
  + resource "local_file" "passwort" {
      + content              = (sensitive)
      + directory_permission = "0777"
      + file_permission      = "0777"
      + filename             = "passwort.txt"
      + id                   = (known after apply)
    }
```

In der Datei *terraform.tfstate*, die den State enthält, ist das Passwort jedoch im Klartext enthalten:

```
$ cat terraform.tfstate
{
  "version": 4,
  "terraform_version": "1.3.2",
```

```
  "serial": 2,
  "lineage": "ab86b8bf-6c92-a67d-f8a5-ca40a95abaac",
  "outputs": {},
  "resources": [
    {
      "mode": "managed",
      "type": "local_file",
      "name": "passwort",
      "provider": "provider["registry.terraform.io/hashicorp/local"]",
      "instances": [
        {
          "schema_version": 0,
          "attributes": {
            "content": "supersicher",
[...]
```

6.3 Ausgabewerte (Outputs)

Variablen können nicht nur gesetzt, sondern auch ausgegeben werden. Die sogenannten *Outputs* wurden in den vorherigen Kapiteln schon öfter erwähnt, jedoch nicht im Detail erklärt.

Ausgabewerte werden von Terraform am Ende eines `terraform apply`-Laufs oder beim Ausführen des Befehls `terraform output` ausgegeben. Der Befehl `terraform apply` wurde in Abschnitt 3.2 kurz vorgestellt und in den bisherigen Kapiteln mehrfach verwendet. Eine ausführliche Beschreibung beider Befehle folgt in Kapitel 12.

6.3.1 Verwendung von Ausgabenwerten

Genutzt werden Ausgabewerte vorwiegend für drei Anwendungsfälle:

- **Zum Ausgeben von Informationen an die Anwenderin.**
  In den Providerbeispielen in Kapitel 4 wurde ein Ausgabewert definiert, um die IP-Adresse einer gerade erstellten virtuellen Maschine am Ende des Terraform-Durchlaufs auszugeben. Da diese zu Beginn des Terraform-Laufs noch nicht feststeht, sondern dynamisch vom Cloud-Anbieter zugewiesen wird, bietet ein Output hier für die Anwenderin eine einfache Möglichkeit, an die benötigten Informationen zu gelangen.
- **Zum Austausch von Informationen zwischen Haupt- und Submodulen über Variablen und Outputs.**
  Beim Arbeiten mit Modulen, worauf Abschnitt 7.4 näher eingeht, müssen vielfach Informationen ausgetauscht werden. Das Hauptmodul muss dem Submodul

Informationen zu den gewünschten Spezifikationen übergeben, beispielsweise Namen, Betriebssystemabbilder oder IP-Adressbereiche. Das Submodul muss nach getaner Arbeit die Informationen zu den erstellten Ressourcen wieder an das Hauptmodul zurückgeben. Hier werden im Submodul Variablen zum Empfangen und Ausgabewerte zum Zurückgeben von Informationen definiert. Das Hauptmodul kann diese Rückgabewerte dann entsprechend weiterverarbeiten und gegebenenfalls erneut als Output dem Benutzer zur Verfügung stellen.

- **Zur Ausgabe in maschinenlesbarer Form, z. B. im JSON-Format, sodass die Informationen von nachgelagerten Programmen weiterverarbeitet werden können.**

6.3.2 Beispiel eines Ausgabewerts

Tatsächlich ist für einen Ausgabewert noch nicht einmal eine Ressource oder ein Terraform-Block notwendig. Das nachstehende Beispiel funktioniert eigenständig.

```
output "my_output" {
  value = "Dies ist eine Ausgabe"
}
```

Da in diesem Beispiel kein Provider oder Modul notwendig ist, kann ein `terraform init` ausnahmsweise entfallen. Durch `terraform apply` wird folgende Ausgabe erzeugt:

```
$ terraform apply
[...]
Changes to Outputs:
  + my_output = "Dies ist eine Ausgabe"

[...]
Apply complete! Resources: 0 added, 0 changed, 0 destroyed.

Outputs:

my_output = "Dies ist eine Ausgabe"
```

In diesem Fall wird der Wert einfach auf der Kommandozeile ausgegeben.

In den Providerbeispielen in Kapitel 4 kam ein Output zum Einsatz, um die IP-Adresse der erstellten virtuellen Maschine auszugeben. Die generelle Syntax des Ausgabewerts ist gleich, je nach verwendetem Terraform-Provider ist jedoch eine andere Variable zu verwenden, um den Wert des Outputs zu befüllen.

Für AWS sah der Ausgabewert wie folgt aus:

```
output "Public_IP_der_VM" {
  value = aws_instance.terraform.public_ip
}
```

Für den azurerm-Provider war folgender Code notwendig:

```
output "Public_IP_der_VM" {
  value = azurerm_public_ip.terraform.ip_address
}
```

In beiden Fällen wurde der `value` des Ausgabewerts aus einer Variablen ausgelesen. Beim aws-Provider wurde auf die Variable `public_ip` verwiesen, die zur Ressource des Typs `aws_instance` mit dem Namen `terraform` gehört. Beim azurerm-Provider lautet die Variable `ip_address` und gehört zu einer `azurerm_public_ip`-Ressource mit dem Namen `terraform`.

Um providerspezifische Variablen von bereits aufgebauten Ressourcen zur weiteren Verarbeitung als Output anzuzeigen, eignet sich die von `terraform show` erzeugte Übersicht.

6.3.3 Ausgabewerte mit Beschreibung

Der bei Ausgabewerten wohl am wenigsten genutzte Parameter ist die Beschreibung, die über `description` gesetzt wird. Die Beschreibung dient ausschließlich der automatischen Erstellung der Dokumentation beim Veröffentlichen von Modulen in der Terraform Registry. Die Beschreibung sollte daher aus Sicht des Users verfasst werden.

```
output "webserver_username" {
  value       = aws_iam_user.webserver.name
  description = "This output contains the user name
                necessary for logins to the web server."
}
```

6.3.4 Ausgabewerte mit vertraulichen Daten

Mit dem Parameter `sensitive` kann verhindert werden, dass ein Ausgabewert bei Ausführung von Terraform auf der Kommandozeile ausgegeben wird. Zweck dieses Parameters ist es, eine definierte Übergabeschnittstelle z. B. zwischen Haupt- und Submodul zu erstellen, die von Terraform selbst zum Austausch von Informationen verwendet werden kann. Gleichzeitig soll der Wert von `output` jedoch vertraulich behandelt werden.

```
output "webserver_username" {
  value     = aws_iam_user.webserver.name
  sensitive = true
}
```

Der Wert befindet sich dennoch im *Klartext* im State, wie in Kapitel 5 bereits beschrieben wurde. Auf den Output (und seinen Wert) kann normal zugegriffen werden.

Das Ausführen mittels `terraform apply` würde die folgende Ausgabe erzeugen:

```
$ terraform apply
[...]
Changes to Outputs:
  + my_output = (sensitive value)
[...]

Apply complete! Resources: 0 added, 0 changed, 0 destroyed.

Outputs:

my_output = 
```

6.4 Lokale Variablen oder Werte

Lokale Variablen oder lokale Werte (*Local Values* oder *Locals*) können wie Variablen verwendet und mit Werten gefüllt werden. Allerdings werden diese erst zur Laufzeit von Terraform deklariert und somit Terraform bekannt gemacht.

Lokale Werte werden häufig in fortgeschrittenen Anwendungsfällen eingesetzt, wo während der Laufzeit komplette Objekte oder Ähnliches erstellt werden müssen. Im Gegensatz zu Variablen ist nicht vorgesehen, dass die Anwenderin die Werte überschreiben darf.

`locals`-Blöcke können in unbegrenzter Anzahl im Code verwendet werden. Die Terraform-Dokumentation zu den Local Values empfiehlt unter *https://developer.hashicorp.com/terraform/language/values/locals* jedoch Sorgfalt und Zurückhaltung bei der Verwendung von lokalen Werten, da durch die Abstraktion die Gefahr besteht, dass der Code in einer zukünftigen Bearbeitung schwer lesbar ist.

Mit einigen Beispielen wird der Einsatz von lokalen Variablen deutlicher. In den ersten beiden Beispielen wird die grundlegende Syntax von lokalen Variablen gezeigt. Die Syntax unterscheidet sich hier von der bei »normalen« Variablen verwendeten Syntax, die im dritten Beispiel zum Vergleich gezeigt wird.

- **Beispiel 1: Lokale Variable mit festem Wert**
  Hier wird die lokale Variable `hostname` mit dem Wert `server1.terraformbuch.de` befüllt.

```
locals {
  hostname = "server1.terraformbuch.de"
}
```

- **Beispiel 2: Lokale Variablen mit festen Werten und Terraform-internen Referenzen**
  Im zweiten Beispiel wird die lokale Variable `id_of_host` mit der ID eines vSphere-Hosts belegt, auf die über einen Terraform-internen Verweis (`vsphere_host.host.id`) zugegriffen wird.

```
locals {
  total_number_of_servers = 404
  id_of_host              = vsphere_host.host.id
}
```

- **Beispiel 3: Definition einer Variablen**
  Zum Vergleich folgt die Definition einer Variablen `number_of_instances`, die mit dem Vorgabewert `2` befüllt wird. Dieser Wert kann vor der Anwendung bei Bedarf überschrieben werden.

```
variable "number_of_instances" {
  default = 2
}
```

- **Beispiel 4: Listen aus Listen aufbauen**
  Das nächste Beispiel zeigt eine komplexere Anwendung von Local Values. Die im Beispiel verwendete Funktion `concat` wird in Abschnitt 7.2 näher erörtert. Nur so viel: Es werden zwei Listen (`aws_instance_webserver` und `aws_instance_database`) zu einer Liste `list_of_all_server_names` zusammengeführt, wobei auf das Attribut `name` jedes Listenelements zugegriffen wird.

```
locals {
  list_of_all_server_names = concat(
    aws_instance_webserver[*].name,
    aws_instance_database[*].name
  )
}
```

Das letzte Beispiel zeigt außerdem eine wichtige Eigenheit von lokalen Variablen. Während es in normalen Variablen nicht möglich ist, den Wert einer Variablen in einer anderen Variablen zu verwenden, ist ein derartiges Konstrukt möglich, wenn der Wert einer »normalen« Variablen in einer lokalen Variablen verwendet werden soll.

- **Beispiel 5: Listen aus Maps**
  Bei lokalen Werten sind Sie keineswegs auf einfache Zahlen oder Zeichenketten beschränkt, wie im folgenden Beispiel zu sehen ist. Auf eine detaillierte Erklärung wird aus Platzgründen verzichtet, wichtig ist nur, dass der lokale Wert `available_groups` eine Liste `[...]` aus Maps `{...}` ist.

```
locals {
  available_groups = [
    {
        name                        = "ubuntu"
        description                 = "Ubuntu machines"
        instancesobject             = module.create_ubuntu_instances
        number_of_desired_instances = 1
    }
    {
        name                        = "opensuse"
        description                 = "openSUSE machines"
        instancesobject             = module.create_opensuse_instances
        number_of_desired_instances = 1
    }
    {
        name                        = "rhel"
        description                 = "Red Hat Enterprise Linux machines"
        instancesobject             = module.create_rhel_instances
        number_of_desired_instances = 3
    }
    {
        name                        = "sles"
        description                 = "SUSE Linux Enterprise Server machines"
        instancesobject             = module.create_sles_instances
        number_of_desired_instances = 4
    }
  ]
}
```

6.5 Datenquellen (Data Sources)

Beim Arbeiten mit Terraform kann es notwendig sein, aktuelle Daten von einem Provider abzufragen. Wollen Sie zum Beispiel eine Liste aller verfügbaren Betriebssystemabbilder oder eine Auflistung aller Maschinentypen (auch »Größe« oder Flavour genannt) für virtuelle Maschinen erhalten, kommen Datenquellen (*Data Sources*) zum Einsatz. Sie sind wie die Ressourcen Bestandteil der jeweiligen Terraform-Provider und in deren Dokumentation aufgeführt. Die genaue Syntax der jeweiligen Datenquelle muss der Dokumentation zum jeweiligen Provider entnommen werden.

Wichtig ist, dass bei der Verwendung einer Datenquelle im Quellcode immer ein `data.` vorangestellt werden muss. Das liegt daran, dass es sowohl eine Datenquelle als auch eine Variable oder Ressource mit derselben Bezeichnung geben kann. Damit Terraform diese unterscheiden kann, wird für Datenquellen das eben genannte Präfix `data.` verwendet.

6.5.1 Beispiel: Auflistung von Maschinentypen in GCP

Um zum Beispiel eine Auflistung aller `node_types` in der Google-Cloud-Region `europe-west3-b` zu erhalten, kann folgende Datenquelle aus dem google-Provider verwendet werden. Details zur Authentifizierung des google-Providers entnehmen Sie Abschnitt 4.3.2, das folgende Beispiel zeigt nur die Datenquelle.

```
data "google_compute_node_types" "node_type_list" {
  zone = "europe-west3-b"
}

output "node_type_list" {
  value = data.google_compute_node_types.node_type_list.names
}
```

Die gekürzte Ausgabe des Befehls enthält die Liste im Ausgabewert `node_type_list`:

```
node_type_list = [
  "c2-node-60-240",
  "m1-node-160-3844",
  "m1-node-96-1433",
  "m2-node-416-11776",
  "n1-node-96-624",
  "n2-node-80-640",
  "n2d-node-224-896",
]
```

6.5.2 Beispiel: Übersetzung von Ressourcennamen in IDs

Eine andere häufige Anwendung für Datenquellen ist, von Namen auf IDs zu übersetzen. Manche Ressourcen setzen explizit die Angabe einer ID für z. B. ein Netzwerk voraus. Da der Netzwerkname vermutlich leichter zu lesen und zu merken ist als eine lange Zeichenkombination, kann über eine Data Source die ID eines Netzwerks basierend auf dessen Namen erfragt werden.

```
data "openstack_networking_network_v2" "ein_netzwerk" {
  name = "ein_spezielles_netzwerk"
}

output "network_id" {
  value = data.openstack_networking_network_v2.ein_netzwerk.id
}
```


6.5.3 Beispiel: Einlesen von Dateien

Datenquellen können auch in Kombination mit Providern wie z. B. dem local-Provider sehr nützlich sein. Im folgenden Beispiel wird der öffentliche SSH-Schlüssel aus einer Datei ausgelesen und muss nicht manuell in den Code eingepflegt werden:

```
variable "pubkey_location" {
  default = "~/.ssh/id_rsa.pub"
}

data "local_file" "pubkey" {
  filename = pathexpand(var.pubkey_location)
}

output "public_key" {
  value = data.local_file.pubkey.content
}
```

Der Pfad zur Schlüsseldatei wird in der Variablen `pubkey_location` gesetzt, die als Standardwert *~/.ssh/id_rsa.pub* verwendet. Diese Datei wird anschließend eingelesen und in der Datenquelle `data.local_file.pubkey.content` abgelegt, auf die der Ausgabewert `public_key` zugreift.

Natürlich könnte der Ausgabewert auch direkt die Datei einlesen. Wenn der Inhalt der Datei jedoch an mehreren Stellen verwendet werden soll, ist es sinnvoller, ihn über eine Datenquelle nur einmal einzulesen und die Datenquelle anschließend mehrfach zu verwenden.

Im Beispiel wird die Funktion `pathexpand` verwendet, auf die Abschnitt 7.7 näher eingeht.

6.5.4 Beispiel: Externer State als Datenquelle

Eine weitere hilfreiche Datenquelle ist ein sogenannter *Remote State*, wie in Kapitel 5 beschrieben wurde. Dadurch lässt sich der State eines anderen Terraform-Projekts auslesen. Die Informationen aus dem State können anschließend verwendet werden.

Der State, der als Datenquelle angezapft wird, kann dabei sowohl lokal als auch in Backends wie z. B. AWS-S3, Microsoft Azure oder der Terraform Cloud liegen.

Im nachstehenden Beispiel wird auf den State eines anderen Terraform-Projekts namens `storage_cluster` zugegriffen. Das Projekt soll eine Ansammlung von Servern, die nur für das Speichern von Daten verwendet werden, symbolisieren. Die IP-Adressen werden als Ausgabewert `storage_server_ips` zur Verfügung gestellt.

Der folgende Codeschnipsel im Verzeichnis *data_external_state/storage_cluster* erstellt einen Ausgabewert und befüllt ihn mit einer Liste an (erfundenen) IP-Adresse:

```
output "storage_server_ips" {
  value = [
    "192.168.1.5",
    "192.168.1.6",
    "192.168.1.7",
  ]
}
```

Im Ordner *data_external_state/Verweis_auf_externen_State* wird ein weiteres Projekt angelegt, das auf diese IP-Adressen zugreifen soll. Der Zugriff erfolgt dabei über eine Datenquelle mittels `terraform_remote_state`:

```
data "terraform_remote_state" "storage_cluster" {
  backend = "local"

  config = {
    path = "../storage_cluster/terraform.tfstate"
  }
}

locals {
  storage_servers = data.terraform_remote_state.storage_
                    cluster.outputs.storage_server_ips
}

output "list_of_storage_servers" {
  value = local.storage_servers
}
```

Dieses simple Beispiel zeigt die Funktionsweise der Datenquelle `terraform_remote_state`: Im Verzeichnis *data_external_state/storage_cluster* wird nach einem `terraform init` gefolgt von `terraform apply` der Ausgabewert definiert und eine State-Datei geschrieben.

Anschließend kann im Verzeichnis *data_external_state/Verweis_auf_externen_State* ebenfalls per `terraform init` und `terraform apply` gezeigt werden, dass die im `storage_cluster`-Projekt definierten IP-Adressen korrekt ausgegeben werden:

```
$ terraform init
[...]
$ terraform apply
data.terraform_remote_state.storage_cluster: Reading...
data.terraform_remote_state.storage_cluster: Read complete after 0s

Changes to Outputs:
  + list_of_storage_servers = [
      + "192.168.1.5",
      + "192.168.1.6",
      + "192.168.1.7",
    ]

[...]
Apply complete! Resources: 0 added, 0 changed, 0 destroyed.

Outputs:

list_of_storage_servers = [
  "192.168.1.5",
  "192.168.1.6",
  "192.168.1.7",
]
```

Beachten Sie die Zeilen, die mit `data.terraform_remote_state.storage_cluster` beginnen. Hier wird die Datenquelle aufgefrischt, d. h. die State-Datei des externen Projekts eingelesen.

6.6 Interne Werte und Block-lokale Werte

6.6.1 Interne Werte

Terraform bietet einige interne Werte, auf die wie auf Variablen oder lokale Werte zugegriffen werden kann, die jedoch nicht gesetzt oder überschrieben werden können. Es folgt eine Auswahl dieser internen Variablen.

path.root

Der absolute Pfad zum Hauptmodul (`root module`) kann über `path.root` ausgelesen werden. Dies ist das Verzeichnis, in dem Terraform die ersten **.tf*-Dateien auswertet. Die Verwendung von `path.root` kann innerhalb von Modulen sinnvoll sein, wird jedoch in der Praxis sehr selten benötigt. Im Beispiel zu `path.cwd` etwas weiter unten in diesem Kapitel wird auch `path.root` mit dargestellt.

path.module

Wird mit Modulen gearbeitet (siehe Kapitel 7), ist es manchmal notwendig, auf z. B. Zusatzdateien im Modulverzeichnis zu verweisen.

Beispielsweise gibt es ein Modul, das den Inhalt einer SSH-Schlüsseldatei zurückliefert:

```
data "local_file" "ssh_pub_key" {
  filename = "${path.module}/default_ssh_key.pub"
}
```

In diesem Fall befindet sich die Datei *default_ssh_key.pub* im Modulverzeichnis selbst. Damit einfach auf solche Dateien zugegriffen werden kann, wird der interne Wert `path.module` verwendet. Je nach Modul, in dem der Code genutzt wird, enthält dieser Wert den entsprechenden *relativen* Pfad zum jeweiligen Haupt-Modulverzeichnis.

path.cwd

Bisher wurde immer davon ausgegangen, dass Terraform auch in dem Verzeichnis gestartet wird, in dem die ersten **.tf*-Dateien liegen. Allerdings gibt es Anwendungsfälle, in denen das nicht möglich oder wünschenswert ist. In diesen Fällen kann auf den internen Wert `path.cwd` zurückgegriffen werden. Dieser enthält den absoluten Pfad zum Verzeichnis, in dem Sie Terraform aufgerufen haben.

Es folgt ein Beispiel, in dem Terraform in einem Verzeichnis aufgerufen wird, das nicht das Verzeichnis ist, in dem die **.tf*-Dateien liegen. Dazu wird das Argument `-chdir` verwendet, das in Kapitel 12 näher erläutert wird.

Die Verzeichnisstruktur sieht wie folgt aus:

```
tux@computer ~/path_cwd_Beispiel> pwd
/home/tux/path_cwd_Beispiel

tux@computer ~/path_cwd_Beispiel> tree
.
'- root_module
    |- main.tf
```

```
    '- sub_module
        '- main.tf

2 directories, 2 files
```

Im Verzeichnis *path_cwd_Beispiel* gibt es einen Ordner *root_module*. Darin liegen eine Datei *main.tf* und ein Unterordner namens *sub_module*. In diesem liegt abermals eine Datei *main.tf*.

Der Inhalt der Datei *path_cwd_Beispiel/root_module/main.tf* – im Hauptmodul – sieht folgendermaßen aus:

```
module "sub_module" {
  source = "./sub_module"
}

output "root_module-path_root" {
  value = "path.root hat den Wert: ${path.root}"
}

output "root_module-path_module" {
  value = "path.module hat den Wert: ${path.module}"
}

output "root_module-path_cwd" {
  value = "path.cwd hat den Wert: ${path.cwd}"
}

output "sub_module-path_root" {
  value = "path.root hat den Wert: ${module.sub_module.sub_module-path_root}"
}

output "sub_module-path_module" {
  value = "path.module hat den Wert: ${module.sub_module.sub_module-path_
module}"
}

output "sub_module-path_cwd" {
  value = "path.cwd hat den Wert: ${module.sub_module.sub_module-path_cwd}"
}
```

Die Datei *path_cwd_Beispiel/root_module/sub_module/main.tf* enthält diesen Terraform-Code:

```
output "sub_module-path_root" {
  value = path.root
}

output "sub_module-path_module" {
  value = path.module
}

output "sub_module-path_cwd" {
  value = path.cwd
}
```

Lassen Sie sich zuerst das aktuelle Arbeitsverzeichnis und dessen Inhalt anzeigen:

```
tux@computer ~/path_cwd_Beispiel> pwd
/home/tux/path_cwd_Beispiel

tux@computer ~/path_cwd_Beispiel> ls
root_module
```

Führen Sie nun `terraform init` aus, aber geben Sie das Argument `-chdir=./root_module` (siehe Kapitel 12) mit. Dadurch wechselt Terraform ins Unterverzeichnis *root_module*, bevor es mit der Initialisierung beginnt:

```
tux@computer ~/path_cwd_Beispiel> terraform -chdir=./root_module init
Initializing modules...
- sub_module in sub_module

Initializing the backend...

Initializing provider plugins...

Terraform has been successfully initialized!

You may now begin working with Terraform. Try running "terraform plan" to see
any changes that are required for your infrastructure. All Terraform commands
should now work.

If you ever set or change modules or backend configuration for Terraform,
rerun this command to reinitialize your working directory. If you forget,
other commands will detect it and remind you to do so if necessary.
tux@computer ~/path_cwd_Beispiel>
```

Führen Sie jetzt den Befehl `terraform apply` ebenfalls wieder mit dem Argument `-chdir=./root_module` aus, erhalten Sie die folgende Ausgabe:

```
tux@computer ~/path_cwd_Beispiel> terraform -chdir=./root_module apply
Changes to Outputs:
  + root_module-path_cwd    = "path.cwd hat den Wert: /home/tux/path_cwd_
                               Beispiel"
  + root_module-path_module = "path.module hat den Wert: ."
  + root_module-path_root   = "path.root hat den Wert: ."
  + sub_module-path_cwd     = "path.cwd hat den Wert: /home/tux/
                               path_cwd_Beispiel"
  + sub_module-path_module  = "path.module hat den Wert: sub_module"
  + sub_module-path_root    = "path.root hat den Wert: ."

[...]
Apply complete! Resources: 0 added, 0 changed, 0 destroyed.

Outputs:

root_module-path_cwd    = "path.cwd hat den Wert: /home/tux/path_cwd_Beispiel"
root_module-path_module = "path.module hat den Wert: ."
root_module-path_root   = "path.root hat den Wert: ."
sub_module-path_cwd     = "path.cwd hat den Wert: /home/tux/path_cwd_Beispiel"
sub_module-path_module  = "path.module hat den Wert: sub_module"
sub_module-path_root    = "path.root hat den Wert: ."
```

Hier fällt auf, dass `path.cwd` aufgrund des modifizierten Aufrufs von `terraform apply` mit dem Parameter `-chdir` nicht denselben Wert wie `path.root` besitzt. Zudem ist der Wert für `path.module` unterschiedlich, je nachdem, ob im Submodul oder im Hauptmodul darauf zugegriffen wird.

terraform.workspace

Wird mit *Terraform Workspaces* (siehe Abschnitt 9.4) gearbeitet, enthält der interne Wert `terraform.workspace` den Namen des aktuellen Workspace. Der Standard-Workspace hat den Namen `default`. Mehr zum Arbeiten mit Workspaces ist in der Dokumentation zu Terraform Workspaces zu finden: *https://developer.hashicorp.com/terraform/cloud-docs/workspaces*.

6.6.2 Block-lokale Werte

Neben lokalen Werten und internen Werten gibt es noch einige sogenannte Block-lokale Werte. Diese werden von Terraform automatisch erzeugt und befüllt, gelten aber nur im aktuellen Block.

count.index

Der Wert count.index wurde bereits einige Male verwendet. Dieser Wert dient in Schleifen, die mit der count-Anweisung erzeugt wurden, zur Bestimmung des aktuellen Schleifendurchlaufs. Der Wert ist nur innerhalb der Schleife gültig, d. h. innerhalb des Blocks, der die Schleife enthält.

Kapitel 7 geht eingehender auf die count-Anweisung ein, ein einfaches Beispiel sähe wie folgt aus:

```
resource "local_file" "files" {
  count = 100

  content  = "Schleifendurchlauf mit Index Nummer ${count.index}"
  filename = "${count.index}.txt"
}
```

Der Block zur local_file-Ressource wird über die count-Anweisung in einer Schleife ausgeführt. Der erste Durchlauf hat den Index 0, der zweite 1 und so weiter. Es werden somit Dateien von *0.txt* bis *99.txt* erzeugt, da jeder Durchlauf den aktuellen Wert von count.index als Basis für den Dateinamen verwendet.

Um menschlichen Anwenderinnen die Übersicht zu erleichtern, kann es sinnvoll sein, den Index bei 1 beginnen zu lassen. In diesem Fall nutzen Sie einfach ${count.index + 1}, wodurch die erste Datei *1.txt* heißen würde.

each.key und each.value

Ähnlich wie beim Index bei der Nutzung der count-Anweisung kann über each.key und each.value auf das aktuelle Element einer for_each-Schleife und dessen Wert zugegriffen werden. Details finden Sie in Abschnitt 7.1.2. Auch dieser Wert ist nur innerhalb der for_each-Schleife definiert.

self

Bei der Verwendung von Provisionern (siehe Abschnitt 7.2) kann es notwendig sein, Werte aus der zu provisionierenden Ressource zu verwenden, zum Beispiel eine IP-Adresse. Da die Ressource zu diesem Zeitpunkt noch nicht vollständig erstellt wurde, kann auch noch nicht wie gewöhnlich auf ihre Werte referenziert werden. In diesem Fall kann mittels self dennoch auf die Werte verwiesen werden.

Im folgenden (gekürzten) Beispiel wird eine virtuelle Maschine in AWS (siehe Abschnitt 4.3.1) erstellt. Der Provisioner soll die IP-Adresse der Instanz ausgeben, was in diesem Fall nur über den Verweis self.private_ip möglich ist.

```
resource "aws_instance" "terraform" {
  [...]

  provisioner "local-exec" {
    command = "echo 'The IP address is ${self.private_ip}'"
  }
}
```


Beim Erstellen der Ressource per `terraform apply` erhalten Sie korrekt die folgende Ausgabe:

```
$ terraform apply
[...]
aws_instance.terraform: Provisioning with 'local-exec'...
aws_instance.terraform (local-exec): Executing: ["/bin/sh" "-c" "echo 'The IP
address is 172.16.10.4'"]
aws_instance.terraform (local-exec): The IP address is 172.16.10.4
[...]
```

Kapitel 7
Terraform programmieren – die Sprache HCL

Terraform zeichnet sich dadurch aus, dass es nicht nur automatisiert Aufgaben abarbeiten kann, sondern über Logikfunktionen auch dynamisch auf Ereignisse reagiert. So lassen sich unterschiedliche Deployment-Szenarien abbilden.

Dieses Kapitel stellt die Sprache *HCL* vor – es ist selbstverständlich keine Einführung in die Programmierung. Stattdessen wird gezeigt, wie mit Terraform Logiken umgesetzt werden.

[«]

Für Fortgeschrittene

Das Kapitel sollten Sie für den Einstieg zunächst nur überfliegen. Sobald komplexere Anforderungen an Ihr eigenes Projekt gestellt werden, lohnt sich ein zweiter Blick in dieses Kapitel.

7.1 Logikfunktionen

Eines der Grundprinzipien von *Infrastructure as Code* ist, sich selbst nicht zu wiederholen. Das bedeutet, zu versuchen, keine Codeblöcke mehrfach zu schreiben. Im Englischen wird dieses Prinzip als *DRY* (Don't Repeat Yourself) bezeichnet. Es erleichtert die Übersicht, reduziert Unterschiede zwischen den aufgebauten Ressourcen, erhöht die Wartbarkeit des Codes und führt allgemein zu besser lesbarem und pflegbarem Code. Jede Programmiersprache bietet unterschiedlich ausgefeilte Methoden, um derartige Wiederholungen zu vermeiden. Dies gilt auch für die Sprache HCL (*HashiCorp Configuration Language*), die von Terraform verwendet wird.

Im Hinblick auf Terraform kommt hinzu, dass der in Kapitel 6 gezeigte Einsatz von Variablen die Nutzung desselben Codeblocks für unterschiedliche Aufgaben ermöglicht, sofern der Code parametrisierbar ist.

Es folgt eine Auswahl an Logikfunktionen.

7.1.1 Die count-Anweisung

Das folgende Codebeispiel erstellt die einfache Ressource `webserver`, in diesem Fall eine virtuelle Maschine mittels des openstack-Providers:

```
resource "openstack_compute_instance_v2" "webserver" {
  name        = "webserver"
  flavor_name = "4C-4GB-40GB"
  image_name  = "openSUSE Leap 15.4"
}
```

Dieses reduzierte Beispiel setzt einen Namen für diese virtuelle Maschine und definiert, welches OS in welcher VM-Größe (CPU-Kerne, RAM-Größe, Größe der »Festplatte«) zum Einsatz kommen soll. Ein produktives Beispiel würde noch weitere Dinge wie Netzwerke definieren, worauf hier aus Gründen der Übersichtlichkeit verzichtet werden soll.

Nach Inbetriebnahme stellt der Anwender fest, dass ein einzelner Webserver die Anforderungen nicht erfüllen kann, und beschließt, drei Webserver zu erstellen. Nach einigem Copy-and-paste kommt folgender Codeblock zum Einsatz:

```
resource "openstack_compute_instance_v2" "webserver1" {
  name        = "webserver1"
  flavor_name = "4C-4GB-40GB"
  image_name  = "openSUSE Leap 15.4"
}

resource "openstack_compute_instance_v2" "webserver2" {
  name        = "webserver2"
  flavor_name = "4C-4GB-40GB"
  image_name  = "openSUSE Leap 15.4"
}

resource "openstack_compute_instance_v2" "webserver3" {
  name        = "webserver3"
  flavor_name = "4C-4GB-40GB"
  image_name  = "openSUSE Leap 15.4"
}
```

Sofort fällt auf, dass nur für das Erstellen weiterer gleichartiger Ressourcen Code dupliziert werden musste. Soll jetzt die VM-Spezifikation angepasst werden, muss diese Änderung an drei Stellen durchgeführt werden. Die Wahrscheinlichkeit eines menschlichen Fehlers beim Ersetzen einer Zeichenkette an drei Stellen mag noch gering erscheinen, aber sobald eine Webserverfarm mit Hunderten von Servern erstellt werden soll, steigt sie rapide an.

Besser wäre es, die Anzahl der gewünschten Webserver zu übergeben, um Codewiederholungen zu vermeiden und die Übersichtlichkeit zu erhöhen. Terraform ermöglicht dies durch die `count`-Anweisung:

```
resource "openstack_compute_instance_v2" "webservers" {
  count = 3

  name        = "webserver${count.index + 1}"
  flavor_name = "4C-4GB-40GB"
  image_name  = "openSUSE Leap 15.4"
}
```

Auch hier werden drei gleichartige Webserver aufgebaut. Sobald sich die Anforderungen ändern, kann die Anzahl leicht auf 5, 7 oder 100 erhöht werden, ohne den Code unnötig aufzublasen. Soll das Betriebssystem gewechselt oder die Dimensionierung der virtuellen Maschinen neuen Gegebenheiten angepasst werden, reicht es, jeweils eine Zeile anzupassen. Damit ist sichergestellt, dass immer alle erstellten Instanzen gleich sind und keine Abweichungen auftreten.

Aufmerksame Leserinnen und Leser werden den seltsamen Wert beim Parameter `name` entdeckt haben. Die Nutzung der Variablen `count.index` (siehe Abschnitt 6.6) ermöglicht die Zuordnung einzelner Durchläufe dieser Schleife. Sie beginnt wie in der Informatik üblich bei 0. Soll also die Nummerierung wie in diesem Fall bei 1 beginnen, muss die Variable nur um den Wert 1 erhöht werden: `${count.index + 1}`. Das Resultat jedes Durchlaufs ist eine Bezeichnung der virtuellen Maschine, die identisch ist mit dem gezeigten Fall (`webserver1` etc.).

Noch einen Schritt weiter geht das folgende Beispiel, das die Anzahl der gewünschten Webserver aus einer Variablen ausliest.

```
variable "webserver_count" {
  description = "Number of webservers"
}

resource "openstack_compute_instance_v2" "webservers" {
  count = var.webserver_count

  name        = "webserver${count.index + 1}"
  flavor_name = "4C-4GB-40GB"
  image_name  = "openSUSE Leap 15.4"
}
```

So kann der Benutzer die Anzahl zum einen beim Ausführen von `terraform plan` eingeben:

```
$ terraform plan
var.webservers_count
  Number of webservers
```

```
  Enter a value: 3
[...]
```

Alternativ gibt es diverse Möglichkeiten, Terraform den Wert dieser Variablen mitzuteilen, wie im vorangegangenen Kapitel 6 ausführlich erklärt.

HashiCorp stellt ein Beispiel-Repository bereit, in dem die Nutzung von `count` geübt werden kann: *https://github.com/hashicorp/learn-terraform-count-foreach*.

Perfektionistisch veranlagte Naturen werden zu Recht bemängeln, dass die Namen der Webserver je nach Anzahl unterschiedliche Längen aufweisen (z. B. `webserver1` und `webserver11`). Dies kann durch Nutzung vorangestellter Nullstellen behoben werden, was z. B. durch `webserver${format("%02d", count.index + 1)}` (für zweistellige Ziffern mit gegebenenfalls führender Null) bewerkstelligt wird. Das sei aber nur am Rande erwähnt, Details sind in der Dokumentation der `format`-Funktion unter *https://developer.hashicorp.com/terraform/language/functions/format* zu finden.

7.1.2 Die for_each-Anweisung

Zum Erzeugen mehrerer gleichartiger Ressourcen kann wie oben beschrieben die `count`-Anweisung verwendet werden. Sobald die Nutzung von `count.index` allein nicht ausreicht, um z. B. Namensschemata abzubilden, bietet sich die Verwendung von `for_each` an.

```
resource "openstack_compute_instance_v2" "webservers" {
  for_each = {
    webserver_small  = "4C-4GB-20GB"
    webserver_medium = "4C-4GB-30GB"
    webserver_big    = "4C-4GB-40GB"
  }

  name        = each.key
  flavor_name = each.value
  image_name  = "openSUSE Leap 15.4"
}
```

In diesem Beispiel werden drei Schlüssel-Wert-Paare (engl. *Key Value Pairs*) definiert, um drei Webserver verschiedener Größe zu erstellen. Bei jedem Durchlauf der `for_each`-Schleife wird ein anderes Paar ausgewählt, wobei der Schlüssel (`key`) per `each.key` als Name der Instanz verwendet wird. Der Wert (`value`) wird über `each.value` als `flavor_name` genutzt und bewirkt die unterschiedliche Dimensionierung der Instanzen.

Die Liste kann auch in einer Variablen abgelegt werden, die dann als Argument für `for_each` verwendet wird:

```
variable "list_of_servers" {
  description = "List of servers and their flavors"
  default = {
    webserver_small  = "4C-4GB-20GB",
    webserver_medium = "4C-4GB-30GB",
    webserver_big    = "4C-4GB-40GB"
  }
}

resource "openstack_compute_instance_v2" "webservers" {
  for_each = var.list_of_servers

  name        = each.key
  flavor_name = each.value
  image_name  = "openSUSE Leap 15.4"
}
```

Sofern es nur um eine Liste der Namen geht, nicht um Schlüssel-Wert-Paare, kann der folgende Code verwendet werden. Inwiefern `for_each` Vorteile gegenüber `count` hat, muss im Einzelfall abgewogen werden, in diesem stark reduzierten Beispiel wäre Gleiches auch mit `count` zu erreichen.

```
resource "openstack_compute_instance_v2" "webservers" {
  for_each = toset([ "webserver1", "webserver2", "webserver3"])

  name        = each.key
  flavor_name = "4C-4GB-40GB"
  image_name  = "openSUSE Leap 15.4"
}
```

Genau wie die `count`-Anweisung kommt auch `for_each` an seine Grenzen – in diesem Fall, wenn es mehrere Instanzen einer Größe geben soll. Hier ist der Schritt zurück zu drei separaten Ressourcen mit einer `count`-Anweisung sinnvoll. Die beiden folgenden Codeschnipsel sind funktional identisch, zeigen aber die soeben genannte Problematik. Hier muss nach den Gegebenheiten und den persönlichen Präferenzen im Team entschieden werden, welche Anweisung einfacher, übersichtlicher und besser zu warten ist.

count und for each nicht kombinieren

Eine Kombination von `count` und `for_each` ist nicht erlaubt.

```
resource "openstack_compute_instance_v2" "webservers" {
  for_each = {
    webserver_small1  = "4C-4GB-20GB"
    webserver_small2  = "4C-4GB-20GB"
    webserver_small3  = "4C-4GB-20GB"
    webserver_small4  = "4C-4GB-20GB"
    webserver_small5  = "4C-4GB-20GB"
    webserver_medium1 = "4C-4GB-30GB"
    webserver_medium2 = "4C-4GB-30GB"
    webserver_medium3 = "4C-4GB-30GB"
    webserver_big1    = "4C-4GB-40GB"
    webserver_big2    = "4C-4GB-40GB"
    webserver_big3    = "4C-4GB-40GB"
    webserver_big4    = "4C-4GB-40GB"
    webserver_big5    = "4C-4GB-40GB"
    webserver_big6    = "4C-4GB-40GB"
  }
  name        = each.key
  flavor_name = each.value
  image_name  = "openSUSE Leap 15.4"
}
```

Hier das Beispiel mit mehreren Ressourcen:

```
resource "openstack_compute_instance_v2" "webservers_small" {
  count = 5

  name        = "webserver_small${count.index + 1}"
  flavor_name = "4C-4GB-20GB"
  image_name  = "openSUSE Leap 15.4"
}

resource "openstack_compute_instance_v2" "webservers_medium" {
  count = 3

  name        = "webserver_medium${count.index + 1}"
  flavor_name = "4C-4GB-30GB"
  image_name  = "openSUSE Leap 15.4"
}

resource "openstack_compute_instance_v2" "webservers_big" {
  count = 6
```

```
  name        = "webserver_big${count.index + 1}"
  flavor_name = "4C-4GB-40GB"
  image_name  = "openSUSE Leap 15.4"
}
```

HashiCorp stellt ein Beispiel-Repository bereit, in dem die Nutzung von `for_each` geübt werden kann: *https://github.com/hashicorp/learn-terraform-count-foreach*.

Die Dokumentation zu `for_each` enthält noch weitere Beispiele und erklärt einige der Besonderheiten: *https://developer.hashicorp.com/terraform/language/meta-arguments/for_each*.

7.1.3 Die for-Anweisung

Die `for`-Anweisung dient der Umwandlung und Weiterverarbeitung von komplexen Eingabedaten. So können zum Beispiel Listen bearbeitet werden, aus Schlüssel-Wert-Paaren (einer Map in Terraform-Terminologie, siehe Abschnitt 6.2) können Listen erstellt oder weiterbearbeitete Schlüssel-Wert-Paare kreiert werden und dergleichen mehr.

Die Syntax der `for`-Anweisung ist simpel, wird aber je nach zu bearbeitenden Variablen schnell komplex:

Der als Resultat zurückgegebene Variablentyp (Liste, Map mit Schlüssel-Wert-Paaren) wird durch die Art der äußersten Klammern bestimmt. Eckige Klammern geben eine Liste zurück, geschweifte Klammern eine Map. Eine Liste an Zeichenketten aus der Variablen `list_of_strings` kann mit der folgenden Anweisung in Großbuchstaben umgewandelt werden. Das Ergebnis ist wiederum eine Liste, was die eckigen Klammern um den Ausdruck sicherstellen.

```
[for item in var.list_of_strings : upper(item)]
```

Der gleiche Vorgang auf eine Map angewendet sähe wie folgt aus:

```
{ for key,value in var.map_of_key_value_pairs : upper(key) => upper(value) }
```

Hier wird nach dem Schlüsselwort `for` eine kommagetrennte Liste an Laufvariablen definiert, die dann nach dem Doppelpunkt in den Ausdrücken verwendet werden. Da hier als Resultat wieder eine Map mit Schlüssel-Wert-Paaren entstehen soll, müssen nach dem Doppelpunkt *zwei* Anweisungen, getrennt durch =>, enthalten sein. Diese definieren den neuen Schlüssel und den neuen Wert jedes einzelnen Schlüssel-Wert-Paars.

Eine fortgeschrittene Verwendung der `for`-Anweisung ist die Filterung von Variableninhalten, um aus einer Liste oder Map nur bestimmte Elemente zu behalten:

```
[for item in var.list_of_strings : item if item == "Linux" ]
```

Die Dokumentation nennt unter *https://developer.hashicorp.com/terraform/language/expressions/for* als Beispiel für das Filtern von Elementen eine Liste von Benutzern, die in Admins und nicht privilegierte Benutzer aufgeteilt werden soll. Die Unterscheidung erfolgt in diesem Fall anhand eines booleschen Werts namens `is_admin`, der jedem Benutzerelement zugeordnet ist. Die Liste der Administratoren könnte demzufolge mit folgender `for`-Anweisung zurückgegeben werden:

```
{ for name,user in var.map_of_users : name => user if user.is_admin }
```

Ein Spezialfall beim Bearbeiten von Variablen mittels der `for`-Anweisung soll nicht unerwähnt bleiben. Normalerweise müssen die Schlüssel in ungeordneten Schlüssel-Wert-Paaren eindeutig sein, ansonsten bricht Terraform mit einem Fehler ab.

Wenn der Benutzer dies ermöglichen will, weil er weiß, dass bei der Umwandlung mehrere Werte zu einem Schlüssel erwartet werden, kann Terraform durch Anhängen von drei Punkten (`...`) an die Anweisung mitgeteilt werden, dass mehrere Werte zum gleichen Schlüssel als Liste hinterlegt werden sollen. Denken Sie an dieser Stelle an eine Liste von Benutzern mit den zugeordneten Rollen (Administrator, Datenbankadministrator, Netzwerkadministrator, regulärer Benutzer etc.). Soll daraus eine Liste mit Rollen erstellt werden, die als Werte die Benutzer der jeweiligen Rolle enthält, ist klar, dass es mehr als einen Wert pro Schlüssel geben kann.

Indem am Ende der Anweisung die genannten drei Punkte angefügt werden, wird Terraform dazu angehalten, alle Werte zu einem Schlüssel als Liste zu speichern:

```
{ for name,user in var.map_of_users : user.role => name... }
```

Um das Ganze noch einmal in den Kontext zu stellen, würde dieser Code die darauffolgende (gekürzte) Ausgabe erzeugen:

```
variable "map_of_users" {
  default = {
    "christian" = {
      "role"    = "netadmin",
      "company" = "B1 Systems",
      "strikes" = "0",
    },
    "eike" = {
      "role"    = "dbadmin",
      "company" = "B1 Systems",
      "strikes" = "0",
    },
    "johannes" = {
      "role"    = "admin",
      "company" = "B1 Systems",
```

```
        "strikes" = "1",
      },
      "tim" = {
        "role"    = "admin",
        "company" = "OSISM",
        "strikes" = "2",
      },
      "thorsten" = {
        "role"    = "user",
        "company" = "B1 Systems",
        "strikes" = "0",
      }
    }
}

output "rollen" {
  value = { for name,user in var.map_of_users : user.role => name... }
}
$ terraform apply
[…]
Outputs:

rollen = {
  "admin" = [
    "johannes",
    "tim",
  ]
  "dbadmin" = [
    "eike",
  ]
  "netadmin" = [
    "christian",
  ]
  "user" = [
    "thorsten",
  ]
}
```

7.1.4 Bedingungen (Conditionals)

Wie in anderen Programmiersprachen gibt es auch in der HCL Bedingungen, um Abläufe im Code aufgrund von Logik zu strukturieren. Terraform nutzt hierzu eine sogenannte ternäre Bedingung:

```
variable "development_or_production" {
  type    = string
  default = "development"
}

resource "openstack_compute_instance_v2" "webserver" {
  name        = "webserver"
  flavor_name = var.development_or_production == "production" ? "64C-64G-
              100GB" : "4C-4GB-40GB"
  image_name  = "openSUSE Leap 15.4"
}
```

Die Variable development_or_production wird definiert und bekommt als Standardwert den Wert development. Wenn die Variable development_or_production vom Anwender nicht per *terraform.tfvars* oder Ähnliches überschrieben wird, dann wird der Standardwert 4C-4GB-40GB als flavor verwendet. Falls die Variable überschrieben wurde und jetzt den Wert production besitzt, wird der größere (und teurere) flavor verwendet. So kann sichergestellt werden, dass der Code in einer Entwicklungsumgebung mit geringerem Ressourcenverbrauch und Kosten getestet und genutzt werden kann und erst im produktiven Einsatz die erforderliche Leistung bereitgestellt wird. Bitte beachten Sie, dass andere Werte als production weiterhin die Standarddimensionierung verwenden. Dies gilt auch für Tippfehler wie Production oder Produktion. Um dies zu unterbinden, nutzen Sie die Validierung von Eingaben bei Variablen, wie in Abschnitt 6.2 im Detail erklärt.

Natürlich können auch boolesche Werte als Variablen verwendet werden, also Variablen, die den Wert true oder false haben müssen. In diesem Fall kann die Bedingung wie folgt geschrieben werden:

```
variable "high_availability" {
  type    = bool
  default = true
}

resource "openstack_compute_instance_v2" "webserver" {
  count = (var.high_availability == true ? 3 : 1)

  name        = "webserver"
  flavor_name = "4C-4GB-40GB"
  image_name  = "openSUSE Leap 15.4"
}
```

Mit den vorgegebenen Werten (`high_availability` auf `true` gesetzt) werden drei Instanzen erstellt. Überschreibt der Benutzer die Variable `high_availability` und setzt sie auf `false`, wird nur eine virtuelle Maschine erstellt.

Natürlich könnte der Benutzer auch einfach eine Variable für die Nummer an Instanzen setzen, um zwischen einer und drei Maschinen zu entscheiden. Falls aber je nach Anzahl der Instanzen weitere Aktionen nötig oder unnötig sind, ist der oben genannte Ansatz der bessere Weg. Beispielsweise könnte Terraform aufgrund der Variablen entscheiden, einen Reverse Proxy oder einen Loadbalancer vor die Instanzen zu provisionieren, falls mehr als eine Instanz erstellt wird.

Über eine boolesche Variable ist dies einfacher und weniger fehleranfällig, als die Erstellung eines Loadbalancers von der Anzahl der Instanzen abhängig zu machen. (»Wenn die Anzahl der Instanzen gleich drei ist, baue einen Loadbalancer auf.«) Sollen in Zukunft fünf statt drei Instanzen im HA-Fall erstellt werden, ist es nicht notwendig, dies auch in der Bedingung im Loadbalancer anzupassen, weil dort ebenfalls nur auf `true/false` geprüft wird.

Weitere Details finden Sie in der Dokumentation: *https://developer.hashicorp.com/terraform/language/expressions/conditionals*.

7.1.5 Dynamische Blöcke (Dynamic Blocks)

Die bisher in diesem Kapitel behandelten Anweisungen `count` und `for_each` gelten immer für ein gesamtes Objekt wie z. B. eine Ressource. Um Blöcke innerhalb eines Objekts zu wiederholen, können dynamische Blöcke (*Dynamic Blocks*) verwendet werden. Dies ist jedoch nur bei Objekten der Typen `resource`, `data`, `provider` und `provisioner` möglich.

Als Beispiel wird eine virtuelle Maschine basierend auf dem openstack-Provider verwendet. Ein abgespecktes Beispiel mit einem Netzwerk sieht wie folgt aus:

```
resource "openstack_compute_instance_v2" "webserver" {
  name        = "webserver"
  flavor_name = "4C-4GB-40GB"
  image_name  = "openSUSE Leap 15.4"

  network {
    uuid = "1234-5678"
  }
}
```

Soll mehr als ein Netzwerk verwendet werden, muss innerhalb der Ressource ein zweiter (oder dritter oder ...) `network`-Block definiert werden:

```
resource "openstack_compute_instance_v2" "webserver" {
  name        = "webserver"
  flavor_name = "4C-4GB-40GB"
  image_name  = "openSUSE Leap 15.4"

  network {
    uuid = "1234-5678"
  }

  network {
    uuid = "aaaa-bbbb"
  }
}
```

Schöner ist es, wenn die Struktur dynamisch aufgrund der Eingabeparameter angepasst wird. So ist es egal, ob der Code zum Erstellen einer VM mit nur einem Netzwerk oder für VMs mit zwei oder mehr Netzwerken verwendet wird. Es sind keine Anpassungen am Code nötig, was die Mehrfachnutzung des Codes ermöglicht, den Umfang des Codes verringert und die Übersichtlichkeit (DRY-Prinzip) steigert. Einzig der Inhalt der Variablen muss entsprechend angepasst und übergeben werden.

Es soll jedoch nicht verschwiegen werden, dass dynamische Blöcke den Code komplexer machen. Speziell von der Nutzung verschachtelter dynamischer Blöcke (*Nested Dynamic Blocks*) ist abzuraten, sofern eine andere Lösung gefunden werden kann.

Im nächsten Beispiel wird der `network`-Block als dynamischer Block angelegt. Innerhalb des dynamischen Blocks kommt als Erstes eine `for_each`-Anweisung zum Einsatz, die angibt, über welche Objekte oder welche Variable iteriert werden soll. Im dann folgenden `content`-Abschnitt werden die eigentlichen Inhalte des dynamischen Blocks angegeben, in diesem Fall nur die `uuid` des Netzwerks.

```
variable "list_of_network_uuids" {
  default = [ "1234-5678", "aaaa-bbbb" ]
}

resource "openstack_compute_instance_v2" "webserver" {
  name        = "webserver"
  flavor_name = "4C-4GB-40GB"
  image_name  = "openSUSE Leap 15.4"

  dynamic "network" {
    for_each = var.list_of_network_uuids
    content {
      uuid = network.value
```

```
    }
  }
}
```

Optional kann innerhalb des dynamischen Blocks ein `iterator` angegeben werden, der den Namen der Laufvariablen definiert. Wird der `iterator` weggelassen, kommt als Name für die Laufvariable der Name des dynamischen Blocks (im obigen Beispiel `network`) zum Einsatz. Die Nutzung dient der Eindeutigkeit des Codes und wird daher empfohlen.


```
variable "list_of_network_uuids" {
  default = [ "1234-5678", "aaaa-bbbb" ]
}

resource "openstack_compute_instance_v2" "webserver" {
  name        = "webserver"
  flavor_name = "4C-4GB-40GB"
  image_name  = "openSUSE Leap 15.4"

  dynamic "network" {
    for_each = var.list_of_network_uuids
    iterator = current_network
    content {
      uuid = current_network.value
    }
  }
}
```

In den obigen Beispielen wurde über eine Liste iteriert, sodass mittels `network.value` auf den Wert des jeweiligen Elements zugegriffen werden konnte. Kommen als Eingabe Schlüssel-Wert-Paare (Maps, siehe Abschnitt 6.2) zum Einsatz, kann mit `key` auf den Schlüsselnamen und mit `value` auf dessen Wert zugegriffen werden.

```
variable "map_of_networks" {
  default = {
    network1 = "1234-5678"
    network2 = "aaaa-bbbb"
  }
}

resource "openstack_compute_instance_v2" "webserver" {
  name        = "webserver"
  flavor_name = "4C-4GB-40GB"
  image_name  = "openSUSE Leap 15.4"
```

```
  dynamic "network" {
    for_each = var.map_of_networks
    iterator = current_network
    content {
      name = current_network.key
      uuid = current_network.value
    }
  }
}
```

Weitere Einzelheiten zu dynamischen Blöcken finden Sie in der Dokumentation unter *https://developer.hashicorp.com/terraform/language/expressions/dynamic-blocks*.

7.2 Provisioner als Schnittstellen zum Konfigurationsmanagement

Gemäß den Prinzipien von *Infrastructure as Code* kann Ihre Infrastruktur in Terraform abgebildet werden. Dieses Konstrukt kommt jedoch an Grenzen, sobald es um mehr als z. B. eine virtuelle Maschine an sich geht. Terraform kennt die Anzahl der CPU-Kerne, die Größe von RAM- und Speicherplatz und welches Betriebssystemabbild zum Erstellen der virtuellen Maschine verwendet werden soll. Alles, was sich in der virtuellen Maschine abspielt, ist für Terraform jedoch unsichtbar.

Die Anbindung einer virtuellen Maschine an einen bestehenden LDAP-Server oder ein Active Directory? Die Konfiguration von SSH-Dienst, SSSD oder Kerberos? Die Konfiguration eines Webservers, einer Datenbank? Alle diese Aspekte einer virtuellen Maschine kennt Terraform nicht.

Die offizielle Politik von Terraform und der dahinterstehenden Firma HashiCorp ist es, Betriebssystemabbilder zu verwenden, die bereits vollständig konfiguriert sind oder bei denen es reicht, über Mechanismen wie `cloud-init` nur wenige Einstellungen vorzunehmen.

Doch kann sich Terraform der Wirklichkeit nicht verschließen. Und diese sieht in vielen Firmen und Umgebungen so aus, dass die ausschließliche Konfiguration über Betriebssystemabbilder nicht umsetzbar ist. Daher bietet Terraform mit den *Provisioners*, zu Deutsch etwa »Versorger« oder »Bereitsteller«, eine Möglichkeit, in begrenztem Umfang in die Konfiguration einer virtuellen Maschine einzugreifen. Meist wird dies jedoch nur dazu verwendet, ein Konfigurationsmanagementsystem wie Ansible, Puppet, Chef oder Salt zu starten.

In der offiziellen Terraform-Dokumentation wird stark davon abgeraten, Provisioner zu nutzen: *https://developer.hashicorp.com/terraform/language/resources/provisioners/syntax#provisioners-are-a-last-resort*.

Offiziell gibt es auch nur noch drei Provisioner-Typen. Die Unterstützung für die oben genannten Konfigurationsmanagementsysteme wurde in Terraform-Version 0.15 entfernt.

Provisioner	Zweck
`file`	Eine Datei auf dem Zielsystem ablegen.
`local-exec`	Einen Befehl lokal ausführen.
`remote-exec`	Einen Befehl auf dem Zielsystem ausführen.

Tabelle 7.1 Die unterstützten Provisioner

Je nach Konfigurationsmanagementsystem kann es einfacher sein, lokale Befehle oder Befehle auf dem Zielsystem auszuführen, um darüber eines der genannten Konfigurationsmanagementsysteme zu starten.

Details zur Verwendung der Provisioner sind in den nächsten Abschnitten erläutert, wobei die unterschiedlichen Provisioner erklärt, aber auch Alternativen wie `cloud-init` vorgestellt werden.

7.2.1 Nutzung eines Provisioners mit einer null_resource

Provisioner können in jeder Ressource genutzt werden. Häufig werden sie bei Ressourcen, die eine virtuellen Instanz erzeugen (`aws_instance`, `azurerm_virtual_machine`, `google_compute_instance` etc.), oder bei einer `null_resource` eingesetzt.

Die `null_resource` verhält sich grundsätzlich wie jede andere Ressource, führt aber nicht dazu, dass etwas erstellt oder aufgebaut wird. Sie ist komplett Terraform-intern und hat keine Entsprechung oder Referenz bei einem Provider. Ihr Einsatzzweck besteht vorwiegend darin, sie mit einem Provisioner zu nutzen. Dies bietet Ihnen die Möglichkeit, Abläufe abzubilden, die Sie nicht an z. B. eine virtuelle Instanz binden möchten.

Die grundlegende Struktur einer `null_resource` mit einem Provisioner sieht wie folgt aus:

```
resource "null_resource" "beispiel" {

  provisioner "..." {
    # Details zum Provisioner
    [...]
  }
```

```
  # Funktionen der null_resource
  [...]

}
```

Jede Funktion, die Sie von normalen Ressourcen kennen, kann auch mit der null_resource genutzt werden. Eine wichtige Funktion speziell der null_resource ist der Parameter trigger. Mit diesem wird bestimmt, wann die null_resource neu erstellt wird. Auf diese Weise können Sie nach dem Erstellen einer aws_instance-Ressource namens web-server die null_resource neu erstellen lassen.

```
resource "null_resource" "aws-trigger" {

  provisioner "..." {
    # Details zum Provisioner
    [...]
  }

  triggers = {
    instance_id = aws_instance.web-server.id
  }
}
```

Weitere Beispiele zur Nutzung einer null_resource folgen in den Abschnitten zu den verschiedenen Provisioner-Typen.

7.2.2 Ausführen eines Provisioners beim Erstellen oder Entfernen von Ressourcen

Der gängigste Anwendungsfall für Provisioner ist der beim Erstellen einer Ressource. Dies wird von Terraform als *Creation-Time Provisioner* bezeichnet.

Wird eine Ressource im laufenden Betrieb geändert, jedoch nicht neu erstellt, wird der Provisioner nicht erneut ausgeführt.

Dies gilt auch für das Entfernen von Ressourcen. Ein Creation-Time Provisioner wird hier nicht erneut ausgeführt. Sie können jedoch einen weiteren Provisioner konfigurieren, den Sie explizit als *Destroy-Time Provisioner* deklarieren:

```
resource "null_resource" "aws-trigger-destroy" {

  # creation-time provisioner
  provisioner "..." {
```

```
    # Details zum Provisioner
    [...]
  }

  # destroy-time provisioner
  provisioner "..." {
    when = destroy
    [...]
  }

  [...]
}
```


7.2.3 Konfiguration der Verbindungsparameter für die Provisioner file und remote-exec

Die Provisioner `file` und `remote-exec` verbinden sich mit entfernten Zielsystemen wie z. B. virtuellen Maschinen. Um dies zu ermöglichen, muss die Verbindung über einen `connection`-Block konfiguriert werden.

```
resource "null_resource" "provisioner-mit-verbindung" {

  provisioner "..." {

    connection {
      # Details zur Verbindung
      [...]
    }

    # Details zum Provisioner
    [...]
  }

  # Funktionen der null_resource
  [...]
}
```

Zum Verbinden kann SSH oder WinRM genutzt werden. Dies müssen Sie entsprechend bei `type` eintragen. Die genaue Konfiguration einer SSH- oder WinRM-Verbindung wird in den nächsten Abschnitten erläutert.

Verwenden Sie mehr als einen Provisioner, können Sie entweder für jeden Provisioner einen eigenen `connection`-Block innerhalb des Provisioners angeben. Wenn alle

Provisioner die gleiche Verbindung verwenden sollen, können Sie stattdessen auch nur einen connection-Block innerhalb der Ressource angeben:

```
resource "null_resource" "mehrere-provisioner-mit-gleicher-verbindung" {

  connection {
    # Details zur Verbindung
    [...]
  }

  provisioner "..." {

    # Details zum Provisioner
    [...]
  }

  # Funktionen der null_resource
  [...]
}
```

Ein Beispiel mit mehreren Provisioner, die unterschiedliche Verbindungen nutzen:

```
resource "null_resource" "mehrere-provisioner-mit-unterschiedlicher-
verbindung" {

  # erster Provisioner
  provisioner "..." {

    connection {
      # Details zur Verbindung
      [...]
    }

    # Details zum Provisioner
    [...]
  }

  # zweiter Provisioner
  provisioner "..." {

    connection {
      # Details zur Verbindung
      [...]
    }
```

```
    # Details zum Provisioner
    [...]
  }
  # Funktionen der null_resource
  [...]
}
```

Verbindungsparameter für SSH-Verbindungen

Die Konfiguration einer SSH-Verbindung könnte wie folgt aussehen:


```
resource "null_resource" "mit-ssh" {

  provisioner "..." {

    connection {
      host        = var.host
      type        = "ssh"
      user        = var.user
      private_key = var.private_key
    }

    # Details zum Provisioner
    [...]
  }

  # Funktionen der null_resource
  [...]
}
```

Im Beispiel wird eine SSH-Verbindung konfiguriert, die auf die Variablen `var.user` und `var.private_key` zurückgreift, um sich per SSH-Schlüssel mit dem Ziel `var.host` zu verbinden.

Das Beispiel zeigt nicht alle verfügbaren Parameter, Sie finden die vollständige Liste an unterstützten Parametern in der Dokumentation unter: *https://developer.hashicorp.com/terraform/language/resources/provisioners/connection*.

Verbindungsparameter für WinRM-Verbindungen

Die Konfiguration einer Verbindung per WinRM sähe wie folgt aus:

```
resource "null_resource" "mit-winrm" {

  provisioner "..." {
```

```
    connection {
      host     = var.host
      type     = "winrm"
      user     = var.user
      password = var.password
      https    = true
    }

    # Details zum Provisioner
    [...]
  }

  # Funktionen der null_resource
  [...]

}
```

Wie bei SSH-Verbindungen muss ein Zielserver per `host` angegeben werden, optional mit Angabe des `port`. Im Gegensatz zu SSH kommt bei WinRM ein Passwort (`password`) zum Einsatz, mit dem sich der Benutzer (`user`) anmeldet. Damit dieses Passwort verschlüsselt und nicht im Klartext übertragen wird, sollte der Parameter `https` auf `true` gesetzt sein.

Weitere Optionen wie die Nutzung von NTLM-Authentifizierung (`use_ntlm`) entnehmen Sie bitte der Dokumentation zum `connection`-Block unter *https://developer.hashicorp.com/terraform/language/resources/provisioners/connection*.

Verbindungen über einen Bastion Host

In vielen Firmen sind Verbindungen von außen ins Firmennetz nur über einen *Bastion Host*, auch *Sprungserver* oder *Jump Host* genannt, möglich. Soll die Verbindung der Provisioner `file` und `remote-exec` über einen solchen Zwischenschritt gehen, müssen Sie diesen im `connection`-Block konfigurieren. Hierfür stehen Ihnen unter anderem die Parameter `bastion_host`, `bastion_port`, `bastion_user` und `bastion_private_key` zur Verfügung.

```
resource "null_resource" "mit-bastion" {

  provisioner "..." {

    connection {
      host                = var.host
      type                = "ssh"
      user                = var.user
```

```
      private_key         = var.private_key
      bastion_host        = "jumphost.terraformbuch.de"
      bastion_user        = "bastion-user"
      bastion_private_key = var.bastion_private_key
    }

    # Details zum Provisioner
    [...]
  }

  # Funktionen der null_resource
  [...]

}
```


7.2.4 Der local-exec-Provisioner

Der einfachste Provisioner ist der `local-exec`-Provisioner. Er führt einfach Befehle lokal auf dem System aus, auf dem Terraform aufgerufen wird.

Für folgende Anwendungsfälle bietet sich der `local-exec`-Provisioner an:

- Dateien lokal kopieren oder löschen
- SSH-Schlüssel zur weiteren Verwendung erzeugen
- Inhalt in lokale Dateien schreiben
- Konfigurationsmanagement ausführen
- Ansible über SSH
- Salt über SSH (`salt-ssh`)
- Erreichbarkeit von außerhalb testen, damit Terraform wartet, bis eine Ressource vollständig funktional und nicht nur erstellt ist

Wägen Sie ab, inwiefern ein Provisioner für die genannten Anwendungsfälle die richtige Lösung ist. Für das Schreiben lokaler Dateien könnten Sie z. B. auch die Terraform-Ressource `local_file` verwenden, die besser in den deklarativen *Infrastructure as Code*-Ansatz von Terraform passt.

Hier ein simples Beispiel, das nur den Befehl `echo 'Hallo Terraform-Buch!'` über den `local-exec`-Provisioner ausführt:

```
resource "null_resource" "local-exec-simpel" {

  provisioner "local-exec" {
    command = "echo 'Hallo Terraform-Buch!'"
  }
```

```
  # Funktionen der null_resource
  [...]

}
```

Terraform entscheidet selbst, welcher `interpreter` verwendet wird, um den genannten Befehl auszuführen. Das vorherige Beispiel würde unter Linux z. B. mit der bash-Shell als `interpreter` ausgeführt.

Um z. B. die bash-Shell mit dem Argument `-e` zu verwenden, sodass bei Fehlern die Ausführung abgebrochen wird, ist folgender Code notwendig:

```
resource "null_resource" "local-exec-bash-mit-e" {

  provisioner "local-exec" {
    command     = "echo 'Hallo Terraform-Buch!'"
    interpreter = ["bash", "-e", "-c"]
  }

}
```

SSH-Schlüssel mit dem local-exec-Provisioner erzeugen

Terraform selbst bietet zwar die Möglichkeit, SSH-Schlüssel zu erzeugen, jedoch liegt der private SSH-Schlüssel in diesem Fall im State, was sicherheitstechnische Implikationen hat. Mehr Details finden Sie in der Dokumentation zur `private_key`-Ressource: *https://registry.terraform.io/providers/hashicorp/tls/latest/docs/resources/private_key*.

Ein anderer Weg führt über die Nutzung des `local-exec`-Provisioner. Im folgenden Beispiel wird ein SSH-Schlüssel erzeugt, der später genutzt werden kann, um sich mit einer virtuellen Instanz zu verbinden.

Außerdem wird ein zweiter Provisioner als *Destroy-Time Provisioner* angelegt, um den SSH-Schlüssel beim Ausführen von `terraform destroy` wieder zu entfernen.

Der im Beispiel verwendete `ssh-keygen`-Befehl kommt aus dem `OpenSSH`-Paket. Dieses muss eventuell nachinstalliert werden, der genaue Name des Pakets unterscheidet sich von Betriebssystem zu Betriebssystem.

```
resource "null_resource" "ssh-key-anlegen" {

  provisioner "local-exec" {
    command = "ssh-keygen -N '' -t ed25519 -f terraform_id_ed25519"
  }
```

```
  provisioner "local-exec" {
    command = "rm terraform_id_ed25519 terraform_id_ed25519.pub"
    when    = destroy
  }

}
```

Da die `null_resource` den null-Provider benötigt, muss zuerst der Befehl `terraform init` ausgeführt werden:

```
$ terraform init

Initializing the backend...

Initializing provider plugins...
- Finding latest version of hashicorp/null...
- Installing hashicorp/null v3.1.1...
- Installed hashicorp/null v3.1.1 (signed by HashiCorp)

[...]
```

Anschließend können Sie das Beispiel wie folgt ausführen:

```
$ terraform apply -auto-approve

Terraform used the selected providers to generate the following execution
plan. Resource actions are indicated with the following symbols:
  + create

Terraform will perform the following actions:

  # null_resource.ssh-key-anlegen will be created
  + resource "null_resource" "ssh-key-anlegen" {
      + id = (known after apply)
    }

Plan: 1 to add, 0 to change, 0 to destroy.
null_resource.ssh-key-anlegen: Creating...
null_resource.ssh-key-anlegen: Provisioning with 'local-exec'...
null_resource.ssh-key-anlegen (local-exec): Executing: ["/bin/sh" "-c" "ssh-
keygen -N '' -t ed25519 -f terraform_id_ed25519"]
null_resource.ssh-key-anlegen (local-exec): Generating public/private ed25519
key pair.
```

```
null_resource.ssh-key-anlegen (local-exec): Your identification has been saved
in terraform_id_ed25519
null_resource.ssh-key-anlegen (local-exec): Your public key has been saved in
terraform_id_ed25519.pub
null_resource.ssh-key-anlegen (local-exec): The key fingerprint is:
null_resource.ssh-key-anlegen (local-exec): SHA256:EmHthmRizEoTJeOg/
yWtBmuhO4djjM2v/HXCsK2Tdzc tux@computer
null_resource.ssh-key-anlegen (local-exec): The key's randomart image is:
null_resource.ssh-key-anlegen (local-exec): +-[ED25519 256]-+
null_resource.ssh-key-anlegen (local-exec): | o*. o. |
null_resource.ssh-key-anlegen (local-exec): |. +.*.o.. |
null_resource.ssh-key-anlegen (local-exec): | + * =.o |
null_resource.ssh-key-anlegen (local-exec): | = o +.o |
null_resource.ssh-key-anlegen (local-exec): | B *.+..S |
null_resource.ssh-key-anlegen (local-exec): |+ @ == . |
null_resource.ssh-key-anlegen (local-exec): | + =..= . |
null_resource.ssh-key-anlegen (local-exec): | . +o.o. E |
null_resource.ssh-key-anlegen (local-exec): | oooo . . . |
null_resource.ssh-key-anlegen (local-exec): +--[SHA256]--+
null_resource.ssh-key-anlegen: Creation complete after 0s [id=
8406017377802956142]

Apply complete! Resources: 1 added, 0 changed, 0 destroyed.
```

Lassen Sie sich die Dateien im aktuellen Verzeichnis anzeigen, dann finden Sie den privaten und den öffentlichen SSH-Schlüssel:

```
$ ls -1
main.tf
terraform_id_ed25519
terraform_id_ed25519.pub
terraform.tfstate
```

Sobald Sie den Befehl `terraform destroy` ausführen, werden die Schlüsseldateien wie gewünscht gelöscht, wie der Befehl `ls -1` am Ende zeigt:

```
$ terraform destroy
null_resource.ssh-key-anlegen: Refreshing state... [id=8406017377802956142]

Terraform used the selected providers to generate the following execution
plan. Resource actions are indicated with the following symbols:
  - destroy
```

```
Terraform will perform the following actions:

  # null_resource.ssh-key-anlegen will be destroyed
  - resource "null_resource" "ssh-key-anlegen" {
      - id = "8406017377802956142" -> null
    }

Plan: 0 to add, 0 to change, 1 to destroy.

[...]
null_resource.ssh-key-anlegen: Destroying... [id=8406017377802956142]
null_resource.ssh-key-anlegen: Provisioning with 'local-exec'...
null_resource.ssh-key-anlegen (local-exec): Executing: ["/bin/sh" "-c" "rm
terraform_id_ed25519 terraform_id_ed25519.pub"]
null_resource.ssh-key-anlegen: Destruction complete after 0s

Destroy complete! Resources: 1 destroyed.
$ ls -1
main.tf
terraform.tfstate
terraform.tfstate.backup
```

7

Aufruf von Ansible mit dem local-exec-Provisioner

Über den local-exec-Provisioner können Sie Ansible starten, um eine virtuelle Maschine per SSH zu konfigurieren.

Im Beispiel wird eine null_resource angelegt, die einen local-exec-Provisioner enthält. Dieser ruft den Befehl ansible-playbook web-playbook.yaml auf, gibt diesem aber noch weitere Parameter mit, die dazu dienen, die Verbindungsdetails zu spezifizieren, und hierfür Terraform-Variablen nutzen.

```
resource "null_resource" "ansible-per-local-exec" {

  provisioner "local-exec" {
    command = <<EOL
      export ANSIBLE_HOST_KEY_CHECKING=False;
      ansible-playbook -u ${var.user} --private-key ${var.ssh_private_key} -i
self.public_ip web-playbook.yaml
    EOL
  }

  # Funktionen der null_resource
  [...]
}
```

Um das Beispiel einfach zu halten, wird vorausgesetzt, dass in der virtuellen Maschine eine passende Python 3-Version installiert ist. Ist das nicht der Fall, kann die Installation entweder über den `remote-exec`-Provisioner oder alternativ über `cloud-init` erfolgen.

Auf Details zu Ansible, Playbooks und den genauen Details des Ansible-Befehls wird hier aus Platzgründen verzichtet. Konsultieren Sie dafür bitte die Ansible-Dokumentation: *https://docs.ansible.com/ansible/latest/index.html.*

Falls Sie lieber Bücher lesen, finden Sie die nötigen Infos im Ansible-Buch von Axel Miesen, das ebenfalls im Rheinwerk Verlag erschienen ist (ISBN: 978-3-8362-8906-1).

Anstelle von Ansible kann auch ein anderes Konfigurationsmanagementsystem wie Salt gestartet werden, sofern die Konfiguration »von außen« erfolgt.

7.2.5 Der file-Provisioner

Mit dem `file`-Provisioner können Sie eine Datei oder ein Verzeichnis auf ein Zielsystem kopieren. Die Verbindung muss wie bereits erklärt über einen `connection`-Block konfiguriert werden.

Übertragen einer Datei mit dem file-Provisioner

```
resource "null_resource" "file-provider" {

  connection {
    [...]
  }

  provisioner "file" {
    source      = "conf/ldap.conf"
    destination = "/etc/ldap.conf"
  }
```

Im Beispiel wird eine Datei *ldap.conf* aus dem lokalen Unterverzeichnis *conf* übertragen und auf dem Zielsystem im Pfad */etc/ldap.conf* gespeichert.

Wie das Beispiel erahnen lässt, können Sie den `file`-Provisioner verwenden, um Konfigurationsdateien zu übertragen. Leider lassen sich weder Dateiberechtigungen noch Benutzer oder Gruppen für die Zieldatei angeben. Auch das Neustarten von Diensten nach dem Übertragen der zugehörigen Konfigurationsdatei ist mit dem `file`-Provisioner selbst nicht möglich. Hier kann eine Kombination mit dem `remote-exec`-Provisioner helfen, wie in Kürze gezeigt wird.

Übertragen eines Verzeichnisses mit dem file-Provisioner

Wird ein Verzeichnis angegeben, achten Sie bitte genau darauf, wie Sie es angeben. Wie `rsync` verhält sich der `file`-Provisioner unterschiedlich, und zwar abhängig davon, ob ein abschließender Schrägstrich (*Trailing Slash*) verwendet wird.

```
resource "null_resource" "file-provider" {

  connection {
    [...]
  }

  # Angabe ohne Schrägstrich
  provisioner "file" {
    source      = "conf"
    destination = "/tmp/ohne_schraegstrich"
  }

  # Angabe mit Schrägstrich
  provisioner "file" {
    source      = "conf/"
    destination = "/tmp/mit_schraegstrich"
  }
```

Wird das Quellverzeichnis (`source`) ohne abschließenden Schrägstrich angegeben, landet die Datei *conf/beispiel.conf* auf dem Zielsystem in */tmp/ohne_schraegstrich/conf/beispiel.conf*. Das Verzeichnis wird also komplett übertragen.

Im Gegensatz dazu überträgt der `file`-Provisioner die Datei *conf/beispiel.conf* nach */tmp/ohne_schraegstrich/beispiel.conf* auf dem Zielsystem, wenn Sie einen abschließenden Schrägstrich verwenden. In diesem Fall wird nur der Inhalt des Verzeichnisses übertragen, nicht das Verzeichnis selbst.

Die Angabe eines abschließenden Schrägstrichs im `destination`-Parameter ist wie bei `rsync` nicht von Belang.

Übertragen eines Ansible-Playbooks mit dem file-Provisioner

Ziel des Beispiels ist es, ein Ansible-Playbook lokal anzulegen (ohne Terraform), es als *Template* in den Terraform-State zu schreiben und es anschließend mit dem `file`-Provisioner auf das Zielsystem zu kopieren. Über einen `remote-exec`-Provisioner können Sie das Playbook dann auf dem Zielsystem verwenden, dies wird im nächsten Abschnitt zum `remote-exec`-Provisioner erläutert.

Diese lokale Datei *web-playbook.yml* enthält den Inhalt des Ansible-Playbooks.

```
---
- hosts: localhost
  connection: local
  become: true
  become_user: root
  become_method: sudo
  tasks:
    - name: Install nginx
      ansible.builtin.package:
        name: nginx
        state: latest
    - name: Restart nginx
      ansible.builtin.service:
        name: nginx
        state: restarted
```

Der folgende Terraform-Code nutzt eine Datenquelle (siehe Abschnitt 6.5) des Typs `template_file` (*https://registry.terraform.io/providers/hashicorp/template/latest/docs/data-sources/file*), um die angelegte Datei in den Terraform-State einzulesen.

```
data "template_file" "web-playbook" {
  template = file("./web-playbook.yml")
}
```

Im Code zum `file`-Provisioner kann nun auf den Inhalt der Datei über den Verweis `data.template_file.web-playbook.rendered` zugegriffen werden:

```
resource "null_resource" "web-playbook-auf-webserver" {

  connection {
    # Details zur Verbindung
    [...]
  }

  provisioner "file" {
    content     = data.template_file.web-playbook.rendered
    destination = "/tmp/web-playbook.yml"
  }
}
```

7.2.6 Der remote-exec-Provisioner

Mit dem `remote-exec`-Provisioner werden Befehle auf entfernten Zielsystemen ausgeführt. Auch hier muss die Verbindung über einen `connection`-Block konfiguriert werden.

Der `remote-exec`-Provisioner bietet sich dabei für folgende Anwendungsfälle an:

- minimale Konfiguration des Zielsystems
- ein Skript ausführen
- Konfigurationsmanagement ausführen
- Ansible auf dem Zielsystem ausführen
- Salt auf dem Zielsystem ausführen

Da der `remote-exec`-Provisioner nur einfache Befehle ausführt, wird er meist in Kombination mit anderen Methoden verwendet. So können Sie über den `file`-Provisioner Dateien oder Verzeichnisse auf das Zielsystem übertragen, die Sie dann über den `remote-exec`-Provisioner ausführen. Dies können Skripte, Programme oder beispielsweise Dateien für Konfigurationsmanagementsysteme wie Ansible oder Salt sein. Auch wenn z. B. Ihr Betriebssystemabbild bereits ein Provisionierungsskript enthält, können Sie dieses über den `remote-exec`-Provisioner ausführen.

Wichtigster Vorteil beim Ausführen derartiger Befehle und Skripte durch den `remote-exec`-Provisioner ist, dass Terraform wartet, bis der Provisioner seine Arbeit beendet hat. Starten Sie die Skripte über andere Mechanismen wie systemd-Dienste oder Ähnliches, ist dies für Terraform komplett unsichtbar. Das kann wie bereits beschrieben dazu führen, dass Terraform die Infrastruktur zu früh für »einsatzbereit« erklärt, obwohl sie im Hintergrund erst eingerichtet wird.

Die auszuführenden Befehle geben Sie über den Parameter `inline` als Liste an:

```
resource "null_resource" "befehle-per-remote-exec" {

  connection {
    # Details zur Verbindung
    [...]
  }

  provisioner "remote-exec" {
    inline = [
      "echo 'Hallo Terraform-Buch!'",
      "sudo apt update",
    ]
  }
}
```

Um die korrekte Syntax der Befehle müssen Sie sich ebenso kümmern wie um etwaige erweiterte Rechte durch z. B. die Nutzung von `sudo`.

Eine Fehlerbehandlung findet nur sehr eingeschränkt statt. Alle Befehle werden ausgeführt, auch wenn sie fehlschlagen. Nur wenn der letzte Befehl fehlschlägt, behandelt Terraform diese Ressource als fehlgeschlagen. Details hierzu sind in der Dokumentation des `remote-exec`-Provisioner zu finden: *https://developer.hashicorp.com/terraform/language/resources/provisioners/remote-exec*.

Aus diesen Gründen ist die Nutzung des `remote-exec`-Provisioner zur Ausführung von Skripten vorzuziehen, die eine richtige Fehlerbehandlung enthalten. Oder nutzen Sie gleich ein Konfigurationsmanagementsystem.

Der `remote-exec`-Provisioner bietet auch die Möglichkeit, lokale Skripte als Argument im `script`-Parameter anzugeben. Dieses lokale Skript, im folgenden Beispiel *skripte/tux_script.sh*, wird auf das Zielsystem übertragen und dort ausgeführt.

```
resource "null_resource" "skript-per-remote-exec" {

  connection {
    # Details zur Verbindung
    [...]
  }

  provisioner "remote-exec" {
    # Das Skript wird kopiert und ohne Argument ausgeführt
    script = "skripte/tux_script.sh"
  }
}
```

Allerdings können Sie das Skript nur ohne Argumente aufrufen. Wenn Sie dies benötigen, müssen Sie das Skript selbst per `file`-Provisioner übertragen und anschließend per `remote-exec`-Provisioner ausführen.

```
resource "null_resource" "skript-per-file-und-remote-exec" {

  connection {
    # Details zur Verbindung
    [...]
  }

  provisioner "file" {
    source      = "skripte/tux_script.sh"
    destination = "/tmp/tux_script.sh"
  }
```

```
  provisioner "remote-exec" {
    inline = [
      "chmod +x /tmp/tux_script.sh"
      "/tmp/tux_script.sh -v -t web -n webserver1",
    ]
  }
}
```

Das Skript wird im Beispiel übertragen, per `chmod +x` ausführbar gemacht und anschließend ausgeführt. Wie bei allen `inline`-Befehlen sollte das Skript über seinen Returncode mitteilen, ob es erfolgreich ausgeführt wurde oder nicht.

Nutzung eines Ansible-Playbooks mit dem remote-exec-Provisioner

Ziel des folgenden Beispiels ist es, ein Ansible-Playbook auf dem Zielsystem auszuführen. Dies erfordert anders als die Konfiguration per Ansible über SSH keine SSH-Verbindung, setzt aber die Installation von Ansible sowie von Python 3 auf dem Zielsystem voraus.

Das Playbook kann über den `file`-Provisioner auf das Zielsystem übertragen werden, wie im letzten Abschnitt unter dem Punkt »Übertragen eines Ansible-Playbooks mit dem `file`-Provisioner« gezeigt. Es könnte aber auch über den `remote-exec`-Provisioner von einem Webserver oder aus einem Git-Repository heruntergeladen werden.

Der zugehörige Terraform-Code sieht wie folgt aus:

```
resource "null_resource" "web-playbook-auf-webserver-ausfuehren" {

  # Verbindungsdetails fuer alle Provisioner
  connection {
    # Details zur Verbindung
    [...]
  }

  # Provisioner zur Installation von Ansible
  provisioner "remote-exec" {
    inline = [
      "sudo apt update",
      "sudo apt -qq install software-properties-common -y",
      "sudo add-apt-repository --yes --update ppa:ansible/ansible,
      "sudo apt -qq install ansible -y"
    ]
  }
```

```
  # Provisioner zum Ausführen von Ansible
  provisioner "remote-exec" {
    inline = [
      "ansible-playbook /tmp/web-playbook.yml"
    ]
  }

  # Funktionen der null_resource
  [...]

}
```

Die Installation von Ansible wird im Beispiel über den ersten `remote-exec`-Provisioner erledigt. Die gezeigten Befehle sind für Ubuntu-Systeme gedacht, für andere Betriebssysteme passen Sie die Befehle bitte entsprechend an.

Das Ansible-Playbook wird über den zweiten `remote-exec`-Provisioner ausgeführt, dazu kommt ein einfacher Befehl per `inline`-Parameter zum Einsatz.

Hier werden zwei `remote-exec`-Provisioner verwendet. Es können beliebig viele auch verschiedene `provisioner`-Blöcke genutzt werden. Beachten Sie jedoch bitte die Hinweise zur Fehlerbehandlung im vorangegangenen Abschnitt.

Das Beispiel ist bewusst einfach gehalten und daher unvollständig. So fehlt neben den Details zur Verbindung auch die Verknüpfung der `null_resource` zu beispielsweise einer virtuellen Maschine.

[»]

Teile und herrsche

Wir empfehlen, das Konfigurationsmanagement unabhängig von Terraform zu halten. Zum einen werden Provisioner nur widerwillig und halbherzig von Terraform unterstützt, wie z. B. die Fehlerbehandlung zeigt. Zum anderen erleichtert die Trennung von Terraform und Konfigurationsmanagement die Fehlersuche und ermöglicht die unabhängige Ausführung sowie eine bessere Auditierbarkeit und die Aufbewahrung der Logdateien.

7.2.7 Verfügbarkeit über Provisioner prüfen

Die direkte Interaktion mit einer virtuellen Maschine gleich nach ihrer Erstellung ist in Terraform offiziell nicht vorgesehen. Auch weiß Terraform zwar, wann eine Ressource erstellt wurde, aber nicht, ab wann sie erreichbar und funktionsfähig ist. Am Beispiel einer virtuellen Maschine würde Terraform die Maschine als »fertig« betrachten, wenn sie vom Cloud-Anbieter erstellt wurde. Dass die Maschine zunächst hochfährt und dann erst ihre Dienste startet oder noch konfiguriert werden muss, ist Terraform nicht bewusst.

Allerdings ist diese Methode der Provisionierung, wie schon mehrfach erwähnt, nicht für alle Anwendungsfälle zu empfehlen.

Diese Funktion kann jedoch über Provisioner nachgebaut werden:

```
resource "aws_instance" "my_instance" {
  [...]

  connection {
    # Details zur Verbindung
    [...]
  }

  provisioner "local-exec" {
    command = "until [ \"$(ssh -o strictHostKeyChecking=no -o BatchMode=yes
    -o ConnectTimeout=5 ubuntu@${self.private_ip} echo ok 2>&1)\" = \"ok\" ];
    do echo \"Retrying connection...\"; done"
  }

  provisioner "remote-exec" {
    inline = [
      "echo 'Fertig!'",
    ]
  }
}
```

Das obige Beispiel verwendet einen `local-exec`-Provisioner, der versucht, eine SSH-Verbindung zur virtuellen Maschine aufzubauen. Dieser Versuch wird so lange wiederholt, bis die Verbindung erfolgreich war.

Sobald der erste Provisioner erfolgreich beendet wurde, startet der `remote-exec`-Provisioner und führt Befehle auf der Maschine aus. Im Beispiel wird nur eine Meldung ausgegeben, stattdessen könnte hier aber jegliche Art von Kommandos genutzt werden (siehe den vorhergehenden Abschnitt zum `remote-exec`-Provisioner).

Anstelle einer SSH-Verbindung im `local-exec`-Provisioner wäre ebenfalls ein Verbindungsversuch per HTTP zu einem Webserver denkbar, der auf der virtuellen Maschine läuft. Auch eine Abfrage, ob die virtuelle Maschine bereits im LDAP oder Active Directory bekannt ist, kann eventuell ein gangbarer Weg sein. Die genaue Art, die Maschine als »einsatzbereit« zu definieren, ist hier stark abhängig vom Anwendungsfall und der Umgebung.

Hervorzuheben sei noch einmal, dass auch in den Provisionern Variablen und Block-lokale Werte (siehe Kapitel 6) genutzt werden können, um z. B. auf vorher definierte Benutzer und Schlüssel zuzugreifen. Auf das `self`-Objekt geht der nächste Abschnitt ein.

7.2.8 Der Block-lokale Wert self

Der Block-lokale Wert `self` wurde in Abschnitt 6.6 bereits vorgestellt. Er kann genutzt werden, um auf Parameter einer Ressource zuzugreifen, während diese noch erstellt wird.

Im folgenden (gekürzten) Beispiel soll der Provisioner die IP-Adresse einer AWS-Instanz ausgeben, was in diesem Fall nur über den Verweis `self.private_ip` möglich ist.

```
resource "aws_instance" "terraform" {
  [...]

  provisioner "local-exec" {
    command = "echo 'The IP address is ${self.private_ip}'"
  }
}
```

7.2.9 Alternative Ansätze zur Konfiguration virtueller Maschinen über Provisioner

Wie mehrfach erwähnt, stuft die Terraform-Dokumentation die Nutzung der Provisioner als letzten Ausweg ein. Die nächsten beiden Abschnitte beleuchten Alternativen zur Konfiguration virtueller Maschinen.

Anpassungen einer virtuellen Maschine per cloud-init und Ignition

Um beim ersten Start einer virtuellen Maschine Anpassungen durchzuführen, hat sich `cloud-init` durchgesetzt: *https://cloud-init.io/*. Es ist in fast allen offiziellen Betriebssystemabbildern im Cloud-Umfeld zu finden. Zudem wird die Bereitstellung von Konfigurationsdaten über `cloud-init` von vielen Cloud-Anbietern unterstützt.

In letzter Zeit etabliert sich Ignition (*https://coreos.github.io/ignition*) zunehmend als Konkurrenz zu `cloud-init`, mit Combustion gibt es eine weitere Alternative: *https://github.com/openSUSE/combustion*.

Der Anwendungsfall ist bei allen drei Lösungen der gleiche: Über eine definierte Schnittstelle der virtuellen Maschine soll ein Satz Konfigurationsdaten bereitgestellt werden, die anschließend zur Einrichtung der Maschine genutzt werden. Die Bandbreite reicht von Netzwerk- und DNS-Konfiguration über das Anlegen von Dateien, das Ausführen von Kommandos und das Starten von Diensten bis hin zum Starten eines Konfigurationsmanagementsystems.

Einen guten Einstieg bietet z. B. das offizielle HashiCorp-Tutorial zu `cloud-init`: *https://learn.hashicorp.com/tutorials/terraform/cloud-init*.

Die Konfiguration einer virtuellen Maschine über `cloud-init` und Konsorten kann eine gute Alternative zur Nutzung der `remote-exec`- und `file`-Provisioner sein. Viele der Terraform-Provider bieten die Möglichkeit, einer VM-Ressource die für `cloud-init` benötigten Informationen mitzugeben. Hierbei können Terraform-Variablen zum Einsatz kommen.

Werkzeuge zum Bauen fertig konfigurierter Betriebssystemabbilder

Die Firma HashiCorp empfiehlt, die Konfiguration virtueller Maschinen weder über Provisioner noch über Konfigurationsmanagementsysteme wie Ansible etc. vorzunehmen. Stattdessen ist es aus Sicht von HashiCorp besser, möglichst fertig konfigurierte Betriebssystemabbilder zu verwenden.

Die Verwendung solcher Abbilder hat weitreichende Konsequenzen. Zum einen können Sie keine der vom Cloud-Anbieter zur Verfügung gestellten Abbilder mehr verwenden, und zum anderen setzt das Konzept voraus, dass Sie sich selbst um den Bau und die Pflege dieser Abbilder kümmern. Nur Sie wissen, wie viele »Geschmacksrichtungen« Sie benötigen. Kommen nur gleichartige Webserver zum Einsatz, oder sind auch Datenbank, Proxyserver, Caches oder Middleware im Einsatz? Wie viele verschiedene Betriebssysteme wollen/müssen Sie verwenden? In wie vielen Versionen werden diese Betriebssysteme verwendet?

Alle benötigten Betriebssystemabbilder müssen gebaut werden. Anschließend müssen Sie sie in eine oder mehrere Clouds, gegebenenfalls noch in verschiedene Regionen, hochladen.

In den meisten Fällen möchten Sie neue Ressourcen nicht mit veralteten Betriebssystemständen aufbauen, sodass direkt nach der Installation Dutzende Sicherheitsupdates eingespielt werden müssen. Daher ist es mit dem einmaligen Bereitstellen der Abbilder nicht getan. Sie müssen periodisch, z. B. monatlich oder vierteljährlich, neue Versionen bauen und bereitstellen.

Das Speichern von zum Teil Gigabyte-großen Betriebssystemabbildern in einer Cloud-Umgebung lässt sich der jeweilige Anbieter auch bezahlen.

Der komplette Ablauf vom Bauen über das Hochladen bis zum Verwenden der Abbilder ist komplex und von Cloud-Anbieter zu Cloud-Anbieter unterschiedlich. Es empfiehlt sich, den Prozess so weit wie möglich zu automatisieren.

Das Wichtigste ist jedoch, den Prozess vor der Umsetzung möglichst vollständig zu entwerfen, zu dokumentieren und die Vor- und Nachteile verschiedener Lösungswege ausgiebig zu diskutieren. Ein nachträglicher Wechsel des Ansatzes oder des Cloud-Anbieters ist natürlich möglich, aber vermutlich mit extrem hohem Aufwand, zusätzlichen Kosten und gegebenenfalls Einschränkungen des Produktivbetriebs verbunden.

Als Tools zum Bauen »fertiger« Betriebssystemabbilder seien an dieser Stelle die Werkzeuge *HashiCorp Packer* und *KIWI* genannt. Für Details nutzen Sie bitte die unten stehenden Links.

- **HashiCorp Packer**
  Die Webseite von HashiCorp Packer finden Sie unter *https://www.packer.io*.

  HashiCorp stellt ein Tutorial zur Verwendung von Packer mit Terraform unter *https://learn.hashicorp.com/tutorials/terraform/packer* zur Verfügung.
- **KIWI**
  KIWI ist ein aus dem SUSE- bzw. openSUSE-Umfeld stammendes Werkzeug, das Betriebssystemabbilder in verschiedenen Formaten bauen kann. Das Open-Source-Projekt ist unter *https://github.com/OSInside/kiwi* zu finden. Die Dokumentation steht unter *https://osinside.github.io/kiwi* bereit.

7.3 Abhängigkeiten verwalten

7.3.1 Abhängigkeiten von Modulen oder Providern

Soll per Terraform eine Ressource z. B. mittels des aws-Providers (siehe Abschnitt 4.3.1) aufgebaut werden, muss dieser natürlich vorhanden und konfiguriert sein. Während der Nutzer für die Konfiguration verantwortlich ist, übernimmt der Aufruf von `terraform init` im Hintergrund die Arbeit, den entsprechenden Provider bereitzustellen.

Dies gilt auch für Abhängigkeiten von Modulen zu anderen Modulen oder Providern, auch hier reicht ein Aufruf von `terraform init` im Projektverzeichnis.

Will der Benutzer genauer eingreifen, was z. B. die Versionsnummern angeht, kann dies durch folgenden Code geschehen:

```
terraform {
  required_providers {
    local = {
      source = "hashicorp/local"
    }
    openstack = {
      source  = "terraform-provider-openstack/openstack"
      version = ">= 1.44"
    }
```

```
    template = {
      source = "hashicorp/template"
    }
  }
  required_version = ">= 1.3.0"
}
```

Auch wenn Terraform selbst keine Vorgabe hierzu macht, hat es sich eingebürgert, derartige Codeblöcke in der Datei *versions.tf* zu speichern. Wie bei den Dateien *variables.tf*, *outputs.tf* und *main.tf* handelt es sich um eine Empfehlung, keine strikte Anforderung.

Hier kann der Benutzer zum einen die benötigte Terraform-Version selbst definieren, im obigen Beispiel 1.3.0. Das wird nötig, wenn im Code auf neue Funktionen von Terraform zugegriffen werden soll, die erst ab einer bestimmen Terraform-Version vorhanden sind.

Daneben können ein oder mehrere Provider angegeben werden, die im Projekt verwendet werden und daher von Terraform beim Aufruf von `terraform init` heruntergeladen werden sollen. Während für die beiden Provider `local` und `template` im obigen Beispiel keine Mindestversion angegeben wird, muss der openstack-Provider in einer Version größer oder gleich 1.44 genutzt werden.

Wichtig hierbei ist, dass einmal heruntergeladene Provider nicht aktualisiert werden, selbst wenn eine neuere Version dieses Providers veröffentlicht wird. Ein Provider, der die vom Benutzer definierten Anforderungen erfüllt, wird also nicht automatisch aktuell gehalten. Erzwungen werden kann eine Aktualisierung entweder durch Setzen oder Anpassen der Mindestversion in *versions.tf* oder durch Löschen des Verzeichnisses *.terraform* und der Datei *.terraform.lock.hcl*. Anschließend lädt ein Aufruf von `terraform init` die neue Version des Providers herunter.

Die Datei *.terraform.lock.hcl* dient der Verwaltung von Abhängigkeiten. Wie bereits erwähnt, sollte sie nicht vom Benutzer bearbeitet werden, sondern einzig von Terraform. Der Inhalt der Datei nach dem Aufruf von `terraform init` mit der oben gezeigten Datei *versions.tf* sah Anfang 2023 folgendermaßen aus:

```
# This file is maintained automatically by "terraform init".
# Manual edits may be lost in future updates.

provider "registry.terraform.io/hashicorp/local" {
  version = "2.2.3"
  hashes = [
    "h1:aWp5iSUxBGgPv1UnV5yag9PbON+U1IOsZb38AXBFO8A=",
    "zh:04f0978bb3e052707b8e82e46780c371ac1c66b689b4a23bbc2f58865ab7d5c0",
     [...]
```

```
    "zh:fb9f271b72094d07cef8154cd3d50e9aa818a0ea39130bc193132ad7b23076fd",
  ]
}

provider "registry.terraform.io/hashicorp/template" {
  version = "2.2.0"
  hashes = [
    "h1:94qn780bi1qjrbC3uQtjJh3Wkfwd5+tTtJHOb7KTg9w=",
    "zh:01702196f0a0492ec07917db7aaa595843d8f171dc195f4c988d2ffca2a06386",
     [...]
    "zh:c979425ddb256511137ecd093e23283234da0154b7fa8b21c2687182d9aea8b2",
  ]
}

provider "registry.terraform.io/terraform-provider-openstack/openstack" {
  version = "1.48.0"
  constraints = ">= 1.44.0"
  hashes = [
    "h1:qjf/qyH9oKOMujQk59bNxV8yLRbUhmihxMRrKOeA8qI=",
    "zh:1fe237fa1153e05879fd26857416a1d029a3f108e32e83c4931dd874c777aa6a",
     [...]
    "zh:b3905869f6fea27ffd144eb8221ea67aeca63e23c06af43a221e55634faef3e2",
  ]
}
```

Es ist nahezu sicher, dass bereits bei Veröffentlichung dieses Buchs neuere Versionen der Provider erschienen sind und Sie daher andere Versionsnummern und Prüfsummen haben als die, die Sie im Beispiel sehen.

7.3.2 Abhängigkeiten von Ressourcen

Sobald innerhalb eines Terraform-Projekts mehr als eine Ressource erstellt werden soll, muss sich Terraform hinter den Kulissen um die richtige Reihenfolge der Ressourcen kümmern. Eine IP-Adresse kann einer virtuellen Maschine erst zugeordnet werden, wenn die IP-Adresse erstellt wurde. Damit das passieren kann, muss aber das Netzwerk existieren, in dem sie erstellt werden soll. Um einen Webserver in die Konfiguration eines Loadbalancers einzutragen, muss der Webserver erstellt werden und dessen IP-Adresse bekannt sein.

Die gute Nachricht ist, dass sich Terraform in den meisten Fällen eigenständig und ohne Eingriff des Nutzers um die Abhängigkeiten kümmert und diese korrekt auflöst. In der Dokumentation des openstack-Providers unter *https://registry.terraform.io/providers/terraform-provider-openstack/openstack/latest/docs/resources/networking_* *port_v2* wird beispielsweise ein Netzwerk angelegt, dessen ID anschließend bei der Erstellung einer openstack_networking_port_v2-Ressource als Argument für den Parameter network_id verwendet wird:

```
resource "openstack_networking_network_v2" "network_1" {
  name           = "network_1"
  admin_state_up = "true"
}

resource "openstack_networking_port_v2" "port_1" {
  name           = "port_1"
  network_id     = openstack_networking_network_v2.network_1.id
  admin_state_up = "true"
}
```

In diesem Fall erkennt Terraform, dass das Netzwerk zuerst erstellt werden muss, bevor der *Networking Port* erstellt werden kann.

An dieser Stelle sei ein Satz zu Terraform und Dateien mit der Endung *.tf* erlaubt. Wie bereits in Kapitel 3 erwähnt, haben sich bestimmte Konventionen dahin gehend herausgebildet, in welchen Dateien Ausgabewerte (Outputs) oder Variablen definiert werden *sollen*. Auch ist Konsens, dass Provider und deren Versionen in der Datei *versions.tf* verwaltet werden *sollen*. Dass der eigentliche Code meist in einer Datei *main.tf* gepflegt wird, gehört ebenfalls zu diesen Konventionen.

Die Konventionen sind von den Machern und Nutzern Terraforms sukzessive erstellt worden. Terraform selbst interessiert sich nicht für die Namen der Dateien, solange sie die Dateiendung *.tf* aufweisen.

Auch die Reihenfolge der Dateien spielt für Terraform keine Rolle. Intern werden die Abhängigkeiten zwischen den Ressourcen ermittelt und die Ressourcen dann anhand dieser Reihenfolge erstellt, egal ob sie in der Datei *01.tf* oder *zzz.tf* definiert sind.

Für kleinere Projekte bietet es sich an, den Konventionen zu folgen, da neue Mitarbeiter mit Terraform-Erfahrung die Struktur sofort wiedererkennen und sich zurechtfinden. Sobald die Menge an Code in einer der Dateien nicht mehr gut zu handhaben ist, kann selbstverständlich von den Konventionen abgewichen und der Code kann auf mehrere Dateien aufgeteilt werden.

7.3.3 Explizite Abhängigkeiten von Ressourcen

Im Normalfall erkennt Terraform die Abhängigkeiten zwischen den Ressourcen und erstellt sie in der richtigen Reihenfolge. Doch wie immer gibt es Ausnahmen von dieser Regel. Daher bietet Terraform die Möglichkeit, bei Bedarf Abhängigkeiten explizit zu definieren. Hierzu dient das Metaargument depends_on. Die Dokumentation unter *https://developer.hashicorp.com/terraform/language/meta-arguments/depends_on* rät jedoch dazu, diesen Weg wirklich nur zu nutzen, wenn es nicht anders geht. Außerdem wird empfohlen, die Gründe für die Nutzung als Kommentar im Code zu hinterlegen, damit spätere Bearbeiter wissen, wieso das an dieser Stelle nötig war. Wie oben geschrieben, sollte die Angabe expliziter Abhängigkeiten in den meisten Fällen nicht nötig sein.

Hier sehen Sie das obige Beispiel zur Erstellung eines Netzwerks in OpenStack, dieses Mal mit expliziter Abhängigkeit des Networking Port von der Netzwerkressource:

```
resource "openstack_networking_network_v2" "network_1" {
  name           = "network_1"
  admin_state_up = "true"
}

resource "openstack_networking_port_v2" "port_1" {
  depends_on = [ openstack_networking_network_v2.network_1 ]

  name           = "port_1"
  network_id     = openstack_networking_network_v2.network_1.id
  admin_state_up = "true"
}
```

Durch die Angabe von `depends_on`, was eine Liste an Ressourcen als Parameter verlangt, wird die Abhängigkeit zwischen den Ressourcen explizit gesetzt. Hier können mehrere Ressourcen angegeben werden, zu denen Abhängigkeiten bestehen.

Dies ist ein konstruiertes Beispiel, weil die Abhängigkeit über den Parameter `network_id` bereits eindeutig ist und somit das `depends_on` nicht notwendig wäre. Es sollte Ihnen aber genügen, um die generelle Funktion des `depends_on`-Parameters zu verstehen.

Beim Aufruf von `terraform apply` werden die Ressourcen dann in der erwarteten Reihenfolge aufgebaut:

```
$ terraform apply
[...]
Plan: 2 to add, 0 to change, 0 to destroy.

[...]

openstack_networking_network_v2.network_1: Creating...
openstack_networking_network_v2.network_1: Creation complete after 8s [id=
7445446f-e28e-485a-a842-22480626f029]
```

```
openstack_networking_port_v2.port_1: Creating...
openstack_networking_port_v2.port_1: Creation complete after 6s [id=70351c6c-
fff8-42ba-90cd-d7c916f0dde0]

Apply complete! Resources: 2 added, 0 changed, 0 destroyed.
```

7.4 Arbeiten mit Terraform-Modulen

7.4.1 Eigenen Code in Module auslagern

Wie bereits erwähnt, gehört zu den Grundprinzipien von *DevOps* und *Infrastructure as Code*, Wiederholungen im Code zu vermeiden und Code möglichst so zu schreiben, dass eine Mehrfachnutzung des Codes leicht möglich ist.

Im einfachsten Fall wird Code innerhalb eines Projekts im gleichen Code-Repository (siehe Abschnitt 9.1, »Versionsverwaltung nutzen«) mehrfach verwendet. Durch das Auslagern von Code in sogenannte Module können Teile des Codes in einen abgekapselten, klar definierten und in sich stimmigen Baustein ausgelagert werden. Dieser kann anschließend beliebig oft zur Anwendung kommen. In Abschnitt 7.6 wird auf Empfehlungen und Best Practices zur Strukturierung und Verwaltung von Modulen eingegangen, und Sie setzen sich mit Vor- und Nachteilen auch im Hinblick auf die Versionsverwaltung auseinander.

An einem simplen Beispiel, bei dem eine lokale Datei erstellt wird, soll das Funktionsprinzip der Terraform-Module gezeigt werden. Hier der Beispielcode zum Erstellen einer lokalen Datei:

```
resource "local_file" "erste_Datei" {
  content  = "Hallo Welt"
  filename = "erste_Datei.txt"
}
```

Beginnen Sie in einem neuen Verzeichnis und legen Sie einen neuen Unterordner *modules* an. Erstellen Sie darin einen Unterordner *create_local_file* und in diesem Ordner die Datei *main.tf* mit folgendem Inhalt:

```
resource "local_file" "lokale_Datei" {
  content  = var.content_of_file
  filename = var.name_of_file
}
```

Des Weiteren benötigen Sie eine Datei namens *variables.tf*, deren Inhalt wie folgt aussieht:

```
variable "name_of_file" {
  type        = string
  description = "Name of the file"
}

variable "content_of_file" {
  type        = string
  description = "Content of the file"
}
```

In das Hauptverzeichnis, auf gleicher Ebene mit dem *modules*-Verzeichnis, legen Sie die Datei *main.tf*, die das Modul einbindet und die Informationen übergibt, die das Modul benötigt:

```
module "create_local_file" {
  source = "./modules/create_local_file"

  name_of_file    = "Datei_per_Modul.txt"
  content_of_file = "Hallo Modul!"
}
```

Der `source`-Parameter sagt Terraform, wo die Dateien des Moduls zu finden sind. Die beiden Parameter `name_of_file` und `content_of_file` wurden innerhalb des Moduls als erforderliche Variablen, d. h. ohne Standardwert, definiert und müssen übergeben werden. Der Code innerhalb des Moduls kümmert sich darum, die übergebenen Variablen korrekt weiterzuverwenden.

Wird innerhalb des Moduls mittels `default` ein Standardwert für eine Variable gesetzt, gilt der Parameter als optional und muss beim Modulaufruf nicht angegeben werden. Hier unterscheiden sich Variablen in Modulen nicht von Variablen im Hauptmodul.

Die finale Verzeichnisstruktur sollte nun so aussehen:

```
$ tree
.
|- main.tf
  '- modules
     '- create_local_file
     |- main.tf
     '- variables.tf
```

Durch einen Aufruf von `terraform init`, gefolgt von `terraform plan` und `terraform apply`, wird die Datei *Datei_per_Modul.txt* erstellt.

Im jetzigen Zustand bietet die Nutzung eines Moduls noch keine Vorteile im Vergleich zum eingangs gezeigten Ursprungsbeispiel. Sobald Sie jedoch mehr als eine

Datei anlegen wollen und das Modul um Standardwerte für z. B. die Dateiberechtigungen erweitern, zeigt sich der Vorteil eines Moduls.

Hierzu erweitern Sie die Datei *variables.tf* im Modul um den nachfolgenden Codeblock:

```
variable "file_permissions" {
  type        = string
  description = "Permissions of the file"
  default     = "0644"
}
```


Die Datei *main.tf* im Modul ändern Sie wie folgt ab (die vorletzte Zeile kommt neu hinzu):

```
resource "local_file" "lokale_Datei" {
  content         = var.content_of_file
  filename        = var.name_of_file
  file_permission = var.file_permissions
}
```

Fügen Sie nun in der Datei *main.tf* im Hauptverzeichnis einen weiteren Block für eine zweite Datei ein:

```
module "Datei2" {
  source = "./modules/create_local_file"

  name_of_file     = "Datei2.txt"
  content_of_file  = "Hallo Datei2!"
  file_permissions = "0777"
}
```

Im Gegensatz zum ersten Block wird hier auch der Parameter `file_permissions` definiert. Der Wert weicht vom im Modul verwendeten Standardwert `0644` ab.

Nach erneutem Ausführen der drei Befehle `terraform init`, `terraform plan` und `terraform apply` sind nun zwei Dateien mit unterschiedlichen Namen und unterschiedlichem Inhalt, aber auch unterschiedlichen Berechtigungen angelegt worden.

Das gezeigte Beispiel ist zugegebenermaßen recht simpel und zeigt nur eingeschränkt den vollen Vorteil, den die Modularisierung von Terraform-Code bietet. Denken Sie jedoch beispielsweise an eine Webanwendung wie einen Webshop, die eine oder mehrere Datenbanken, mehrere Webserver sowie einen oder mehrere Loadbalancer benötigt – hier kann die Modularisierung viele Vorteile bringen.

Alle Anfragen von Benutzern werden von einem oder mehreren *Loadbalancern* auf die vorhandenen Webserver verteilt, sodass keiner der Webserver zu viele Anfragen abarbeiten muss. Ein derartiger Aufbau erlaubt es, zu Zeiten mit vielen Anfragen (beispielsweise im Weihnachtsgeschäft) weitere Webserver zu erstellen. Diese helfen, die zusätzlichen Lastspitzen abzufangen, ohne dass es zu Beeinträchtigungen durch langsame Antworten und dadurch zu Kundenbeschwerden kommt. Die zusätzlichen Webserver müssen nur in die Konfiguration der Loadbalancer eingetragen werden. Sobald die Zahl der Anfragen wieder auf Normalzustand sinkt, müssen die Webserver aus der Loadbalancer-Konfiguration ausgetragen werden und können anschließend abgebaut werden.

Für die genannte Webanwendung sollen mehrere virtuelle Maschinen erstellt werden. Durch Nutzung von `count` oder `for_each` kann die Wiederholung für jeden einzelnen Typ (Datenbank, Webserver, Loadbalancer) zwar reduziert werden, jedoch sind weiterhin große Teile des Codes ähnlich, wie das folgende Beispiel zeigt:

```
resource "openstack_compute_instance_v2" "webservers" {
  count = 3

  name        = "webserver${count.index + 1}"
  flavor_name = "8C-8GB-40GB"
  image_name  = "openSUSE Leap 15.4"

  network {
    name = "network-common"
  }
}

resource "openstack_compute_instance_v2" "databases" {
  count = 1

  name        = "database${count.index + 1}"
  flavor_name = "8C-32GB-40GB"
  image_name  = "openSUSE Leap 15.4"

  network {
    name = "network-common"
  }
}

resource "openstack_compute_instance_v2" "loadbalancers" {
  count = 2

  name        = "loadbalancer${count.index + 1}"
  flavor_name = "4C-4GB-20GB"
```

```
  image_name = "openSUSE Leap 15.4"

  network {
    name = "network-common"
  }
}
```

Das Beispiel zeigt dabei jedoch nur die virtuellen Maschinen. Je nach verwendetem Cloud-Provider müssen noch weitere Ressourcen erstellt werden, um die Maschine per Netzwerk erreichbar zu machen. So benötigt eine virtuelle Maschine auf OpenStack einen *Network Port* (ein unglücklicher Begriff, gemeint ist eine IP-Adresse im Netzwerk, eigentlich eine »virtuelle Schnittstelle«), eine öffentliche IP-Adresse (*Floating IP*) und einen Satz an Firewall-Regeln. Jede dieser Ressourcen fügt obigem Code einige Zeilen hinzu, die sich zwischen den verschiedenen VM-Typen nur geringfügig unterscheiden. Kommen noch mehr Notwendigkeiten wie weitere Netzwerk-Interfaces, NFS-Mounts, weitere »Festplatten« etc. ins Spiel, gelangen Sie schnell an den Punkt, den Code modularisieren zu wollen.

Der Code für einen Network Port bei OpenStack sieht beispielsweise so aus:

```
resource "openstack_networking_port_v2" "port_1" {
  name               = "port_1"
  network_id         = "..."
  admin_state_up     = "true"
  security_group_ids = ["...", "...", "..." ]
}
```

Lagern Sie den Code für die virtuelle Maschine, den Network Port und die Floating IP in ein Modul aus und setzen dabei sinnvolle Standardparameter für z. B. `flavor_name`, `image_name` und den Namen des zu verwendenden Netzwerks, reduziert sich der Code für die oben genannten Maschinen auf einen Block ähnlich dem folgenden:

```
module "webservers" {
  count  = 3
  source = "./modules/vm_with_port_and_floating_ip"

  name   = "webserver${count.index + 1}"
}

module "databases" {
  count  = 1
  source = "./modules/vm_with_port_and_floating_ip"
```

```
  name        = "database${count.index + 1}"
  flavor_name = "8C-32GB-40GB"
}

module "loadbalancers" {
  count  = 2
  source = "./modules/vm_with_port_and_floating_ip"

  name        = "loadbalancer${count.index + 1}"
  flavor_name = "4C-4GB-20GB"
}
```

Der komplette Beispielcode mit dem Code für das Modul kann im Git-Repository zu diesem Buch gefunden werden.

7.4.2 Variablen und Rückgabewerte übergeben

Wie in Kapitel 6 erklärt wurde, kann Terraform über sogenannte Ausgabewerte (*Outputs*) am Ende eines Laufs Informationen ausgeben, die gegebenenfalls auch automatisiert weiterverarbeitet werden können. Damit das *Hauptmodul*, im Englischen als *Root Module* bezeichnet, auf Informationen eines eingebundenen Moduls (*Child Module*, im Weiteren als *Submodul* bezeichnet), zurückgreifen kann, muss das Submodul diese an das Hauptmodul zurückgeben.

Die Vorgehensweise ist dabei ähnlich der Definition regulärer Ausgabewerte, nur dass die Definition zuerst innerhalb des Submoduls erfolgt. Dies ist analog zu den Variablen, die das Submodul kennt und die dann im Hauptmodul definiert werden können oder müssen.

Sollen am Ende des Beispiels mit der Webanwendung die IP-Adressen aller virtuellen Maschinen ausgegeben werden, muss das Submodul bei jedem Aufruf diese Information an das Hauptmodul zurückgeben. Ob explizit das Attribut »IP-Adresse« oder das komplette Objekt zur virtuellen Maschine an das Hauptmodul zurückgegeben werden soll, ist abhängig von den eigenen Anforderungen. Hier muss nach Einsatzfall entschieden werden, was sinnvoll ist.

Zu Beginn wird innerhalb des Submoduls eine Datei *outputs.tf* erstellt und mit Inhalt gefüllt:

```
output "floating_ips" {
  value = openstack_networking_floatingip_v2.floating_ips
}
```

Hier wird auf die im Submodul definierte Ressource openstack_networking_floatingip_v2.floating_ips zugegriffen und das komplette Objekt im Ausgabewert floating_ips zurückgegeben.

Im Hauptmodul ist ebenfalls eine Datei *outputs.tf* zu erstellen, in der drei Ausgabewerte definiert werden. Diese referenzieren als value das vom jeweiligen Submodul (webservers, databases, loadbalancers) zurückgegebene Objekt und greifen auf dessen Attribut address zu:

```
output "floating_ips_webservers" {
  value = module.webservers[*].floating_ips.address
}
output "floating_ips_databases" {
  value = module.databases[*].floating_ips.address
}
output "floating_ips_loadbalancers" {
  value = module.loadbalancers[*].floating_ips.address
}
```

Ein Aufruf von terraform apply gibt dann am Ende drei Listen mit (öffentlichen) IP-Adressen aus, je eine pro Instanztyp (webservers, databases, loadbalancers).

```
floating_ips_databases = [
  "1.2.3.19",
]
floating_ips_loadbalancers = [
  "1.2.3.211",
  "1.2.3.13",
]
floating_ips_webservers = [
  "1.2.3.71",
  "1.2.3.98",
  "1.2.3.33",
]
```

Es gibt noch eine alternative Schreibweise für den Zugriff auf alle Rückgabeobjekte eines Moduls, die in der Datei *outputs.tf* verwendet werden kann. Ein funktionaler Unterschied besteht nicht, hier können Sie nach persönlicher Präferenz entscheiden, was Ihnen logischer und lesbarer erscheint. Allerdings gilt diese Schreibweise als veraltet, siehe dazu Abschnitt 7.8.3, »Platzhalter (Splat Expressions)«.

```
output "floating_ips_webservers" {
  value = module.webservers.*.floating_ips.address
}
```

Wollen Sie alternativ wirklich nur die Adresse der Floating IP aus dem Submodul zurückgeben, müssen Sie sowohl im Submodul als auch im Hauptmodul Anpassungen vornehmen:

Im Submodul erfolgt der Zugriff direkt auf das Attribut `address` des Objekts `openstack_networking_floatingip_v2.floating_ips`. Nur dieses wird als Ausgabewert `floating_ip_address` zurückgegeben:

```
output "floating_ip_address" {
  value = openstack_networking_floatingip_v2.floating_ips.address
}
```

Im Hauptmodul referenzieren Sie dann direkt den neuen Ausgabewert `floating_ip_address` anstatt `floating_ips.address` (mit Punkt):

```
output "floating_ips_webservers" {
  value = module.webservers[*].floating_ip_address
}
output "floating_ips_databases" {
  value = module.databases[*].floating_ip_address
}
output "floating_ips_loadbalancers" {
  value = module.loadbalancers[*].floating_ip_address
}
```

7.4.3 Nutzung von Modulen aus der Terraform Registry

Während im bisherigen Verlauf des Kapitels die Auslagerung von bestehendem Code in Module erläutert wurde, gibt es noch eine weitere Art der Nutzung von Modulen. Die Terraform Registry bietet eine Vielzahl an verschiedenen Providern und vor allem auch Modulen: *https://registry.terraform.io/*.

Ähnlich dem Docker Hub für Container-Images oder den Rubygems für die Ruby-Programmiersprache können hier Unternehmen und Nutzer Code zur weiteren Verwendung hochladen. Manche Module werden vielfach verwendet, andere sind weniger populär und werden nur von einer geringen Anzahl an Nutzern eingesetzt. Wie üblich muss auch hier eine kleine Nutzerbasis nicht zwangsläufig auf schlechte Qualität hinweisen.

Es empfiehlt sich dennoch, vor der Nutzung einen kritischen Blick auf den Code zu werfen, vor allem wenn es sich um ein Modul handelt, das später einen wichtigen Baustein in Ihrem Code darstellt. Hier sollten Sie sicherstellen, dass der Code und dessen Wartung Ihren Qualitätsansprüchen genügt.

Die Einbindung eines solchen Moduls ist denkbar einfach. Anstatt einen lokalen Verzeichnispfad wie *./modules/vm_with_port_and_floating_ip* anzugeben, wird hier nur auf das Modul in der Registry verwiesen. Die Terraform Registry zeigt für jedes Modul ein Codebeispiel dafür an, wie die Einbindung erfolgen kann.

Am Beispiel des Moduls `terraform-aws-modules/ec2-instance` sieht das Codebeispiel wie folgt aus:

```
module "ec2-instance" {
  source  = "terraform-aws-modules/ec2-instance/aws"
  version = "4.1.3"
}
```


Die Detailseite des Moduls in der Terraform Registry (*https://registry.terraform.io/modules/terraform-aws-modules/ec2-instance/aws/latest*) dokumentiert alle notwendigen und optionalen Eingabeparameter, die vom Modul akzeptiert werden. Zudem werden sämtliche Ausgabewerte aufgeführt, die das Modul bereitstellt. Auch etwaige Abhängigkeiten, z. B. von anderen Modulen oder bestimmten Providern, werden auf der Detailseite dokumentiert.

Beim Aufruf von `terraform init` werden sowohl das Modul als auch alle seine Abhängigkeiten heruntergeladen, sofern möglich. Anschließend kann das Modul wie jedes andere verwendet werden.

Übrigens: Wenn Sie ein eigenes Modul in der Terraform Registry veröffentlichen, wird diese Dokumentation teilweise automatisch für Sie generiert. Voraussetzung hierfür ist, dass Sie alle Variablen- und Ausgabewertdefinitionen (d. h. alle `variable`- und `output`-Blöcke) mit dem Parameter `description` versehen haben.

[«]

Versionsverwaltung von Modulen

Das zu Anfang dieses Kapitels dargestellte Beispiel hat den Code in ein Modul in ein Unterverzeichnis ausgelagert, was schon einen Vorteil gegenüber Codewiederholungen bietet. Wird der Code jedoch weiterhin in einem gemeinsamen Projekt der Versionsverwaltung gepflegt, z. B. einem Git-Repository, verschenken Sie einen Teil der Flexibilität.

Besser ist es, den Code in ein eigenes Git-Repository auszulagern. Dieses kann anschließend in das Haupt-Repository eingebunden werden. Es kann sogar in viele Projekte eingebunden werden, was bei der Pflege im gleichen Projekt nicht möglich ist. Weitere Hinweise zur Einbindung von Modulen sowie Empfehlungen zur Versionierung und Strukturierung von Terraform-Code finden Sie in Abschnitt 7.6.

Wie im vorherigen Abschnitt über die Terraform Registry gezeigt wurde, kann Terraform auch auf Module aus der Registry zugreifen. Ein separates Git-Repository für Ihr Modul gibt Ihnen die Möglichkeit, es in der Terraform Registry anderen Benutzern zur Verfügung zu stellen.

Module geben Ihnen eine Menge Möglichkeiten an die Hand, Ihren Code zu strukturieren, Wiederholungen zu vermeiden und dadurch den Code einfacher wartbar zu machen. Sie müssen nur entscheiden, welche der Möglichkeiten für Sie sinnvoll umsetzbar und für Ihren Anwendungsfall am besten geeignet ist.

7.5 Deployments versionieren

7.5.1 Hochverfügbarkeit und Vorüberlegungen zum Aufbau der Infrastruktur

Im Idealfall soll selbst bei Änderungen an der Infrastruktur der fehlerfreie Betrieb von Diensten ohne Unterbrechung (Downtime) garantiert werden. Abgesehen davon, dass es keine 100%ige Verfügbarkeit gibt, muss bei der Nutzung von Terraform ein besonderes Augenmerk auf die Planung der Infrastruktur und die Umsetzung auf Ebene des Terraform-Codes gelegt werden.

Zur einfachen Veranschaulichung wird eine virtuelle Maschine, auf der ein Webserver läuft, als Anschauungsbeispiel verwendet. Terraform verwaltet die Ressource samt allen zusätzlich benötigten Komponenten (Netzwerke, Sicherheitsgruppen etc.).

Sobald es eine Änderung an der Ressource gibt, z. B. weil das Standardbetriebssystem nach ausgiebigen Tests auf eine neue Version angehoben wurde, würde ein Aufruf von `terraform apply` die alte virtuelle Maschine entfernen und eine neue virtuelle Maschine erstellen. Grund hierfür ist, dass die Änderung des installierten Betriebssystems nicht im laufenden Betrieb (*in-place*) durchgeführt werden kann. Daher entfernt Terraform die Ressource und erstellt sie neu.

Nun ist es offensichtlich, dass der Webserver in den Minuten, in denen die alte Maschine abgerissen und die neue aufgebaut und konfiguriert wird, nicht erreichbar ist. Auch das Aufbauen mehrere Webserver würde nur bedingt Abhilfe schaffen, da sich jeder Benutzer mit nur einem Webserver verbindet, und zwar mit dem, dessen IP-Adresse ihm z. B. vom DNS-System mitgeteilt wird. Fällt dieser eine Webserver aus, wäre es für den Anwender kein Trost, dass es noch zwei weitere Webserver gibt.

Hier ist ein konzeptionelles Umdenken bereits auf einer Stufe vor Terraform notwendig. So gut wie alle Cloud-Anbieter haben einen oder mehrere Dienste zur Lastverteilung im Portfolio, die eingehende Zugriffe auf diesen Loadbalancer nach einem bestimmen Verfahren an ein oder mehrere Backends weiterreichen. Ob die Verteilung reihum (*Round Robin*), nach Anzahl der Verbindungen (*Least Connections*) oder mitsamt Verbindungspersistenz (*Session Persistence*) passiert, ist für Ihre Überlegungen im Übungskontext nur bedingt von Interesse. Wichtig ist, dass die Verbindungen der Benutzer zum Dienst über die IP-Adresse des Loadbalancers laufen.

Natürlich können Sie einen derartigen Loadbalancer auch selbst erstellen, müssen sich dann aber um dessen Konfiguration selbst kümmern. Auch das ist technisch möglich, erhöht jedoch wiederum die Komplexität – und zwar deutlich. Und Sie müssen jemanden mit dem nötigen technischen Fachwissen, um einen Loadbalancer zu konfigurieren und zu betreiben, haben. Auch hier ist es wieder Ihre Entscheidung, welchen Weg Sie gehen.

Ein Loadbalancer gibt Ihnen die Möglichkeit, mehrere Backends zu konfigurieren, die der Loadbalancer periodisch (z. B. alle zehn Sekunden) auf ihre Erreichbarkeit überprüft. Sollte ein Backend nicht erreichbar sein, wird es temporär aus der Verteilung ausgenommen, und zwar so lange, bis die Verbindung wiederhergestellt ist. Das bedeutet in dem vorliegenden Fall, dass einer der Webserver ausfallen kann, ohne die generelle Erreichbarkeit zu beeinträchtigen.

Nachdem das grundlegende Konzept diskutiert und getestet wurde, kann es in Terraform-Code niederschreiben werden. Damit wird der Webserver dennoch nicht vollständig gegen Ausfälle gesichert. Wieso das so ist, erklärt der nächste Abschnitt.

Eine etwaige Verbindungspersistenz, d. h. die Aufrechterhaltung einer Benutzer-Session trotz Neuverbindung des Benutzers mit einem anderen Webserver, wird im Folgenden außen vor gelassen, um das Beispiel verständlich zu halten.

7.5.2 Hochverfügbarkeit auf Terraform-Ebene

Zu Beginn dieses Kapitels wurde das Beispiel angesprochen, dass aufgrund einer neuen Betriebssystemversion die Webserverressource von Terraform neu aufgebaut werden müsste. Wenn einer der Webserver ein neues Betriebssystem bekommen soll, ist es sehr wahrscheinlich, dass dies auch für die anderen Webserverressourcen gilt. Speziell wenn Sie Codewiederholungen vermeiden und daher alle Webserver z. B. in einer Terraform-Ressource mit einer `count`-Anweisung oder in einem Modul definieren, gilt der Wechsel des Betriebssystems für alle Webserver.

Wenn Terraform jedoch gleichzeitig alle Webserverressourcen abreißt und neu aufbaut, bleibt dem Loadbalancer auch keine andere Wahl, als dem Benutzer einen Fehler zu präsentieren. Ist kein Webserver als Backend für den Loadbalancer verfügbar, kann auch kein Dienst angeboten werden.

Abhilfe schaffen hier die sogenannten `lifecycle`-Parameter, die in der Terraform-Dokumentation gern als `meta`-Argumente bezeichnet werden (siehe *https://developer.hashicorp.com/terraform/language/meta-arguments/lifecycle*):

```
resource "openstack_compute_instance_v2" "webservers" {
  [...]

  lifecycle {
```

```
    prevent_destroy = true
  }
}
```

Auf den ersten Blick scheint prevent_destroy für den Anwendungsfall zu passen. Dieser Parameter besagt aber leider, dass Terraform diese Ressource niemals wieder löschen darf. Im Beispiel würde der Webserver das neue Betriebssystem einfach nicht erhalten und für immer auf der veralteten Version stehen bleiben. Terraform würde diese Ressource ab jetzt nicht mehr verwalten. Auch ein terraform destroy wird hiermit unmöglich gemacht.

Ähnlich gelagert ist der Parameter ignore_changes, dem eine Reihe von Attributen mitgegeben werden kann, deren Änderungen von Terraform ignoriert würden.

```
resource "openstack_compute_instance_v2" "webservers" {
  [...]

  lifecycle {
    ignore_changes = [
      # Ignore changes to tags, e.g. because a management agent
      # updates these based on some ruleset managed elsewhere.
      tags,
    ]
  }
}
```

Im Beispielcode würden alle Änderungen an Tags, die außerhalb von Terraform an der Ressource gemacht werden, einfach ignoriert. Geänderte Tags würden nicht zur Neuerstellung der Ressource oder dem Zurücksetzen der Tags auf den Stand, den Terraform kennt, führen.

Der für das Anwendungsbeispiel passende Parameter nennt sich create_before_destroy und macht genau das, was der (englische) Name sagt: Die neue Version der Ressource würde zuerst aufgebaut, also bevor die veraltete Ressource abgerissen wird. Ist dieser Parameter in dem Webserverbeispiel gesetzt, baut Terraform zusätzliche Webserverressourcen auf, wartet, bis die Erstellung abgeschlossen ist, und reißt erst dann die alten Webserverressourcen weg.

```
resource "openstack_compute_instance_v2" "webservers" {
  [...]
```

```
  lifecycle {
    create_before_destroy = true
  }
}
```

Dies hat mehrere Implikationen: Zum einen kann es sein, dass Sie kurzzeitig mehr Ressourcen benutzen als im Normalbetrieb, sprich, es kann sein, dass es mehr als drei Webserver-VMs gibt. Dies kann nicht nur zu Engpässen an Ressourcen führen, sondern auch zu höheren Kosten.

Zum anderen wartet Terraform zwar, bis die Ressource aus seiner Sicht fertig erstellt wurde – doch was genau heißt das? Je nach Konfiguration wartet Terraform nur, bis die Ressource beim Cloud-Anbieter Ihrer Wahl erstellt wurde. Eine gegebenenfalls nötige Konfiguration via Ansible, Puppet, Chef oder Salt würde jedoch nicht in diese Zeit mit eingerechnet. Damit gäbe es dann zwar eine laufende virtuelle Maschine, aber keinen konfigurierten Webserver. Damit ist das Anfangsproblem noch immer nicht gelöst.

Die zuletzt genannte Problematik kann leider nur durch weniger schöne und umständliche Lösungen abgefangen werden. Die von HashiCorp empfohlene Vorgehensweise setzt in den meisten Fällen eine Konfiguration direkt über das Betriebssystemabbild voraus. Sprich: HashiCorp verfolgt den Ansatz des *Golden Image*. Ein solches Betriebssystemabbild enthält bereits alle Komponenten wie z. B. einen vorkonfigurierten Webserver. Schauen Sie sich das Produktportfolio von HashiCorp an, wird auch deutlich, warum: Das Werkzeug Packer dient genau zur Erstellung derartiger Betriebssystemabbilder. Somit besteht kein direktes Interesse an der vollständigen Integration von Konfigurationsmanagementsystemen wie Ansible, Chef, Puppet und Salt.

Allerdings bedeutet die Nutzung eines Golden Image einen erheblichen Mehraufwand, da mehrere verschiedene Versionen jeder einzelnen Betriebssystemversion erstellt, gepflegt und gelagert werden müssen. In vielen Fällen ist dies kein gangbarer Weg.

Um dem Problem dennoch Herr zu werden, kann ein Provisioner verwendet werden. Terraform startet diesen nach dem Erstellen der Ressource und hält den Terraform-Lauf so lange an, bis der Provisioner seine Arbeit erledigt hat. Er kann z. B. prüfen, ob der Webserver korrekt antwortet. Erst wenn dies der Fall ist, setzt Terraform seine Arbeit fort und löscht die alte Ressource, ohne dass es zu Problemen für den Benutzer kommt.

Zusätzlich ist es notwendig, die Konfiguration des Loadbalancers ebenfalls per Terraform umzusetzen, sodass Terraform die neu erstellten Webserver korrekt eintragen kann. Wenn eine neue Webserverressource parallel zu alten Ressourcen aufgebaut wird, dann wird diese auch eine neue IP-Adresse erhalten. Diese neue IP-Adresse muss zusätzlich zur Adresse der alten Ressource im Loadbalancer eingetragen werden. Erst dann kann dieser Zugriffe auf die neuen Webserver verteilen. Vor dem Abreißen der alten Webserverressource muss deren IP-Adresse aus der Loadbalancer-Konfiguration entfernt werden.

Zu guter Letzt sei nicht verschwiegen, dass `create_before_destroy` nicht in allen Anwendungsfällen zum Einsatz kommen kann. Wenn der genutzte Cloud-Provider es beispielsweise nicht erlaubt, zwei Ressourcen gleichen Namens gleichzeitig zu betreiben, kann der Parameter nicht zur Anwendung kommen. Ob diese Beschränkung durch Anpassung des Codes umgangen werden kann, muss im Einzelfall überprüft werden. Je nach Provider und Ressource ist es möglich, nur ein Namenspräfix zu definieren, aus dem der eigentliche Name dynamisch erzeugt wird.

7.5.3 Providerspezifische Besonderheiten in Bezug auf Hochverfügbarkeit

Terraform unterstützt eine Vielzahl verschiedener Cloud-Anbieter. Jeder Cloud-Anbieter hat Stärken und Schwächen und bietet unterschiedliche Dienste an. Manche Diensttypen haben alle oder die meisten Anbieter im Angebot, andere sind ein Alleinstellungsmerkmal. Zudem kann sich der Funktionsumfang der Dienste zwischen den Anbietern unterscheiden.

Dies alles trägt nicht dazu bei, dass der Wechsel von einem Anbieter zum nächsten problemlos vonstattengeht. Zwar bietet Terraform einen gewissen Grad an Abstraktion, dennoch bleibt der Code providerspezifisch, was z. B. Ressourcennamen angeht. Kommen dann noch Dienste hinzu, die nur ein Anbieter im gewünschten Funktionsumfang bietet, ist eine Zwangsbindung an einen Anbieter (*Vendor-Lock-in*) gegeben.

Da jedoch nur die wenigsten Unternehmen jede Woche ihren Cloud-Anbieter wechseln, ist es dennoch sinnvoll, die angebotenen Dienste und deren Funktionsumfang genau zu prüfen. Nur so kann die technisch sinnvollste und am zuverlässigsten umzusetzende Implementierung gefunden werden.

Im Beispiel mit den Webservern und dem Loadbalancer mag z. B. die Nutzung einer *Auto Scaling Group* (AWS) oder des entsprechenden Äquivalents bei anderen Cloud-Anbietern sinnvoll sein. Sie kann helfen, den Wechsel von den alten auf die neuen Webserver mit geringer Fehlerwahrscheinlichkeit umzusetzen. An dieser Stelle soll jedoch nicht weiter auf die unendlichen Weiten der Anbieterportfolios eingegangen werden, hier konsultieren Sie am besten die entsprechende Dokumentation Ihres Cloud-Anbieters.

7.6 Code modularisieren und strukturieren: Best Practices für Terraform

Sollten Sie bisher noch nicht mit einer Versionsverwaltung in Kontakt gekommen sein, empfehlen wir Ihnen ausdrücklich, sich damit zu befassen. Ziel dieses Kapitels soll es nicht sein, Ihnen alle Vorteile von Git & Co. aufzuzeigen, aber sobald *DevOps* oder *Infrastructure as Code* als Schlagwörter auftauchen, schließt dies immer eine Versionierung des Codes mit ein. Und das hat gute Gründe.

Im Folgenden wird bewusst hauptsächlich Git verwendet, auch wenn auf dem Markt andere Versionsverwaltungen existieren. Die Mehrheit aller öffentlichen Repositories setzt auf Git. Auch wenn es noch Teams oder Projekte gibt, die mit CVS, SVN oder anderen (Mercurial, Bazaar ...) arbeiten, schätzen viele die Vorteile des dezentralen Ansatzes von Git.

Ans Herz legen wollen wir Ihnen neben der Webseite *git-scm.com* und der dort verfügbaren Version des Git-Buchs auch das im Rheinwerk Verlag erschienene Buch zum Thema Git: Öggl/Kofler: Git. ISBN: 978-3-8362-8845-3.

Das aktuelle Kapitel soll Ihnen generelle Ansätze und Empfehlungen zum Thema Versionsverwaltung geben. Darüber hinaus wird Ihnen die Strukturierung und Versionsverwaltung von Modulen gezeigt, und Ihnen werden die Vor- und Nachteile verschiedener Ansätze nähergebracht.

7.6.1 Versionsverwaltung Ihres Terraform-Codes

Die Versionsverwaltung Ihres Infrastrukturcodes ist ein fundamentaler Baustein bei *Infrastructure as Code*. Immerhin definieren Sie Ihre Infrastruktur nur noch in diesem Code, daher sollten Sie ihn auch so gut wie möglich hüten und pflegen. Eine Versionsverwaltung hilft Ihnen dabei.

Auf die immense Bedeutung des State und der damit verbundenen Dateien wurde bereits in Kapitel 5 hingewiesen. Je nach Team und Voraussetzung kann es möglich sein, den State in einer Versionsverwaltung zu lagern. Die Terraform-Dokumentation empfiehlt jedoch ausdrücklich, alle Projekte mit einem ausgelagerten State (*Remote State*) zu beginnen. So sind Sie später auf der sicheren Seite, sollte die Größe des Teams eine Zentralisierung des State nötig machen. Für erste Schritte ist dies jedoch nicht notwendig.

Den eigentlichen Terraform-Code sollten Sie in einer Versionsverwaltung speichern. So haben Sie nicht nur die Möglichkeit, Änderungen nachträglich nachvollziehen zu können, sondern auch, einen älteren Stand wiederherzustellen, sollte es mit der neuesten Änderung Probleme geben.

Codehoster wie GitHub, GitLab oder Bitbucket bieten vielfältige Möglichkeiten, die Arbeitsabläufe in der Versionsverwaltung zu strukturieren und zu limitieren. Sie können erzwingen, dass Änderungen niemals direkt im stabilen Zweig gemacht werden dürfen. Stattdessen wird mit *Pull Requests* oder *Merge Requests* gearbeitet. Hier können Sie festlegen, dass zum Beispiel immer mindestens eine andere Person eine Änderung absegnen muss, bevor sie in den stabilen Entwicklungszweig aufgenommen wird. Auch automatisiertes Testen des Codes ist möglich, hierzu finden Sie in Kapitel 11 einige Anregungen.

Im besten Fall wird der Code nicht manuell von einem oder mehreren Entwicklern angewendet. Stattdessen werden über eine Automation (CI/CD) alle Änderungen am stabilen Entwicklungszweig (engl. *Branch*) automatisch in die produktive Infrastruktur umgesetzt. Dies vermeidet gleichzeitige Änderungen verschiedener Benutzer. Zum Thema *State Locking* lohnt sich auch ein Blick in Abschnitt 5.4.

Über die Vor- und Nachteile von separaten Repositories gibt es keine klare Empfehlung. Hier gibt es gewichtige Gründe für beide Seiten. Im Fall von Terraform und speziell beim Arbeiten mit einer größeren Anzahl von Modulen ist es erfahrungsgemäß einfacher, mit mehreren getrennten Repositories zu arbeiten. Bleibt der Codeumfang (inklusive der Module) überschaubar, kann auch ein einziges Repository verwendet werden.

7.6.2 Module einbinden

Terraform in Kombination mit Git bietet eine Reihe verschiedener Möglichkeiten dazu, wie Code in Module aufgeteilt und verwaltet werden kann. In diesem Abschnitt werden Ihnen die Vor- und Nachteile aller Methoden aufgezeigt, damit Sie für Ihren Anwendungsfall die richtige Herangehensweise wählen können.

Module im gleichen Projekt verwalten

In Abschnitt 7.4 wurde ein simples Beispiel gezeigt, in dem der Modulcode in einen Unterordner im aktuellen Verzeichnis ausgelagert wurde. Hierdurch können Sie den Code an mehreren Stellen wiederverwenden, verschenken jedoch die Flexibilität, die eine separate Verwaltung in einem eigenen Git-Repository bietet.

Module in getrennte Projekte auslagern

Bei der Einbindung eines Moduls muss als Parameter `source` ein Pfad eingetragen werden, an dem Terraform das Modul findet. Hier kann anstelle eines Pfads *innerhalb* des Hauptverzeichnisses, das per Git verwaltet wird, auch ein Ordner *außerhalb* eingetragen werden:

```
module "create_local_file" {
  source = "../create_local_file"

  name_of_file    = "Datei_per_Modul.txt"
  content_of_file = "Hallo Modul!"
}
```

Im Beispiel wird auf den Ordner *create_local_file* verwiesen, der sich im Dateisystem auf gleicher Ebene wie das Hauptprojekt befindet (beispielsweise beide unter *C:\Users\terraform-benutzer\Terraform-Code* oder */home/terraform-benutzer/Terraform-Code/*).

Ein Vorteil dieser Vorgehensweise ist, dass nur der eigentliche Terraform-Code im Hauptprojekt verwaltet wird, während der Code aller Module in separaten Projekten gepflegt werden kann. Ein Nachteil besteht darin, dass sich jeder Benutzer selbst um die Bereitstellung und das Aktualisieren aller Module kümmern muss. Führen Sie ein `git clone` des Hauptprojekts aus, was die Dateien eines externen Git-Projekts lokal zur Verfügung stellt, wird nur das Hauptprojekt heruntergeladen und nicht etwaige Module. Außerdem muss penibel auf die Verzeichnisstruktur geachtet werden. Werden Modul-Repositories nicht genau an den Ort geklont, an dem das Hauptprojekt diese vermutet, funktioniert der Code nicht mehr.

Auch durch die Versionierung von Modulen kann die Problematik inkompatibler Änderungen an Modulen, die zu Problemen im Hauptprojekt führen, nicht vermieden werden. Grund hierfür ist, dass Terraform Versionen von Modulen nur bei Nutzung einer privaten Registry oder der offiziellen Terraform Registry unterstützt. Aus unserer Sicht ist die Nutzung von Git-Submodulen oder die direkte Nutzung eines entfernten Speicherorts wie z. B. GitHub vorzuziehen, wenn nicht mit einer Registry gearbeitet werden kann.

Module im Haupt-Repository per Git-Submodul

Eine weniger bekannte Funktion von Git ist, andere Git-Repositories als *Submodule* in ein Projekt einzutragen. Anstelle der eigentlichen Daten wird hier ein Platzhalter in der Versionsverwaltung gepflegt, der eine genaue Angabe des gewünschten Stands enthält. Der User kann die im Submodul enthaltenen Dateien direkt verwenden, aus Sicht des Anwenders liegen die Dateien im Dateisystem dort, wo sie hingehören.

Erst wenn es um die Versionsverwaltung dieser Dateien geht, zeigen sich Unterschiede. Wie erwähnt, wird nur ein Platzhalter anstelle der eigentlichen Dateien eingepflegt. Dieser Platzhalter enthält den genauen Commit, d. h. genau den Stand, der verwendet werden soll. Der Anwender kann im Submodul jedoch einen anderen Commit holen und durch das Einpflegen des neuen Platzhalters (mit diesem neuen

Commit) bewirken, dass in Zukunft eine andere Version des Submoduls verwendet wird.

Die Möglichkeit, einen genau definierten Stand eines Submoduls zu verwenden, ersetzt die fehlende Funktion der Versionsbeschränkungen, die Terraform nur bei Nutzung einer privaten Registry oder der offiziellen Terraform Registry unterstützt. Jedes Hauptprojekt kann entscheiden, wann und ob es auf eine neuere Version eines Submodules wechselt, unabhängig von der Nutzung in anderen Projekten.

Vorteilhaft ist, dass ohne Abhängigkeiten auf eine (private oder öffentliche) Registry jedes per Git erreichbare Repository eingebunden werden kann. Auch ist es nicht nötig, manuell eine Vielzahl verschiedener Projekte bereitstellen oder aktuell halten zu müssen.

Wenn Sie oder Ihre Kollegen ungeübt im Umgang mit Git sind, stellt die Nutzung von Submodulen womöglich eine unnötige Verkomplizierung dar. Dem können Sie mit guter Dokumentation der nötigen Abläufe entgegenwirken, jedoch sollten Sie immer die Verhältnismäßigkeit überprüfen.

Die offizielle Dokumentation zu Git-Submodulen beantwortet ebenfalls viele der Fragen, die einem in Kundenprojekten zum Thema begegnen können: *https://git-scm.com/book/de/v2/Git-Tools-Submodules*

Bei GitHub oder Bitbucket gehostete Module einbinden

Module, die bei einem der beiden Codehoster GitHub oder Bitbucket hinterlegt werden, können direkt eingebunden werden:

```
module "key-pair" {
  source = "github.com/terraform-aws-modules/terraform-aws-key-pair"
}
```

Derart eingebundene Module werden beim Aufruf von `terraform init` lokal heruntergeladen, sodass sie beim Aufruf von `terraform apply` oder Ähnlichem bereitstehen. Bei Änderungen an Modulen ist ein erneuter Aufruf von `terraform init` notwendig.

Hier ist es ebenfalls möglich, einen Branch (`main`, `development`, `stable` etc.), ein Tag (`1.2.3`, `v1.2.3`, `20211027` etc.) oder ein Commit-Hash anzugeben. Dies ersetzt die auch hier fehlende Unterstützung für Versionsbeschränkungen von Modulen.

Das Einbinden des `key-pair`-Moduls für den aws-Provider in der Version `1.0.0`, direkt von GitHub und nicht aus der Terraform Registry, erfolgt beispielsweise durch folgenden Code:

```
module "key-pair" {
  source = "github.com/terraform-aws-modules/terraform-aws-key-pair?ref=
v1.0.0"
}
```

Beliebige Git-Repositories als Module einbinden

Falls Ihr Modul als Git-Repository gepflegt, aber nicht bei GitHub oder Bitbucket gespeichert wird, können Sie es direkt einbinden. Einzige Voraussetzung ist, dass es Zugriff über eines der von Git unterstützten Protokolle (z. B. HTTPS oder SSH) bietet. Das erste folgende Beispiel wird per HTTPS eingebunden, das zweite per SSH.

```
module "vpc" {
  source = "git::https://terraformbuch.de/vpc.git"
}

module "storage" {
  source = "git::ssh://tux@terraformbuch.de/storage.git"
}
```

Hier ist es wieder möglich, einen Branch (`main`, `development`, `stable` etc.), ein Tag (`1.2.3`, `v1.2.3`, `20211027` etc.) oder ein Commit-Hash anzugeben. Dies ersetzt die auch hier fehlende Unterstützung für Versionsbeschränkungen von Modulen.

```
module "vpc" {
  source = "git::https://terraformbuch.de/vpc.git?ref=v1.2.0"
}
module "vpc-stable" {
  source = "git::https://terraformbuch.de/vpc.git?ref=stable"
}
module "vpc-fixedcommit" {
  source = "git::https://terraformbuch.de/vpc.git?ref=ab12cd34"
}
```

Module einbinden aus der offiziellen Terraform Registry

Wie bereits in Abschnitt 7.4 erläutert, ist die Einbindung vorhandener Module aus der offiziellen Terraform Registry sehr einfach. Im Gegensatz zu den bisher genannten Möglichkeiten bietet die Nutzung der offiziellen Terraform Registry eine einfache Beschränkung der Modulversionen:

```
module "ec2-instance" {
  source  = "terraform-aws-modules/ec2-instance/aws"
  version = "3.2.0"
  # insert the 34 required variables here
[...]
}
```

Die Einbindung von Modulen aus einer Registry sorgt für eine klare Trennung zwischen Code aus dem Hauptmodul und den eingebundenen Modulen. Sie bietet die gleiche Flexibilität wie die Einbindung aus lokalen Ordnern außerhalb des Hauptprojekts ohne die aufwendige Pflege und Aktualisierung dieser Modulordner. Durch die Unterstützung für Versionsbeschränkungen können Sie Inkompatibilitäten zwischen Code im Hauptprojekt und den Modulen weitestgehend vermeiden.

Auch für Ihre eigenen Module ist die Nutzung der offiziellen Terraform Registry ein denkbarer Weg. Dieser erfordert jedoch die Bereitstellung des Moduls in einem öffentlichen Git-Repository, was je nach Unternehmenspolitik nicht erlaubt sein kann. Die Freigabe Ihres Modulcodes unter einer freizügigen Lizenz und die aktive Pflege des Moduls können Ihrer Reputation in der Terraform-Community nützen. Es soll jedoch nicht verschwiegen werden, dass aktive Pflege mit Arbeit verbunden ist. Je nachdem, wie beliebt Ihr Modul in der Community wird, kann die Kommunikation mit Benutzerinnen und Benutzern und die Behebung von Problemen, die bei anderen, aber nicht bei Ihnen auftreten, durchaus arbeitsintensiv sein.

Durch *Issues* können weitere Nutzer Änderungswünsche, Fehlermeldungen und dergleichen bei großen Codehostern wie GitHub erstellen. Damit kann die Pflege des Codes aufwendiger werden, jedoch wächst auch der Funktionsumfang durch die Beiträge der Community.

Module einbinden aus einer privaten Registry

Sollte die Nutzung einer externen Registry nicht möglich sein, sei es aus Gründen der Unternehmenspolitik oder schlicht wegen eines fehlenden Zugangs zum Internet in Ihrer Umgebung, kann eine private Registry eine Alternative sein. HashiCorp bietet die offizielle Terraform Registry auch als Teil des (kostenpflichtigen) Produkts Terraform Enterprise an, das in Ihrem Unternehmen on-premise betrieben werden kann.

Die Nutzung sowie die generellen Vor- und Nachteile gleichen denen der offiziellen Registry mit der Ausnahme, dass der Code (falls gewünscht) nur innerhalb Ihres Unternehmens verwendet werden kann und nicht für andere Benutzer sichtbar ist.

[»]

Code strukturieren

Auch wenn die Überlegungen zur Strukturierung Ihres Terraform-Codes gerade zu Beginn Ihrer Beschäftigung mit Terraform nicht an der obersten Stelle Ihrer Liste stehen, lohnt ein (späterer) Blick in die offizielle Dokumentation zu Modulen sowie in Drittanbieterangebote wie zum Beispiel Terraform Best Practices:

- *https://developer.hashicorp.com/terraform/language/modules/syntax*
- *https://www.terraform-best-practices.com*

7.7 Funktionen

In diesem Abschnitt stellen wir die von Terraform unterstützten Funktionen vor. Sie müssen natürlich nicht alle Funktionen auswendig kennen, da Sie mit Sicherheit nur einen Teil der Funktionen benötigen werden.

Die von der aktuellen Terraform-Version unterstützten Funktionen finden Sie in der offiziellen Terraform-Dokumentation: *https://developer.hashicorp.com/terraform/language/functions*.

Funktion	Beschreibung
`abs`	Wandelt negative Zahlen in positive um. `abs(-5)` -> 5
`ceil`	Rundet Dezimalzahlen zur nächsten ganzen Zahl auf. `ceil(5.1)` -> 6
`floor`	Rundet Dezimalzahlen zur nächsten ganzen Zahl ab. `floor(5.9)` -> 5
`log`	Berechnet den Logarithmus einer Zahl zur angegebenen Basis. `log(16, 2)` -> 4
`max`	Bestimmt die größte Zahl eines Sets. `max(29, 102, 14)` -> 102 Wenn eine Liste übergeben wird, muss `...` verwendet werden, um die Liste in ein Set umzuwandeln. `max([29, 102, 14]...)` -> 102
`min`	Gegenteil der Funktion `max`. Bestimmt die kleinste Zahl eines Sets oder einer Liste.
`parseint`	Wandelt eine Zeichenkette in eine Zahl um, basierend auf der angegebenen Basis (Dezimalsystem, Dualsystem, Hexadezimalsystem, Oktal, Base62 (ASCII) etc.). `parseint("10", 10)` -> 10 `parseint("10", 2)` -> 2
`pow`	Potenziert die erste Zahl mit der zweiten Zahl. `pow(2, 3)` -> 8 `pow(3, 2)` -> 9

Tabelle 7.2 Numerische Funktionen

Funktion	Beschreibung
`signum`	Bestimmt das Vorzeichen einer Zahl. Für negative Zahlen wird eine `-1` zurückgegeben, eine `1` für positive Zahlen. Ausnahme bildet die `0`. Für sie wird ebenfalls eine `0` zurückgegeben.

Tabelle 7.2 Numerische Funktionen (Forts.)

Funktion	Beschreibung
`chomp`	Entfernt Zeilenumbrüche vom Ende einer Zeichenkette. `chomp("Terraform\n\r") -> "Terraform"`

`endswith`	Gibt einen Wahrheitswert zurück, wenn eine Zeichenkette mit einer bestimmten anderen Zeichenkette endet.
	`endswith("Terraform", "form") -> true`
	`endswith("Terraform", "Terra") -> false`

`format`	Erzeugt eine neue Zeichenkette aus einer vorhandenen, die Platzhalter enthält. Genauere Informationen finden Sie in der Dokumentation zur `format`-Funktion: *https://developer.hashicorp.com/terraform/language/functions/format*. `format("Hello, %s%s", "world", "!") -> "Hello, world!"`
`formatlist`	Ähnlich wie `format`, erzeugt jedoch eine Liste. `formatlist("Hello, %s%s", ["world", "moon"], ["!", "?"]) -> ["Hello, world!", "Hello, moon?"]`

`indent`	Fügt die angegebene Anzahl von Leerzeichen zu jeder Zeile einer Zeichenkette hinzu (abgesehen von der ersten Zeile). Zur besseren Darstellung wurden die Leerzeichen hier durch Punkte ersetzt.
	`indent(4, "if True:\nprint('Hello from python!')") ->`
	`if True:`
	`....print('Hello from python!')`

`join`	Kombiniert Einträge einer Liste zu einer Zeichenkette, getrennt durch ein Trennzeichen (Delimiter).
	`join(",", ["a", "b", "c", "d"]) -> "a,b,c,d"`
	`join(":", ["a", "b", "c", "d"]) -> "a:b:c:d"`
	`join(",", ["a"]) -> "a"`

Tabelle 7.3 Funktionen zum Arbeiten mit Zeichenketten

Funktion	Beschreibung
lower	Wandelt Großbuchstaben innerhalb einer Zeichenkette in Kleinbuchstaben um. `lower("Hi!") -> "hi!"`

regex	Wendet einen regulären Ausdruck (Regex) auf eine Zeichenkette an. Trifft der reguläre Ausdruck zu, wird das gefilterte Ergebnis zurückgegeben. Trifft der reguläre Ausdruck nicht zu, bricht Terraform ab.
	`regex("w..d", "There are some words in this wzzd") -> "words in this word"`
	`regex("w..di", "There are some words in this wzzd") -> ERROR`

regexall	Wendet einen regulären Ausdruck (Regex) auf eine Zeichenkette an. Trifft der reguläre Ausdruck zu, werden alle Zeichenketten, auf die er zutrifft, zurückgegeben. Trifft der reguläre Ausdruck nicht zu, wird eine leere Liste zurückgegeben.
	`regexall("w..d", "There are some words in this wzzd") -> ["word", "wzzd"]`
	`regexall("w..di", "There are some words in this wzzd") -> []`

replace	Ersetzt Zeichen(-ketten) innerhalb einer Zeichenkette durch andere. Wird die zu ersetzende Zeichenkette mit / umschlossen, wird ihr Inhalt als regulärer Ausdruck interpretiert.
	`replace("Hello, world!", "world", "moon") -> "Hello, moon!"`
	`replace("Hello, world!", "/w.*d/", "moon") -> "Hello, moon!"`

split	Teilt eine Zeichenkette anhand einer anderen Zeichenkette in eine Liste auf. `split(", ", "Alpha, Beta, Gamma") -> ["Alpha", "Beta", "Gamma"]`

startswith	Gegenteil der Funktion `endswith`. Gibt einen Wahrheitswert zurück, wenn eine Zeichenkette mit einer bestimmten anderen Zeichenkette beginnt.
	`startswith("Terraform", "form") -> false`
	`startswith("Terraform", "Terra") -> true`

strrev	Kehrt die Reihenfolge der Buchstaben und Zeichen innerhalb einer Zeichenkette um. `strrev("Terraform") -> "mrofarreT"`

Tabelle 7.3 Funktionen zum Arbeiten mit Zeichenketten (Forts.)

Funktion	Beschreibung

`substr`	Gibt einen Ausschnitt aus einer Zeichenkette zurück. Dazu werden ein Startwert und die Länge angegeben. Diese können auch negative Werte sein.
	`substr("Clouds and DevOps", 0, 6) -> "Clouds"`
	`substr("Clouds and DevOps", -6, -1) -> "DevOps"`
	`substr("Clouds and DevOps", -6, 6) -> "DevOps"`

`title`	Ändert jeden ersten Buchstaben eines Worts in einen Großbuchstaben um. `title("clouds and devOps") -> "Clouds And DevOps"`
`trim`	Entfernt alle Vorkommnisse der angegebenen Zeichen aus einer Zeichenkette. Das zweite Argument wird als Liste von Zeichen verstanden, nicht als Zeichenkette. `trim("Terraform", "raf") -> "Teom"`
`trimprefix`	Entfernt die angegebene Zeichenkette vom Anfang einer anderen Zeichenkette. `trimprefix("Das ist ein Server", "Das ist ") -> "ein Server"`
`trimsuffix`	Entfernt die angegebene Zeichenkette vom Ende einer anderen Zeichenkette. `trimsuffix("Der Server ist veraltet", " ist veraltet") -> "Der Server"`
`trimspace`	Entfernt alle Leerzeichen sowie Zeilenumbrüche und andere leerzeichenähnliche Zeichen von Anfang und Ende einer Zeichenkette. `trimspace(" test!\n\r ") -> "test!"`
`upper`	Wandelt Kleinbuchstaben innerhalb einer Zeichenkette in Großbuchstaben um. `upper("Hi!") -> "HI!"`

Tabelle 7.3 Funktionen zum Arbeiten mit Zeichenketten (Forts.)

Tabelle 7.4 enthält eine Übersicht der Funktionen zum Arbeiten mit komplexen Variablen wie Listen, Tupeln, Maps, Objects und Sets.

Funktion	Beschreibung
alltrue	Nimmt eine Liste aus booleschen Werten entgegen und prüft, ob sie ausschließlich aus true- bzw. "true"-Werten besteht. alltrue(["true", true]) -> true alltrue(["true", true, false]) -> false
anytrue	Nimmt eine Liste aus booleschen Werten entgegen und prüft, ob mindestens einer true bzw. "true" enthält. anytrue(["true", true]) -> true anytrue(["true", true, false]) -> true
chunklist	Wandelt die erste Dimension einer Liste in eine zweidimensionale Liste um, unabhängig von weiteren Verschachtelungen. Anhand einer Größenangabe wird festgelegt, wie viele Elemente die jeweilige zweite Dimension enthalten soll. chunklist(["a", "b", "c", "d", "e", "f", "g"], 3) -> [["a", "b", "c"], ["d", "e", "f"], ["g"]]
coalesce	Gibt den ersten Wert zurück, der nicht null oder eine leere Zeichenkette ist. coalesce("", "", null, "d", "a") -> "d" coalesce(["", "", null, "d", "a"]...) -> "d"
coalescelist	Wie coalesce, nur dass hier Listen übergeben werden können. Überprüft dabei nicht den Inhalt der Werte innerhalb einer Liste, sondern nur, ob eine Liste mindestens ein Element hat. coalescelist(["", ""], [null, "d", "a"]) -> ["", ""] coalescelist([["", ""], [null, "d", "a"]]...) -> ["", ""]
compact	Entfernt leere Zeichenketten und null-Werte aus einer Liste. compact(["a", "", "null", null, "b"]) -> ["a", "null", "b"] Das Element "null" wird nicht entfernt, da nicht leer und nicht null.
concat	Kombiniert eine oder mehr Listen zu einer. concat(["a", null], ["b", "c"], ["", "d"]) -> ["a", null, "b", "c", "", "d"] concat(["a", null], ["b", "c"], [["", "f"], "d"]) -> ["a", null, "b", "c", ["", "f"]], "d"]

Tabelle 7.4 Funktionen zum Arbeiten mit komplexen Variablen

Funktion	Beschreibung

`contains`	Überprüft, ob ein Wert in einer Liste enthalten ist.
	`contains(["Christian", "Eike", "Johannes", "Tim", "Thorsten"], "Tim") -> true`
	`contains([["Christian", "Eike"], ["Johannes", "Tim"], ["Thorsten"]], ["Johannes", "Tim"]) -> true`

`distinct`	Entfernt alle doppelten Einträge aus einer Liste.
	`distinct(["a", "b", "c", "c"]) -> ["a", "b", "c"]`
	`distinct([["a", "b"], ["c", "c"], ["a", "b"]]) -> [["a", "b"], ["c", "c"]]`

`element`	Gibt den Wert an einer bestimmten Position einer Liste zurück. Die Positionen beginnen mit dem Wert `0`. Details finden Sie auch in Abschnitt 7.9.
	`element(["null", "eins", "zwei"], 2) -> "zwei"`
	`element(["null", "eins", "zwei"], 4) -> "eins"`

`flatten`	Nimmt eine Liste aus ein- oder mehrdimensionalen Listen und fügt diese zu einer eindimensionalen Liste zusammen.
	`flatten(["a", ["1", "a"]]) -> ["a", "1", "a"]`
	`flatten(["a", ["1", "a", [], ["f", "g"]], "b"]) -> ["a", "1", "a", "f", "g", "b"]`

`index`	Gibt die Position eines Werts innerhalb einer Liste zurück. Die Zählung der Position beginnt bei `0`. `index(["a", "b", "c"], "c") -> 2`

`keys`	Gibt alle Schlüssel einer Map als Liste zurück.
	`keys({"name"="tux", "id"=5, "company"="linux"}) -> ["company", "id", "name"]`
	`keys({"name"="tux", "id"=5, "company"="linux", "attributes"={"regions"=20, "employees"=100}}) -> ["attributes", "company", "id", "name"]`

Tabelle 7.4 Funktionen zum Arbeiten mit komplexen Variablen (Forts.)

Funktion	Beschreibung

`length`	Gibt die Anzahl der Einträge einer Liste, die Anzahl der Buchstaben einer Zeichenkette oder die Anzahl der Schlüssel-Wert-Paare einer Map zurück.
	`length(["ab", "c", "d"]) -> 3`
	`length("Terraform") -> 9`
	`length({"cloud" = "terraformbuch", "region" = "north"}) -> 2`

`lookup`	Sucht nach einem Schlüssel in einer Map und gibt den Wert des Schlüssels zurück. Ist der Schlüssel nicht vorhanden, wird auf einen voreingestellten Wert zurückgegriffen. Diese Funktion wird in Abschnitt 7.9 näher erklärt.
	`lookup({"cloud" = "terraformbuch", "region" = "north"}, "region", "ersatz") -> "north"`
	`lookup({"cloud" = "terraformbuch", "region" = "north"}, "zone", "ersatz") -> "ersatz"`

`matchkeys`	Gleicht zwei Listen gegeneinander ab und gibt eine Liste zurück. Beide Eingabelisten müssen gleich viele Einträge besitzen. Dazu wird zuerst eine Liste übergeben, aus der die Endliste generiert wird. Um die gewünschten Einträge zu erhalten, wird mithilfe der dritten Liste in der zweiten Liste geschaut, ob und an welcher Stelle die Einträge zu finden sind. Wurde ein Eintrag gefunden, wird die Position des gefundenen Eintrags auf die erste Liste angewendet und der Wert an dieser Position übernommen. `matchkeys(["server1", "server2", "server3"], ["dbserver", "webserver", "webserver"], ["webserver"]) -> ["server2", "server3"]`
`merge`	Fasst eine oder mehrere Maps zusammen. Kommt der gleiche Schlüssel mehrfach vor, wird der Wert des zuletzt gefundenen Schlüssels verwendet. `merge({"a" = "eins", "b" = "zwei"}, {"d" = "vier", "b" = "neun"}) -> {"a" = "eins", "b" = "neun", "d" = "vier"}`

Tabelle 7.4 Funktionen zum Arbeiten mit komplexen Variablen (Forts.)

Funktion	Beschreibung

`one`	Überprüft, ob eine Liste, ein Tupel oder ein Set nur einen Eintrag hat. Ist dies nicht der Fall, wird ein Fehler ausgegeben. Bei leeren Listen, Tupeln oder Sets wird `null` zurückgegeben.
	`one([]) -> null`
	`one(["a"]) -> true`
	`one(["a", "b"]) -> Error`

`range`	Erstellt eine Liste aus Nummern. Kann entweder mit nur einem Parameter für die Anzahl der Werte gestartet werden, mit zwei Parametern als Start- und Endwert oder mit drei Parametern (Start- und Endwert sowie Intervallgröße/Schrittweite).
	`range(5) -> [0, 1, 2, 3, 4]`
	`range(4, 5) -> [4, 5]`
	`range(4, 12, 3) -> [4, 7, 10]`
	`range(4, 12, 5) -> [4, 9]`

`reverse`	Invertiert die Sortierung einer Liste. `reverse([1, 2, 3]) -> [3, 2, 1]`

`setintersection`	Gleicht eine oder mehrere Listen auf gleiche Einträge ab. Ist der Eintrag in allen Listen vorhanden, wird er der Ausgabeliste hinzugefügt.
	`setintersection(["1", "2"], ["ö", "ä"], ["x", "z"]) -> []`
	`setintersection(["1", "x"], ["1", "x"], ["x", "z"]) -> ["x"]`

`setproduct`	Multipliziert eine oder mehrere Listen miteinander. Es wird eine Liste mit mehreren Unterlisten erzeugt. Jede Unterliste enthält so viele Elemente wie die Anzahl der Listen, die übergeben wurden. Außerdem entspricht die Summe der Unterlisten dem Produkt der Einträge pro übergebene Liste. 5 Listen mit je 3 Einträgen ergeben 15 Listen (5 × 3) mit je 9 (3 + 3 + 3) Einträgen. Die Details zu dieser komplizierten Funktion finden Sie in der zugehörigen Dokumentation: *https://developer.hashicorp.com/terraform/language/functions/setproduct*.
`setsubstract`	Erstellt eine neue Liste aus den Werten in einer Liste, die nicht in einer anderen Liste vorkommen. `setsubtract(["a", "b"], ["b", "x", "c"]) -> ["a"]`

Tabelle 7.4 Funktionen zum Arbeiten mit komplexen Variablen (Forts.)

Funktion	Beschreibung
setunion	Bildet die Summe aus einer oder mehreren Listen. `setunion(["a", "b", "c"], ["a", "d"], ["a", "c", "d"], ["d"]) -> ["a", "b", "c", "d"]`
slice	Gibt einen Teil einer Liste zurück, basierend auf der Angabe einer Startposition und einer Endposition. Die Zählung der Positionen beginnt bei 0. `slice(["a", "b", "c", "d", "e", "f"], 2, 4) -> ["c", "d"]`
sort	Sortiert eine Liste lexikalisch. `sort(["e", "f", "a", "1", "!", "ö"]) -> ["!", "1", "a", "e", "f", "ö"]`
sum	Errechnet die Summe aus Zahlenwerten innerhalb einer Liste. `sum([10, 20, 5.5, -1]) -> 34.5`
transpose	Vertauscht die Schlüssel und Werte in einer Map und gibt eine neue Map zurück. `transpose({"foo" = ["eins", "zwei", "drei"], "bar" = ["drei", "vier"]}) -> {"drei" = ["bar", "foo"], "eins" = ["foo"], "vier" = ["bar"], "zwei" = ["foo"]}`
values	Gibt eine Liste mit allen Werten einer Map zurück. `values({"microsoft" = "windows", "apple" = "macos", "oracle" = "solaris"}) -> ["macos", "windows", "solaris"]`
zipmap	Erstellt eine Map aus zwei Listen. `zipmap(["microsoft", "apple", "oracle"], ["windows", "macos", "solaris"]) -> {"apple" = "macos", "microsoft" = "windows", "oracle" = "solaris"}`

Tabelle 7.4 Funktionen zum Arbeiten mit komplexen Variablen (Forts.)

Funktion	Beschreibung
base64decode	Wandelt eine base64-codierte Zeichenkette in die ursprüngliche Zeichenkette um. `base64decode("SGVsbG8gV29ybGQ=") -> "Hello World"`
base64encode	Codiert eine Zeichenkette mit Base64. `base64encode("Hello World") -> "SGVsbG8gV29ybGQ="`

Tabelle 7.5 Funktionen zur Codierung, Decodierung und Formatumwandlung

Funktion	Beschreibung
`base64gzip`	Komprimiert eine Zeichenkette mit GZIP und codiert sie im Anschluss mit Base64. Anwendungsfall: Erstellen eines komprimierten Objekts auf einem Amazon-S3-Speicher, der Teil einer S3-Website ist. Details finden Sie in der Dokumentation der Funktion: *https://developer.hashicorp.com/terraform/language/functions/base64gzip*.
`csvdecode`	Wandelt eine Zeichenkette, die durch das Einlesen einer CSV-Datei generiert wurde, in eine Liste aus Maps um. Alle Werte werden als Zeichenketten interpretiert. `csvdecode("User,ID\nroot,0\nubuntu,1") -> [{"User" = "root", "ID" = "0"}, {"User" = "ubuntu", "ID" = "1"}]`
`jsondecode`	Wandelt eine Zeichenkette, die durch das Einlesen einer JSON-Datei generiert wurde, in eine Map um. `jsondecode("{\"users\": [{\"name\": \"root\", \"id\": 0}, {\"name\": \"ubuntu\", \"id\": 1}]}") -> {"users" = [{"id" = 0, "name" = "root"},{"id" = 1, "name" = "ubuntu"},]}`
`jsonencode`	Gegenteil von `jsondecode`, wandelt eine Map in JSON um. `jsonencode({"users" = [{"id" = 0, "name" = "root"},{"id" = 1, "name" = "ubuntu"},]}) -> "{\"users\": [{\"name\": \"root\", \"id\": 0}, {\"name\": \"ubuntu\", \"id\": 1}]}"`
`textdecodebase64`	Decodiert eine Zeichenkette mittels Base64 in der angegebenen Variante. Die Varianten UTF-16LE und UTF8 sind möglich. `textdecodebase64("VGVycmFmb3Jt", "UTF-8") -> "Terraform"`
`textencodebase64`	Gegenteil von `textdecodebase64`. Codiert eine Zeichenkette in der angegebenen Variante. Die Varianten UTF-16LE und UTF8 sind möglich. `textencodebase64("Terraform", "UTF-8") -> "VGVycmFmb3Jt"`
`urlencode`	Modifiziert eine Zeichenkette, um daraus eine valide URL zu machen. `urlencode("Dieses Zeichen / (Slash).") -> "Dieses+Zeichen+%2F+%28Slash%29."`

Tabelle 7.5 Funktionen zur Codierung, Decodierung und Formatumwandlung (Forts.)

Funktion	Beschreibung
`yamldecode`	Wandelt eine Zeichenkette, die durch das Einlesen einer YAML-Datei generiert wurde, in eine Map um. `yamldecode("distros: [centos, debian, ubuntu]") -> {"distros" = ["centos", "debian", "ubuntu"]}`
`yamlencode`	Gegenteil von `yamldecode`, wandelt eine Map in YAML um. `yamlencode({"distros" = ["centos", "debian", "ubuntu"]}) -> "distros: [centos, debian, ubuntu]"`

Tabelle 7.5 Funktionen zur Codierung, Decodierung und Formatumwandlung (Forts.)

Funktion	Beschreibung
`abspath`	Gibt den absoluten Pfad zu einem angegebenen relativen Pfad zurück. Es findet keine Überprüfung statt, ob der Pfad existiert. `abspath("text.txt") -> /Users/terraform/test.txt`

`dirname`	Liefert den Verzeichnispfad zu einer Datei zurück. Der zurückgegebene Pfad kann sowohl relativ als auch absolut sein. Es findet keine Überprüfung statt, ob das Verzeichnis existiert.
	`dirname("text.txt") -> "."`
	`dirname("/home/terraform/text.txt") -> "/home/terraform"`

`pathexpand`	Wandelt die Tilde ~ entsprechend dem zugrunde liegenden Betriebssystem zum passenden Pfad um. Linux: `pathexpand("~/.ssh/id_rsa.pub") -> /home/terraform/.ssh/id_rsa.pub` macOS: `pathexpand("~/.ssh/id_rsa.pub") -> /Users/terraform/.ssh/id_rsa.pub`

`basename`	Gegenteil von `dirname`, besitzt jedoch ein paar Besonderheiten.
	`basename("") -> "."`
	`basename("./symlink") -> "symlink"` (gibt also den Link aus, nicht das Ziel des Links)
	`basename("/home/ubuntu/text.txt") -> "text.txt"`

`file`	Liest den Inhalt einer Datei als Zeichenkette ein.
	`file("./text.txt") -> "Hello, world!"`
	`file("/home/ubuntu/text.txt") -> "Hello, world!"`

Tabelle 7.6 Dateisystemfunktionen

Funktion	Beschreibung

`fileexists`	Gibt einen Wahrheitswert zurück, ob eine Datei existiert. Funktioniert nicht für Verzeichnisse.
	`fileexists("./text.txt") -> true`
	`fileexists("/home/ubuntu/text.txt") -> true`

`fileset`	Gibt eine Liste von Dateien zurück, die einem bestimmten Muster entsprechen.
	`fileset(".", "*.tf") -> ["main.tf"]`
	`fileset(".", "*") -> [".terraform.lock.hcl", ".terraform.tfstate.lock.info", "main.tf", "terraform.tfstate"]`
	`fileset("", "**") -> [".terraform.lock.hcl", ".terraform.tfstate.lock.info", ".terraform/providers/registry.terraform.io/hashicorp/local/2.2.3/darwin_arm64/terraform-provider-local_v2.2.3_x5", ".terraform/providers/registry.terraform.io/hashicorp/null/3.1.1/darwin_arm64/terraform-provider-null_v3.1.1_x5", "main.tf", "terraform.tfstate"]`

`filebase64`	Wie `file`, nur dass der gelesene Inhalt der Datei direkt mit Base64 codiert wird. `filebase64("./text.txt") -> "VGVycmFmb3JtCg=="`
`templatefile`	Liest eine Datei ein und ersetzt darin enthaltene Platzhalter mit den Werten der übergebenen Variablen. Details finden Sie in der Dokumentation zur Funktion: *https://developer.hashicorp.com/terraform/language/functions/templatefile*.

Tabelle 7.6 Dateisystemfunktionen (Forts.)

Funktion	Beschreibung

`formatdate`	Formatiert eine Zeichenkette, die dem Standard RFC 3339 entspricht, um. Die umfangreiche Liste an Filtern entnehmen Sie der Dokumentation zur `formatdate`-Funktion: *https://developer.hashicorp.com/terraform/language/functions/formatdate*.
	`formatdate("hh:mm", "2023-01-02T12:45:13Z") -> "12:45"`
	`formatdate("YYYY.MM.DD hh:mm Uhr", "2023-01-02T12:45:13Z") -> "2023.01.02 12:45"`

Tabelle 7.7 Funktionen zum Arbeiten mit Datum und Zeit

Funktion	Beschreibung
`timeadd`	Fügt einer Zeichenkette, die dem Standard RFC 3339 entspricht, eine Zeitdauer hinzu. Die Liste der möglichen Zeiteinheiten entnehmen Sie bitte der Dokumentation zur `timeadd`-Funktion: *https://developer.hashicorp.com/terraform/language/functions/timeadd*. `timeadd("2023-01-02T12:45:13Z", "24h") -> "2023-01-03T12:45:13Z"`

`timecmp`	Vergleicht zwei Zeichenketten, die dem Standard RFC 3339 entsprechen.
	`timecmp("2023-01-02T12:45:13Z", "2023-01-03T12:45:13Z") -> -1`
	`timecmp("2023-01-02T12:45:13Z", "2023-01-02T12:45:13Z") -> 0`
	`timecmp("2023-01-02T12:45:13Z", "2023-01-01T12:45:13Z") -> 1`

`timestamp`	Diese Funktion benötigt keine zusätzlichen Parameter. Sie liefert den aktuellen Zeitstempel nach RFC 3339 zurück. `timestamp() -> "2023-01-02T12:45:13Z"`

Tabelle 7.7 Funktionen zum Arbeiten mit Datum und Zeit (Forts.)

Funktion	Beschreibung
`base64sha256`	Generiert eine SHA256-Prüfsumme für eine Zeichenkette und codiert diese mit BASE64. `base64sha256("Terraform") -> "BbBzvV5Gu+3nktHnemjHGAG3usLdjgI2KZ3t6a0hkJ0="`
`base64sha512`	Generiert eine SHA512-Prüfsumme für eine Zeichenkette und codiert diese mit BASE64. `base64sha512("Terraform") -> "evJSyeoaYW7g8qf23jyeZsHhDID6oZ5hyyZx9e8Q2ylHTn4QnMqo1UjA4nfB5KPFdi05fvvSQp13NaQcGMzbvA=="`

`bcrypt`	Generiert eine Blowfish-Prüfsumme einer Zeichenkette. Kann optional mit einem Parameter ausgestattet werden, um die Iterationen zur Erzeugung anzugeben.
	`bcrypt("Terraform") -> "$2a$10$07VBHkgnFyl0Sf0DRDgE6u8Udq-bIbXowMZWQCfMZTWUXQpmENocPK"`
	`bcrypt("Terraform", "12") -> "$2a$12$NUooJNa4ytuxoGohAAr-Kee2V7TifJxaPi9IBm80FosyfUR9uNimtW"`

Tabelle 7.8 Kryptografie und Prüfsummen

Funktion	Beschreibung
`filebase64sha256`	Generiert eine SHA256-Prüfsumme für eine Datei und codiert diese mit BASE64. `filebase64sha256("./todo.md") -> "nQZUdTRUF5O6947POu3BBF+S579HzNxM63CSftihnDY="`
`filebase64sha512`	Generiert eine SHA512-Prüfsumme für eine Datei und codiert diese mit BASE64. `filebase64sha512("./todo.md") -> "a/opgEVJPk13nSNDpGL9W-geFq+IfT9PQi/8I29xD4LufAirexS2QIA9u9sa54FtSibKFOB-KYEl2mgljWor5TWw=="`
`filemd5`	Generiert eine MD5-Prüfsumme für eine Datei. `filemd5("./todo.md") -> "af741717a86500ce921ff94a38b64c2d"`
`filesha1`	Generiert eine SHA1-Prüfsumme für eine Datei. `filesha1("./todo.md") -> "7352c88-ba684dc1a42ec658cace226c4f59085fb"`
`filesha256`	Generiert eine SHA256-Prüfsumme für eine Datei. `filesha256("./todo.md") -> "bd6d6fbfe879f7aabc8e74deaed1309661fd042d577b448a334cfa044c1d57ca"`
`filesha512`	Generiert eine SHA512-Prüfsumme für eine Datei. `filesha512("./todo.md") -> "b8d961bf274d040efe552524812cb5abef6e76c24ad629fb520fba2e43ae5e672de70ba00aed8d763290c1d613531172d9a066a407b23fa645a33ebb7f118453"`
`md5`	Generiert eine MD5-Prüfsumme für eine Zeichenkette. `md5("Terraform") -> "303e96f80576360d0c7b07ae7528fa4b"`

Tabelle 7.8 Kryptografie und Prüfsummen (Forts.)

Funktion	Beschreibung
`rsadecrypt`	Entschlüsselt eine Zeichenkette, die mit einem öffentlichen RSA-Schlüssel erzeugt wurde. Der private Schlüssel ist zum Entschlüsseln notwendig. `rsadecrypt("GSTxCNLJfwQ3VwVEIdL3NrnLoigVAmya7M8DkmmX/MpiEc2Q/Dy4kdcEhiA7jsi4yPEsO+PvFS42zhnNeUUbS8/gHBmBht23-tEWn9Ko1vqM3TLr1+5/ox6e+ldHFcpv9Iskr1YtQ96iSZBIqRCjcNeR-HzUs8JsHQ1bg6ov7JFV+fpU8oHB3SLVKBADg5RyNXiSabz9G3G42RFx4Bd9yPywqRtvoVocALsOCPM3Qp+EEAqbJZOp23Li/4JqkoAM-zR+9d5169Fx6H13OMqMw7n3WeN26AEL62mC7Vx5qP6+ektCEO9fjjd-cdnuGBpJVwHOYzv6JkhnHNGOA7o4aqPjAQ==", file("~/.ssh/id_rsa.pem")) -> "Terraform"`
`sha1`	Generiert eine SHA1-Prüfsumme für eine Zeichenkette. `sha1("Terraform") -> "5dfdb659451680f6e618f2c6b1109a58ac2f28af"`
`sha256`	Generiert eine SHA256-Prüfsumme für eine Zeichenkette. `sha256("Terraform") -> "05b073bd5e46bbede792d1e77a68c71801b7bac2dd8e0236299dede9a3a1909d"`
`sha512`	Generiert eine SHA512-Prüfsumme für eine Zeichenkette. `sha512("Terraform") -> "7af252c9ea1a616ee0f2a7f6de3c9e66c1e10c80faa19e61cb2671f5ef10db29474e7e109ccaa8d548c0e277c1e4a3c5762d397efbd2429d7735a41c18ccdbbc"`
`uuid`	Generiert einen universellen eindeutigen Identifizierer (UUID). Erwartet keine Parameter. `uuid() -> "240c50fd-2bb2-6daa-ba1a-6af4edafb965"`
`uuidv5`	Generiert einen namenbasierten universellen eindeutigen Identifizierer (UUID). `uuidv5("dns", "osism.tech") -> "5819698b-e778-547d-b659-a58e00f9018f"`

Tabelle 7.8 Kryptografie und Prüfsummen (Forts.)

Funktion	Beschreibung

`cidrhost`	Nimmt ein Netzwerkpräfix in CIDR-Notation und einen Zahlenwert, um daraus eine valide IP-Adresse zu errechnen.
	`cidrhost("10.10.0.0/16", 4442) -> "10.10.17.90"`
	`cidrhost("fd00:fd12:3456:7890:00a2::/72", 34) -> "fd00:fd12:3456:7890::22"`

`cidrnetmask`	Wandelt ein Netzwerkpräfix in CIDR-Notation in die Netzmaske um. `cidrnetmask("10.10.0.0/16") -> "255.254.0.0"`

`cidrsubnet`	Generiert ein Subnetz aus einem Netzwerkpräfix, der Anzahl an Bits für die Erzeugung eines neuen Subnetzpräfixes sowie der Nummer des Subnetzes.
	`cidrsubnet("10.10.0.0/16", 3, 3) -> "10.10.96.0/19"`
	`cidrsubnet("10.10.0.0/16", 3, 4) -> "10.10.128.0/19"`

`cidrsubnets`	Errechnet eine Liste an Subnetzen. Details finden Sie in der Dokumentation zur `cidrsubnets`-Funktion: *https://developer.hashicorp.com/terraform/language/functions/cidrsubnets*.

Tabelle 7.9 Funktionen zum Arbeiten mit IP-Adressen und -Adressbereichen

Funktion	Beschreibung

`can`	Gibt abhängig davon, ob ein Fehler (z. B. durch eine andere Funktion) aufgetreten, ist, einen Wahrheitswert zurück.
	`can(regex("a.e", "These are words!")) -> true`
	`can(regex("a..e", "These are words!")) -> false`

`nonsensitive`	Wurde eine Variable als `sensitive`, also besonders schützenswert gekennzeichnet, kann mithilfe dieser Funktion die Ausgabe wieder aktiviert werden. Achtung, mit Vorsicht verwenden! `nonsensitive(var.my_sensitive_var) -> "5uperSecre!"`
`sensitive`	Zeichnet Variablen als besonders schützenswert aus. Details entnehmen Sie bitte der Dokumentation unter *https://developer.hashicorp.com/terraform/language/functions/sensitive* sowie Abschnitt 6.2. `sensitive(var.my_var) -> (sensitive)`

Tabelle 7.10 Sonstige Funktionen

Funktion	Beschreibung
tobool	Wandelt Zeichenketten in boolesche Werte um. Es funktionieren nur "true" und "false" sowie null. tobool("true") -> true tobool("false") -> false tobool(1) -> Error: Invalid function argument tobool("yes") -> Error: Invalid function argument tobool(null) -> null
tolist	Konvertiert ein Set oder ein Tupel in eine Liste. tolist(["a", 3, 5]) -> ["a", "3", "5"]
tomap	Konvertiert ein Object in eine Map. tomap({"name" = "tux", "id" = 4}) -> {"name" = "tux", "id" = "4"}
tonumber	Konvertiert, sofern möglich, eine Zeichenkette in eine Zahl. tonumber("1") -> 1 tonumber("1.1") -> 1.1
toset	Konvertiert eine Liste in ein Set. Doppelte Einträge einer Liste werden entfernt. toset(["eins", "zwei", 3]) -> ["3", "eins", "zwei"]
tostring	Konvertiert einfache Datentypen (Zahlen, Zeichenketten, boolesche Werte) in eine Zeichenkette. tostring(1) -> "1" tostring(true) -> "true" tostring(true) -> "true"
try	Funktion zum Arbeiten mit komplexen Datenstrukturen. Kann fehlende Werte oder Attribute in Eingaben abfangen oder unterschiedliche Eingabewerte homogenisieren. Details finden Sie in der Dokumentation zur try-Funktion: *https://developer.hashicorp.com/terraform/language/functions/try*.
type	Gibt den Typ einer Variablen oder eines Werts zurück. Nur verfügbar im terraform console-Befehl. type(var.my_var) -> object({inhalt: tuple([string])})

Tabelle 7.10 Sonstige Funktionen (Forts.)

7.8 Ausdrücke und Expressions

Die Programmiersprache HCL bietet einige Möglichkeiten, um Zeichenketten zu manipulieren, grundlegende Berechnungen durchzuführen und weitere Logiken, die HCL letztendlich zu einer Programmiersprache machen.

7.8.1 Zeichenketten und Interpolation in Zeichenketten

Zeichenketten

Zeichenketten werden in HCL mit Anführungszeichen markiert. Einfache Hochkommata (') sind, anders als in vielen anderen Programmiersprachen, nicht zulässig. `ein_wert` stellt hierbei die Zeichenkette, also den Wert der Variablen dar.

```
variable "beispiel" {
  default = "ein_wert"
}
```

Alternativ ist es auch möglich, mittels *Heredocs* (*https://developer.hashicorp.com/terraform/language/expressions/strings*) wie `EOF` mehrzeilige Zeichenketten zu hinterlegen:

```
variable "beispiel" {
  default = <<EOF
Eine Zeichenkette
über mehrere
Zeilen
EOF
}
```

Dabei gilt es die Einrückung zu beachten. Die Nutzung von Heredocs bricht nämlich aus dem HCL-üblichen Schema aus und ignoriert dessen Einrückung. Deshalb sollten mit Heredocs definierte Zeichenketten immer am Anfang der Zeile starten. Im obigen Beispiel ist daher die Zeile `Eine Zeichenkette` ohne Einrückung angegeben.

Sollte auch innerhalb der Zeichenkette eine Einrückung notwendig sein, empfiehlt es sich, die Heredocs-Anweisung mit einem `<<-` statt einem `<<` zu starten:

```
variable "beispiel" {
  default = <<-EOF
Eine Zeichenkette
   mit Einrückungen
EOF
}
```

Interpolation innerhalb von Zeichenketten

Interpolation bezeichnet das Ersetzen einer Variablen innerhalb einer Zeichenkette.

```
variable "variable" {
  default = "foo"
}

output "ausgabe" {
  value = "${var.variable} bar"
}
```


Die Variable wird dabei durch `${}`, ein sogenanntes Template, kenntlich gemacht. Dies bewirkt, dass die Variable innerhalb der Zeichenkette als Variable erkannt wird, sodass in der Ausgabe der Wert `foo bar` erzeugt wird.

Innerhalb der geschweiften Klammern lassen sich auch Funktionen und Operatoren verwenden.

```
variable "variable" {
  default = 5.4
}

output "ausgabe" {
  value = "${floor(var.variable) * 2}"
}
```

Das eben gezeigte Beispiel rundet zuerst über die `floor`-Funktion den Wert `5.4` auf `5` ab, um ihn danach mit `2` zu multiplizieren. Als Ergebnis wird `10` ausgegeben.

Richtlinien

Richtlinien (*Directives*) werden auch über ein *Template* eingeleitet, in diesem Fall jedoch per `%{...}`. Anders als bei der Interpolation werden hier keine Ersetzungen innerhalb von Zeichenketten vorgenommen, sondern ganze logische Abfolgen eingebaut. Dennoch können auch hier Interpolationen zusätzlich mit auftauchen, wie das nachfolgende Beispiel zeigt.

```
variable "firma" {
  default = "OSISM"
}

output "ausgabe" {
  value = "Hi %{ if var.firma !="" }${var.firma}%{ else }B1 Systems%{ endif }!"
}
```

Abhängig vom Wert der Variablen `firma` ändert sich die Ausgabe. Führen Sie das Beispiel unverändert aus, ist die Variable `firma` nicht leer (`!= ""`). Daher wird die Ausgabe `Hi OSISM!` erzeugt.

Wenn Sie den Wert von `firma` auf eine leere Zeichenkette `""` ändern, dann ändert sich auch die Ausgabe auf `Hi B1 Systems!`.

```
$ terraform apply -var=firma=""

Changes to Outputs:
  + ausgabe = "Hi B1 Systems!"
[…]
Outputs:

ausgabe = "Hi B1 Systems!"
```

7.8.2 Operatoren

Mithilfe von logischen und arithmetischen Operatoren können grundlegende Programmierfunktionen umgesetzt werden. Dazu gehören unter anderem das Rechnen mit Zahlen sowie Vergleichsoperationen von Zahlen, Wahrheitswerten und anderen Datentypen.

Logische Operatoren

Logische Operatoren geben immer einen booleschen Wert (`true` oder `false`) zurück. Eine Übersicht der verschiedenen Operatoren zeigt Tabelle 7.11.

Operator	Beschreibung

`!`	Invertierung von Wahrheitswerten.
	`!true -> false`
	`!false -> true`

`==`	Überprüfung auf Gleichheit von Werten.
	`false == false -> true`
	`false == 1 -> false`
	`"foo" == 1 -> false`
	`"foo" == "foo" -> true`
	`"foo" == "bar" -> false`
	`["foo"] == ["foo"] -> true`

Tabelle 7.11 Logische Operatoren

<table>
<tr><th>Operator</th><th>Beschreibung</th></tr>
<tr><td><code>!=</code></td><td>Überprüfung auf Ungleichheit von Werten.
<code>false != false -> false</code>
<code>false != 1 -> true</code>
<code>"foo" != 1 -> true</code>
<code>"foo" != "foo" -> false</code>
<code>"foo" != "bar" -> true</code>
<code>["foo"] != ["foo"] -> false</code></td></tr>
<tr><td><code>&&</code></td><td>Zwei Wahrheitswerte sind beide <code>true</code>.
<code>true && true -> true</code>
<code>true && false -> false</code>
<code>false && true -> false</code>
<code>false && false -> false</code>
<code>!false && !false -> true</code></td></tr>
<tr><td><code>||</code></td><td>Einer von zwei Wahrheitswerten ist <code>true</code>.
<code>true || true -> true</code>
<code>true || false -> true</code>
<code>false || true -> true</code>
<code>false || false -> false</code>
<code>!false || !false -> true</code></td></tr>
<tr><td><code>()</code></td><td>Gruppierung und Priorisierung von Anweisungen.
<code>2 + 3 * 3 -> 11</code>
<code>(2 + 3) * 3 -> 15</code>
<code>2 + (3 * 3) -> 11</code></td></tr>
</table>

Tabelle 7.11 Logische Operatoren (Forts.)

Der Klammeroperator fällt aus dem Rahmen, da er nur der Gruppierung von Bedingungen dient, ähnlich wie das in der Mathematik der Fall ist.

Arithmetische Operatoren

Arithmetische Operatoren arbeiten mit Zahlen und umfassen gängige Funktionen aus der Mathematik. Tabelle 7.12 zeigt die gängigsten Operatoren.

Operator	Beschreibung

`-`	Negierung des Vorzeichens von Zahlen
	`-5 -> -5`
	`-(-5) -> 5`

`*`	Multiplikation von Zahlen `2 * 3 -> 6`
`/`	Division von Zahlen `7 / 2 -> 3.5`
`%`	Division von Zahlen mit Restwert `7 % 3 -> 1`
`+`	Addition von Zahlen `2 + 3 -> 5`

`<`	Kleiner-als-Vergleich von Zahlen
	`2 < 1 -> false`
	`2 < 2 -> false`
	`2 < 3 -> true`

`>`	Größer-als-Vergleich von Zahlen
	`2 > 1 -> true`
	`2 > 2 -> false`
	`2 > 3 -> false`

`<=`	Kleiner-oder-gleich-Vergleich von Zahlen
	`2 <= 1 -> false`
	`2 <= 2 -> true`
	`2 <= 3 -> true`

`>=`	Größer-oder-gleich-Vergleich von Zahlen
	`2 >= 1 -> true`
	`2 >= 2 -> true`
	`2 >= 3 -> false`

Tabelle 7.12 Arithmetische Operatoren

7.8.3 Platzhalter (Splat Expressions)

Platzhalter, in der englischsprachigen Terraform-Dokumentation als *Splat Expressions* bezeichnet, werden bei Datentypen verwendet, die mehr als ein Element enthalten können. Dazu gehört zum Beispiel eine Liste (*List*).

Ziel der Platzhalter ist es, mehr als einen Wert aus diesen Datentypen als neue Liste zurückzugeben. Das folgende Beispiel soll das verdeutlichen.

```
variable "some_list" {
  default = [
    {
      "name" = "eins",
      "id"   = 1
    },
    {
      "name" = "zwei",
      "id"   = 2
    }
  ]
}
```


Die Variable `some_list` ist eine Liste. Innerhalb der Liste befinden sich zwei Elemente vom Datentyp Map. Jede Map besteht aus zwei Schlüssel-Wert-Paaren. Die Schlüssel lauten jeweils `name` und `id` und sind mit jeweils unterschiedlichen Werten belegt.

Nun können Sie über einen Ausgabewert eine Liste der IDs ausgeben. Um nur die Werte der Felder `id` zurückzugeben, wird der Platzhalter (`[*]`) genutzt. Er iteriert über alle Elemente einer Liste, im Beispiel `var.some_list`, und greift auf deren Werte zurück.

```
output "ausgabe" {
  value = var.some_list[*].id
}

output "veraltete_schreibweise" {
  value = var.some_list.*.id
}
```

Die Ausgaben sehen wie folgt aus:

```
[...]
ausgabe = [
  1,
  2,
]
```

```
veraltete_schreibweise = [
  1,
  2,
]
```

Die veraltete Schreibweise .*. ist ebenfalls mit angegeben, da sie noch in vielen Beispielen zu finden ist. Allerdings sollten Sie nur noch die Variante mit den eckigen Klammern verwenden, da diese deutlich performanter arbeitet.

[!]

Platzhalter nicht kombinieren

Es ist nicht möglich, mehrere Platzhalter innerhalb eines Ausdrucks zu verwenden. `var.some_list[*].*` funktioniert z. B. nicht.

7.9 Nützliche Funktionen und Beispiele

In diesem Abschnitt finden Sie noch einmal eine Auswahl an besonders hilfreichen Funktionen, Problemsituationen und weiteren Spezialfällen, gepaart mit nützlichen Beispielen.

7.9.1 Die element-Funktion

Die Funktion `element` wird besonders oft in hochmodularisiertem Code verwendet, der auf Skalierung ausgelegt ist.

Im nachstehenden Beispiel finden Sie drei OpenStack-Ressourcen:

- eine Ressource zur Erstellung einer virtuellen Maschine,
- eine Ressource zur Buchung einer öffentlichen IPv4-Adresse und
- zuletzt eine Ressource, um die öffentliche IPv4-Adresse der virtuellen Maschine zuzuordnen.

```
resource "openstack_compute_instance_v2" "instance" {
  count = var.counter

  name              = "${var.project}-${count.index}"
  flavor_name       = var.flavor
  image_name        = var.image
  key_pair          = var.pubkey
  availability_zone = var.zone
  security_groups   = var.secgroups
```

```
  network {
    name = "net-common"
  }
}

resource "openstack_networking_floatingip_v2" "fip" {
  count = var.counter

  pool = var.vip_pool
}

resource "openstack_compute_floatingip_associate_v2" "fip_assoc" {
  count = var.counter

  instance_id = element(openstack_compute_instance_v2.instance[*].id,
count.index)
  floating_ip = element(openstack_networking_floatingip_v2.fip[*].address,
count.index)
}
```


Weil alle Ressourcen durch den Parameter `count` in Schleifen ausgeführt werden und dadurch jeweils mehrere Instanzen jeder Ressource erstellt werden, lässt sich in der Zuordnung der IP-Adresse (`openstack_compute_floatingip_associate_v2`) nicht einfach die direkte Referenz auf die Ressource angeben. Hier kommt die Funktion `element` in Kombination mit Platzhaltern und ebenfalls dem Parameter `count` zum Einsatz.

Die Ressource `fip_assoc` durchläuft selbst bei der Erstellung eine Schleife, somit steht auch bei jedem Schleifendurchlauf der Block-lokale Wert `count.index` zur Verfügung. Die Funktion `element` erlaubt den Zugriff auf Listen mittels eines Zählers, ähnlich wie bei Arrays. Beim ersten Durchlauf besitzt `count.index` den Wert `0`, daher wird über `element` auf das Element der Liste an diesem Index zugegriffen. Analog funktioniert der Zugriff in allen weiteren Schleifendurchläufen.

Damit der Zugriff auf ein Attribut für jedes Element einer Liste ermöglicht wird, kommt in diesem Beispiel eine Platzhalterliste (siehe Abschnitt 7.8) zum Einsatz.

Die Funktion `element` lässt sich übrigens auch schachteln!

7.9.2 Verschachtelte Variablen

Ist es erforderlich, den Schlüssel (Key) einer Map aus einer Zeichenkette und dem Inhalt einer anderen Variablen zusammenzusetzen, kann dies so umgesetzt werden:

```
variable "my_map" {
  default = {
    "server_eins" = "01",
    "server_zwei" = "02",
    "server_drei" = "03",
  }
}

variable "some_value" {
  default = "zwei"
}

output "ausgabe" {
  value = "Es wurde Server Nummer ${var.my_map["server_${var.some_
  value}"]} gewählt!"
}
```

Im Beispiel wurde eine verschachtelte Variable verwendet. Der Zugriff auf die Map erfolgt über die äußere Variable `${var.my_map["..."]}`. Die Zeichenkette, die als Schlüssel für den Zugriff auf die Map verwendet wird, wird aus der Zeichenkette `server_` und der Variablen `${var.some_value}` zusammengebaut. Dieser Ausdruck wird innerhalb der Anführungszeichen der äußeren Variablen angegeben.

7.9.3 Die abspath-Funktion

Werden Verzeichnisse oder Dateien nur mit relativen Pfaden (*./unterverzeichnis/noch_ein_unterverzeichnis/*) übergeben, kann der absolute Pfad mittels `abspath` ermittelt werden. Es wird dabei nicht überprüft, ob die Datei oder das Verzeichnis existiert.

```
variable "relative_file_path" {
  default = "./archive.xz"
}
output "absolute_file_path" {
  value = abspath(var.relative_file_path)
}
```

7.9.4 Die pathexpand-Funktion

Arbeiten Sie oder Ihre Kolleginnen und Kollegen mit einer Mischung aus Unix-basierten Betriebssystemen wie Linux, macOS, FreeBSD, openBSD oder Solaris, kann es passieren, dass die Tilde (~) in Pfadangaben unterschiedlich interpretiert wird. Auch die Benutzerverzeichnisse (Home Directories) liegen häufig in abweichenden Verzeichnissen.

Da Terraform die Tilde standardmäßig nach */home/BENUTZERNAME* auflöst, kann dies zu Problemen führen. Die Funktion pathexpand schafft hier Abhilfe, indem entsprechend dem unterliegenden Betriebssystem der passende Wert ermittelt wird.

Kombiniert mit der file-Funktion, lässt sich so recht einfach der öffentliche SSH-Schlüssel einbinden, ohne dass das nur auf einem Teil der Systeme funktioniert.

Als Beispiel ein Ausgabewert, der den Inhalt des öffentlichen Schlüssels ausgibt:

```
output "oeffentlicher_ssh_schluessel" {
  value = file(pathexpand("~/.ssh/id_rsa.pub"))
}
```


7.9.5 Die lookup-Funktion

Mithilfe der Funktion lookup kann ein einzelner Schlüssel aus einer Liste von Schlüssel-Wert-Paaren (Map) angesteuert und dessen Wert ausgelesen werden.

Normalerweise geht dies auch problemlos ohne die lookup-Funktion:

```
variable "my_map" {
  default = {
    "foo" = "eins"
    "bar" = "zwei"
    "baz" = "drei"
  }
}

output "ausgabe_ohne_lookup" {
  value = var.my_map["foo"]
}
```

Allerdings können Sie beim Zugriff über lookup einen Ersatzwert (*Default Value*) mitgeben, der zurückgegeben wird, falls der Schlüssel in der Map nicht vorhanden ist.

```
variable "my_map" {
  default = {
    "foo" = "eins"
    "bar" = "zwei"
    "baz" = "drei"
  }
}

output "ausgabe_mit_lookup" {
  value = lookup(var.my_map, "foo", "Huch, hier fehlt ein Wert")
}
```

```
output "ausgabe_uengueltiger_key_mit_lookup" {
  value = lookup(var.my_map, "XXX", "Huch, hier fehlt ein Wert")
}
```

Beim Ausführen mittels `terraform apply` gibt der erste Ausgabewert korrekt `eins` zurück. Der Zugriff auf den nicht vorhandenen Schlüssel `XXX` gibt statt eines Fehlers den Ersatzwert `Huch, hier fehlt ein Wert` zurück.

Außerdem lassen sich mit der `lookup`-Funktion komplizierte Strukturen einfach darstellen:

```
variable "server_name" {
  default = "webserver"
}

variable "server_ips" {
  default = {
    "webserver_1" = "10.100.50.101"
    "webserver_2" = "10.100.50.102"
    "webserver_3" = "10.100.50.103"
    "dbserver_1"  = "10.100.40.101"
    "dbserver_2"  = "10.100.40.102"
  }
}

resource "null_resource" "some_resource" {
  count = 3

  provisioner "local-exec" {
    command = "echo ${lookup(var.server_ips, "${var.server_name}_
${count.index + 1}","")}"
  }
}
```

Durch die Verwendung der `count`-Anweisung parallelisiert Terraform die Ausführung für diese Ressource. Das führt unter anderem dazu, dass die Ausgabe nicht linear erfolgt, wie die nachstehende Ausgabe zeigt:

```
$ terraform apply
[...]
null_resource.some_resource[0]: Creating...
null_resource.some_resource[1]: Creating...
null_resource.some_resource[2]: Creating...
null_resource.some_resource[2]: Provisioning with 'local-exec'...
```

```
null_resource.some_resource[1]: Provisioning with 'local-exec'...
null_resource.some_resource[0]: Provisioning with 'local-exec'...
null_resource.some_resource[2] (local-exec): Executing: ["/bin/sh" "-c" "echo
10.100.50.103"]
null_resource.some_resource[1] (local-exec): Executing: ["/bin/sh" "-c" "echo
10.100.50.102"]
null_resource.some_resource[0] (local-exec): Executing: ["/bin/sh" "-c" "echo
10.100.50.101"]
null_resource.some_resource[2] (local-exec): 10.100.50.103
null_resource.some_resource[0] (local-exec): 10.100.50.101
null_resource.some_resource[2]: Creation complete after 0s
[id=4155235955492207561]
null_resource.some_resource[1] (local-exec): 10.100.50.102
null_resource.some_resource[0]: Creation complete after 0s
[id=4713194346292048647]
null_resource.some_resource[1]: Creation complete after 0s
[id=1512462805194983011]

Apply complete! Resources: 3 added, 0 changed, 0 destroyed.
```

7.9.6 Der count-Parameter

Sie können den `count`-Parameter auch auf `0` setzen. Hartkodiert im Terraform-Code, erscheint das wenig sinnvoll. Spannend ist diese Möglichkeit, weil Sie dadurch semidynamisch Module verwenden oder nicht verwenden können.

Das folgende Beispiel nutzt eine Variable, die definiert, ob Terraform in der Testumgebung oder in der Produktion arbeitet. Um mit einer Kopie der produktiven Datenbank ausgiebige Tests durchführen zu können, gibt es ein Modul, das die Daten aus der produktiven Datenbank in die Testumgebung kopiert. Dieses Modul, benannt `copy_prod_database_to_test`, soll natürlich nur in der Testumgebung ausgeführt werden.

Das wird durch den ternären Operator bewirkt, der basierend auf dem Wert der Variablen `testing_mode` den `count`-Parameter auf `0` oder `1` setzt.

```
variable "testing_mode" {
  default = true
}

[...]

module "copy_prod_database_to_test" {
```

```
  count = testing_mode ? 1 : 0
  source = "./copy_prod_database_to_test"
}
```

Natürlich müssen Sie dafür sorgen, dass in der produktiven Umgebung der Wert der Variablen `testing_mode` auf `false` gesetzt wird.

7.9.7 Der Block-lokale Wert count.index

Wie bereits häufiger gezeigt, eignet sich der Block-lokale Wert `count.index` besonders gut, um fortlaufende Namen oder Ähnliches zu generieren. Nachfolgend soll noch ein weiteres Beispiel einen schnellen Überblick liefern:

```
[...]
resource "aws_instance" "instance" {
  count = var.counter

  ami           = data.aws_ami.ubuntu.id
  instance_type = "t3.micro"
  cidr_block    = [172.16.0.0/24]
  private_ips   = ["172.16.0.${(count.index + 1) * 10 + 0}"]

  tags = {
    Name = "Webserver-${count.index}"
  }
}

resource "aws_instance" "appserver" {
  count = var.counter

  ami           = data.aws_ami.ubuntu.id
  instance_type = "t3.micro"
  cidr_block    = [172.16.0.0/24]
  private_ips   = ["172.16.0.${(count.index + 1) * 10 + 1}"]

  tags = {
    Name = "Appserver-${count.index}"
  }
}
```

Entsprechend dem Wert von `count.index` würden für die Webserver und die Appserver jeweils nicht nur die Namen fortlaufend generiert werden, sondern auch die privaten IP-Adressen. Im Beispiel wurde über die Multiplikation mit 10 die Schrittweite vorgegeben. Durch Nutzung von + 1 bei den Appservern erhalten diese jeweils eine um eins höhere IP-Adresse als der zugehörige Webserver:

- Webserver-0: `172.16.0.10`
- Appserver-0: `172.16.0.11`
- Webserver-1: `172.16.0.20`
- Appserver-1: `172.16.0.21`
- Webserver-2: `172.16.0.30`
- Appserver-2: `172.16.0.31`

[!]

Vorsicht bei statischen IP-Adressen

Bitte sehen Sie unbedingt davon ab, statische IP-Adressen zu verwenden. IP-Adressen wurden nur verwendet, um das Beispiel verständlich zu halten. Die Verwendung von statischen Adressen widerspricht der Philosophie des *Cloud-Native*-Ansatzes. Verwenden Sie stattdessen DNS oder Loadbalancer, um Ihre Infrastruktur flexibel und zukunftsorientiert zu halten.

7.9.8 Validierung von Benutzereingaben

In Abschnitt 6.2 wurde die Überprüfung von Variablentypen vorgestellt, die einfache Fälle von Falscheingaben eines Benutzers abfangen kann. Ebenfalls vorgestellt wurde der Parameter `validation`, der erweiterte Möglichkeiten bietet, Benutzereingaben mit regulären Ausdrücken zu prüfen.

```
variable "seed_number" {
  description = "Geben Sie eine Zahl zwischen 1 und 100 ein."
  type        = number

  validation {
    condition     = regex("^[1-9][0-9]?$|^100$", var.seed_number)
    error_message = "Die eingegebene Zahl liegt nicht zwischen 1 und 100!"
  }
}
```

Im Beispiel wird mithilfe der `regex`-Funktion überprüft, ob die Variable einen Zahlenwert zwischen 1 und 100 beinhaltet. Ist dies nicht der Fall, wird eine Fehlermeldung ausgegeben.

Die `regex`-Funktion würde selbst in einen Fehler laufen, wenn der Inhalt der Variablen keine Zahl ist, sondern z. B. ein boolescher Wert. Im Beispiel wird dies durch den `type`-

Parameter unterbunden. Die Prüfung auf die Eingabe einer Zahl (type = number) ist zuverlässig und verhindert Eingaben von Zeichenketten oder booleschen Werten.

```
$ terraform apply
var.seed_number
  Geben Sie eine Zahl zwischen 1 und 100 ein.

  Enter a value: true

|
| Error: Invalid value for input variable
|
| on main.tf line 1:
| 1: variable "seed_number" {
|
| Unsuitable value for var.seed_number set using an interactive prompt: a
  number is required.
|
$ terraform apply
var.seed_number
  Geben Sie eine Zahl zwischen 1 und 100 ein.

  Enter a value: "5"

|
| Error: Invalid value for input variable
|
| on main.tf line 1:
| 1: variable "seed_number" {
|
| Unsuitable value for var.seed_number set using an interactive prompt: a
  number is required.
```

Die Prüfung der Eingaben ist jedoch, wie in Abschnitt 6.2 erwähnt, nur bedingt hilfreich, wenn die Variable eine Zeichenkette enthalten soll. Eingaben wie 5 würden in "5" umgewandelt und akzeptiert.

Für den Fall, dass die im validation-Block verwendete Funktion selbst in einen Fehler läuft, können Sie den Aufruf der Funktion in einen Aufruf von can() einschließen. Wie in Abschnitt 7.7 und in der Dokumentation zur Funktion nachzulesen ist, fängt die can-Funktion Fehler ab und gibt einen Wahrheitswert zurück: *https://developer.hashicorp.com/terraform/language/functions/can*.

[!]

Vorsicht bei can

Bitte beachten Sie, dass can nicht immer hilfreich ist und sogar zu Fehlverhalten führen kann. Setzen Sie diese Funktion nur mit Bedacht ein.

Ein Beispiel für den falschen Einsatz von can:

```
variable "flavor" {

  validation {
    condition     = can(contains(["1C-2GB-10GB", "2C-4GB-20GB",
                               "4C-16GB-40GB"], var.flavor))
    error_message = "Flavor must be one of 1C-2GB-10GB,
                     2C-4GB-20GB or 4C-16GB-40GB"
  }
}
```

Im Beispiel ist die can-Funktion um die contains-Funktion platziert. Dies würde jedoch die Abfrage von contains vollständig aushebeln.

Anders als die regex-Funktion gibt contains lediglich einen booleschen Wert zurück. Die can-Funktion überprüft aber nur, ob die übergebene Funktion *erfolgreich* ausgeführt werden konnte. Ist dies der Fall, gibt can true zurück. Treten beim Ausführen der übergebenen Funktion Fehler auf, wird von der can-Funktion false zurückgegeben. Auch bei einem Rückgabewert von false wurde die Funktion contains jedoch erfolgreich ausgeführt, und die can-Funktion gibt true zurück. Daher verfälscht die can-Funktion an dieser Stelle das Ergebnis.

```
$ terraform apply
var.flavor
  Enter a value: Unsinn

No changes. Your infrastructure matches the configuration.
Terraform has compared your real infrastructure against your configuration and
found no differences, so no changes are needed.

Apply complete! Resources: 0 added, 0 changed, 0 destroyed.
```

Wird die can-Funktion entfernt, kommt wie erwartet eine Fehlermeldung:

```
$ terraform apply
var.flavor
  Enter a value: Unsinn

|
```

```
| Error: Invalid value for variable
|
| on main.tf line 1:
| 1: variable "flavor" {
| |————-
| | var.flavor is "Unsinn"
|
| Flavor must be one of 1C-2GB-10GB, 2C-4GB-20GB or 4C-16GB-40GB
|
| This was checked by the validation rule at main.tf:3,3-13.|
```

7.9.9 Typprüfungen zur Validierung von Benutzereingaben

Es folgt noch ein Beispiel für mehrere `validation`-Blöcke, angewendet auf eine komplexe Variable. Als Eingabe wird eine Liste von Maps erwartet, wobei jede Map den Schlüssel `name` enthalten *muss* sowie die Schlüssel `count`, `flavor` und `image` enthalten *kann*.

Der Code ist auch im Git-Repository zu diesem Buch verfügbar.

Damit Sie das Beispiel selbst ausführen können, ist ein indirekter Aufruf als Modul hilfreich. Speichern Sie den folgenden Terraform-Code in den Unterordner *submodule* in einer Datei namens *variable_with_validations.tf*.

```
variable "all_vm_specs" {
  description = "single variable that holds all information for multiple
                virtual machines"
  type = list(
    object({
      name   = string
      count  = optional(number)
      flavor = optional(string, "1C-2GB-10GB")
      image  = optional(string, "Ubuntu 22.04")
    })
  )

  validation {
    condition = alltrue([
      for entry in var.all_vm_specs : (
        contains(["1C-2GB-10GB", "2C-4GB-20GB", "4C-16GB-40GB"], entry.flavor)
      )
    ])
    error_message = "No valid flavor defined. Valid options are 1C-2GB-10GB,
                    2C-4GB-20GB or 4C-16GB-40GB"
```

```
  }
  validation {
    condition = alltrue([
      for entry in var.all_vm_specs : (
        contains(["Ubuntu 20.04", "Ubuntu 22.04", "SLES 15"], entry.image)
      )
    ])
    error_message = "No valid image defined. Valid options are Ubuntu 20.04,
                     Ubuntu 22.04 or SLES 15"
  }
}
```


Der folgende Code in der Datei *main.tf* ruft das Modul auf und setzt die komplexe Variable `all_vm_specs`:

```
module "variable_with_validations" {
  source = "./submodule"

  all_vm_specs = [
    {
      name   = "webserver"
      flavor = "1C-2GB-10GB"
      image  = "Ubuntu 22.04"
    },
    {
      name   = "database"
      flavor = "2C-4GB-20GB"
      image  = "Ubuntu 22.04"
    }
  ]
}
```

Die Verzeichnisstruktur sieht so aus:

```
$ tree
.
|- main.tf
'- submodule
    '- variable_with_validations.tf
```

Der Aufruf von `terraform init` gefolgt von `terraform apply` zeigt, dass alle Angaben richtig sind und akzeptiert werden.

Ändern Sie jetzt in der Datei *main.tf* einige Angaben und testen Sie erneut. Wollen Sie beispielsweise `flavor 4C-2GB-10GB` sowie `Ubuntu 18.04` für die Datenbank verwenden, wird dies abgelehnt:

```
$ terraform apply
|
| Error: Invalid value for variable
|
| on main.tf line 4, in module "variable_with_validations":
| 4: all_vm_specs = [
| 5: {
| 6: name = "webserver"
| 7: flavor = "4C-2GB-10GB"
| 8: image = "Ubuntu 22.04"
| 9: },
| 10: {
| 11: name = "database"
| 12: flavor = "2C-4GB-20GB"
| 13: image = "Ubuntu 18.04"
| 14: }
| 15: ]
| |--------
| | var.all_vm_specs is list of object with 2 elements
|
| No valid flavor defined. Valid options are 1C-2GB-10GB,
| 2C-4GB-20GB or 4C-16GB-40GB
|
| This was checked by the validation rule at
| submodule/variable_with_validations.tf:12,3-13.
|
| Error: Invalid value for variable
|
| on main.tf line 4, in module "variable_with_validations":
| 4: all_vm_specs = [
| 5: {
| 6: name = "webserver"
| 7: flavor = "4C-2GB-10GB"
| 8: image = "Ubuntu 22.04"
| 9: },
| 10: {
| 11: name = "database"
| 12: flavor = "2C-4GB-20GB"
| 13: image = "Ubuntu 18.04"
```

```
| 14: }
| 15: ]
| |————-
| | var.all_vm_specs is list of object with 2 elements
|
| No valid image defined. Valid options are Ubuntu 20.04,
| Ubuntu 22.04 or SLES 15
|
| This was checked by the validation rule at
| submodule/variable_with_validations.tf:20,3-13.
```


7.9.10 TF_VAR_-Umgebungsvariablen

In vielen Szenarien wird Terraform durch andere Programme gestartet und nicht durch einen Benutzer. Dies kann z. B. ein Makefile oder ein Python-Skript sein. In diesen Fällen kann es notwendig sein, Informationen zu übergeben. Auch für containerbasierte Abläufe, z. B. innerhalb eines Kubernetes-Clusters, kann die Übergabe von Informationen notwendig werden.

Über das `TF_VAR_`-Präfix können diese Informationen als Umgebungsvariablen zur Verfügung gestellt werden. Sie stehen so direkt beim Aufruf von Terraform zur Verfügung. In Skripten und Makefiles ist es ein Leichtes, Umgebungsvariablen zu setzen. Beim Arbeiten in Kubernetes-Clustern können diese über *ConfigMaps* bereitgestellt werden: *https://kubernetes.io/docs/concepts/configuration/configmap*.

Kapitel 8
Updates und Day 2 Operations

Neben dem Deployment, d. h. dem eigentlichen Bereitstellen von Infrastruktur und Anwendungen, spielt auch die Wartung einer Umgebung eine große Rolle beim Einsatz von Terraform. Dieses Kapitel zeigt, wie eine Infrastruktur mit Terraform kontinuierlich gepflegt wird. Besonderes Augenmerk wird dabei auf den sogenannten *Day 2 Operations* liegen, also den operativen Tätigkeiten, die nach der Inbetriebnahme neuer Infrastruktur anfallen.

Das Bereitstellen und Installieren eines Betriebssystems auf einem Server und das Konfigurieren eines Webservers sind, je nach Definition, Teil der Day-0- oder Day-1-Phase. Hier kann Terraform wie beschrieben einen großen Beitrag zur Vereinfachung und Vereinheitlichung liefern.

Wie sieht es jedoch im weiteren Verlauf aus? Wie ist mit Updates und Veränderungen an der Infrastruktur und den darauf laufenden Diensten und Applikationen umzugehen? Wie kann Terraform hier helfen? Wie können Fehler im Umgang mit Terraform und die daraus resultierenden Probleme vermieden werden? Diesen Fragen widmet sich dieses Kapitel.

8.1 Backup, Backup, Backup

Um die Wichtigkeit dieses Bereichs hervorzuheben, wird das Thema Backup an den Anfang dieses Kapitels gestellt – auch weil dieses Thema mit Terraform nichts zu tun hat. Oder besser gesagt: gerade weil Terraform mit Backups nichts zu tun hat.

Aus Sicht von Terraform ist eine virtuelle Maschine nur eine Ressource bei einem Cloud-Anbieter. Eine austauschbare Ressource, die durch einige Merkmale wie Betriebssystemabbild, Anzahl der CPU-Kerne und RAM-Größe definiert wird.

Stimmt der tatsächliche Zustand der Umgebung nicht mehr mit dem Wunschzustand überein, der deklarativ im Terraform-Code definiert wurde, führt Terraform Aktionen aus, um beide wieder in Übereinstimmung zu bringen. Hierbei geht Terraform wie mehrfach angemerkt rigoros vor: Der Wunschzustand wird hergestellt. Die bestehenden Ressourcen werden angepasst oder, falls das nicht möglich ist, entfernt und durch neue Ressourcen anhand der gewünschten Spezifikation ersetzt.

Um das Ganze in ein Schaubild zu gießen, stellen Sie sich bitte folgendes fiktives Szenario vor:

Eine Mitarbeiterin hat bei der Datenbank-VM den Blockstorage von 100 GB auf eine Größe von 150 GB erweitert. Die Änderung wurde über die Weboberfläche des Cloud-Anbieters vorgenommen. Eine Vergrößerung ist im laufenden Betrieb möglich, daher erfolgte die Änderung ohne Unterbrechung des Diensts.

Kurze Zeit später verwendet die gleiche Mitarbeiterin Terraform, um in der gleichen Landschaft eine VM zu Testzwecken zu erstellen. Besagte Mitarbeiterin sendet die Befehle `terraform plan` und `terraform apply` ab, ohne auf die geplanten Änderungen zu achten. Terraform stellt fest, dass der Wunschzustand für den Blockstorage »100GB« angibt, es werden jedoch 150 GB vorgefunden. Die logische Konsequenz für Terraform ist, dass die Ressource nicht dem Soll-Zustand entspricht. Da sich Blockstorage zwar im laufenden Betrieb erweitern, aber nicht verkleinern lässt, wird also der existierende Speicher von 150 GB samt allen enthaltenen Daten gelöscht. Kurz darauf wird neuer Blockstorage mit einer Größe von 100 GB erstellt und angehängt.

Die Datenbank ist somit zerstört und nicht mehr funktionsfähig. Selbst wenn ein Backup der Daten vorhanden ist, dauert es eine gewisse Zeit, dieses wiederherzustellen. Außerdem sollte nicht außer Acht gelassen werden, dass dieses Backup im besten Fall bereits einige Minuten oder Stunden alt ist. Es gehen also in jedem Fall Daten verloren.

Daher prüfen Sie schon in der Planungsphase, wie Sie mit diesen Stolperfallen umgehen. Beobachten Sie, was Terraform macht und was nicht. Wichtig ist es hierbei, alle beteiligten Abteilungen, Teams und Fachbereiche zu involvieren.

Schulen Sie Ihre Mitstreiter und setzen Sie auf ein Vier-Augen-Prinzip, bevor Terraform gestartet wird. Schränken Sie die Berechtigungen sowohl in den Weboberflächen der Cloud-Anbieter als auch für Terraform auf das Nötigste ein.

In Notfällen kann hiervon abgewichen werden, dies muss jedoch wasserdicht und nachvollziehbar dokumentiert werden. Es ist wenig sinnvoll, wenn der Datenbank der Speicher ausgeht, dies vom 24/7-Supportteam am Wochenende manuell repariert wird und Sie und Ihre Kollegen diese Änderung am Montag inklusive Datenverlust rückgängig machen.

8.2 Überprüfung und automatische Qualitätskontrollen für Terraform-Code

Immer dann, wenn Änderungen mit Terraform durchgeführt werden, sollte der zugrunde liegende Terraform-Code von mindestens zwei verschiedenen Personen begutachtet werden, also eine *Code Review* durchlaufen. Meist ist dies die Person, die für die Änderung verantwortlich ist, sowie ein weiteres Teammitglied, das die Umgebung gut kennt und Probleme erkennen kann.

In der Softwareentwicklung ist das Prinzip des Pair Programming schon seit Jahrzehnten ein gängiger Standard, um Fehler zu vermeiden und Wissen weiterzugeben. Auch sind Code Reviews fester Bestandteil der professionellen Entwicklungsarbeit.

Eine gute DevOps-Kultur bedeutet auch, dass Admins von diesen Ansätzen lernen. Das heißt nicht, dass alle Methoden der Entwicklungsarbeit direkt kopiert werden müssen, aber die zusätzliche Kontrolle durch die gemeinsame Arbeit kann Ihnen besonders bei komplizierten und kritischen Deployments so manches graue Haar ersparen.

Einfach umzusetzen ist dies zum Beispiel mit einer Versionsverwaltung. So können z. B. auf GitHub sogenannte *Branch Protection Rules* angelegt werden, die es verbieten, dass Codeänderungen direkt übernommen werden können. Andere Anbieter bieten ähnliche Funktionen unter anderen Namen. Hier können auch noch weitere Schritte (Stichwort CI/CD-Pipelines) unternommen werden, die automatisch den Befehl `terraform plan` ausführen und dessen Ausgabe als Kommentar im Pull Request hinterlassen.

Je nach Bedarf kann dieses Konstrukt noch weiter ausgebaut werden. Sie müssen für sich und Ihr Team ein gutes Mittelmaß zwischen Komfort und Absicherung wählen.

8.3 Mit Terraform arbeiten

Wenn Sie sich entschließen, Terraform zur Pflege Ihrer Infrastruktur einzusetzen, sollte dies umfassend kommuniziert werden.

Es ist nicht nur die Einführung eines neuen Werkzeugs, sondern gleichzeitig die Abschaffung manueller Arbeitsschritte. Das bedeutet häufig auch, dass diese manuellen Arbeitsschritte untersagt werden. Die Zugriffsrechte werden neu sortiert, gegebenenfalls auch entzogen. Gerade der Entzug kann für Unmut in der Kollegschaft sorgen. Nehmen Sie sich also Zeit für die Planungsphase, sodass alle Abteilungen informiert sind und etwas beitragen können. Dazu kommt, dass meist auch bereits existierende Infrastruktur erst in Terraform-Code übersetzt werden muss.

Wenn Sie mit einem neuen Projekt ohne vorher bestehende Strukturen starten (also »auf der grünen Wiese« loslegen), ist das ganze Vorhaben natürlich etwas einfacher.

Zusammenfassend lässt sich sagen: Sobald Sie Terraform nutzen, sollten Sie *ausschließlich* Terraform nutzen.

8.4 Überwachung (Monitoring) der Umgebung

Ein Teil der operativen Aufgaben nach der Inbetriebnahme neuer Infrastruktur ist immer, den Zustand der Umgebung im Blick zu haben. Reicht die Anzahl der Webserver, um den anfallenden Traffic zu bearbeiten? Sind die virtuellen Maschinen ausreichend dimensioniert, oder kommt es zu Engpässen in Bezug auf CPU-Auslastung, RAM etc.?

Bei der eigentlichen Überwachung der Umgebung kann Terraform nicht helfen. Hier sind andere, speziell darauf ausgelegte Lösungen wie Icinga2 oder Prometheus nötig, um die zwei bekanntesten Vertreter alten und neuen Monitorings zu erwähnen. Wohl aber kann Terraform bei den auszuführenden Aktionen helfen, die aufgrund des Monitorings anstehen.

8.4.1 Horizontale Skalierung bei Lastspitzen

Stellen Sie sich ein Szenario vor, in dem mehrere Webserver hinter einem Loadbalancer stehen, der die Anfragen auf die Webserver verteilt. Technische Feinheiten wie die Persistenz von Benutzersitzungen bleiben in der folgenden Betrachtung außen vor, das Grundprinzip bleibt aber auch in derartigen Fällen gleich.

Das Monitoring zeigt, dass die Last der Webserver auf einem hohen Niveau liegt, aber bisher noch nicht zu Beeinträchtigungen der User führt. Bevor es so weit kommt, ist das Ops-Team gefragt und muss eine Lösung für das Problem suchen.

Eine Lösung ist, die Anzahl der Webserver zu erhöhen. Hierdurch werden die eingehenden Anfragen auf mehrere Schultern verteilt, sodass die einzelnen Webserver weniger Arbeit haben und die Last hoffentlich auf ein akzeptables Niveau sinkt. Dieses Vorgehen, bei dem die Anzahl an Instanzen erhöht wird, die Spezifikation der Instanzen jedoch gleich bleibt, wird gemeinhin als *horizontale Skalierung* bezeichnet. Ein Beispiel für die *horizontale Skalierung* zeigt Abbildung 8.1.

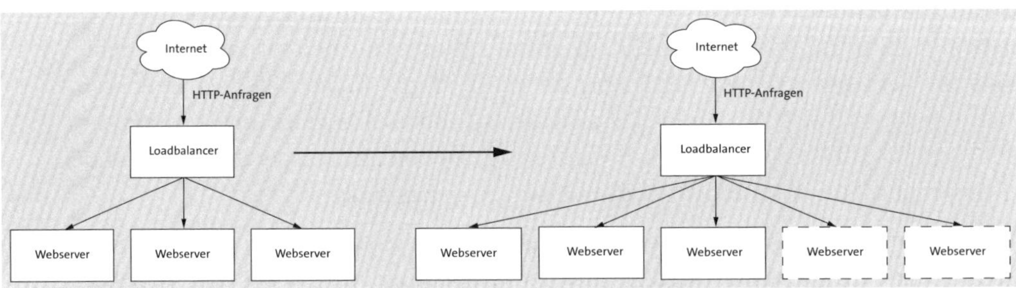

Abbildung 8.1 Horizontale Skalierung durch Erzeugung neuer Ressourcen

Wurde die Infrastruktur mit Terraform aufgebaut, kann Terraform auch zur Lösung dieses Problems verwendet werden. Im besten Fall wird der Wert einer Variablen in Terraform erhöht, die die Anzahl der Webserver enthält. Nach einem Aufruf von `terraform apply` stehen weitere virtuelle Maschinen zur Nutzung als Webserver zur Verfügung. Die Konfiguration der Webserver, d. h die Installation und Konfiguration von

Apache, Nginx oder Ähnlichen und des Loadbalancers davor, kann wie bereits beschrieben auf viele Arten erfolgen. Im gängigsten Fall wird einfach das verwendete Konfigurationsmanagement durch das Monitoring gestartet. Je nach Umgebung kann es auch möglich sein, die Konfiguration des Loadbalancers direkt per Terraform anpassen zu lassen. Die IP-Adressen der Webserver-VMs kennt Terraform ja.

Sobald der Loadbalancer die Webserver als funktional erkennt (Stichwort *Healthchecks*), nimmt er sie in Betrieb und verteilt Anfragen auf die neuen Webserver.

Das Ops-Team kann die Situation anschließend beobachten und anhand des Monitorings entscheiden, ob die Last in Ordnung oder weiterhin zu hoch ist. In diesem Fall wird die eben geschilderte Prozedur nochmals durchgeführt, die Variable angepasst, neue Webserver-VMs werden erstellt und konfiguriert, und anschließend wird abermals abgewartet.

Sinkt die Arbeitslast, weil sie z. B. saisonbedingt schwankt (Weihnachtsgeschäft, Schulbeginn etc.), kann Terraform auch hier die nicht mehr benötigten Ressourcen aufräumen. Hier muss die Loadbalancer-Konfiguration ebenfalls angepasst werden, sodass nicht mehr existierende Webserver keine Anfragen mehr erhalten.

Wichtig in diesem Beispiel ist, dass Terraform hier vollkommen losgelöst vom Monitoring verwendet wird, d. h., es existiert standardmäßig keine Kopplung zwischen Monitoring und Terraform. Je nach Umgebung kann eine solche Kopplung gewünscht sein, um manuelle Interaktion zu vermeiden oder zu vermindern. In anderen Umgebungen ist es gewünscht, dass die letzte Entscheidungsinstanz immer ein Mensch sein soll, der die Aktion genehmigt.

Zu erwähnen sei hier, dass viele Cloud-Anbieter spezielle Funktionalitäten bieten, um ohne Terraform direkt innerhalb der Cloud auf Lastspitzen zu reagieren und zusätzliche Ressourcen bereitzustellen. Inwiefern derartige Funktionen bei Ihrem Cloud-Anbieter verfügbar, für Ihren Anwendungsfall technisch geeignet und überdies wirtschaftlich sinnvoll sind, muss im Einzelfall entschieden werden.

8.4.2 Vertikale Skalierung von virtuellen Maschinen

Ein anderes Fehlerbild ist die falsche Dimensionierung von virtuellen Maschinen. Typischerweise fehlen der VM virtuelle CPUs oder RAM, die in der VM laufende Applikation verweigert daher ihren Dienst. Auch der starke Anstieg der Nutzung des Swap-Speichers bei Speichermangel fällt in diese Kategorie und führt zu Beeinträchtigungen bis hin zum Ausfall des Diensts.

Derartige Fehler müssen über das Monitoring der Umgebung bemerkt werden – im besten Fall, bevor auch nur ein einziger Kunde davon beeinträchtigt wird. Aber wie jeder erfahrene Mitarbeiter schmerzhaft lernen musste, gibt es Fehler, die trotz intensiven Testens erst im produktiven Einsatz auftreten. Wie heißt das Sprichwort? »Kein Plan übersteht den ersten Feindkontakt.«

Wie im vorherigen Abschnitt beschrieben, kann Terraform beim eigentlichen Monitoring, der Suche nach dem zugrunde liegenden Fehler und einer Lösung hierfür, nicht helfen. Es kann nur ein Werkzeug sein, das bei der Beseitigung des Problems hilft.

Zeigt sich, dass die Dimensionierung der VM der Grund für das Fehlverhalten ist, kann Terraform nach Anpassung der entsprechenden Angaben im Terraform-Code eine neue VM ausreichender Größe erstellen. Dies nennt sich *vertikale Skalierung* (siehe Abbildung 8.2).

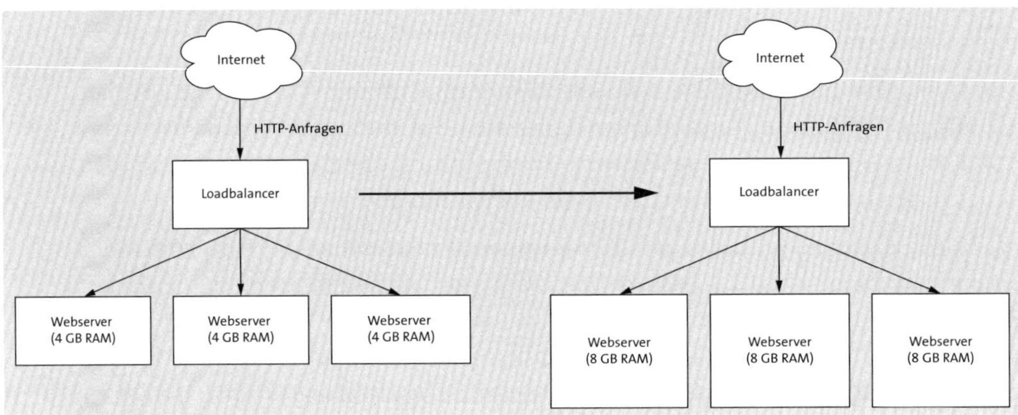

Abbildung 8.2 Vertikale Skalierung von Webservern durch Vergrößerung des Arbeitsspeichers

Der Teufel steckt hierbei jedoch im Detail.

In der Standardeinstellung führt die Anpassung der Spezifikationen einer virtuellen Maschine dazu, dass Terraform korrekt erkennt, dass der tatsächliche Zustand der Umgebung nicht dem deklarativ beschriebenen Wunschzustand entspricht. Terraform führt daher die nötigen Schritte aus, um den Wunschzustand herzustellen. Je nach verwendetem Provider führt dies dazu, dass die bestehende VM-Ressource vergrößert oder aber abgerissen wird, um anschließend eine neue VM-Ressource mit den angepassten Spezifikationen zu erstellen. Dies kann zu einem Ausfall des Diensts führen, während die alte VM entfernt, die neue VM bereitgestellt, hochgefahren und gegebenenfalls durch ein Konfigurationsmanagementsystem eingerichtet wird.

Wie in Abschnitt 7.5, »Deployments versionieren«, bereits angerissen wurde und später in diesem Kapitel detaillierter beschrieben wird, kann das Verhalten von Terraform durch die sogenannten `lifecycle`-Parameter bedingt angepasst werden. So kann mittels des `create_before_destroy`-Parameters die neue VM erstellt werden, bevor die alte VM entfernt wird. Dies führt jedoch zum einen zu größerem Ressourcenverbrauch während des Parallelbetriebs beider virtueller Maschinen, und zum anderen wartet Terraform nur, bis die neue Ressource aus dessen Sicht verfügbar ist, bevor es die alte Ressource entfernt. Dass nach dem Erstellen der virtuellen Maschine noch das Konfigurationsmanagement die Konfiguration anpasst und gegebenenfalls ein Backup von Daten zurückgespielt werden muss, ist Terraform standardmäßig nicht bekannt und wird daher nicht berücksichtigt. Sprich, auch in diesem Fall kann es zu einer Unterbrechung des Diensts kommen, sofern die Anwenderin nicht Vorkehrungen z. B. durch Provisioner mit Healthchecks trifft.

In den meisten Fällen ist es sinnvoller, schon bei der Planung den Fokus auf die horizontale Skalierung zu setzen. Das heißt nicht, dass sich vertikale Skalierung immer vermeiden lässt, vielmehr soll stets darauf geachtet werden, dass eine horizontale Skalierung ermöglicht wird.

8.4.3 Wenn horizontale Skalierung nicht mehr ausreicht

Es sei nur ganz kurz angerissen, dass horizontale Skalierung nicht das Allheilmittel ist. Auch hier können Sie an technische oder gar physikalische Grenzen stoßen.

Wenn ein Dienst eine absurd hohe Anzahl an Anfragen handhaben muss, kann es sich lohnen, ihn auf mehrere Regionen zu verteilen. Der Terraform-Code hierfür bleibt in den meisten Fällen nahezu identisch, muss jedoch auf unterschiedliche (geografische) Regionen angewandt werden. Um dennoch ein Zusammenspiel der Regionen zu erreichen, helfen Techniken wie DNS Loadbalancing und Tools wie Apache Kafka, CockroachDB und einige weitere Geo-Replikationswerkzeuge von den Cloud-Anbietern selbst.

8.5 Updates und Änderungen einspielen

Ein wichtiger Bestandteil der Day 2 Operations ist der Betrieb und die Instandhaltung der bestehenden Infrastruktur. Dies betrifft gegebenenfalls auch die physikalische Hardware, sofern Sie ein eigenes Rechenzentrum oder eigene Hardware in *Colocation* betreiben.

Bei Hardware kann Ihnen Terraform nur bedingt Unterstützung anbieten.

Das Aktualisieren (*Patching*) ist wichtiger Bestandteil der Day 2 Operations. Dies umfasst sowohl das Bereitstellen und Einspielen von (Sicherheits-)Updates des Betriebssystems als auch das Einspielen von Updates für die von Ihnen betriebenen Anwendungen (Webserver, Datenbanken, eigene Anwendungen etc.). Auch was Patch-Prozesse in bestehenden Maschinen angeht, ist Terraform jedoch das falsche Werkzeug.

Sofern Sie Terraform als Werkzeug frühzeitig in Ihre Planung einfließen lassen, können Sie jedoch Konzepte wie *Immutable Infrastructure* umsetzen. Und dabei kann Ihnen Terraform eine große Hilfe sein.

8.5.1 Immutable Infrastructure

Hinter dem Begriff *Immutable Infrastructure* verbirgt sich ein aus dem Cloud-native-Umfeld stammendes Konzept, bei dem eine einmal aufgebaute Ressource nicht mehr verändert wird. Stattdessen wird eine neue Ressource aufgebaut, die dann die alte Ressource ersetzt. In der Dokumentation finden Sie dazu weitere Infos: *https://www.hashicorp.com/resources/what-is-mutable-vs-immutable-infrastructure*.

Um dieses Konzept zu erläutern und die Vor- und Nachteile herauszuarbeiten, wird wieder auf das Beispiel mit einem Loadbalancer sowie mehreren Webservern zurückgegriffen: Der Loadbalancer ist den Webservern vorgeschaltet und verteilt die eingehenden Anfragen an die Webserver. Dazu prüft er, ob die Webserver erreichbar sind.

Bisherige Vorgehensweise

Die bisher gängige Vorgehensweise sieht ungefähr wie folgt aus:

Ein Server wird aus der Loadbalancer-Konfiguration genommen, um ihn per `zypper`, `yum`, `dnf`, `apt` oder per Windows-Update auf den aktuellen Stand zu bringen und die Sicherheitsupdates einzuspielen. Nach einem Neustart kann der Server wieder in die Loadbalancer-Konfiguration eingetragen werden, woraufhin sich das Spiel mit dem nächsten Server wiederholt. Die genannten Schritte werden so lange wiederholt, bis alle Webserver aktualisiert wurden.

Dieser Prozess kann zwar automatisiert werden, hat jedoch einige Unzulänglichkeiten. Was passiert beispielsweise, wenn nach dem Ausrollen der Updates auf einigen Servern ein Fehler auftritt, der scheinbar durch die Updates verursacht wurde, jedoch in den vorher stattfindenden Tests nicht aufgefallen ist? Was passiert, wenn der Server nach einem Update nicht mehr startet? Genauso kann es passieren, dass erst im Monitoring auffällt, dass sich die Perfomancemetriken seit dem Update signifikant verschlechtert haben.

In diesem Fall muss jeder einzelne Server durch Deinstallation oder Zurückrollen der Updates auf den alten und funktionierenden Zustand zurückgebracht werden. Dies ist mit viel manuellem Einsatz verbunden und skaliert daher sehr schlecht, wenn es um eine Vielzahl an Maschinen geht. Auch kann es durch Updates zu nicht abwärtskompatiblen Änderungen gekommen sein, die sich zwischen den Versionen unterscheiden. Das könnte z. B. durch Änderungen an den Datenbankschemata geschehen.

Vorgehensweise bei Immutable Infrastructure

Immutable Infrastructure versucht, diese Probleme zu umgehen, indem von Anfang an anders an das Thema Updates herangegangen wird.

Anstatt die bestehende Ressource anzufassen und zu ändern, wird eine weitere, neue Ressource aufgebaut und konfiguriert. Dann kann die neue Ressource die tatsächlichen Anfragen bearbeiten, und die alte Ressource kann nach einer gewissen Karenzzeit entfernt werden. Über die Konfiguration des Loadbalancers lässt sich jederzeit steuern, welche Webserver Anfragen erhalten.

Zu beachten ist, dass das Erstellen und Konfigurieren der neuen Ressource auch das Bereitstellen etwaig benötigter Daten umfasst. Dies sollte über das Konfigurationsmanagement automatisiert abgebildet werden.

Um auf das Webserverbeispiel zurückzukommen:

Anstatt die Webserver einzeln anzufassen und zu aktualisieren, werden *neue* Webserver-VMs mit einem aktuellen Betriebssystemabbild installiert. Dadurch sind in diesen Maschinen alle Sicherheitsupdates bereits enthalten. Dann können diese neuen Webserver in die Loadbalancer-Konfiguration eingetragen werden und erhalten Anfragen. Treten Probleme auf, werden die neuen Webserver wieder aus der Konfiguration geworfen, sodass nur die alten Webserver Anfragen beantworten.

Erst wenn sichergestellt ist, dass die neuen Webserver einwandfrei funktionieren, werden die alten Webserver entfernt.

So weit die grundsätzlichen Erläuterungen zu Immutable Infrastructure. Für die genaue Vorgehensweise beim Ersetzen sei auf die noch folgenden Ausführungen zum Thema Blue-Green-Deployments, Canary-Deployments & Co. im Verlauf des Kapitels verwiesen.

Im Zusammenhang mit Immutable Infrastructure sei noch eine Anmerkung zur ebenfalls aus der Cloud-native-Welt stammenden Redewendung »Pets vs. Cattle«, zu Deutsch »Haustiere im Gegensatz zur Viehherde«, erlaubt. Auch wenn sie aus ethischer Sicht ein fragwürdiges Bild entwirft, besteht der Hauptunterschied darin, dass Sie Ihre Server nicht als Haustiere betrachten sollten. Anstatt sie zu hegen und zu pflegen, sollen sie als austauschbar und leicht zu ersetzen betrachtet werden. In die gleiche Richtung geht das Bilder der »Snowflake«-Server, die alle manuell erstellt und konfiguriert werden. Dies führt leider am Ende dazu, dass jeder Server so einzigartig ist wie eine Schneeflocke. Stattdessen ist es besser, die Serverkonfiguration komplett zu automatisieren, sodass das Ersetzen eines Servers ohne Handarbeit ablaufen kann.

Die gesamte Infrastruktur ist das Hauptaugenmerk. Anstatt händisch erstellte Server mühsam wieder instand zu setzen und zu hoffen, dass alle gleich konfiguriert wurden, werden neue (und hoffentlich) funktionierende Server als Ersatz erstellt. Die alten Server werden entfernt. Diese Arbeitsweise funktioniert nur bei massivem Einsatz von Automatisierung und Infrastructure as Code, führt aber aufgrund der bereits dargelegten Vorteile zu einem einfacheren und weniger aufwendigen Betrieb der Infrastruktur.

8.5.2 Koordiniertes Ausrollen neuer Versionen

Der vorangegangene Abschnitt hat die grundsätzliche Vorgehensweise beim Update mittels Immutable Infrastructure dargelegt, jedoch zu Vereinfachungszwecken einige nicht unwichtige Details ausgelassen. Wichtigster Punkt ist die genaue Abfolge der Aktionen, wenn neue Webserver erstellt und alte Webserver entfernt werden. Hier haben sich in der Praxis mehrere Philosophien und Konzepte entwickelt. Diese sollen im Folgenden genauer erläutert werden.

Der Vorschlaghammer

In der Standardeinstellung wird Terraform bei Unterschieden in der Definition einer Ressource zwischen Ist- und Soll-Zustand versuchen, diese so zu ändern, dass der Soll-Zustand erreicht wird. Das setzt jedoch voraus, dass die gewünschte Änderung vom Provider ohne Entfernen und Neuaufbauen der Ressource möglich ist.

Ein gängiges Beispiel ist die bei Erstellung einer virtuellen Maschine verwendbare `cloud-init`-Konfiguration. `cloud-init` ist ein Mechanismus, der es erlaubt, in beschränktem Maß Konfigurationsanweisungen von außen in eine VM hineinzureichen. So können grundlegende Dienste wie DNS und Netzwerk konfiguriert und z. B. ein weiteres Konfigurationsmanagement wie Chef, Puppet, Ansible oder Salt kann gestartet werden. Terraform bietet je nach Provider die Möglichkeit, diese Konfigurationsdatei vorzubereiten und bei der Kommunikation mit der API des Cloud-Anbieters mitzuschicken.

Was jedoch gern übersehen wird: Ändert die Administratorin die Definition dieser `cloud-init`-Konfigurationsdatei, und sei es auch nur aufgrund eines Tippfehlers in einem Kommentar, betrachtet Terraform dies beim nächsten Aufruf von `terraform apply` als Änderung an der Definition der virtuellen Maschine. Terraform wird versuchen, den gewünschten Soll-Zustand herzustellen. Leider heißt dies, dass die virtuelle Maschine neu installiert werden muss, um die geänderte `cloud-init`-Konfiguration anzuwenden.

Ein anderes gängiges Beispiel ist die Änderung des Betriebssystemabbilds, die zu einer Neuinstallation der virtuellen Maschine führt. Abschnitt 8.5.4, »Ausrollen neuer Betriebssystemabbilder«, geht auf dieses Szenario ein.

Langer Rede, kurzer Sinn: Wenn die Anwenderin ihr Augenmerk nicht auf die Update-Strategie legt, wird ein Update der Konfiguration zu einer Unterbrechung des Diensts, also zu Downtime führen. Dies kann je nach Einsatzszenario akzeptabel sein,

z. B. wenn der Befehl `terraform apply` automatisiert nur in wöchentlichen Wartungszeiträumen ausgeführt wird. In den meisten Fällen wird die Infrastruktur aber kontinuierlich in weitaus kürzeren Intervallen konfiguriert. Hier ist eine solche Unterbrechung des Diensts nicht wünschenswert.

Wichtig ist, dass Sie die Risiken kennen und entscheiden können, ob eine Unterbrechung des Diensts für Sie akzeptabel ist oder nicht.

Das Ausführen des Befehls `terraform plan` zeigt Ihnen jedoch an, ob eine Ersetzung und damit auch eine Unterbrechung auftreten wird.

Zero-Downtime-Deployments

Ein weiterer Trumpf im Buzzword-Bingo ist das sogenannte *Zero-Downtime-Deployment*, das HashiCorp selbst in einem Tutorial anhand des DigitalOcean-Providers beschreibt. Die Grundlagen sollten jedoch auch für andere Provider gelten: *https://www.hashicorp.com/blog/zero-downtime-updates-with-terraform*.

Sie wissen, dass Terraform Ressourcen löschen und neu erstellen wird, wenn eine Änderung der Ressource nicht möglich ist. Wie in Abschnitt 7.5 beschrieben, kann die Reihenfolge von Entfernen und Neuerstellen durch Verwendung des `create_before_destroy`-Metaarguments umgedreht werden. Dadurch würde zuerst die neue Ressource erstellt und für einen gewissen Zeitraum parallel mit der alten Ressource existieren, sofern dies vom verwendeten Provider unterstützt wird. Bei einer solchen Vorgehensweise ist es wichtig, dass während des Deployment-Prozesses eine Prüfung stattfindet, ob die erstellte Resource bzw. der Dienst auch wie erwartet verfügbar ist. Ist das der Fall, kann sie genutzt werden, und die alte Ressource kann entfernt werden. Würde ein solcher Kontrollmechanismus fehlen, würde im schlimmsten Fall das Ersetzen der Ressource eine Unterbrechung des Diensts verursachen.

Die ideale Vorgehensweise beim Zero-Downtime-Deployment ist es, eine Prüfung des Diensts einzurichten, z. B. über einen `local-exec`-Provisioner (siehe Abschnitt 7.2) in der Definition der Ressource. Hierdurch wird während des Deployments sichergestellt, dass die neue Ressource erstellt wurde *und* verfügbar ist, bevor die alte Ressource entfernt wird.

Dazu bedarf es eines kleinen Exkurses in die Interna von Terraform: Je nach Provider wird jeder Auftrag, den Terraform an die API des Providers schickt, asynchron abgearbeitet. Das bedeutet, dass Terraform periodisch nachfragt, ob der Auftrag bereits vollständig ausgeführt wurde. Im Normalfall wartet Terraform hier jedoch nur die Rückmeldung des Providers ab, um die neue Ressource als fertig zu deklarieren. Bei virtuellen Maschinen kann dies bedeuten, dass die Maschine noch vom Betriebssystemabbild bootet, das Konfigurationsmanagement (falls vorhanden) noch Anpassungen vornimmt und somit die Einrichtung der VM aus Sicht der Anwenderin noch nicht abgeschlossen ist. Für Terraform ist die Ressource jedoch bereits fertig, daher beginnt Terraform damit, die alte Ressource zu entfernen.

Woher sollte Terraform auch wissen, was genau die Anwenderin unter fertig versteht?

Die Nutzung eines `local-exec`-Provisioner ist eine Möglichkeit, Terraform genau diese Information zur Verfügung zu stellen und zu prüfen. Das genannte Tutorial enthält den folgenden Codeblock:

```
provisioner "local-exec" {
  command = "./check_health.sh ${self.ipv4_address}"
}
```

Hierdurch würde Terraform das Skript */check_health.sh* aufrufen, das die IP-Adresse der virtuellen Maschine als Argument enthält. Dieses Skript sollte periodisch den Zustand der VM testen und so lange laufen, wie die Rückmeldung nicht zufriedenstellend ist. Am Beispiel eines Webservers würden Sie z. B. per `curl` oder `wget` versuchen, eine HTTP-Verbindung zu öffnen. Kommt die Verbindung zustande, wird anschließend die Ausgabe gegen die Erwartungen validiert. Dies kann über die Kontrolle des Inhalts geschehen (z. B. soll die Webseite die Phrase `Willkommen bei terraformbuch.de` enthalten) oder über den Statuscode (erhalten Sie einen HTTP-Statuscode 200 zurück?) erfolgen.

Erst wenn die Kontrolle erfolgreich ist, beendet sich dieses Skript erfolgreich. Und erst dann betrachtet Terraform die virtuelle Maschine als fertig und würde die alte VM-Ressource entfernen.

Classic-, Blue-Green-, Canary-Deployment und Rolling Releases

Abbildung 8.3 zeigt ein Deployment mit einer Unterbrechung des Diensts, wie es beim Ausführen von `terraform apply` nach z. B. der Änderung des Betriebssystemabbilds passiert. Alle Server werden gleichzeitig aktualisiert, in dieser Zeit steht der Dienst nicht zur Verfügung.

Um dieses Szenario zu vermeiden, haben Sie mehrere Möglichkeiten, die im Folgenden erläutert werden.

Begrifflichkeiten

Die Terraform-Dokumentation bietet ein Tutorial zu *Blue-Green-Deployments*, *Canary-Deployments* und *Rolling Releases*: *https://learn.hashicorp.com/tutorials/terraform/blue-green-canary-tests-deployments*.

Beachten Sie aber, dass die Begrifflichkeiten gerne beliebiger verwendet werden und die eigentliche Definition unscharf ist.

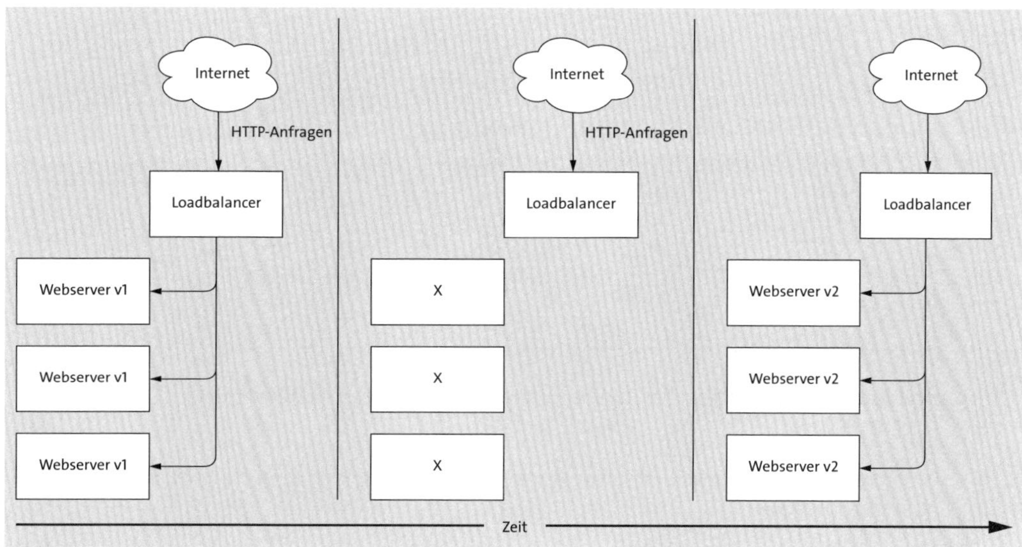

Abbildung 8.3 Unterbrechung des Diensts beim Ändern z. B. des Betriebssystemabbilds

Das Blue-Green-Deployment

Zumeist wird unter einem *Blue-Green-Deployment* der Prozess verstanden, bei dem neben einer bisherigen Infrastruktur (*Blue Deployment*) parallel eine neue Version (*Green Deployment*) aufgebaut wird. Im Beispiel mit einer Gruppe von Webservern ist ein vor den Servern konfigurierter Loadbalancer der Verteiler für die Webserveranfragen. Er leitet die Anfragen auf das eine oder andere Deployment um.

Beim eigentlichen Blue-Green-Deployment wird einfach der komplette Netzwerkverkehr (100 %) auf die neue Version umgeleitet. Sofern keine Fehler auftreten, kann die alte Version, gegebenenfalls nach einer Karenzzeit, abgebaut werden. Damit existiert nur noch die neue Version.

Die grüne Version wird beim nächsten Update dann als alte Version gehandhabt, und eine neue Version (*Blue Deployment*) wird parallel dazu aufgebaut. Dieses Spiel wird im Wechsel bei jeder Änderung durchgeführt.

Der Mechanismus des Blue-Green-Deployments ist fast transparent für eine Endanwenderin wie z. B. den Besucher einer Webseite. Er bekommt gar nicht mit, dass die Infrastruktur einen Versionswechsel erfahren hat.

Abbildung 8.4 zeigt das Schema eines Blue-Green-Deployments.

Eine alternative Umsetzung des Blue-Green-Deployments ist es, die alte Version nicht zu entfernen. Stattdessen wird diese für die Weiterentwicklung genutzt. Diese Alternative ist im Kontext der Immutable Infrastructure jedoch weniger gängig.

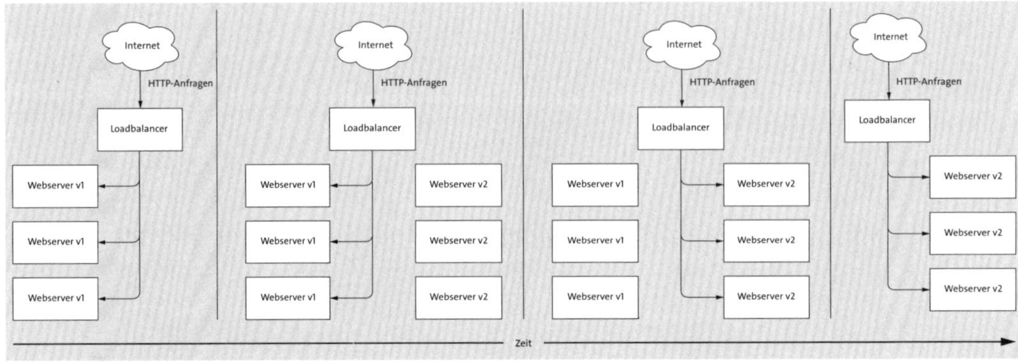

Abbildung 8.4 Schematische Darstellung eines Blue-Green-Deployments

Grue und bleen

Auch hier gibt es Unschärfen, was den zweiten Durchgang angeht. Seien Sie also nicht verwundert, wenn manche das grüne Deployment als »blau« deklarieren, sobald es stabil ist, während andere beim zweiten Durchgang von einem Green-Blue-Deployment sprechen.

Das Canary-Deployment

Ein *Canary-Deployment* baut auf dem soeben beschriebenen reinen Blue-Green-Deployment auf, unterscheidet sich jedoch von diesem. Der Unterschied ist, dass nicht auf einmal von alt (blau) nach neu (grün) umgeschaltet wird.

Der Ursprung des Begriffs kommt aus dem Bergbau, wo Kanarienvögel eingesetzt wurden, um frühzeitig auf austretendes Grubengas aufmerksam gemacht zu werden. Die Kanarienvögel starben zuerst an Grubengasvergiftung, bevor die Arbeiter gefährdet waren. Durch aufmerksame Beobachtung der Kanarienvögel konnte der Schutz der Arbeiter gewährleistet oder es konnte zumindest das Risiko minimiert werden.

Auf diesen Anwendungsfall bezogen, würden einige User als Kanarienvögel dienen und die neue Version testen. Das heißt auch, dass ein gewisser Bruchteil der Anwendung defekt sein kann. Treten Probleme auf (und werden diese auch bemerkt), können alle Anfragen wieder an die alte Version umgeleitet werden, sodass der Weiterbetrieb der Anwendung nicht gefährdet ist. Wie genau die Umsetzung dieses Mechanismus realisiert wird, ist stark vom Anwendungsfall abhängig. Beispielhaft kann es so aussehen:

1. 100 % der Zugriffe auf das alte Deployment
2. Beginn des *Canary-Deployments*: 10 % der Zugriffe auf das neue Deployment, 90 % weiterhin auf das alte Deployment

3. 50 % der Zugriffe auf jedes Deployment
4. 90 % der Zugriffe auf das neue Deployment, nur noch 10 % auf das alte Deployment
5. 100 % der Zugriffe auf das neue Deployment
6. Abbau des alten Deployments

Selbstverständlich wird jeder Schritt aufmerksam beobachtet, und nach jedem Schritt wird ein Zeitlang getestet, ob es zu Problemen kommt. Erst wenn keine Auffälligkeiten bemerkt wurden, wird der nächste Schritt angegangen.

Auch in diesem Fall ist eine erhöhte Ressourcennutzung notwendig, da große Teile der Infrastruktur doppelt vorhanden sind. Dies kann zu hohen Mehrkosten führen, was mit den Kosten beim Ausfall des Diensts in Relation gesetzt werden muss. Der Umsatzausfall eines großen Webshops kann schnell astronomische Höhen erreichen, sodass die Aufwendungen für derartige Deployments wirtschaftlich die bessere Alternative sind. Wie immer ist hier keine generelle Aussage möglich, und Sie müssen für Ihren Anwendungsfall entscheiden, wie Sie verfahren wollen oder können.

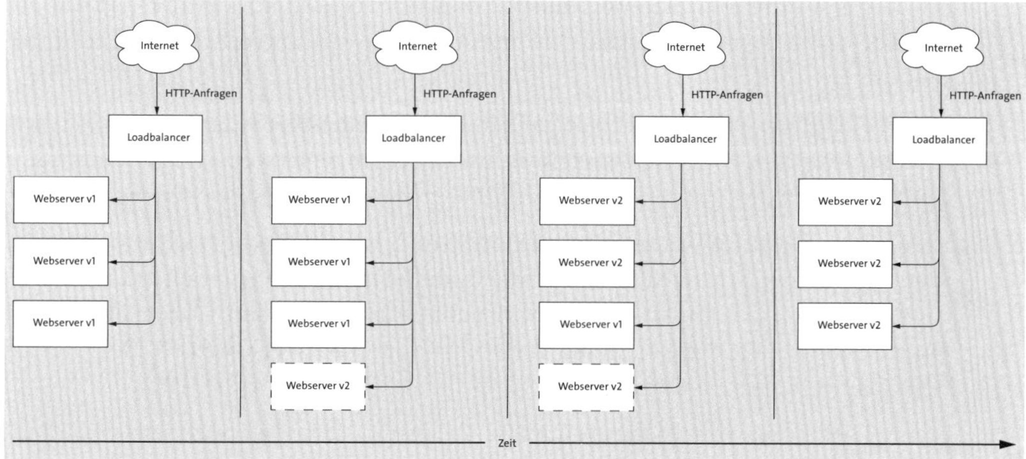

Abbildung 8.5 Schematische Darstellung eines Canary-Deployments

Das Rolling Release bzw. Rolling Deployment

Das *Rolling Release* oder *Rolling Deployment* ist (je nach Definition) ein Spezialfall des Canary-Deployments.

Beim Canary-Deployment werden alle Server, sowohl die alten als auch die neuen, parallel betrieben, bis aller Netzwerkverkehr auf die neue Version umgeleitet ist. Hingegen werden beim Rolling Release existierende Server direkt durch neue Server ersetzt, also die Gesamtanzahl nicht geändert. Je nach Gesamtanzahl der Server sind auch andere Schritte denkbar. Bei Hunderten von Servern kann mit einer Schrittweite von einem Server gestartet und die Schrittweite kann auf fünf und später zehn Server erhöht werden.

Vorteil ist, dass nicht die doppelte Anzahl an Servern für den gesamten Update-Zeitraum in Betrieb ist, sondern nur ein oder fünf oder zehn zusätzliche Server benötigt werden, je nach Schrittweite.

Nachteilig ist, dass ältere Server abgerissen werden, sobald der neue Server in Betrieb genommen und getestet wurde. Hierdurch wird das Zurückkehren auf einen älteren Stand beim Auftreten von Fehlern spät im Update-Prozess unmöglich.

8.5.3 Umsetzung der Release-Strategien mit Terraform

Unabhängig davon, für welche der genannten Strategien Sie sich entscheiden: Terraform kann Sie dabei unterstützen, falls der verwendete Provider eine Funktionalität dafür bereithält. Terraform selbst bietet keine derartige Funktionalität an.

Viele der verfügbaren Terraform-Deployments verwenden beispielsweise eine AWS Auto Scaling Group, die logischerweise nur bei AWS unterstützt wird. Andere nutzen die von den Providern bereitgestellten Loadbalancer und konfigurieren diese per Terraform. Hierdurch können Sie die Verteilung des Netzwerkverkehrs per Terraform steuern.

Die offizielle Dokumentation zu Terraform setzt das *Blue-Green-Deployment* mit zwei unterschiedlichen Versionen einer Ressource in Form eines Webservers um: *https://learn.hashicorp.com/tutorials/terraform/blue-green-canary-tests-deployments*.

Hierbei erstellt die Anwenderin neuen Code parallel zum alten, um das grüne Deployment zu erstellen. Anschließend wird die Update-Strategie in Form einer Loadbalancer-Konfiguration definiert und dem Loadbalancer übergeben. Durch Anpassung einer einzigen Zeile Code kann die Verteilung von »100 % blau« zu »10 % grün und 90 % blau« etc. geändert werden.

Wenngleich funktional, ist dies keine schöne Lösung, da immer noch sehr viel Handarbeit gefragt ist. Tatsächlich ist hier Ihre Kreativität gefragt, da vieles zu stark vom einzelnen Anwendungsfall abhängig ist. Terraform kann unterstützen, allerdings auch nicht immer.

8.5.4 Ausrollen neuer Betriebssystemabbilder

Alle Linux-Distributionen, sowohl aus dem Enterprise-Umfeld als auch kostenlos verfügbare, bieten periodisch aktualisierte Installationsmedien an, um bei der Installation direkt einen aktuelleren Stand an Paketen zu installieren. Dies erspart das aufwendige Nachinstallieren aller verfügbaren Updates direkt nach der Installation und kann so die Installationszeiten verkürzen. Bei Microsoft-Windows-Abbildern ist das leider nicht immer der Fall.

Unabhängig davon bietet es sich an, die neuesten Installationsmedien auch für alle neu erstellten virtuellen Maschinen in Ihrer Infrastruktur zu verwenden. Leider jedoch gehört das Betriebssystemabbild zu den Eigenschaften einer virtuellen Maschine, die sich nicht ohne das Neuerstellen der Ressource ändern lassen.

```
resource "openstack_compute_instance_v2" "webserver" {
  name        = "webserver"
  flavor_name = "4C-4GB-40GB"
  image_name  = "openSUSE Leap 15.3"
[...]
}
```


Im Beispiel verwendet Terraform zum Erstellen einer virtuellen Maschine das Image mit dem Namen `openSUSE Leap 15.3`. Ändern Sie diese Angabe auf eine andere Version wie `openSUSE Leap 15.3.1`, führt das zum Neuaufbau der Maschine.

Je nach verwendetem Cloud-Anbieter gibt es zwei Möglichkeiten, auf Betriebssystemabbilder zuzugreifen. Sie können entweder die eindeutige ID verwenden oder wie im Beispiel über einen Namen darauf zugreifen. Dies bietet Ihnen gegebenenfalls die Möglichkeit, den Namen des alten Abbilds zu ändern und anschließend das aktualisierte Betriebssystemabbild unter dem alten und bisher verwendeten Namen bereitzustellen.

Auf diese Weise sieht Terraform nicht, dass sich hinter dem gleichen Namen ein anderes Abbild verbirgt, und würde bestehende Maschinen nicht entfernen und neu aufbauen. Durch Nutzung von `terraform apply -replace` (siehe Kapitel 12) können Sie einzelne Maschinen dann mit der neueren Version neu bereitstellen lassen, sofern dies gewünscht ist.

8.6 Lifecycle-Management mit Terraform

Wie bereits in den vorangegangenen Abschnitten gezeigt, versucht Terraform beim Aufruf von `terraform apply`, den Ist-Zustand und den gewünschten Soll-Zustand in Einklang zu bringen. Alles, was nicht passt, wird passend gemacht. Falls die Änderung aufgrund von Beschränkungen des Providers etc. nicht möglich ist, wird abgerissen und neu gebaut.

Dieses Verhalten kann in produktiven Umgebungen potenziell zu Datenverlust und Unterbrechungen führen. Daher sollten Sie sich dessen bewusst sein und diese Informationen in Ihren Arbeitsablauf einbauen.

Terraform bietet mit dem sogenannten `lifecycle`-Parameter (den die Dokumentation gern als `meta-argument` bezeichnet) in bedingtem Maße Möglichkeiten, Einfluss auf das Verhalten von Terraform zu nehmen. Inwiefern das sinnvoll ist und ob diese

Anpassungen ausreichend und hilfreich sind, wird in diesem Abschnitt behandelt. Abschließend wird kurz auf die Nutzung der Befehlsoption `terraform apply -replace` eingegangen, da deren Nutzung in den Lebenszyklus einer Ressource eingreift und hiermit thematisch dicht am `lifecycle`-Parameter ist.

8.6.1 Der lifecycle-Parameter

Der `lifecycle`-Parameter wird von allen Ressourcentypen unterstützt und kann einfach in die Definition der Ressource mit aufgenommen werden. Üblicherweise werden Metaargumente (wie z. B. auch `count`) an den Anfang einer Ressourcendefinition geschrieben.

```
resource "openstack_compute_instance_v2" "webserver" {
  lifecycle {
    create_before_destroy = true
    prevent_destroy       = true
    ignore_changes        = []
    replace_triggered_by  = []

    precondition {}
    postcondition {}
  }

  [...]
}
```

Innerhalb des `lifecycle`-Parameters stehen die vier im Beispiel gezeigten Anweisungen `create_before_destroy`, `prevent_destroy`, `ignore_changes` und `replace_triggered_by` zur Verfügung. Dazu gesellen sich die zwei Blockanweisungen `precondition` und `postcondition` mit selbst konfigurierbarem Verhalten. Die Anweisungen `create_before_destroy` und `prevent_destroy` sind boolesche Werte, die standardmäßig auf falsch (`false`) stehen. Zur Aktivierung muss der Wert auf `true` gesetzt werden.

`ignore_changes` und `replace_triggered_by` hingegen erwarten eine Liste mit Attributnamen. Standardmäßig ist diese Liste leer.

`precondition` und `postcondition` ermöglichen logische Abfragen vor und nach der Ressourcenerstellung bzw. Modifikation. Schlägt die gewählte Kondition fehl, wird die selbst erzeugte Fehlermeldung ausgegeben.

Da das Metaargument `lifecycle` tief in die Entscheidungsfindung von Terraform eingreift, ist es hier nicht möglich, mit Variablen oder Bedingungen zu arbeiten. Der folgende Codeblock führt zu Fehlern beim Ausführen von `terraform validate` oder `terraform apply`:

```
variable "variable_for_prevent_destroy" {
  value = true
}

resource "openstack_compute_instance_v2" "webserver" {
  lifecycle {
    # Die Nutzung von Variablen führt zu einem Fehler
    prevent_destroy = vars.variable_for_prevent_destroy
  }

  name        = "webserver"
  flavor_name = "4C-4GB-40GB"
  image_name  = "openSUSE Leap 15.3"
}
$ terraform validate
.
| Error: Variables not allowed
|
| on main.tf line 12, in resource "openstack_compute_instance_v2"
| "webserver":
| 12: prevent_destroy = vars.variable_for_prevent_destroy
|
| Variables may not be used here.
'

.
| Error: Unsuitable value type
|
| on main.tf line 12, in resource "openstack_compute_instance_v2"
| "webserver":
| 12: prevent_destroy = vars.variable_for_prevent_destroy
|
| Unsuitable value: value must be known
```

Folgende Anweisungen können Sie beim Lifecycle-Management nutzen.

Die Option ignore_changes

Terraform prüft normalerweise alle Eigenschaften einer Ressource und vergleicht diese mit dem Soll-Zustand. Jede Abweichung einer Eigenschaft führt dazu, dass die Ressource angepasst wird. Sollte eine Anpassung nicht möglich sein, wird die Ressource entfernt und eine neue, exakt den Anforderungen entsprechende Ressource erstellt.

Die Option ignore_changes bietet der Anwenderin die Möglichkeit, bestimmte Attribute auszuschließen, sodass deren Änderungen nicht zu Aktionen seitens Terraform führen. Ein gängiges Beispiel sind tags, die viele Ressourcen bieten und von z. B. Backup-Programmen benutzt werden. Ändert das Backup-Programm diese tags an einer Ressource, soll das nicht zum Entfernen und Neuerstellen dieser Ressource führen. Daher muss die Anwenderin Terraform dies wie folgt mitteilen:

```
resource "aws_instance" "example" {
  lifecycle {
    ignore_changes = [
      tags,
    ]
  }

  [...]
}
```

Hiermit ignoriert Terraform Diskrepanzen im tags-Attribut einer Ressource und lässt sie nicht in die Entscheidung, ob Änderungen an dieser Ressource nötig sind, einfließen.

Bitte beachten Sie, dass nur das Attribut an sich ignoriert werden kann. Es kann jedoch nicht geprüft werden, wie es sich geändert hat, d. h., welche Einträge hinzugekommen sind, geändert oder entfernt wurden.

Wenn die Anwenderin jegliche Änderungen an einer Ressource ignorieren möchte, kann dies durch Nutzung des Pseudoattributs all (nicht als Liste!) konfiguriert werden:

```
resource "aws_instance" "example" {
  [...]

  lifecycle {
    # nicht als Liste angeben!
    ignore_changes = all
  }
}
```

Ab jetzt würde Terraform diese Ressource zwar erstellen, sofern sie noch nicht existiert, aber anschließend nie wieder ändern. Der Aufruf von terraform destroy würde diese Ressource jedoch wie üblich entfernen, die ignore_changes-Option hat hierauf keinen Einfluss.

Die Option prevent_destroy

Die Option `prevent_destroy` innerhalb des `lifecycle`-Parameters verhindert die Entfernung einer Ressource.

```
resource "openstack_compute_instance_v2" "webserver" {
  lifecycle {
    prevent_destroy = true
  }

  [...]
}
```


Sofern die Anwenderin diese Ressource nicht aus dem Terraform-Code entfernt, wird Terraform immer mit einem Fehler abbrechen, wenn beim Aufruf von `terraform apply` diese Ressource gelöscht würde. Beachten Sie bitte, dass Terraform an dieser Stelle komplett die Arbeit einstellt, es werden auch nicht nur Teile ausgeführt. Erst wenn Terraform feststellt, dass die Ressource nicht gelöscht werden soll, etwa weil Änderungen am Code zurückgenommen werden, funktioniert der Aufruf von `terraform apply` wieder fehlerfrei. Das gleiche Verhalten zeigt übrigens auch der Befehl `terraform destroy`, da dieser Befehl einfach nur ein Alias für `terraform apply -destroy` ist.

```
$ terraform destroy
openstack_compute_instance_v2.webserver: Refreshing state... [id=c53cfd8e-2c0e-475f-b689-46fcfaa32468]
.
| Error: Instance cannot be destroyed
|
| on main.tf line 1:
| 1: resource "openstack_compute_instance_v2" "webserver" {
|
| Resource openstack_compute_instance_v2.webserver has
| lifecycle.prevent_destroy set, but the plan calls for this resource to be
| destroyed. To avoid this error and continue with the plan,
| either disable lifecycle.prevent_destroy or reduce the scope of the plan
| using the -target flag.
```

Entfernt die Anwenderin die Ressource aus dem Code, wird auch der `lifecycle`-Parameter entfernt, daher wird die Ressource dann von Terraform wie gewohnt entfernt.

Um das Entfernen der Ressourcen mittels `terraform destroy` zu ermöglichen, muss die `prevent_destroy`-Option entfernt oder auf `false` gesetzt werden. Der nächste Aufruf von `terraform destroy` führt dann wunschgemäß zum Entfernen der Ressourcen.

Mithilfe der Option -target im Aufruf von terraform apply und terraform destroy wird die Ausführung nur auf die angegebene(n) Ressource(n) begrenzt. Ohne die Angabe würde sie immer auf den kompletten Terraform-Code und alle darin enthaltenen Ressourcen angewendet. Die Option kann aber mehrfach verwendet werden, z. B. um Ressourcen auszublenden.

```
$ terraform destroy -target openstack_compute_instance_v2.webserver
          -target weitere.resource …
[…]
```

Beachten Sie, dass der Schutzmechanismus per prevent_destroy nur greift, wenn die Änderung per Terraform vorgenommen wird. Über die Weboberfläche oder die CLI des Cloud-Anbieters kann die Ressource weiterhin gelöscht werden.

[»]

Weitere Schutzmaßnahmen

Manche Cloud-Anbieter bieten die Möglichkeit, über die Weboberfläche einen zusätzlichen Schutz für Ressourcen vorzunehmen. Werden diese dort als »nicht löschbar« markiert, kann Terraform sich hierüber nicht hinwegsetzen.

Die Option create_before_destroy

Die Option create_before_destroy wurde bereits mehrfach erwähnt, nichtsdestotrotz soll hier nochmals zusammengefasst werden, was sie bewirkt und wann sie zur Anwendung kommen sollte.

Eine Ressource, bei der Terraform die Notwendigkeit zu Änderungen sieht, wird ohne Neuerstellen geändert, sofern dies möglich ist. Änderungen an tags oder anderen Metadaten können möglicherweise im laufenden Betrieb ohne Unterbrechung des Diensts durchgeführt werden. Einer virtuellen Maschine ein neues Betriebssystemabbild zu verpassen, geht jedoch beispielsweise nicht ohne Entfernen und Neuaufbauen der Ressource.

In diesem Fall ist das normale Vorgehen von Terraform, zuerst die alte, »inkorrekte« Ressource zu entfernen und anschließend die neue Ressource zu erstellen. In dieser Zeit ist die Ressource nicht verfügbar. Muss die Ressource, beispielsweise eine Datenbank, nach dem Erstellen durch Terraform noch konfiguriert werden oder müssen Daten aus einem Backup eingespielt werden, verlängert sich die Zeit entsprechend.

Wie in Abschnitt 8.5.2, »Koordiniertes Ausrollen neuer Versionen«, zu *Zero-Downtime-Deployments* beschrieben, kann durch Nutzung der create_before_destroy-Option und z. B. einen Provisioner diese Ausfallzeit möglicherweise minimiert werden. Die Option create_before_destroy bewirkt, dass Terraform die Reihenfolge von Entfernen und Neuaufbauen umdreht, es wird also parallel zur bestehenden Ressource eine weitere aufgebaut. Erst wenn diese aus Sicht von Terraform fertig ist, wird die alte Ressource entfernt. In Kombination mit einem Provisioner ließe sich ein Healthcheck-Skript ausführen, um Terraform den genauen Zeitpunkt vorzuschreiben, an dem es die Ressource als fertig betrachten soll. Beispielsweise würden das Skript und damit der Provisioner erst dann erfolgreich beendet, wenn die Datenbank oder der Webserver erreichbar und funktionsbereit ist, und nicht schon, sobald die blanke virtuelle Maschine beim Cloud-Anbieter erstellt wurde. Abschnitt 8.5.2 zeigt ein Beispiel für einen solchen Provisioner-Aufruf.

Nachteil dieser Option ist vor allem der kurzzeitig doppelte Ressourcenverbrauch während des Parallelbetriebs beider Ressourcen. Je nach Ressource können hier schnell hohe Kosten anfallen, die aus wirtschaftlicher Sicht gegen die Kosten eines Dienstausfalls für eine bestimmte Zeit aufgewogen werden müssen.

Zu beachten ist zudem, dass dieses Vorgehen nicht in allen Fällen möglich ist. Wenn providerspezifische Beschränkungen die Erstellung zweier Ressourcen gleichen Namens nicht zulassen oder dies aus DNS- oder netzwerktechnischen Gründen nicht funktioniert, muss eine andere Lösung gefunden werden. Gleiches gilt für ein Beispiel mit einer Datenbank: Das Backup, das in der neuen Instanz zurückgespielt werden würde, ist vermutlich nicht aktuell genug, sodass die alte Datenbank nicht ohne Datenverlust zu ersetzen wäre.

Die Blöcke precondition und postcondition

Wie die Optionen vorher greifen auch diese beiden Blöcke in das Verhalten Terraforms ein. Abhängig von der gewählten Kondition (`condition`) kann Terraform zum Abbruch verleitet werden. Dabei wird die selbst gewählte Fehlermeldung zurückgegeben. Natürlich ist dies ein mehr oder weniger harter Abbruch, das heißt, dass gegebenenfalls schon Ressourcen erzeugt wurden. Terraform wird diese nicht wieder entfernen. Sie sollten sich dessen also immer bewusst sein. Sowohl `precondition`- als auch `postcondition`-Blöcke können beliebig oft wiederholt werden.

```
resource "openstack_compute_instance_v2" "webserver" {
  lifecycle {
    precondition {
      condition     = var.name == ""
      error_message = "name must not be empty"
    }
    postcondition {
      condition     = self.access_ip_v6 != ""
      error_message = "instance has no ipv6 address assigned"
    }
  }
```

```
  [...]
}
```

Die `precondition` wird noch vor der Erstellung oder Modifikation der Ressource ausgeführt. Trifft ihre Bedingung zu, stoppt Terraform, noch bevor eben diese Ressource erstellt werden würde. Im gezeigten Codeschnipsel würde die Ressource nicht erstellt werden, wenn die Variable `name` leer ist.

Die `postcondition` ist das entsprechende Gegenteil. Sie wird nach der erfolgreichen Erstellung oder Modifikation der Ressource ausgelöst, aber noch bevor potenzielle weitere aufbauende Ressourcen abgearbeitet werden. Im gezeigten Codeschnipsel würde nach der Erstellung oder Modifikation der Ressource geprüft werden, ob ihr Rückgabewert von `access_ip_v6` gefüllt ist. Ist das nicht der Fall, wird abgebrochen.

8.6.2 Erzwingen des Neuerstellens von Ressourcen

Terraform versucht beim Aufruf von `terraform apply`, den Ist-Zustand mit dem gewünschten Soll-Zustand in Einklang zu bringen. Dabei werden alle Ressourcen kontrolliert, und hieraus wird ein Aktionsplan erstellt, der danach anwendbar ist.

Möchte die Anwenderin eine Ressource ersetzen lassen, kann sie natürlich an Terraform vorbei eingreifen und die Ressource direkt beim Cloud-Anbieter löschen. Anschließend würde Terraform bemerken, dass die Ressource außerhalb von Terraform verändert wurde, und erstellt diese neu.

Wie bereits in der Einführung dieses Kapitels beschrieben, ist es jedoch sinnvoll, die Interaktion mit der Infrastruktur so weit wie möglich nur noch per Terraform durchzuführen. Zum Glück gibt es dafür eine Möglichkeit: `terraform apply -replace`.

In älteren Versionen von Terraform gab es zur Lösung dieses Problems den Befehl `terraform taint`, mit dem eine Anwenderin eine Ressource sozusagen als »beschmutzt« markiert. Beim nächsten Aufruf von `terraform apply` würde Terraform diese »beschmutzte« Ressource dann ersetzen. Wenn die Anwenderin es sich anders überlegt, *bevor* sie oder einer ihrer Kollegen den Befehl `terraform apply` ausführt, kann die Markierung der Ressource mittels `terraform untaint` wieder entfernt werden.

Aus Sicht des Terraform-Teams war dieses Vorgehen jedoch problembehaftet, vor allem weil die Änderung nicht sofort umgesetzt wurde. Daher empfiehlt die offizielle Dokumentation zum `taint`-Befehl, das Kommando `terraform taint` nicht mehr einzusetzen. Stattdessen ist die empfohlene Alternative die Verwendung des Befehls `terraform apply -replace=...`

Im Beispiel wird eine einfache virtuelle Maschine in der Ressource `openstack_compute_instance_v2.webserver` beschrieben. Ein erster Aufruf von `terraform apply` zeigt, dass der Zustand der Infrastruktur dem Soll-Zustand entspricht:

```
$ terraform apply
Terraform used the selected providers to generate the following execution plan
. Resource actions are indicated with the following symbols:
  + create

Terraform will perform the following actions:

  # openstack_compute_instance_v2.webserver will be created
  + resource "openstack_compute_instance_v2" "webserver" {
      + access_ip_v4        = (known after apply)
      + access_ip_v6        = (known after apply)
      + all_metadata        = (known after apply)
      + all_tags            = (known after apply)
      + availability_zone   = (known after apply)
      + created             = (known after apply)
      + flavor_id           = (known after apply)
      + flavor_name         = "4C-4GB-40GB"
      + force_delete        = false
      + id                  = (known after apply)
      + image_id            = (known after apply)
      + image_name          = "openSUSE Leap 15.3"
      + name                = "webserver"
      + power_state         = "active"
      + region              = (known after apply)
      + security_groups     = (known after apply)
      + stop_before_destroy = false
      + updated             = (known after apply)

      + network {
          + access_network  = false
          + fixed_ip_v4     = (known after apply)
          + fixed_ip_v6     = (known after apply)
          + floating_ip     = (known after apply)
          + mac             = (known after apply)
          + name            = "net-to-external-terraform"
          + port            = (known after apply)
          + uuid            = (known after apply)
        }
    }

Plan: 1 to add, 0 to change, 0 to destroy.
openstack_compute_instance_v2.webserver: Creating...
openstack_compute_instance_v2.webserver: Still creating... [10s elapsed]
```

```
openstack_compute_instance_v2.webserver: Creation complete after 16s [id=
d254ccc4-836e-46a4-9f95-8b768332999c]

Apply complete! Resources: 1 added, 0 changed, 0 destroyed.
```

Durch den Aufruf mit dem Parameter `-replace=openstack_compute_instance_v2.webserver` erzwingen Sie das Neuerstellen dieser Ressource und sehen direkt die geplante Änderung in der `plan`-Ausgabe, die vor der Bitte um Bestätigung angezeigt wird:

```
$ terraform apply -replace=openstack_compute_instance_v2.webserver
openstack_compute_instance_v2.webserver: Refreshing state... [id=d254ccc4-836e-
46a4-9f95-8b768332999c]

Terraform used the selected providers to generate the following execution
plan. Resource actions are indicated with the following symbols:
-/+ destroy and then create replacement

Terraform will perform the following actions:

  # openstack_compute_instance_v2.webserver will be replaced, as requested
-/+ resource "openstack_compute_instance_v2" "webserver" {
      ~ access_ip_v4        = "192.168.1.215" -> (known after apply)
      + access_ip_v6        = (known after apply)
      ~ all_metadata        = {} -> (known after apply)
      ~ all_tags            = [] -> (known after apply)
      ~ availability_zone = "nova" -> (known after apply)
      ~ created             = "2022-10-28 10:30:01 +0000 UTC" ->
                                                    (known after apply)
      ~ flavor_id           = "98a6dfa1-a024-4a32-a987-dbbafd6b11f1" ->
                                                    (known after apply)
      ~ id                  = "d254ccc4-836e-46a4-9f95-8b768332999c" ->
                                                    (known after apply)
      ~ image_id            = "87ecb75c-3dc7-4019-b2a9-48916636f3be" ->
                                                    (known after apply)
        name                = "webserver"
      ~ region              = "RegionOne" -> (known after apply)
      ~ security_groups     = [
          - "default",
        ] -> (known after apply)
      - tags                = [] -> null
      ~ updated             = "2022-10-28 10:30:13 +0000 UTC" ->
                                                    (known after apply)
        # (5 unchanged attributes hidden)
```

```
      ~ network {
          ~ fixed_ip_v4 = "192.168.1.215" -> (known after apply)
          + fixed_ip_v6 = (known after apply)
          + floating_ip = (known after apply)
          ~ mac         = "fa:16:3e:fc:fa:5f" -> (known after apply)
            name        = "net-to-external-terraform"
          + port        = (known after apply)
          ~ uuid        = "caa68482-83ca-40de-b325-ede50a46980f" ->
                                                  (known after apply)
            # (1 unchanged attribute hidden)
        }
    }

Plan: 1 to add, 0 to change, 1 to destroy.
openstack_compute_instance_v2.webserver: Destroying... [id=d254ccc4-836e-46a4-
9f95-8b768332999c]
openstack_compute_instance_v2.webserver: Still destroying... [id=d254ccc4-836e-
46a4-9f95-8b768332999c, 10s elapsed]
openstack_compute_instance_v2.webserver: Destruction complete after 11s
openstack_compute_instance_v2.webserver: Creating...
openstack_compute_instance_v2.webserver: Still creating... [10s elapsed]
openstack_compute_instance_v2.webserver: Creation complete after 16s [id=
4ddfccbc-1787-4e9c-acce-19f7dcd56734]

Apply complete! Resources: 1 added, 0 changed, 1 destroyed.
```

Sie können sofort nachvollziehen, ob Ihr Befehl die richtige Änderung nach sich zieht. Falls Sie es sich anders überlegen: Es ist anders als bei `terraform taint` noch keine Änderung des State vorgenommen worden. Sollten Sie ein Backend zur Speicherung des State verwenden, kann einer Ihrer Kollegen den Befehl `terraform apply` ausführen und würde wie zuvor keine Abweichungen vom Soll-Zustand angezeigt bekommen. Der Befehl `terraform apply -replace` bewirkt also nur für genau diesen Aufruf eine Änderung des Verhaltens. Daher empfehlen die Terraform-Entwickler die Nutzung dieses Befehls zum Erzwingen der Neuerstellung von Ressourcen.

8.7 Day 2 Operations für Terraform

Nicht nur Ihre Infrastruktur verdient nach Tag zwei Aufmerksamkeit, auch Terraform selbst sollte in die Planung einbezogen werden. Neben der exakten Planung, wer wie wann welche Terraform-Kommandos ausführt, sollte auch ein Augenmerk darauf liegen, Terraform selbst arbeitsfähig zu halten.

8.7.1 Workflow zum Arbeiten mit Terraform

Ab dem Beginn der Planung sollte für alle Arbeitsabläufe festgelegt werden, wie die exakten Prozesse sind, um Terraform aufzurufen. Zwar lassen sich durch Auslagern des State (siehe Kapitel 5) einige Fallstricke umgehen, dennoch sollten die Arbeitsabläufe geplant werden. Beispielsweise ist es sinnvoll, den produktiven Terraform-Code automatisiert anzuwenden, nachdem die Änderungen vorher getestet sowie von einem Menschen begutachtet und für gut befunden wurden. Hier bieten sich wie bereits erwähnt Codehoster wie GitHub, GitLab & Co. an, entweder als Onlineservice oder als selbst gehostete Lösung. Diese bieten *Pull Requests* bzw. *Merge Requests* samt Review-Funktionen und können Automatismen einbinden, die nach erfolgtem Merge den Code automatisiert anwenden.

Details hierzu sind in Kapitel 9 zu finden.

Terraform muss funktionieren

Wenn Sie Ihre Arbeitsabläufe wie empfohlen vollständig auf Terraform umstellen, sind Sie darauf angewiesen, dass Terraform selbst zu allen Zeiten funktioniert. Im Rest dieses Kapitels wird genauer darauf eingegangen, wie dies sicherzustellen ist, wo mögliche Fehlerquellen lauern und welche Lösungen es gibt.

8.7.2 Backups von Terraform und dem State

Wie in Kapitel 5 ausführlich beschrieben wird, kann der State von Terraform, d. h. die zentrale Datenquelle, ausgelagert werden, sodass er nicht lokal auf dem Entwicklerrechner gespeichert wird.

Ist Terraform das zentrale Werkzeug zur Pflege der Infrastruktur, könnten Sie den State wohl am ehesten mit einer Datenbank für Terraform vergleichen. Wird er beschädigt oder geht verloren, sind Terraform und damit indirekt auch Ihnen die Hände gebunden. Entweder müssen Sie den State manuell wiederherstellen (siehe `terraform import` in Kapitel 12) oder »von vorne« beginnen.

Daher sollte in Bezug auf den State einem Backup die höchste Wichtigkeit eingeräumt werden. Den State zu sichern, bevor und nachdem Änderungen an produktiver Infrastruktur durchgeführt werden, ist sicherlich keine schlechte Idee. In den wenigsten Fällen sollte ein Backup des State aus Sicht des Speicherverbrauchs ein Problem darstellen. Hier ist das Augenmerk eher auf die extreme Kritikalität zu legen sowie darauf zu achten, dass der State sensible Informationen wie Passwörter oder API-Keys enthalten kann.

Terraform selbst ist in der Sprache Go programmiert und als statische Binärdatei ausgeliefert. Daher sind die Abhängigkeiten anders als bei vielen älteren Programmen unkritisch, jedes Linux- oder BSD-System sollte geeignet sein, um Terraform auszuführen. Neben dem Terraform-Code benötigen Sie nur Zugriff auf den State, um arbeitsfähig zu sein.

Allerdings werden an dieser Stelle gerne die verwendeten Provider vergessen, daher sollten Sie darauf besonders achten.

Updates von Terraform selbst

Terraform selbst wird, wie andere Programme auch, beständig weiterentwickelt. Allerdings geschieht dies in einem sehr hohen Tempo. Wie Sie vermutlich schon feststellen konnten, sind einige Beispiele aus dem Buch bereits wieder veraltet. Neue Funktionalitäten werden eingebaut, Fehler ausgemerzt. Daher ist es sinnvoll, nicht auf veralteten Versionen von Terraform stehen zu bleiben. Dennoch muss das Update sorgfältig geplant, getestet und ausgerollt werden.

Wichtig hierbei ist es, das Protokoll der Änderungen, das sogenannte Changelog, und die Änderung von Terraform zu prüfen: *https://github.com/hashicorp/terraform/blob/main/CHANGELOG.md*.

Außerdem sollten die entsprechenden Upgrade-Guides berücksichtigt werden, falls diese vorhanden sind: *https://developer.hashicorp.com/terraform/language/upgrade-guides*.

Im besten Fall existiert die Möglichkeit, die Development- oder Testumgebung zu verwenden, um eine neue Version zu testen. Hierzu muss auf der Maschine, von der aus diese Umgebung bearbeitet wird, die neue Terraform-Version installiert werden. Das kann auch parallel zur vorherigen Version passieren, wichtig ist nur, darauf zu achten, welche Version z. B. in Skripten verwendet wird.

Sobald die Tests zufriedenstellend abgeschlossen wurden, muss diese neue Version als neue Vorgabe gesetzt und kommuniziert werden. Anschließend sind sowohl alle Entwicklermaschinen als auch etwaige Automatisierungen auf diese Version umzustellen. Eine Verwendung älterer Versionen ist ab dem Zeitpunkt, zu dem der State mit einer neueren Version bearbeitet wurde, nicht mehr möglich, sofern es sich nicht um kleinere Versionssprünge handelt.

Updates von Providern

Aus Stabilitätsgründen ist es vorteilhaft, die Versionen der verwendeten Provider exakt zu definieren. Dies wird meist in einer Datei namens *versions.tf* gemacht, wie im folgenden Beispiel zu sehen:

```
terraform {
  required_providers {
    local = {
```

```
      source  = "hashicorp/local"
      version = "= 2.1.0"
    }
    openstack = {
      source  = "terraform-provider-openstack/openstack"
      version = "= 1.44"
    }
    template = {
      source  = "hashicorp/template"
      version = "= 2.2.0"
    }
  }
  required_version = ">= 1.1.2"
}
```

Wird diese Datei mit in die Versionsverwaltung aufgenommen, können die Provider und die Änderungen an deren Versionen wie jede andere Codeänderung automatisiert getestet werden. Hierzu muss nur wenig am bestehenden Ablauf geändert werden, es sollte immer mit dem frischen Code begonnen werden, d. h. ohne Dateien wie *.terraform.lock.hcl* oder Verzeichnisse wie *.terraform*, die Informationen zu Providern und die heruntergeladenen Provider enthalten.

Der erste Schritt nach dem Holen des aktuellen Codestands ist dann, den Aufruf von `terraform init` auszuführen und auf Fehler zu achten. Hat sich im Code die Version eines Providers geändert, wird die neue Version heruntergeladen, und der folgende Aufruf von `terraform apply` würde diese neue Version verwenden.

Hier liegt wie so oft der Teufel im Detail, und die Aussagekraft der Tests steht und fällt mit der Codeabdeckung der Tests.

Wegfall von Funktionalitäten oder Providern

Da Terraform viele der Funktionalitäten in Provider auslagert, ist die Anwenderin nicht nur auf die Stabilität von Terraform selbst angewiesen, sondern auch auf die Pflege und Weiterentwicklung der vielen Provider. Durch die Offenlegung des Quellcodes (*Open Source*) kann theoretisch jede Anwenderin die Pflege und Weiterentwicklung übernehmen, sofern sie über die entsprechende Expertise verfügt.

Bitte beachten Sie, dass einige Provider von Personen in ihrer Freizeit entwickelt werden. Das bedeutet, dass diese Person sich auch mal im Urlaub befinden kann und Fehler daher nicht sofort behoben werden. Sind Sie in Ihrem Unternehmen auf das korrekte Funktionieren eines solchen Providers angewiesen, sollten Sie überlegen, die Pflege und Weiterentwicklung des Providers finanziell oder durch aktive Mitarbeit zu unterstützen.

Auch wenn es nicht häufig vorkommt, kann es durchaus sein, dass Provider archiviert werden, so geschehen beim populären template-Provider: *https://registry.terraform.io/providers/hashicorp/template*. Die Weiterentwicklung wurde eingestellt, jedoch gibt es Ersatz in Form der Funktion `templatefile` (*https://developer.hashicorp.com/terraform/language/functions/templatefile*) und des cloudinit-Providers (*https://registry. terraform. io/providers/hashicorp/cloudinit/latest*).

Solche Entwicklungen müssen aber bekannt sein. Es muss sichergestellt werden, dass nicht erst Probleme in der Produktion dazu führen, dass jemand herausfindet, dass der Provider seit einem Jahr nicht mehr unterstützt wird und (im schlimmsten Fall) Sicherheitslücken aufweist.

Umgang mit Problemen im Netzwerk und der API-Anbindung

Auch wenn es nicht der Normalfall ist, aber: Was passiert, wenn während des Terraform-Laufs die Netzwerkverbindung abbricht? Oder, noch schlimmer, unzuverlässig funktioniert? Was passiert, wenn die API des Providers überlastet ist und nicht ausreichend schnell auf die Anfragen von Terraform reagiert?

Im schlimmsten Fall erhält Terraform falsche oder unvollständige Informationen und trägt diese in den State ein. Zwar legt Terraform selbst vor jedem Lauf ein Backup des State an, dennoch muss in diesem Fall reagiert werden, bevor Terraform aufgrund der unvollständigen Datenlage anfängt, die produktive Infrastruktur abzureißen.

In Abschnitt 3.2 wurde bereits auf das Backup des State hingewiesen, allerdings wurde die Anwendung eines solchen Backups noch nicht erklärt.

Ausfall der Netzwerkverbindung

Grundsätzlich stellt ein Ausfall der Netzwerkverbindung für eine gewisse Zeit kein großes Problem dar. Terraform wird einfach weiterlaufen, bis die Verbindung wieder aufgebaut wurde. Dauert der Verbindungsabbruch allerdings zu lange, wird auch Terraform abbrechen. Im nachfolgenden Beispiel sehen Sie exemplarisch einen erzwungenen Abbruch durch Trennung der Netzwerkverbindung:

```
$ terraform apply -auto-approve
[…]
module.vm01.module.floatingip.openstack_networking_floatingip_v2.fip: Still
creating… [1m20s elapsed]
module.vm01.module.floatingip.openstack_networking_floatingip_v2.fip: Still
creating… [1m30s elapsed]
There was an error connecting to Terraform Cloud. Please do not exit
Terraform to prevent data loss! Trying to restore the connection…

Still trying to restore the connection… (2s elapsed)
```

```
[…]
Still trying to restore the connection… (5m50s elapsed)
.
| Error: Failed to save state
|
| Error saving state: error uploading state: Post "https://app.terraform.io/
api/v2/workspaces/ws-wqBZwJDxwMbY2T9i/state-versions": dial tcp: lookup
app.terraform.io: no such host


.
| Error: Failed to persist state to backend
|
| The error shown above has prevented Terraform from writing the updated
| state to the configured backend. To allow for recovery, the state has been
| written to the file
| "errored.tfstate" in the current working directory.
|
| Running "terraform apply" again at this point will create a forked state,
| making it harder to recover.
|
| To retry writing this state, use the following command:
| terraform state push errored.tfstate
|
| Error: Error creating OpenStack server: Expected HTTP response code [201
| 202] when accessing [POST https://api-1.terraformbuch.de:8774/v2.1/servers],
| but got 409 instead
| {"conflictingRequest": {"code": 409, "message": "Multiple security_group
|  matches found for name 'k8s-cp-ping', use an ID to be more specific."}}
|
| with module.vm01.module.vm.openstack_compute_instance_v2.instance,
| on modules/openstack_basic/compute_instance_v2/main.tf line 1, in resource
| "openstack_compute_instance_v2" "instance":
| 1: resource "openstack_compute_instance_v2" "instance" {
|
| Error: Error waiting for openstack_networking_floatingip_v2 544c2dd7-df8a-
| 4169-94a6-b800379938ae to become available: Get "https://api-1.
| terraformbuch.de:9696/v2.0/floatingips/544c2dd7-df8a-4169-94a6-
| b800379938ae":
| OpenStack connection error, retries exhausted. Aborting. Last error was:
| dial tcp: lookup api-1.terraformbuch.de on [::1]:53: read udp [::1]:54010
| ->[::1]:53: read: connection refused
|
| with module.vm01.module.floatingip.openstack_networking_floatingip_v2.fip,
```

```
| on modules/openstack_basic/networking_floatingip_v2/main.tf line 1, in
| resource "openstack_networking_floatingip_v2" "fip":
| 1: resource "openstack_networking_floatingip_v2" "fip" {
```

Leider sind die nachfolgenden `Error`-Meldungen sogar teilweise fehlleitend. Die vorletzte Meldung besagt, dass bereits eine `security_group` mit der Bezeichnung `k8s-cp-ping` existiert, dem ist jedoch nicht so.

Zusätzlich wurde von Terraform eine *errored.tfstate* angelegt. Sie enthält den Zustand, den Terraform »vermutet«, also das, was an die API weitergegeben wurde. An dieser Stelle verzichten wir auf genauere Beschreibungen und auch explizit auf einen Lösungsweg, da dieser individuell ist und gegebenenfalls sogar Ihre Infrastruktur vollständig zerstören könnte. Bitte nehmen Sie sich Zeit, um Ihr Problem vollständig zu durchdringen, damit Sie im Anschluss die notwendigen Schritte zur Reparatur unternehmen können.

Wiederherstellung des State aus einem Backup

Sollte der State, aus welchem Grund auch immer, korrumpiert sein, können Sie die Datei *terraform.tfstate.backup* mit dem aktuellen State *terraform.tfstate* vergleichen. Wichtig dabei ist, dass Sie sich zusätzlich die Zeitstempel der beiden Dateien anschauen sollten, um festzustellen, ob die Backup-Datei nicht schon mit aktualisiert wurde. Ist dem so, können Sie davon ausgehen, dass der State nicht defekt ist.

Unterscheiden sich die Zeitstempel, können Sie einen Vergleich der beiden Dateien z. B. mit `diff` auf der Kommandozeile unter Unix-Systemen oder mit dem Programm ExamDiff (muss erst heruntergeladen werden) unter Windows erstellen und sich zuerst einen Überblick über das verschaffen, was mutmaßlich geändert wurde.

Nachdem Sie die Änderungen gesichtet haben, ist es außerdem ratsam, diese Änderungen mit dem Stand abzugleichen, der sich tatsächlich beim Cloud-Anbieter befindet. Erst wenn Sie dies gemacht haben und es Ihrer Meinung nach vertretbar ist, zu dem Stand aus dem Backup zurückzukehren, können Sie das Backup des State verwenden. Benennen Sie dazu den aktuellen State, d. h. die Datei *terraform.tfstate*, zur Sicherheit um, z. B. in *terraform.tfstate.defect_20221022115857*. Im Anschluss kann das Backup des State aus der Datei *terraform.tfstate.backup* nach *terraform.tfstate kopiert* werden. Erstellen Sie zusätzlich noch eine weitere Kopie, z. B. *terraform.tfstate.backup_20221022120043*.

Jetzt kann mittels `terraform plan` festgestellt werden, welche Differenzen existieren und ob Sie mit einem `terraform apply` fortfahren wollen oder nicht. Ab hier sind Sie sich selbst überlassen, viel ~~Erfolg~~ Glück!

Kapitel 9
Erfahrungswerte, Tipps und Tricks

Dieses Kapitel zählt einige Dinge auf, die Sie im Umgang mit Terraform beachten sollten. Diese Empfehlungen basieren auf Erfahrungswerten aus echten Kundenprojekten und sollen dabei helfen, knifflige Situationen zu umgehen.

Nicht alle Tipps werden für alle Einsatzszenarien passen. Es ist wie überall wichtig, dass Sie verstehen, warum Dinge auf eine bestimmte Art und Weise umgesetzt werden. Auf diese Weise sammeln Sie für sich und Ihre Projekte Ideen, um diese dann auf Ihren speziellen Anwendungsfall zu übertragen.

9.1 Versionsverwaltung nutzen

Das Thema Versionsverwaltung wurde bereits in Abschnitt 7.6 grundsätzlich behandelt und ist für den richtigen Umgang mit Terraform sehr wichtig.

Aus unserer Sicht sollte jedes Terraform-Projekt in einer Versionsverwaltung (auch Versionskontrollsystem, engl. Version Control System [*VCS*] oder Source Control Management [*SCM*]) gespeichert werden. Es gibt wenig Gründe, die gegen die Nutzung einer Versionsverwaltung sprechen. Der Mehraufwand ist gering, egal ob Sie nur lokal arbeiten oder Ihren Terraform-Code in ein entferntes Repository hochladen. Die viele Vorteile überwiegen so gut wie immer. Einige der Vorteile seien hier kurz genannt:

- Vergleichen von alten und neuen Ständen
- Fehlernachverfolgung (»In welcher Version kam dieser Fehler rein?«)
- Auditierfähigkeit (»Wer hat wann welche Änderung vorgenommen?«)
- Zurückspielen von alten Codeständen
- kollaboratives Arbeiten
- parallele Entwicklung durch Entwicklungszweige (engl. *Branches*)
- gegenseitige Begutachtung des Codes bei Änderungen
- Anbindung von CI/CD-Systemen
- automatisches Linting
- automatische Prüfung der Codequalität oder der Einhaltung von Richtlinien oder Regeln
- automatische Deployments
- automatische Test-Deployments

- automatische Aktualisierung von Abhängigkeiten
- automatische Suche nach Sicherheitslücken

Heutzutage wird zur Versionsverwaltung meistens Git eingesetzt. Hier gibt es auch die meisten Anbieter, die das Codehosting übernehmen. Die generellen Vorteile treffen aber auf andere Lösungen wie Mercurial ebenfalls zu.

9.1.1 Dateien aus der Versionsverwaltung ausschließen

Sensible Daten dürfen nicht in die Versionsverwaltung, schon gar nicht, wenn das Repository öffentlich zugänglich ist. Wird ein Repository mit Zugangsdaten durch einen Bedienfehler öffentlich, kann es sehr schwer werden, die Daten wieder »einzufangen«. Es gibt genug Schauergeschichten im Internet, in denen Firmen genau dieser Fehler unterlaufen ist.

Ein Zwischenweg wäre, die Zugangsdaten in einem separaten Repository zu speichern, das dann anderen Zugangsbestimmungen unterliegt. Doch auch hier ist die Gefahr eines Fehlers sehr hoch.

Grundsätzlich ist es immer hilfreich, für alle Arten von Zugangsdaten den Fehlerfall durchzuspielen und die Maßnahmen für den Ernstfall zu dokumentieren. Fehlt eine solche Dokumentation, wird in der sowieso schon angespannten Lage, in der alle Mitarbeitenden in Aufregung sind, die Wahrscheinlichkeit von Fehlern stark ansteigen.

Es ist also Vorsicht geboten. Vollständig auf sensible Daten im Code zu verzichten, ist sicherlich die beste Variante. Hier bietet Terraform viele Möglichkeiten, etwa, wie in Abschnitt 6.2 beschrieben, die Verwendung von Umgebungsvariablen (Stichwort `TF_VAR_...`). In Kapitel 4 wurden zu den vorgestellten Providern Möglichkeiten zum sicheren Hinterlegen von Zugangsdaten gezeigt. Hier können in vielen Fällen Konfigurationsdateien außerhalb der Versionsverwaltung verwendet werden, die besonders geschützt werden. Terraform bzw. der openstack-Provider bricht beispielweise ab, wenn die Rechte der Konfigurationsdateien unter *~/.config/openstack/* nicht sicher gesetzt werden. Auch die Verwendung von *.tfvars*-Dateien eignet sich, solange diese von der Versionsverwaltung ausgeschlossen werden.

Prüfen Sie auch die Verwendung anderer Technologien wie z. B. HashiCorp Vault zur Aufbewahrung und Bereitstellung sensibler Daten.

Übrigens hat der State nichts in einer Versionsverwaltung verloren. Eine genaue Erläuterung dazu ist in Kapitel 5 zu finden.

Um in Git zu verhindern, dass Dateien in die Versionsverwaltung aufgenommen werden, kann eine *.gitignore*-Datei angelegt werden. Den Inhalt dieser Datei können Dateinamen oder Muster (*Pattern*) bilden, die ausgeschlossen werden sollen. Details dazu gibt es in der offiziellen Git-Dokumentation zur *gitignore*-Datei unter *https://git-scm.com/docs/gitignore*.

In der folgenden *.gitignore*-Datei sind bereits einige Terraform-spezifische Einträge vorhanden. Es empfiehlt sich, Kommentare in der Datei zu hinterlegen, damit der Sinn auch in einer späteren Bearbeitung ersichtlich ist:

```
# externe Module, Plug-ins, Provider
**/.terraform/*

# State
*.tfstate
.tfstate.

# sensible Daten in .tfvars-Dateien
*.tfvars

# Overrides zum Überschreiben von lokalen Ressourcen (meist nur genutzt für
Anpassungen/Tests)
override.tf*
*_override.tf*

# Konfigurationsdateien (könnten auch sensible Daten/Zugangsdaten enthalten)
.terraformrc
terraform.rc
```

Im Beispiel werden die zum State gehörenden Dateien ausgeschlossen, genau wie etwaige **.tfvars*-Dateien. Konfigurationsdateien wie *.terraformrc* oder *terraform.rc* werden ebenfalls ignoriert.

Nicht ausgeschlossen wird in diesem Beispiel die Datei *.terraform.lock.hcl*, die die verwendeten Versionen von Modulen und Providern enthält. Die Dokumentation zur Datei empfiehlt unter *https://developer.hashicorp.com/terraform/language/files/dependency-lock*, Änderungen an dieser Datei genau wie Änderungen am Code selbst zu behandeln und den gleichen strikten Prozessen zu unterwerfen. Änderungen dürfen nur nach Begutachtung durch Kollegen und automatische Tests vorgenommen werden.

Eine für Terraform empfohlene Vorgabe finden Sie in diesem GitHub-Beispiel: *https://github.com/github/gitignore/blob/main/Terraform.gitignore*.

9.2 Remote Backends nutzen

Arbeiten Sie mit mehreren Personen zusammen an einem Terraform-Projekt, sollten Sie ein Remote Backend nutzen (siehe Kapitel 5). Das Speichern des State in einem solchen gemeinsamen Speicherort sorgt dafür, dass alle Benutzer einfach auf den aktuellen State zugreifen können. Das Sperren des State, sobald eine Anwenderin einen Terraform-Aufruf tätigt, sorgt dafür, dass sich Anwender nicht in die Quere kommen und gleichzeitig Änderungen an der Infrastruktur und damit am State vornehmen. Ein konsistenter State ist mit das Wichtigste, wenn Sie mit Terraform arbeiten.

In Abschnitt 5.3 wird genau erklärt, wie Sie Remote Backends nutzen und wieso das eine gute Idee ist. In Kürze hier nochmals die Vorteile in Stichworten:

- Gleichzeitige Landschaftsänderungen werden verhindert.
- Es existiert nur eine Quelle der Wahrheit (*Single Source of Truth*, siehe Abschnitt 11.1).
- Teamarbeit wird deutlich erleichtert.

Die Wichtigkeit eines Backups Ihres State wurde in Kapitel 8 ebenfalls bereits eindringlich erklärt. Zur Sicherheit nochmals der Hinweis: Backup, Backup, Backup!

[»]

Dateien vom Remote Backend ausschließen

Wird die Terraform Cloud bzw. Terraform Enterprise als Remote Backend verwendet, müssen Sie sich darüber im Klaren sein, dass nicht nur Terraform-Code bei der Ausführung hochgeladen wird. Tatsächlich wird der gesamte Ordnerinhalt samt allen Unterordnern inklusive Inhalt an die Terraform Cloud übermittelt. Um dem entgegenzuwirken, gibt es die Datei *.terraformignore*.

In dieser Datei können, ähnlich wie in einer *.gitignore*-Datei, mit denselben Mustern (*Patterns*) Dateien ausgeschlossen werden. Allerdings wird anders als bei der Datei *.gitignore* die Datei *.terraformignore* nur aus dem Hauptverzeichnis gelesen. Das Hauptverzeichnis entspricht immer dem aktuellen Verzeichnis, es sei denn, Sie setzen durch Angabe des `-chdir`-Arguments beim Terraform-Aufruf ein anderes Arbeitsverzeichnis (siehe Kapitel 12).

9.3 Terraform-Code strukturieren durch Nutzung von Modulen

Es gibt keinen besten Weg, wie Sie Ihren Terraform-Code strukturieren. Es kommt immer darauf an, welche Anforderungen Sie haben und wie flexibel, z. B. in Bezug auf Variablen und Umgebungen, alles sein muss. Aus unserer Erfahrung heraus lassen sich jedoch einige Richtlinien ableiten, die technische Schulden (*Technical Debt*) reduzieren können.

Wenn absehbar ist, dass die Umgebung sehr dynamisch wachsen wird, ist es sinnvoll, so viel wie möglich in Module auszugliedern. Das kann sogar so weit gehen, dass pro Ressource ein eigenes Modul erzeugt wird.

9.3.1 Erster Schritt: Statischer Terraform-Code

Ein Beispiel: Das Unternehmen ACME beginnt mit der Entwicklung eines neuen Webshops. Das Produkt soll sich durch besonders viele Bilder zu den angebotenen Artikeln von anderen abheben. In der Konzeptionierung wird in einer Cloud eine virtuelle Maschine für den Webserver und ein S3-kompatibler Speicher mit einem Bucket für die Artikelbilder erstellt.

Wird das Prinzip in Terraform-Code transformiert, erhalten Sie folgenden Pseudocode:

```
resource "x_cloud.public_keypair" "keypair" {
  [...]
}

resource "x_cloud.virtuelle_maschine" "vm" {
  [...]
}

resource "x_cloud.s3" "s3" {
  [...]
}

resource "x_cloud.s3_bucket" "bucket" {
  name = "Artikel-Bilder"
  [...]
}
```

Dieser Prototype-Code ist sehr statisch. Wird mehr als ein Bucket für Bilder benötigt, z. B. einer für Artikelbilder und einer für andere Bilder wie Firmenlogos, muss der Code angepasst werden. In diesem kleinen Beispiel mag Ihnen das einfach erscheinen, es wird jedoch in komplexen Szenarien sehr aufwendig, allein schon aufgrund der Abhängigkeiten.

9.3.2 Zweiter Schritt: Module nutzen

Eleganter ist es, wenn bestimmte Komponenten direkt in Module ausgegliedert werden.

```
variable "bucket_list" {
  default = [
    "Artikel-Bilder",
    "Website-Bilder"
  ]
}

resource "x_cloud.public_keypair" "keypair" {
  [...]
}

resource "x_cloud.virtuelle_maschine" "vm" {
  [...]
}

resource "x_cloud.s3" "s3" {
  [...]
}

module "bucket" {
  count  = 2
  source = "modules/bucket"

  name   = element(var.bucket_list, count.index)
}
```

Der Code ruft das Modul `bucket` zweifach auf (`count = 2`), wobei jeweils der Name aus der Variablen `bucket_list` verwendet wird. Das Modul selbst könnte so aussehen:

```
variable "name" {}

resource "x_cloud.s3_bucket" "bucket" {
  name = var.name
  [...]
}

output "name" {
  value = x_cloud.s3_bucket.bucket.name
}
```

Hier muss nur einmal der für die Erstellung eines Bucket erforderliche Code geschrieben werden. Dieser kann mehrfach aufgerufen werden und ist hinreichend parametrisiert.

Auch wenn es hier augenscheinlich wenig Sinn ergibt, den Wert von `name` per `output` als Ausgabewert wieder zurückzugeben, ist es doch oft hilfreich. Über diese Methodik werden `depends_on`-Anweisungen in anderen Ressourcen und Modulen vermieden. Der Ausgabewert ist erst verfügbar, wenn das Modul seine Arbeit verrichtet hat. Würden Sie stattdessen vom übergeordneten Modul direkt den Wert `name` verwenden, hätte das übergeordnete Modul keine Möglichkeit, zu bestimmen, ob der Bucket schon erzeugt wurde oder nicht.

Der Terraform-Code ist jetzt ein wenig flexibler geworden, allerdings noch nicht genug. Aufmerksame Leser werden zu Recht einwenden, dass die `count`-Anweisung noch statisch erfolgt und den festen Wert `2` besitzt. Hier bietet sich die Nutzung der `length`-Funktion an.

9.3.3 Dritter Schritt: Weitere Parametrisierung des Terraform-Codes

Im nächsten Schritt könnte der Terraform-Code so aussehen:

```
variable "bucket_list" {}
variable "s3_count" {}
variable "vm_count" {}

module "keypair" {
  source = "modules/keypair
}

module "vm" {
  count  = var.vm_count
  source = "modules/vm"
}

module "s3" {
  count  = var.s3_count
  source = "module/s3"
}

module "bucket" {
  count  = length(var.bucket_list)
  source = "modules/bucket"

  name = element(var.bucket_list, count.index)
}
```

Von den ursprünglichen Ressourcen ist nichts mehr zu sehen, alles wurde in einzelne Module gegliedert. Dieser Code ist nun so flexibel, dass er problemlos für andere Projekte verwendet werden kann. Ein Einsatz für unterschiedliche Projekte könnte nun so aussehen:

```
module "webshop_socken" {
  source = "./webshop"

  bucket_list = [
    "Artikel-Bilder",
    "Website-Bilder"
  ]
  s3_count = 5
  vm_count = 21
}

module "webshop_baumarkt" {
  source = "./webshop"

  bucket_list = [
    "Website-Bilder",
    "Baustoffe-Bilder",
    "Eisenwaren-Bilder",
    "Werkzeuge-Bilder",
    "Holz-Bilder",
    "Floristik-Bilder",
    "Garten-Bilder",
    "Elektrik-Bilder",
    "Lampen-Bilder",
    "Farbe-Bilder",
    "Kleinteile-Bilder",
    "Mietgeräte-Bilder",
  ]
  s3_count = 50
  vm_count = 2100
}
```

Vom Modulcode sehen Sie auch hier nur noch wenig. Die Abstraktion ist so hoch, dass Sie sich keine Gedanken mehr um die Umsetzung machen müssen.

9.3.4 Vierter Schritt: Providerunterschiede abstrahieren

Über diesen Weg lässt sich auch eine bedingte Abstraktion von Providern schaffen. Unten sehen Sie das Beispiel für ein providerunabhängiges Modul, gefolgt vom Modul `webshop`, das die Unterscheidung in die Provider realisiert. Achten Sie bitte auf die Struktur der `source`-Angaben.

Der Terraform-Code im Hauptmodul sieht wie folgt aus:

```
variable "providers_enabled" {
  default = {
    "aws": false,
    "azure": false,
    "gcp": true,
  }
}

module "webshop_socken" {
  source = "./modules/generic_modules/webshop"

  bucket_list = [
    "Artikel-Bilder",
    "Website-Bilder"
  ]
  s3_count          = 5
  vm_count          = 21
  providers_enabled = var.providers_enabled
}
```


Das Modul webshop beinhaltet folgenden Code:

```
variable "bucket_list" {}
variable "s3_count" {}
variable "vm_count" {}
variable "providers_enabled" {}

module "aws_webshop_socken" {
  source = "./modules/aws/webshop"
  count  = var.providers_enabled['aws'] ? 1 : 0

  bucket_list = var.bucket_list
  s3_count    = var.s3_count
  vm_count    = var.vm_count
}

module "azure_webshop_socken" {
  source = "./modules/azure/webshop"
  count  = var.providers_enabled['azure'] ? 1 : 0
```

```
  bucket_list = var.bucket_list
  s3_count    = var.s3_count
  vm_count    = var.vm_count
}

module "gcp_webshop_socken" {
  source = "./modules/gcp/webshop"
  count  = var.providers_enabled['gcp'] ? 1 : 0

  bucket_list = var.bucket_list
  s3_count    = var.s3_count
  vm_count    = var.vm_count
}
```

Das Modul selbst greift auf drei andere providerspezifische Module zurück, die in den Pfaden *./modules/aws/webshop*, *./modules/azure/webshop* und *./modules/gcp/webshop* liegen. Durch Nutzung des ternären Operators wird die `count`-Anweisung jeweils auf `0` oder `1` gesetzt, je nachdem, wie der Inhalt der Variablen `var.providers_enabled` angegeben wurde. Im obigen Beispiel wurde in dieser Variablen der Wert für `gcp` auf `true` gesetzt. Dadurch gibt der ternäre Operator der `count`-Anweisung im Modul `gcp_webshop_socken` den Wert 1 an, d. h., das Modul wird verwendet.

Das Modul `webshop` im Unterordner `gcp` greift wiederum auf Module zurück, die nur aus einer Ressource bestehen, z. B. *./modules/gcp/basic_modules/s3_bucket*. Dies erlaubt die Wiederverwendung dieses Codes in mehreren Modulen – getreu dem Motto »Don't repeat yourself!«.

9.3.5 Fünfter Schritt: Mehrfachnutzung für verschiedene Kunden

Für Dienstleister, die mit verschiedenen Kunden arbeiten, kann es sogar sinnvoll sein, noch eine weitere Abstraktionsschicht zu schaffen. In der obersten Schicht wird dann üblicherweise zwischen verschiedenen Kunden und deren Anforderungen unterschieden. Allerdings passiert dies nicht im Terraform-Code, sondern über getrennte Ordner. Die Ordnerstruktur könnte so aussehen:

```
$ tree .
|- modules
|  |- aws
|  |  |- basic_modules
|  |  |  |- bucket
|  |  |  |  '- [...]
|  |  |  |- keypair
|  |  |  |  '- [...]
```

```
|   |   |   |- s3
|   |   |   |   '- [...]
|   |   |   '- vm
|   |   |       '- [...]
|   |   |- database
|   |   |   '- [...]
|   |   '- webshop
|   |       '- [...]
|   |- azure
|   |   |- basic_modules
|   |   |   |- bucket
|   |   |   |   '- [...]
|   |   |   |- keypair
|   |   |   |   '- [...]
|   |   |   |- s3
|   |   |   |   '- [...]
|   |   |   '- vm
|   |   |       '- [...]
|   |   |- database
|   |   |   '- [...]
|   |   '- webshop
|   |       '- [...]
|   '- gcp
|       |- basic_modules
|       |   |- bucket
|       |   |   '- [...]
|       |   |- keypair
|       |   |   '- [...]
|       |   |- s3
|       |   |   '- [...]
|       |   '- vm
|       |       '- [...]
|       |- database
|       |   '- [...]
|       '- webshop
|           '- [...]
'- customers
    |- A-Customer
    |   '- full_web_stack
    |       '- [...]
    '- B-Customer
        |- prod_database
        |   '- [...]
```

```
|- test_database
|  '- [...]
'- test_webshop
   '- [...]
```

Aus Gründen der Übersichtlichkeit wurden die eigentlichen Terraform-Dateien (*main.tf*, *versions.tf*, *variables.tf*, *outputs.tf* etc.) im Beispiel ausgelassen und durch [...] ersetzt.

Zuletzt noch ein Beispiel dazu, wie eine dieser Verschachtelungen aufgebaut sein könnte:

1. *customers/A-Customer/full_web_stack* bildet den Einstiegspunkt für einen Kunden der Firma ACME. Der Kunde besitzt einen vollständigen Web-Stack für AWS und GCP.
2. *modules/generic_modules/full_web_stack* wird eingebunden.
3. *modules/generic_modules/full_web_stack* selbst bindet eigentlich nur *modules/generic_modules/database* und *modules/generic_modules/webshop* ein.
4. Die Module *modules/generic_modules/database* und *modules/generic_modules/webshop* binden jeweils aus *modules/aws* und *modules/gcp* die Module *database* und *webserver* ein, also vier Module insgesamt.
5. Die Module *database* und *webserver* binden ihrerseits wieder die Grundkomponenten aus *modules/aws/basic_modules* und *modules/gcp/basic_modules* ein.

Natürlich darf nicht verschwiegen werden, dass dieses Vorgehen auch Nachteile mit sich bringt. Ein nachträgliches Ändern der Ordnerstruktur würde einen enormen Aufwand an *Refactoring*, also Änderungen am Terraform-Code ohne verändertes Verhalten, nach sich ziehen. Derartige Umbauten erfordern gute Planung und sehr intensives Testen, um etwaige Fehler zu erkennen.

9.4 Terraform-Code und Repository logisch strukturieren

Neben der Nutzung von Modulen bietet es sich an, den Terraform-Code durch eine sinnvolle Struktur logisch zu unterteilen.

9.4.1 Empfehlungen für Dateinamen

Wenn Sie mit einem neuen Projekt beginnen, kann die in Abschnitt 3.3 vorgestellte Grundstruktur hilfreich sein. Die Trennung in einzelne Dateien mit »sprechenden« Namen erleichtert das Navigieren im Code und den Überblick. Die Struktur soll hier kurz zusammengefasst werden:

- Die Datei *variables.tf*

  Deklaration aller Variablen und deren Standardwerte (siehe Abschnitt 6.2.2).
- Die Datei *outputs.tf*

  Definition aller Ausgabewerte (*Outputs*).
- Die Datei *versions.tf*

  Versionsanforderungen an Terraform selbst und genutzte Provider (siehe Kapitel 4).
- Die Datei *terraform.tfvars*

  Anpassungen von Standardwerten von Variablen.
- Die Datei *main.tf*
  - Definition von lokalen Werten (*Locals*) und Datenquellen (*Data Sources*).
  - Einbinden bzw. Aufruf von Modulen.
  - Minimale Ressourcen, z. B. `resource groups` aus Azure.

Die Datei *main.tf* und alle anderen Dateien, die auf *.tf* enden, können natürlich weiter unterteilt werden. So ist es z. B. denkbar, dass eine Datei *network.tf* eingeführt wird, in der dann alle Ressourcen/Module geladen werden, die mit der Netzwerkkonfiguration zu tun haben. Weitere Hinweise sind in Abschnitt 3.3 zu finden.

9.4.2 Trennung nach Landschaften oder Systemumgebungen

Eine der wohl häufigsten Anforderungen an Terraform-Code ist die Anpassung von Variablen an verschiedene Landschaften oder Systemumgebungen. Dies können z. B. klassisch die Stufen *Entwicklung*, *Test/QA* und *Produktion* sein. Aber auch die Trennung in geografische Regionen (America/EMEA/Asia/...) oder Rechenzentren (Hamburg, Frankfurt, London ...) lassen sich darüber abbilden.

Auch hier gibt es wieder keinen besten Weg. Daher sind nachstehend einige beispielhafte Auftrennungen gezeigt, von denen Sie sich inspirieren lassen können, um den für Sie und Ihren Anwendungsfall passenden Weg zu entwerfen.

Möglichkeit 1: .tfvars-Dateien in Kombination mit Workspaces

Die folgende Ordnerstruktur zeigt die wohl einfachste Möglichkeit, verschiedene Landschaften oder Systemumgebungen darzustellen.

Der Terraform-Code ist für alle Landschaften der gleiche. Es gibt jedoch für jede Landschaft bzw. Systemumgebung eine eigene *.tfvars*-Datei:

```
$ tree .
.
|- main.tf
```

```
|- variables.tf
|- outputs.tf
|- Landschaft.Entwicklung.tfvars
|- Landschaft.Test.tfvars
'- Landschaft.Produktion.tfvars
```

Die *.tfvars*-Dateien sehen im einfachsten Fall wie folgt aus. Sie enthalten immer die gleichen Variablen, aber gegebenenfalls mit anderen Werten, die zur jeweiligen Landschaft/Systemumgebung passen.

```
# Landschaft.Entwicklung.tfvars
rechenzentrum = west-1
cpu_count     = 1
ram_count     = 4
# Landschaft.Test.tfvars
rechenzentrum = west-1
cpu_count     = 2
ram_count     = 8
# Landschaft.Produktion.tfvars
rechenzentrum = west-2
cpu_count     = 4
ram_count     = 16
```

Die Verwendung der unterschiedlichen *.tfvars*-Dateien erfolgt beim Aufruf von `terraform plan` und `apply`:

```
$ terraform plan -var-file="Landschaft.Produktion.tfvars"
[...]
$ terraform apply -var-file="Landschaft.Produktion.tfvars"
[...]
```

[»]

Automatisches Einlesen

Wie in Abschnitt 6.2 erklärt, liest Terraform eine Liste von Dateien automatisch ein und verwendet die darin enthaltenen Variablenzuweisungen. In diesem Fall ist das automatische Einlesen der *.tfvars*-Dateien explizit nicht gewünscht. Achten Sie daher bitte darauf, die Dateien *nicht* mit der Dateiendung **.auto.tfvars* zu benennen.

Natürlich können Sie nicht denselben State für alle Ihre Landschaften nutzen. Hier schaffen Arbeitsbereiche (*Workspaces*, siehe *https://developer.hashicorp.com/terraform/language/state/workspaces*) Abhilfe. Durch das Anlegen der Arbeitsbereiche *Entwicklung*, *Test* und *Produktion* werden im Unterverzeichnis *terraform.tfstate.d* getrennte States angelegt. Das Auslagern des State in einen gemeinsam genutzten Speicherort, den Remote State, ist in diesem Konstrukt schwieriger umzusetzen.

Die Befehle zum Anlegen der Arbeitsbereiche sind:

```
$ terraform workspace new Entwicklung
Created and switched to workspace "Entwicklung"!

You're now on a new, empty workspace. Workspaces isolate their state,
so if you run "terraform plan" Terraform will not see any existing state
for this configuration.
$ terraform workspace new Test
[...]
$ terraform workspace new Produktion
[...]
$ terraform workspace list
  default
  Entwicklung
* Produktion
  Test
```


Der letzte Befehl `terraform workspace list` zeigt Ihnen die Liste der Arbeitsbereiche an. Der Stern (*) markiert den gerade aktiven Arbeitsbereich. Falls Sie sich wundern: Der Arbeitsbereich `default` wird von Terraform standardmäßig angelegt und verwendet. Er kann nicht gelöscht werden.

Um die Ressourcen in der jeweiligen Landschaft zu steuern, müssen Sie in den entsprechenden Arbeitsbereich wechseln. Beim Ausführen der eigentlichen Terraform-Befehle müssen Sie die entsprechende Variablendatei *immer* mit angeben.

```
$ terraform workspace select Entwicklung
Switched to workspace "Entwicklung".
$ terraform apply -var-file=Landschaft.Entwicklung.tfvars
[...]
$ terraform workspace select Test
Switched to workspace "Test".
$ terraform apply -var-file=Landschaft.Test.tfvars
[...]
$ terraform workspace select Produktion
Switched to workspace "Produktion".
$ terraform apply -var-file=Landschaft.Produktion.tfvars
[...]
```

Vorteil dieser Methode ist die einfache Ordnerstruktur und die geringe Menge an dupliziertem Code.

Der größte Nachteil besteht in der Gefahr, versehentlich den falschen Arbeitsbereich auszuwählen oder ausgewählt zu haben. Der Aufruf des Befehls `terraform apply` mit der falschen Variablendatei führt natürlich zu falschen Ergebnissen bis hin zum Datenverlust durch Entfernen und Neuerstellen von Ressourcen aufgrund geänderter Spezifikationen.

Möglichkeit 2: Verschiedene Unterordner für Landschaften/Systemumgebungen

Eine Schwäche beim einfachen Ansatz von Möglichkeit 1 ist, dass ein *Remote State* schwierig zu integrieren ist. Dies rührt daher, dass der Terraform-Code für jede Landschaft der gleiche ist, die Remote Backends jedoch ebenfalls in einer *.tfvars*-Datei definiert werden.

Folgende Struktur führt für diesen Fall eine *backend.tf*-Datei ein, in der dann z. B. ein S3-Backend definiert werden kann. Außerdem liegt jede Landschaft in einem eigenen Unterordner. Durch symbolische Links (Symlinks in Unix-Terminologie, nur verfügbar unter Linux, macOS und Unix-artigen Betriebssystemen) im Dateisystem können sich aber auch hier wieder Landschaften denselben Quelltext teilen, falls gewünscht. Im Beispiel teilen sich *Entwicklung* und *Test* Teile des Codes. *Produktion* ist komplett getrennt und verwendet eigenen Terraform-Code. Die Variablendateien heißen jetzt einfach wieder *terraform.tfvars* und werden daher automatisch eingelesen. Sie müssen also nicht mehr bei jedem Terraform-Befehl mit angegeben werden, was eine große Fehlerquelle in Möglichkeit 1 ist. Workspaces können hier natürlich auch genutzt werden, sind aber aufgrund der Ordnerstruktur und des *Remote State* nicht mehr nötig.

Die beschriebene Ordnerstruktur sieht wie folgt aus:

```
$ tree .
.
|- Entwicklung
|  |- backend.tf
|  |- main.tf
|  |- variables.tf
|  |- outputs.tf
|  '- terraform.tfvars
|- Test
|  |- backend.tf
|  |- main.tf      # Symlink auf ../Entwicklung/main.tf
|  |- variables.tf # Symlink auf ../Entwicklung/variables.tf
|  |- outputs.tf   # Symlink auf ../Entwicklung/outputs.tf
|  '- terraform.tfvars
'- Produktion
   |- backend.tf
```

```
  |- main.tf
  |- variables.tf
  |- outputs.tf
  '- terraform.tfvars
```

Um in diesem Szenario die verschiedenen Landschaften anzusprechen und deren Ressourcen zu verwalten, gehen Sie folgendermaßen vor. Mit dem Parameter `-chdir` wechselt Terraform jeweils in das entsprechende Unterverzeichnis, bevor es den jeweiligen Befehl ausführt.

```
terraform -chdir=Entwicklung apply
[...]
terraform -chdir=Test apply
[...]
terraform -chdir=Produktion apply
[...]
```

Hier besteht das Risiko, den falschen Pfad anzugeben. Daher ist es eventuell einfacher, wie gewohnt in das Verzeichnis zu wechseln:

```
/home/tux/Terraform/ $ cd Entwicklung
/home/tux/Terraform/Entwicklung/ $ terraform apply
/home/tux/Terraform/Entwicklung/ $ cd ..
/home/tux/Terraform/ $ cd Test
/home/tux/Terraform/Test/ $ terraform apply
/home/tux/Terraform/Test/ $ cd ..
/home/tux/Terraform/ $ cd Produktion
/home/tux/Terraform/Produktion/ $ terraform apply
/home/tux/Terraform/Produktion/ $ cd ..
/home/tux/Terraform/ $
```

Im Beispiel wurde der Prompt der bash-Shell mit angegeben, um den Überblick über das aktuelle Arbeitsverzeichnis zu erleichtern.

Die gezeigte Ordnerstruktur hat gegenüber den Arbeitsbereichen den großen Vorteil, dass direkt am Dateipfad ablesbar ist, in welcher Landschaft gearbeitet wird. Außerdem wird die Verwendung einer falschen *.tfvars*-Datei deutlich erschwert, da sie nicht mehr bei jedem Terraform-Aufruf mitgegeben werden muss.

9.4.3 Benennung von Ressourcen

Unter Umständen werden Sie früher oder später in einem Projekt feststellen, dass Namenskonventionen Sinn ergeben. Mitten in einem Projekt ein umfangreiches Refactoring vorzunehmen, um nachträglich Namenskonventionen einzuführen, ist jedoch deutlich schwieriger und fehleranfälliger, als wenn Sie gleich mit passenden Bezeichnungen starten.

Daher seien hier ein paar Richtlinien genannt und kurze Erläuterungen gegeben.

1. Es hat sich durchgesetzt, alle Terraform-internen Variablen mit Unterstrichen `_` anstelle von Bindestrichen `-` zu benennen. Hintergrund ist, dass z. B. Ressourcennamen Terraform-intern auch mit Unterstrichen getrennt werden. Daher ist die Benennung anschließend konsistenter.
2. Die eigentlichen Ressourcennamen werden später vom Provider selbst erzeugt. Hierfür wird meist ein Attribut `name` oder ähnlich angegeben. Für diese Bezeichnungen, z. B. `name = "server-1"` haben sich stattdessen Bindestriche etabliert. Auch hier gibt es keine feste Regel, jedoch werden Bindestriche von Menschen als besser lesbar wahrgenommen.

   Achtung, manche Ressourcennamen auf Providerebene dürfen keine Bindestriche enthalten. Ein Beispiel hierfür wäre ein Speicherkonto in Azure (*Azure Storage Account*).

   Aus demselben Grund ist es sinnvoll, dass Sie nur Kleinbuchstaben und Zahlen für die Benennungen wählen. Großbuchstaben und Sonderzeichen führen gern zu Problemen.
3. Prägnante Namen ergeben immer Sinn. Vermeiden Sie generische Bezeichnungen, nutzen Sie lieber den Platz und beschreiben Sie die Ressource genauer. So ist `ip` zwar ein valider Name, allerdings beschreiben `public_ip` und `private_ip` eindeutiger, welche IP-Adresse gemeint ist.

   Scheuen Sie also nicht davor zurück, lange Namen zu verwenden. Wichtig ist, dass die Bedeutung klar erkennbar ist, und dies möglichst, ohne alle internen Sonderheiten Ihres Terraform-Codes auswendig zu wissen.
4. Wenn Sie »atomare« Module schreiben, die nur eine Ressource abbilden, werden üblicherweise die Ausgabewerte (Outputs) entsprechend den Werten benannt, die sie ausgeben. Der Ausgabewert zum Attribut `openstack_networking_floatingip_v2.fip.address` wäre dementsprechend `address`.

9.5 Terraform-Code prüfen, kontrollieren und testen

Terraform-Code kann auf vielen Ebenen geprüft, kontrolliert und getestet werden. Am Anfang ist es wichtig, dass Sie verstehen, was Sie alles testen könnten und was Sie testen sollten.

In der Regel werden die Prüfungen anhand ihrer Komplexität und ihrer »Kosten« angeordnet. Einfache, schnelle und lokal durchführbare Prüfungen stehen am Anfang.

Prüfungen, bei denen Code ausgeführt und Ressourcen aufgebaut werden, stehen am Ende, da hierzu sowohl passende Umgebungen vorhanden sein müssen als auch Kosten entstehen.

Der erste Schritt ist das Überprüfen der Syntax mittels `terraform validate`. Hiermit werden fehlende Variablendefinitionen, falsche Ressourcennamen und Tippfehler in den meisten Fällen gefunden.

Der nächste Schritt besteht in der Kontrolle, ob Konventionen eingehalten werden. Dies betrifft sowohl in der Terraform-Community gängige Konventionen als auch in Ihrem Team oder Ihrer Arbeitsgruppe getroffene Vereinbarungen. Bei Ersteren kann `terraform fmt` ein guter gemeinsamer Nenner sein, da es den Code nach aktuellen Terraform-Sprachstilkonventionen (*https://developer.hashicorp.com/terraform/language/syntax/style*) formatiert.

Der letzte Schritt ist, den syntaktisch korrekten und passend formatierten Code zu testen, d. h. wirklich auszuführen.

Es ist sinnvoll, die Prüfungen auf korrekte Syntax und einheitlichen Stil zum einen lokal beim Commit über Pre Commit Hooks automatisch auszuführen. Hierdurch bekommt der Anwender direkt beim Arbeiten am Code eine Rückmeldung und kann etwaige Kritikpunkte sofort ausbessern.

Zum anderen sollte im Git-Repository eine *Continuous Integration Pipeline* (CI-Pipeline) konfiguriert werden. Diese bietet Ihnen die Möglichkeit, Ihren Terraform-Code zu testen und zu integrieren. Codehosting-Plattformen wie GitHub, GitLab oder Ähnliche bieten inzwischen ebenfalls Wege an, solche Pipelines einfach zu integrieren. Auch bei selbst betriebenen Lösungen (GitLab, Gitea etc.) kann dies bewerkstelligt werden.

Alle Prüfungen, Kontrollen und Tests sind meist vordefinierte Einzeiler. Diese können Sie natürlich per Hand starten. Einfacher ist es, wenn Ihr Git-Repository ein sogenanntes *Makefile* enthält. Der Name Makefile kommt daher, dass die Datei beim Kompilieren von Software die langwierigen Compiler-Aufrufe wegabstrahiert, sodass ein Aufruf von `make` genügt. Im Kontext von Terraform können Sie über eine solche Datei einfach eine oder mehrere Prüfungen starten, ohne die genauen Befehle mit allen Optionen zu kennen. Zum Ausführen von `terraform fmt` ist dies natürlich nicht notwendig, aber spätestens wenn Arbeitsverzeichnisse gewechselt oder aber *tfvars*-Dateien angegeben werden müssen, werden Sie die Vorteile eines solchen Makefiles erkennen. Ein Beispiel für ein solches Makefile folgt später in diesem Kapitel.

Bei großen Projekten, die stark automatisiert sind, kommen Sie früher oder später an den Punkt, auch die Logik und die tatsächliche Ausführbarkeit des Terraform-Codes zu testen. Hierzu bietet sich *Terratest* (*https://github.com/gruntwork-io/terratest*) an.

Terratest baut den Terraform-Code mit Eingabeparametern komplett in Terraform auf, prüft auf Ausgaben und entfernt die aufgebauten Ressourcen wieder. Eine Einführung in Terratest führt hier aber zu weit, Terratest bietet genug Stoff für ein eigenes Buch.

9.5.1 Prüfung auf korrekte Syntax

Terraform-Syntax prüfen: terraform validate

Die Prüfung auf korrekte Syntax erfolgt, wie bereits erwähnt, mit `terraform validate`. Die Prüfung ist schnell und erfordert wenig Aufwand. Es bietet sich daher an, diese Prüfung sowohl lokal beim Commit als auch bei Pull Requests über eine CI-Pipeline auszuführen.

Bei der Prüfung werden weder Eingabevariablen noch States oder gar Provider-APIs mit einbezogen. Es findet keine Interaktion mit bestehender Infrastruktur statt. Der Befehl `terraform init` muss vorher einmal gelaufen sein, damit alle nötigen Provider und Module installiert sind.

Der Befehl `terraform plan` leistet deutlich mehr, um den Terraform-Code zu testen, jedoch müssen dafür alle Eingabevariablen und etwaige Zugangsdaten für die einzelnen Provider mit übergeben werden. Dies ist nicht immer möglich oder gewollt.

Rechtschreibung

Rechtschreibung hat nicht direkt mit Terraform zu tun, soll an dieser Stelle aber erwähnt werden, weil es wirklich einfach ist, eine Rechtschreibprüfung einzubauen. Für englischsprachige Projekte kann z. B. `codespell` verwendet werden. `codespell` ist ein einfach zu installierendes Python-Programm, das auch in der Handhabung einfach gehalten ist. Beispiele zur Nutzung finden Sie im *example*-Ordner des Projekts.

- *https://github.com/codespell-project/codespell*

Syntaxprüfung anderer Dateien wie YAML- oder JSON-Dateien

Oft beinhalten Terraform-Projekte auch Dateien, die nicht in HCL-Sprache geschrieben sind. Dies sind oft YAML- oder JSON-Dateien, die z. B. Parameter für Applikationen oder einen Provider beinhalten können. Diese können ebenfalls sehr einfach überprüft werden, z. B. mit Programmen wie `yamllint` und `jq`. Beispiele sind später im Beispiel-Makefile und den GitHub-Seiten der Programme zu finden.

- *https://github.com/adrienverge/yamllint*
- *https://github.com/stedolan/jq*

9.5.2 Prüfung auf Einhaltung von Codekonventionen

Es mag Ihnen unsinnig erscheinen, über das Aussehen von Terraform-Code zu reden. Für manche liegt darin jedoch sogar eine gewisse Schönheit. Andere empfinden es als Zeitverschwendung, sich über Einrückungen und andere Feinheiten Gedanken zu machen.

Jedoch arbeiten Sie in den seltensten Fällen komplett allein an Ihrem Terraform-Code. Und so wie Sie Ihre Handschrift natürlich perfekt lesen können, sind Sie auch mit der Art und Weise vertraut, wie Sie Ihren Terraform-Code schreiben. Spätestens wenn Ihr Kollege nachvollziehen soll, was der Code tut und warum auf diese Weise, ist es aber von großem Vorteil, wenn er sich schnell zurechtfindet. Hier hilft ein einheitliches Aussehen des Codes ungemein. Es erhöht die Lesbarkeit, wenn z. B. Einrückungen immer gleich gesetzt sind. Davon profitieren Sie und Ihre Kollegen. Der Nächste, der Ihren Code in einem halben Jahr überarbeiten darf, könnten auch Sie selbst sein ...

Gleiches gilt natürlich nicht nur für das Aussehen und die Einhaltung von Stilrichtlinien (*Style Conventions*). Auch Namenskonventionen sind an dieser Stelle hilfreich. Hierfür sind uns jedoch keine Werkzeuge bekannt.

Die folgenden Abschnitte stellen einige Werkzeuge kurz vor, mit denen Sie eine einheitliche Formatierung Ihres Terraform-Codes erreichen können.

Formatierung des Terraform-Codes: terraform fmt

Der Befehl `terraform fmt` reicht aus, um den gesamten Terraform-Code im aktuellen Arbeitsverzeichnis und allen Unterverzeichnissen nach Terraform-Richtlinien zu formatieren. Es empfiehlt sich, diesen Befehl auszuführen, wenn Ihr Git-Repository »sauber« ist, sprich, `git status` keine Änderungen anzeigt. So lässt sich leichter nachvollziehen, welche Anpassungen der Befehl an welcher Datei vorgenommen hat.

```
$ terraform fmt -recursive
[...]
```

Der Befehl modifiziert unter anderem folgende Aspekte Ihres Terraform-Codes:

- Einrückung mit zwei Leerzeichen pro Verschachtelung
- vertikale Anordnung von Gleichheitszeichen (=)
- Leerzeilen zwischen Gruppen von Terraform-Code und innerhalb von Ressourcen zur logischen Trennung

Eine vollständige Liste finden Sie auch in den offiziellen Style Conventions unter *https://developer.hashicorp.com/terraform/language/syntax/style*.

Der Befehl `terraform fmt` kennt noch weitere Parameter. Unter anderem können Sie einfach prüfen, ob an Ihrem Terraform-Code etwas auszusetzen wäre:

```
$ terraform fmt -recursive -diff -check
[...]
```

Dies ist in automatisierten Tests sinnvoller, da hierbei keine Dateien modifiziert werden. Sie bekommen lediglich eine Rückmeldung darüber, ob der Code den Konventionen entspricht oder nicht. Das Kommando beendet sich kommentarlos mit einem Exit-Code von `0`, wenn keine Fehler gefunden wurden. Ist am Code etwas auszusetzen, bekommen Sie einen `diff` angezeigt. Zugleich ist der Exit-Code ungleich `0`:

```
$ terraform fmt -check -diff
versions.tf
— old/versions.tf
+++ new/versions.tf
@@ -2,7 +2,7 @@

   required_providers {
     local = {
       - source = "hashicorp/local"
       + source = "hashicorp/local"
     }
   }
 }
$ echo $?
3
```

9.5.3 Beispiel für ein Makefile

Wir möchten Ihnen ein Beispiel für ein kurzes Makefile vorstellen, mit dem Sie die eben beschriebenen Tests automatisieren können. Beachten Sie bitte, dass die Einrückung der Befehle in den einzelnen Tests mit Tabulatoren erfolgen muss. Ein Makefile stellt nur eine von vielen Möglichkeiten dar. Überspringen Sie diesen Absatz, wenn er für Sie keine Relevanz hat.

```
SHELL := /usr/bin/env bash # bash-Shell verwenden
.SHELLFLAGS = -c # Subkommandos mit "-c" ausführen

.EXPORT_ALL_VARIABLES: ; # alle Variablen exportieren und an Sub-Shell
                         übergeben

.PHONY: all # das Makefile generiert keine Dateien
```

```
.DEFAULT: help # das Standardkommando, wenn make ohne Befehl ausgeführt wird

# help: @ zeigt alle möglichen Targets an
help:
    @grep -E '[a-zA-Z.-]+:.?@ .$$' $(MAKEFILE_LIST)| tr -d '#'  | awk 'BEGIN
{FS = ":.*?@ "}; {printf "\033[36m%-30s\033[0m %s\n", $$1, $$2}'

# test: @ alle definierten Tests ausführen
test: test-codespell test-yamllint test-jsonlint test-terraform-format test-
terraform-validation
    @echo 'All tests Done!'

# test-codespell: @ Rechtschreibung prüfen
test-codespell:
    codespell -H -f -s -C 4 -q 6 --skip "Makefile" *.tf

# test-yamllint: @ YAML-Dateien prüfen
test-yamllint:
    yamllint -c .yamllint.yaml .

# test-jsonlint: @ JSON-Dateien prüfen
test-jsonlint:
    for file in $(shell find . -name '*.json' ! -path "**/venv/*"); do\
        echo $${file} ;\
        jq < $${file} >/dev/null;\
        err=((? + err)) ;\
    done; exit $$err

# test-terraform-format: @ Terraform-Code-Stil und -Formatierung prüfen
test-terraform-format:
    terraform fmt -check=true -diff=true -recursive

# test-terraform-validation: @ Terraform-Syntax prüfen
test-terraform-validation:
    terraform init 2>&1 >/dev/null
    terraform validate

# all: @ alle definierten Tests ausführen
all: test
```

Zum Ausführen benötigen Sie natürlich das Programm make, das Sie auf allen Linux-Distributionen über deren Paketmanager nachinstallieren können. Unter macOS erhalten Sie make am einfachsten über die XCode Developer Tools unter *https://developer.apple.com/xcode/* oder über den Homebrew-Paketmanager.

Über make help lassen Sie sich Hilfe und Erklärungen zu den Befehlen anzeigen:

```
$ make help

 help                        zeigt alle möglichen Targets an
 test                        alle definierten Tests ausführen
 test-codespell              Rechtschreibung prüfen
 test-yamllint               YAML-Dateien prüfen
 test-jsonlint               JSON-Dateien prüfen
 test-terraform-format       Terraform-Format prüfen
 test-terraform-validation   Terraform-Syntax prüfen
 all                         alle definierten Tests ausführen
```

Einzelne Tests führen Sie über make NAME aus, wobei Sie NAME durch den Namen des Tests ersetzen:

```
$ make test-terraform-format
[...]
```

Es ist sinnvoll, dass Ihr Makefile ein Ziel definiert, das alle definierten Tests startet. Im obigen Beispiel ist dies all bzw. test:

```
$ make test
[...]
```

Weitere Werkzeuge

Die bereits genannten Werkzeuge und Terraform-Befehle sind ein guter Anfangspunkt, um Ihren Code zu testen. Es gibt jedoch eine Vielzahl weiterer Open-Source-Werkzeuge für unterschiedliche Arten an Prüfungen:

Zur Prüfung der Sicherheit, z. B. um nach Passwörtern oder Schlüsseln sowie nach unsicheren Standardeinstellungen zu suchen, gibt es checkov und tfsec.

- *https://github.com/bridgecrewio/checkov*
- *https://github.com/tfsec/tfsec*

Einen erweiterten Syntaxcheck sowie eine Prüfung auf Best Practices bietet TFLint. TFLint findet dabei von den Providern AWS, Azure und GCP nicht unterstützte Ressourcen. Zudem warnt es vor veralteter Syntax (*deprecated*) oder ungenutzten Codeteilen.

- *https://github.com/terraform-linters/tflint*

9.6 Variablen mit Standardwert null

Der Wert null als Standardwert einer Variablen ist besonders hilfreich, wenn es um Parameter von Ressourcen geht, die nicht unbedingt notwendig sind. Wollen Sie dem Anwender aber die Möglichkeit geben, bei Bedarf diese Variable zu setzen, bietet sich der Standardwert null an.

Im folgenden Beispielmodul wird eine Variable pubkey_expiration mit dem Standardwert null deklariert:

```
variable "pubkey_value" {}
variable "pubkey_expiration" {
  default = null
}

resource "x_cloud.public_key" "pubkey" {
  public_key = var.pubkey_value
  expiration = var.pubkey_expiration
}
```

Beim Aufruf des Moduls mit dem folgenden Code wird nur die Variable pubkey_value übergeben:

```
module "pubkey" {
  source = "./pubkey"

  pubkey_value = file(pathexpand("~/.ssh/id_rsa.pub"))
}
```

Da der Standardwert für die Variable pubkey_expiration null ist, behandelt Terraform den Aufruf des Moduls, als würde dort folgender Code stehen:

```
[...]
resource "x_cloud.public_key" "pubkey" {
  public_key = var.pubkey_value
}
```

Das bedeutet, dass die Variable pubkey_expiration einfach ignoriert wird, so, als wäre sie nicht definiert und im Code verwendet worden. Sobald die Variable jedoch gesetzt wird, wird der entsprechende Code angesprochen und die Variable verwendet.

Natürlich ist dieses Vorgehen nur sinnvoll, wenn der Ressourcenparameter expiration als optional gilt.

9.7 Zugriff auf geschachtelte Listen

Je nachdem, wie tief Sie in Terraform einsteigen und wie komplex Ihre Infrastruktur ist, kann es Ihnen früher oder später passieren, dass Sie mehr Logik benötigen, als die Sprache HCL eigentlich zur Verfügung stellen kann.

Ein Beispiel ist der Zugriff auf mehrfach geschachtelte Objekte oder Listen. Der folgende Codeschnipsel zeigt das Hauptmodul, das ein Modul `./ha-vm` einbindet:

```
module "ha-vms" {
  count   = 3000
  source = "./ha-vm"
}

output "ips" {
  # Achtung, dieser Code funktioniert nicht und generiert einen Fehler!
  module.vms[*].ips[*]
}
```

Der Code des `ha-vm`-Moduls sähe etwa so aus:

```
resource "x_cloud.virtual_machine" "vmpair" {
  count = 2

  name = "vm_paar"
}

output "ips" {
  value = x_cloud.virtual_machine.vmpair[*].ip
}
```

Da sowohl die Ressource im Modul als auch der Modulaufruf selbst jeweils eine Liste zurückgeben, entsteht hier eine mehrfach geschachtelte Liste. Der Zugriff auf Elemente dieser Liste ist *nicht* mit dem Wildcard-Operator * möglich, wenn wie im Beispiel mehr als einer benutzt werden muss. In diesem Fall kann z. B. mit einer Schleife nachgeholfen werden:

```
output "ips" {
  value = [
    for module in module.vms[*]:
      module.ips
  ]
}
```

Eine andere hilfreiche Funktion ist `element`, um zielgerichtet Einträge einer Liste zu erhalten:

```
variable "list" {
  default = [
    "eins",
    "zwei",
    "drei"
  ]
}

resource "x_cloud.some_resource" "some_name" {
  count = length(var.list)

  eine_variable = element(var.list[*], count.index)
}
```

Hier ist der Zugriff über `var.list[count.index]` auch möglich. Aber spätestens, wenn mit Interpolation gearbeitet wird, ist die Verwendung der `element`-Funktion sinnvoll. Die Übersichtlichkeit Ihres Terraform-Codes wird dadurch ein wenig erhöht.

Ein Codebeispiel ohne die `element`-Funktion könnte folgendermaßen geschrieben werden:

```
variable "key" {
  default = "zwei"
}

variable "list" {
  default = {
    "idx_null" = 0,
    "idx_eins" = 1,
    "idx_zwei" = 2,
    "idx_drei" = 3,
    "idx_vier" = 4
  }
}

resource "local_file" "files" {
  filename = "./liste.txt"
  content  = var.list["idx_${var.key}"]
}
```

Der gleiche Code, jedoch unter Verwendung der `element`-Funktion, entzerrt die Variablen leicht:

```
variable "key" {
  default = "zwei"
}

variable "list" {
  default = {
    "idx_null" = 0,
    "idx_eins" = 1,
    "idx_zwei" = 2,
    "idx_drei" = 3,
    "idx_vier" = 4
  }
}

resource "local_file" "files" {
  filename = "./liste.txt"
  content  = element(var.list[*], "idx_${var.key}")
}
```

Kapitel 10
Vorgefertigtes Beispiel

In diesem Kapitel wird ein in sich geschlossenes kleines Beispiel beschrieben. Mithilfe eines Terraform-Deployments wird eine App auf unterschiedliche Cloud-Provider gespielt. Dabei wurde eine Auswahl an Cloud-Anbietern sowie On-premise-Lösungen getroffen. Darunter befinden sich AWS, Azure, GCP, libvirt, OpenStack und VMware. Der Code ist kein goldener Standard und kann sicherlich an einigen Stellen optimiert oder verändert werden. Das gezeigte Szenario soll aber Lust auf mehr machen und Denkanstöße für die Praxis liefern.

10

10.1 Szenario

Für das Beispiel werden alle nötigen Terraform-Ressourcen beschrieben, um einen Sprungserver/Bastion und einen Webserver zu erstellen. Der Webserver wird über eine öffentliche Adresse erreichbar gemacht, sofern er bei einem Public-Cloud-Anbieter erstellt wird. Zur Einrichtung und Konfiguration des Webservers wird `cloud-init` zusammen mit Ansible verwendet. Im Hauptordner finden Sie neben den bekannten Dateien (*main.tf* etc.) auch einige weitere Dateien und Ordner, die in Tabelle 10.1 aufgeschlüsselt werden.

Datei	Inhalt
ansible	Enthält das Playbook zur Konfiguration des Webservers.
modules	Enthält Terraform-Module, die jeweils die Ressourcen eines Providers bündeln.
cloud_init_vmware.yml	VMware-spezifische cloud-init-Datei.
cloud_init.yml	cloud-init-Datei.
terraform_id_ed25519	Privater SSH-Schlüssel – darf gerne durch einen eigenen ersetzt werden.
terraform_id_ed25519.pub	Öffentlicher SSH-Schlüssel – darf gerne durch einen eigenen ersetzt werden.
variables.PROVIDER.tf	Providerabhängige Variablen.

Tabelle 10.1 Bestandteile des Deployments

Ihr Einstiegspunkt ist die Datei *terraform.tfvars*, in der Sie verschiedene Cloud-Provider an- oder abschalten können, sodass Sie das Deployment nur auf den gewünschten Cloud-Anbietern ausführen. Des Weiteren können Sie andere SSH-Schlüssel angeben, den anzulegenden Benutzernamen verändern oder gleich den ganzen `name` für das Deployment ersetzen.

Je nach Anbieter werden unterschiedliche Ressourcen erstellt. Bitte beachten Sie, dass hierfür gegebenenfalls Kosten anfallen! Tabelle 10.2 liefert einen Überblick über die verwendeten Ressourcen.

	AWS	Azure	GCP	libvirt	OpenStack	VMware
network	`VPC`	`virtual network/ subnet`	`virtual network/ subnet`	`uses existing network`	`virtual network/ subnet`	`uses existing network`
	`security groups`	`security groups`	`firewall`		`security groups`	
	`loadbalancers + public Ips`	`loadbalancers + public Ips`	`loadbalancers + public Ips`		`loadbalancers + public Ips`	
compute	`bastion`	`bastion`	`bastion`			
	`web-server`	`web-server`	`web-server`	`web-server`	`web-server`	`web-server`
application	`web-server`	`web-server`	`web-server`	`web-server`	`web-server`	`web-server`

Tabelle 10.2 Die verwendeten Ressourcen für das Szenario

10.2 Vorbereitung

Damit Sie starten können, müssen Sie zuerst ein SSH-Schlüsselpaar erzeugen. Natürlich können Sie auch Ihr existierendes Schlüsselpaar verwenden. Ändern Sie dazu den Pfad in der Datei *terraform.tfvars*. Das Format des Schlüssels spielt hier übrigens keine Rolle, da er mithilfe von `cloud-init` in die VM injiziert wird. Damit wird das Problem umgangen, dass nicht alle Anbieter jedes SSH-Schlüsselformat verarbeiten.

Falls Sie außerdem noch kein Ansible installiert haben, sollten Sie dies jetzt nachholen. Eine Kurzanleitung dazu finden Sie im Repository zu diesem Buch. Natürlich können Sie auch ohne Ansible fortfahren, allerdings werden Sie dann kein vollständiges Endergebnis erhalten. Außerdem wird der Terraform-Lauf nicht erfolgreich beendet werden können. Zur Veranschaulichung sollte dies dennoch allemal reichen. Auch ein anschließendes `terraform destroy` sollte funktionieren, selbst wenn der Lauf zuvor nicht vollständig erfolgreich war.

10.2.1 SSH-Schlüssel anlegen

Wenn Sie ein neues Schlüsselpaar erzeugen möchten, führen Sie folgenden Befehl in dem Verzeichnis aus, in dem die ganzen *versions.PROVIDER.tf* liegen: Es ist ratsam, keine Passphrase für dieses Beispiel zu vergeben. Grund dafür ist Ansible, das sich ebenfalls über SSH mit der VM verbindet, um die Konfiguration vorzunehmen.

```
$ ssh-keygen -N '' -t ed25519 -f terraform_id_ed25519
[...]
```


10.2.2 Infrastruktur auswählen

Terraform kann je nach Konfiguration die Infrastruktur auf einem, mehreren oder allen der in Tabelle 10.1 genannten Infrastrukturanbietern bereitstellen. Hierfür muss in der Datei *terraform.tfvars* die jeweilige Variable `*.enabled` auf `true` gesetzt werden.

Anschließend muss der oder die entsprechenden Provider konfiguriert werden.

- **AWS vorbereiten**
  Damit der aws-Provider erfolgreich seinen Dienst verrichten kann, setzen Sie bitte die folgenden Umgebungsvariablen:

  ```
  export AWS_REGION='eu-central-1'
  export AWS_ACCESS_KEY_ID='AKIAXXXXXXXXXXUDT5GO'
  export AWS_SECRET_ACCESS_KEY='01189998819991197253'
  ```

  Noch besser ist es, wenn Sie die Zugangsdaten in *~/.aws/credentials* gesetzt haben.

- **Azure vorbereiten**
  Folgende Befehle sind auszuführen, um sich einmalig mit dem Azure-Client (`az`) anzumelden und zu authentifizieren:

  ```
  $ az login
  [...]
  ```

  Für Details sehen Sie bitte in Abschnitt 4.3.3 nach.

- **GCP vorbereiten**
  Folgende Befehle müssen Sie ausführen, um sich einmalig mit dem gcloud-Client (`gcloud`) anzumelden und zu authentifizieren:

  ```
  $ glcoud auth login # im Account einloggen
  $ gcloud project list # falls mehrere Projekte vorhanden sind, eines aussuchen
  $ gcloud config set project ${project} # ausgesuchtes Projekt setzen
  ```

- **libvirt vorbereiten**
  Das Setzen der Variablen `libvirt_qemu_uri` in der Datei *terraform.tfvars* reicht aus.
- **OpenStack vorbereiten**
  Wenn Sie mit dem openstack-Provider arbeiten möchten, setzen Sie die folgenden Umgebungsvariablen:

  ```
  export OS_USERNAME='admin'
  export OS_PASSWORD='strenggeheim'
  export OS_TENANT_NAME='webserver'
  export OS_AUTH_URL='http://api.openstack.terraformbuch.de:5000/v2.0'
  export OS_USE_OCTAVIA='true' # abhängig von Ihrer Umgebung
  ```

  Auch hier wäre die Verwendung der Dateien *~/.config/openstack/{clouds,secure}.yaml* ebenfalls möglich.

[!]

Offener Bug bei libvirt

Es kann passieren, dass Sie beim Ausführen von `terraform apply` die folgende Meldung erhalten:

```
$ terraform apply
[...]
libvirt_domain.webserver[0].network_interface[0].addresses is empty list of
string
[...]
```

Sollte dem so sein, kann `terraform apply` ein zweites Mal gestartet werden. Danach sollte der Befehl korrekt durchlaufen.

Der Grund dafür ist eine Unzulänglichkeit im libvirt-Provider, an der bereits gearbeitet wird: *https://github.com/dmacvicar/terraform-provider-libvirt/issues/924.*

- **VMware vorbereiten**
  Um auf einem VMware-ESXi-Host virtuelle Maschinen erzeugen zu können, ist ein vCenter notwendig. Ohne ein vCenter steht kein Cluster zur Verfügung. Dies ist Voraussetzung, um mit Terraform auf VMware arbeiten zu können. Dafür reicht auch eine kostenlose Testversion von ESXi und vCenter.

  Folgende Umgebungsvariablen müssen Sie setzen, damit sich der vsphere-Provider an der vCenter-API authentifizieren kann:

  ```
  export mailto:VSPHERE_USER=administrator@vsphere.local
  export VSPHERE_PASSWORD="mySecurePassword"
  export VSPHERE_SERVER="vcenter.home.lab"
  export VSPHERE_ALLOW_UNVERIFIED_SSL=true # abhängig von Ihrer Umgebung
  ```

Achten Sie darauf, dass `persist_session = true` in der Providerkonfiguration (*versions.tf*) gesetzt wurde, um Fehler zu unterbinden.

[«]

Code einkommentieren

Leider ist es aktuell nicht möglich, den vsphere-Provider einfach mittels Variablen zu deaktivieren, so wie es z. B. bei AWS möglich ist. Daher müssen Sie, falls das `vmware`-Modul genutzt werden soll, in *main.tf* und *outputs.tf* einige `vmware`-Modul-spezifische Zeilen einkommentieren.

10.3 Das Deployment

Nachdem Sie die Datei *terraform.tfvars* nach Ihren Wünschen abgeändert haben, können Sie in das Deployment starten. Auf die Ausgaben zu `terraform init`, `terraform plan` und `terraform apply` verzichten wir hier: Probieren Sie das Beispiel selbst aus und studieren Sie die Ausgaben der Befehle ausgiebig.

Übrigens: Wir haben bereits gesagt, dass der `local-exec`-Provisioner nicht für Aufrufe von z. B. Ansible verwendet werden sollte. Dennoch wollen wir Ihnen nicht vorenthalten, wie dieser Aufruf aussieht. Deswegen finden Sie ihn mit in diesem Beispiel. Schöner ist natürlich die Variante, bei der erst Terraform und im Anschluss Ansible separat ausgeführt wird.

Nachdem das Deployment erfolgreich verlaufen ist, können Sie sich entweder per SSH mit Ihrer VM verbinden oder mit `curl` eine Abfrage gegen den Webserver stellen. Auch der Aufruf über den Browser ist möglich.

Zugriff per SSH

Um Zugriff auf Ihren Webserver per SSH zu erhalten, wählen Sie zunächst mit der `env`-Variablen eine Cloud-Anbieter aus. Im nachstehenden Beispiel zeigt diese auf den Wert `aws`. Danach können Sie den Befehl kopieren und werden über den Jumphost mit demWebserver verbunden.

```
export env=aws
#export env=azure
#export env=gcp
#export env=openstack

pgrep ssh-agent || eval $(ssh-agent) &&
    ssh-add $(terraform output -raw private_key)
ssh -A -i $(terraform output -raw private_key)
    -J $(terraform output -raw admin_user)@$(terraform output
```

```
    -raw ${env}_ipaddress_bastion) -o StrictHostKeyChecking=false
    $(terraform output -raw admin_user)@$(terraform output
    -raw ${env}_ipaddress)
```

pgrep ssh-agent überprüft, ob bei Ihnen der Prozess ssh-agent existiert. Wenn nicht, wird er mit dem privaten SSH-Schlüssel gestartet. Danach wird eine SSH-Verbindung über den Jumphost erstellt. Datei werden diverse terraform output-Befehle genutzt, um die benötigten Werte dynamisch zu ermitteln.

Im Fall von libvirt und VMware existiert kein Jumphost, somit entfallen das Agent Forwarding sowie der Jumphost-Parameter im SSH-Befehl:

```
export env=libvirt
#export env=vmware

pgrep ssh-agent || eval $(ssh-agent) &&
    ssh-add $(terraform output -raw private_key)
ssh -i $(terraform output -raw private_key)
    -o StrictHostKeyChecking=false $(terraform output
    -raw admin_user)@$(terraform output -raw ${env}_ipaddress)
```

Zugriff mit curl

Um den Aufruf der Website zu testen, können Sie das Kommandozeilenwerkzeug curl verwenden. Es liefert den HTML-Code zurück, sofern die Website erreichbar ist. Wenn nicht, erhalten Sie eine Fehlermeldung. Auch hier können Sie wieder über die Umgebungsvariable env steuern, auf welchen Cloud-Anbieter der Zugriff erfolgen soll.

```
export env=aws
export env=azure
export env=gcp
export env=libvirt
export env=openstack
export env=vmware

curl "http://$(terraform output -raw ${env}_ipaddress_loadbalancer)"
```

Zugriff über den Browser

Möchten Sie die Website über Ihren Browser aufrufen, reicht folgender Befehl:

```
export env=aws
${BROWSER} "http://$(terraform output -raw ${env}_ipaddress_loadbalancer)"
```

Es kann sein, dass bei Ihnen die Variable ${BROWSER} nicht gefüllt ist und somit nicht funktioniert. Führen Sie stattdessen diesen Befehl aus:

```
export env=aws
terraform output -raw ${env}_ipaddress_loadbalancer
```

Sie erhalten die IP-Adresse des Webservers, die Sie in den Browser kopieren und aufrufen können.

Nach dem Deployment

Bitte denken Sie daran, Ihre Deployments im Anschluss auch wieder zu entfernen. Andernfalls kann es passieren, dass Sie dauerhaft für die erstellten Ressourcen bezahlen müssen.

Kapitel 11
Ausblick

In den vorangegangenen Kapiteln wurde eine Fülle unterschiedlicher Aspekte von Terraform beleuchtet, um Ihnen den Einstieg mit Terraform zu erleichtern. Der Fokus lag dabei auf den Kommandos und Funktionalitäten, die Sie mit hoher Wahrscheinlichkeit am Anfang benötigen werden.

Natürlich erhebt dieses Buch keinen Anspruch auf Vollständigkeit. Aufgrund der schnellen Weiterentwicklung von Terraform und der verschiedenen Provider würde selbst eine vollständige Beschreibung aller Funktionen nur einen schnell veralteten Schnappschuss darstellen. Um jedoch fortgeschrittene Nutzungsmöglichkeiten oder interessante Spezialitäten nicht unter den Tisch fallen zu lassen, soll zum Abschluss ein Blick über den Tellerrand folgen.

11.1 Automate the Automation

Terraform bietet die Möglichkeit, die Erstellung und Betreuung der Infrastruktur zu automatisieren und reproduzierbar zu machen. Die nächste Ausbaustufe besteht darin, den Einsatz von Terraform zu automatisieren.

Natürlich können alle Anwender von ihren jeweiligen Arbeitsrechnern aus mit Terraform arbeiten. Aber es muss nicht nur sichergestellt sein, dass der State von Terraform überall verfügbar ist, es muss auch verhindert werden, dass Anwender gleichzeitig den lokalen Terraform-Code und damit den Zustand der Infrastruktur ändern und dabei gegenseitig ihre Änderungen überschreiben.

Hier bietet es sich an, eine einzige *Quelle der Wahrheit* zu haben, eine sogenannte *Single Source of Truth*, in der Informationen zentral und maßgeblich bereitgestellt werden. Dies bedeutet, dass es empfehlenswert ist, ein zentrales Git-Repository zu verwenden, dessen Hauptzweig keine direkten Änderungen zulässt. Änderungen müssen in Form von Merge Requests, Pull Requests oder der entsprechenden Funktionalität Ihres Codehosters erfolgen. Und derartige Änderungen werden nur in den Hauptzweig aufgenommen, wenn die Änderungen von einer weiteren Person begutachtet und für gut befunden wurden (*Code Review* oder *Peer Review*).

Wenn Sie den Stand im Hauptzweig (meist `main`) als einzige Quelle der Wahrheit betrachten, können Sie noch einen Schritt weitergehen, indem Sie den Stand in diesem Zweig periodisch und automatisiert per Terraform anwenden. Damit betreten Sie die Welt des Continuous Deployment, in der jegliche Art von Änderung, egal welchen Umfangs, zeitnah in den produktiven Betrieb übergeht. Dieses aus der Softwareentwicklung stammende Prinzip führt dazu, dass kontinuierlich in kleinen Abständen kleine Änderungen produktiv genommen werden.

Ein wichtiger Baustein für das kontinuierliche Anpassen der produktiven Infrastruktur sind automatisierte Tests und die Abnahme von Änderungen durch andere Anwender.

Letzteres kann durch Restriktionen im Git-Repository erfolgen. GitHub bietet beispielsweise die Möglichkeit, den Hauptzweig abzusichern, sodass Änderungen nur durch Pull Requests mit einer Mindestanzahl an Code Reviews erfolgen dürfen. GitLab, Gitea, Bitbucket & Co. bieten ähnliche Funktionalitäten, auch wenn die Bezeichnungen eventuell abweichen.

Denkbar wäre folgender Arbeitsablauf:

1. Sie besitzen ein Git-Repository, das zwei verschiedene Entwicklungszweige (*Branches*) verwendet:
   - `main` (oder stable oder produktion oder ...) als produktiver Hauptzweig
   - `development` (oder entwicklung oder ...) als Entwicklungszweig
2. Die Anwenderin, die eine Änderung in den Terraform-Code einbauen will, erstellt einen neuen Entwicklungszweig basierend auf dem aktuellen Stand des `development`-Zweigs. Sie baut ihre Änderung ein und testet die Korrektheit der Syntax und die Konsistenz von Variablentypen und -namen lokal mittels `terraform validate`.
3. Sie erstellt einen Pull Request und bittet Kollegen um Begutachtung (*Peer Review* oder *Code Review*). Eine Automation, z. B. Jenkins, wird vom Codehoster über die Änderungen im Pull Request informiert (Stichwort: *Webhook*) und beginnt damit, eine Reihe automatisierter Tests zu starten.
4. Die automatisierten Tests bestehen z. B. aus Syntaxchecks, die den Code auf korrekte Syntax überprüfen. Dazu kommen Linting-Checks, die den Code auf Einhaltung von Konventionen und Empfehlungen der Community prüfen. Unit-Tests prüfen den Code als allein stehende Einheit (Unit), d. h. ohne das Zusammenspiel mit anderen Modulen oder Codepfaden. Welche Tests enthalten sind, kann das Entwicklungsteam selbst festlegen, jedoch müssen alle gefundenen Fehler behoben werden, bevor die Änderung akzeptiert werden kann.
5. Sofern die automatischen Tests keine Fehler entdeckt haben und einer oder mehrere Kollegen die Änderungen gutheißen und ihre Zustimmung gegeben haben, wird die Änderung in den `development`-Zweig aufgenommen (*to merge*, zusammenfügen).
6. Der Code im `development`-Zweig wird von der Automation in eine Testumgebung ausgerollt. Im Gegensatz zu den automatisierten Tests beim Erstellen des Pull Requests wird der Code in diesem Schritt tatsächlich ausgeführt: Infrastruktur

wird in der Testumgebung konfiguriert und provisioniert. Um Kosten zu senken, kann hier mit reduzierten Ressourcen (kleineren VMs etc.) gearbeitet werden. Da keine produktiven Anfragen beantwortet werden, d. h. die Anzahl der Anfragen geringer ist als in Produktion, können so Kosten und Ressourcen gespart werden.

7. Die Automation startet eine Reihe von Tests, um die ausgerollten Ressourcen auf Herz und Nieren zu überprüfen. Antworten die Webserver auf Anfragen korrekt und mit dem erwarteten Inhalt? Ist die Datenbank erreichbar? Ist die Performance wie erwartet?
8. Sind alle Tests zur Zufriedenheit der Automation erfüllt, wird ein Pull Request gegen den produktiven `main`-Zweig erstellt, der von mindestens zwei Kollegen abgesegnet werden muss. Im Pull Request werden die Ergebnisse der zuvor durchgeführten automatisierten Tests dokumentiert und somit festgehalten.
9. Ist der Pull Request für gut befunden worden, wird er in den `main`-Branch überführt. Es ist sinnvoll, die Zahl der hierzu berechtigten Personen einzuschränken, was bedeutet, Push-Berechtigungen für den `main`-Branch nur erfahrenen Personen zu geben.
10. Die Automation wird wiederum vom Codehoster informiert und startet das Ausrollen des neuen Codes aus dem produktiven `main`-Zweig in die produktive Umgebung.

Der dargestellte Ablauf ist eine von vielen Möglichkeiten, wie eine derartige Automatisierung von Terraform umgesetzt werden kann – egal ob noch eine Quality-Assurance-Umgebung verwendet wird oder ob eine Kopie aller produktiven Daten in eine Umgebung eingespielt wird, um die Tests aussagekräftiger zu machen:

Der Erfolg steht und fällt mit der Menge und der Qualität der automatisierten Tests.

11.2 Terraform Cloud und Enterprise

Bisher haben wir in diesem Buch eine Arbeitsweise beschrieben, bei der jeder Anwender lokal von seinem Rechner oder Laptop aus Änderungen an der Infrastruktur vornimmt. Dies beinhaltet das Starten von Terraform in der Kommandozeile. Ein möglicher Ansatz, der Continuous Deployment nutzt, wurde im vorangegangenen Abschnitt skizziert. Hier werden einige Fallstricke des lokalen Arbeitens vermieden, unter anderem die Problematik des State-Teilens und die Nachverfolgbarkeit von Änderungen. Auch benötigt außer der Automation kein Anwender mehr direkten Zugriff auf den State oder Zugriffsrechte auf die Infrastruktur.

Auch die Firma HashiCorp hat den Bedarf der Anwender erkannt und hat dementsprechende Lösungen im Portfolio. *Terraform Cloud* (TFC) bzw. *Terraform Enterprise* (TFE) soll die logische Weiterführung des Terraform-Konzepts sein. Statt einzelner

Anwender soll jedes Mitglied eines DevOps-Teams in der Lage sein, per Terraform die Infrastruktur zu provisionieren.

Terraform Cloud und Terraform Enterprise sind sogenannte *Software as a Service*-Lösungen. Terraform Cloud ist der von HashiCorp gehostete Dienst, während Terraform Enterprise vom Kunden betrieben wird und in dessen Rechenzentrum bzw. Infrastruktur läuft (engl. *on-premise*). Wenn im Folgenden von Terraform Cloud die Rede ist, gilt dies gleichermaßen für die selbst betriebene Terraform-Enterprise-Variante.

HashiCorp bietet die Terraform Cloud in drei unterschiedlichen Ausbaustufen an: *Free*, *Team and Governance* sowie *Business*. Die Preise und Funktionalitäten sind auf der HashiCorp-Webseite beschrieben: *https://www.hashicorp.com/products/terraform/pricing*

Je nach Ausbaustufe variieren die Funktionen, allen gemein ist aber die Basisfunktionalität der Ausbaustufe *Free*:

- *State Management*: zentrale Verwaltung des State (siehe Kapitel 5)
- *Remote Operations*: Ausführen von CLI-Kommandos direkt innerhalb von Terraform Cloud (siehe Kapitel 12)
- *Private Module Registry*: private Terraform Registry für eigene Module (siehe Kapitel 7)

In den *Team and Governance* sowie *Business*-Angeboten kommen weitere Funktionen wie *Team Management*, *Drift Detection*, *Sentinel Policies* oder *Single Sign-on* hinzu. Auch entfallen in diesen Ausbaustufen Beschränkungen wie z. B. die Anzahl der Benutzer. Details hierzu entnehmen Sie der oben genannten Webseite.

11.2.1 Nutzung von Terraform Cloud und Terraform Enterprise

Die Arbeit mit Terraform beinhaltet die Verwaltung von Ressourcen. Die Definition dieser Ressourcen wird lokal im Arbeitsverzeichnis in einer oder mehreren Dateien abgelegt. Zudem gibt es Dateien, die die verwendeten Variablen enthalten, sowie den State, d. h. Informationen zum aktuellen Zustand der Infrastruktur. In der Terraform Cloud werden die Arbeitsverzeichnisse als *Workspaces* bezeichnet. Ein Workspace enthält alles, was Terraform für die Verwaltung benötigt. Die einzelnen Workspaces funktionieren wie komplett separate Arbeitsverzeichnisse, Sie können daher mehrere Workspaces anlegen, so wie Sie lokal auf Ihrem Rechner mehr als ein Arbeitsverzeichnis anlegen können.

Die Ausführung von Terraform erfolgt in der Terraform Cloud als sogenannter *Run*, d. h. als »Lauf« oder »Durchlauf«. Jeder Lauf ist einem Workspace zugeordnet. Zusätzlich ist der Zustand des Workspace zu Beginn des Laufs eingefroren, zumindest für diesen Lauf. Änderungen, die während des Laufs vorgenommen werden, können erst beim nächsten Durchlauf berücksichtigt werden.

Terraform Cloud kennt drei unterschiedliche Arten von Läufen:

- UI- und VCS-basierte Läufe (UI- and VCS-driven Run Workflow)
- API-basierte Läufe (API-driven Run Workflow)
- CLI-basierte Läufe (CLI-driven Run Workflow)

Die komplette Beschreibung der Unterschiede zwischen den drei Arten ist in der Dokumentation zu Runs zu finden: *https://developer.hashicorp.com/terraform/cloud-docs/run/remote-operations*.

UI- und VCS-basierte Läufe

Im Fall der UI- und VCS-basierten Läufe ist ein Workspace einem Branch in einem Git-Repository zugeordnet. Dieses Git-Repository wird geklont, anschließend werden die Schritte `terraform init`, `terraform plan` und `terraform apply` ausgeführt. Normalerweise wartet ein Lauf nach dem `terraform plan` auf die Bestätigung des Benutzers, bevor `terraform apply` ausgeführt wird. Falls gewünscht, können die Schritte auch nicht interaktiv, d. h. ohne Bestätigung durch den Benutzer, ausgeführt werden. Der State wird in der Terraform Cloud im Workspace gespeichert, nicht im Git-Repository. Beim Einrichten erstellt Terraform Cloud automatisch Webhooks im Git-Repository, sodass bei Änderungen im jeweiligen Branch ein Lauf gestartet wird. Zusätzlich kann beim Erstellen eines Pull Requests gegen den konfigurierten Branch ein `terraform plan` ausgeführt werden, dessen Ergebnis im Pull Request verlinkt wird.

Die Logausgaben aller Schritte sind in der Terraform Cloud sichtbar.

CLI-basierte Läufe

CLI-basierte Läufe erfordern nur wenig Umdenken aufseiten des Anwenders, weil das lokale Aufrufen von `terraform plan` oder `terraform apply` weiterhin zum Start eines Laufs führt. Jedoch wird dieser nicht mehr lokal auf dem Rechner, sondern in der Terraform Cloud gestartet. Alle Variablen werden aus dem Workspace geholt, etwaige Sentinel Policies werden beachtet, Module aus der privaten Registry innerhalb der Terraform Cloud können verwendet werden.

Bei CLI-basierten Läufen wird zwischen `plan` und `apply` unterschieden:

Ein lokal ausgeführtes `terraform apply` benötigt kein verknüpftes Git-Repository. Hier kommen nur die lokal vorliegenden Dateien zum Einsatz. Die Nutzung mit einem konfigurierten Git-Repository ist nicht möglich.

Der lokale Aufruf von `terraform plan` kann auch in Kombination mit einem UI-/VCS-basierten Ansatz verwendet werden. Hierbei nutzt ein lokal aufgerufenes `terraform` `plan` den lokalen Code und die (gegebenenfalls verschlüsselten) Variablen aus der Terraform Cloud. So kann lokal Code geschrieben und »getestet« werden, ohne vertrauliche Informationen lokal duplizieren zu müssen. Getestet wird natürlich nur theoretisch, da `terraform plan` ja keine Änderungen an der Infrastruktur vornimmt.

In beiden Fällen erscheint beim Ausführen des Kommandos ein Hinweis:

```
$ terraform plan
Running plan in Terraform Cloud. Output will stream here. Pressing Ctrl-C
will stop streaming the logs, but will not stop the plan running remotely.

Preparing the remote plan...

To view this run in a browser, visit:
https://app.terraform.io/app/terraformbuch/tux_workspace/runs/run-
aZtr9yt4Ve63HGi
Waiting for the plan to start...
[...]
$ terraform apply
Running apply in Terraform Cloud. Output will stream here. Pressing Ctrl-C
will cancel the remote apply if it's still pending. If the apply started it
will stop streaming the logs, but will not stop the apply running remotely.

Preparing the remote apply...

To view this run in a browser, visit:
https://app.terraform.io/app/terraformbuch/tux_workspace/runs/run-
rCty3rv1Tk77LPo
Waiting for the plan to start...
[...]
```

Seit Terraform-Version 0.12.11 kann mittels der Datei *.terraformignore* konfiguriert werden, welche Dateien ignoriert und nicht in die Terraform Cloud hochgeladen werden sollen.

API-basierte Läufe

API-basierte Läufe sind vorwiegend zur Anwendung im Rahmen einer *Continuous Integration*-Strategie gedacht. Hier kommuniziert das CI/CD-System mit der API der Terraform Cloud und steuert alle Läufe. Ein Eingreifen des Benutzers ist nicht vorgesehen. Der größte Unterschied zu den UI-/VCS-basierten Läufen besteht darin, dass der Code nicht aus einem Git-Repository geholt wird, sondern dass vom CI/CD-System ein *.tar.gz*-Archiv hochgeladen werden muss.

11.2.2 Benutzerzugang erstellen und testen

Die Weboberfläche der Terraform Cloud und die zugehörige API sind unter *https://app.terraform.io/* erreichbar. Für den Gebrauch muss ein Benutzerkonto angelegt werden, was je nach gewünschtem Angebot Kosten verursachen kann.

Um die Funktionsweise der Terraform Cloud zu zeigen, erstellen Sie sich einen Zugang und führen das Beispiel aus der Dokumentation aus.

1. **Erstellen des Benutzerkontos**
   Rufen Sie die Webseite *https://app.terraform.io/signup/account* auf, geben Sie einen Benutzernamen, eine E-Mail-Adresse und ein Passwort ein und akzeptieren Sie die Nutzungsbedingungen und die Privacy Policy. Klicken Sie anschließend auf CREATE ACCOUNT. Sie erhalten eine Bestätigungs-E-Mail, in der Sie einen Link finden, den Sie bitte anklicken. Hierdurch wird die E-Mail-Adresse verifiziert und Ihr Zugang freigeschalten. Zunächst ist Ihr Zugang der Stufe *Free* zugeordnet, die für dieses Beispiel ausreicht. Nach dem Anmelden werden Sie mit der Übersichtsseite begrüßt:

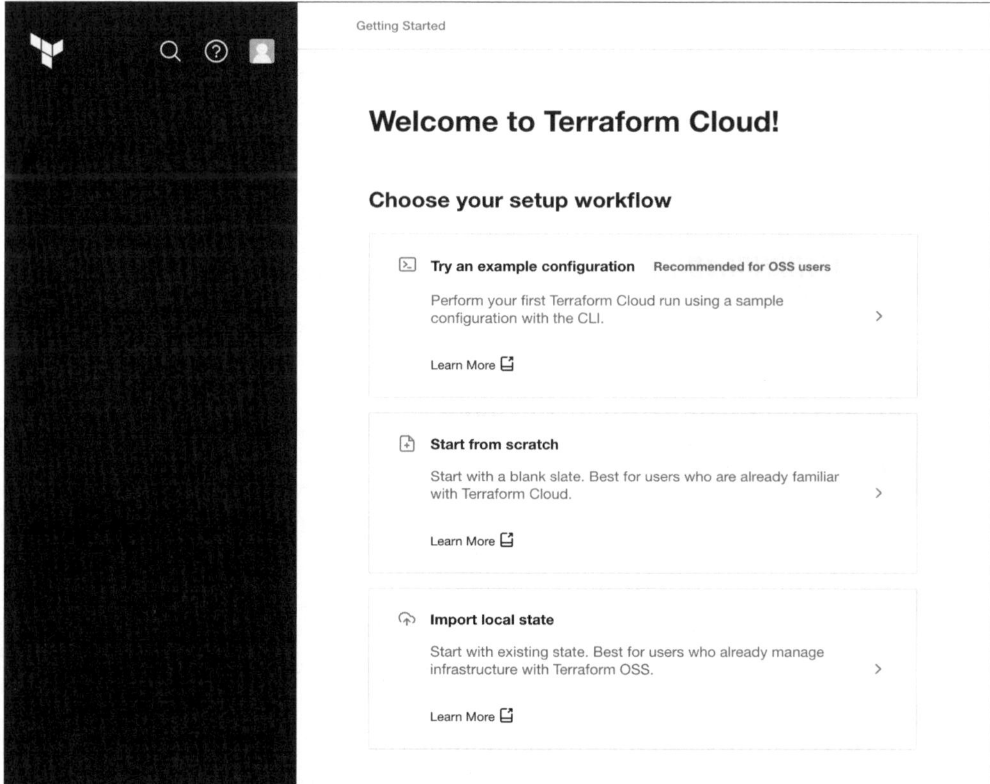

Abbildung 11.1 Willkommensseite nach dem Anmelden in der Terraform Cloud

2. **Erstellen einer Organisation**
   Im nächsten Schritt erstellen Sie eine Organisation. Diese bildet die Basis für die gemeinsame Arbeit an einem oder mehreren Arbeitsbereichen (Workspaces). Melden Sie sich auf der Webseite an, klicken Sie auf das Benutzersymbol links oben und wählen Sie USER SETTINGS aus. Anschließend bringt Sie ein weiterer Klick auf ORGANIZATIONS in der linken Leiste zur Übersicht der Organisationen, in denen Sie Mitglied sind. Bei einem neuen Benutzerzugang ist die Übersicht noch leer. Sie müssen also zuerst eine neue Organisation erstellen.

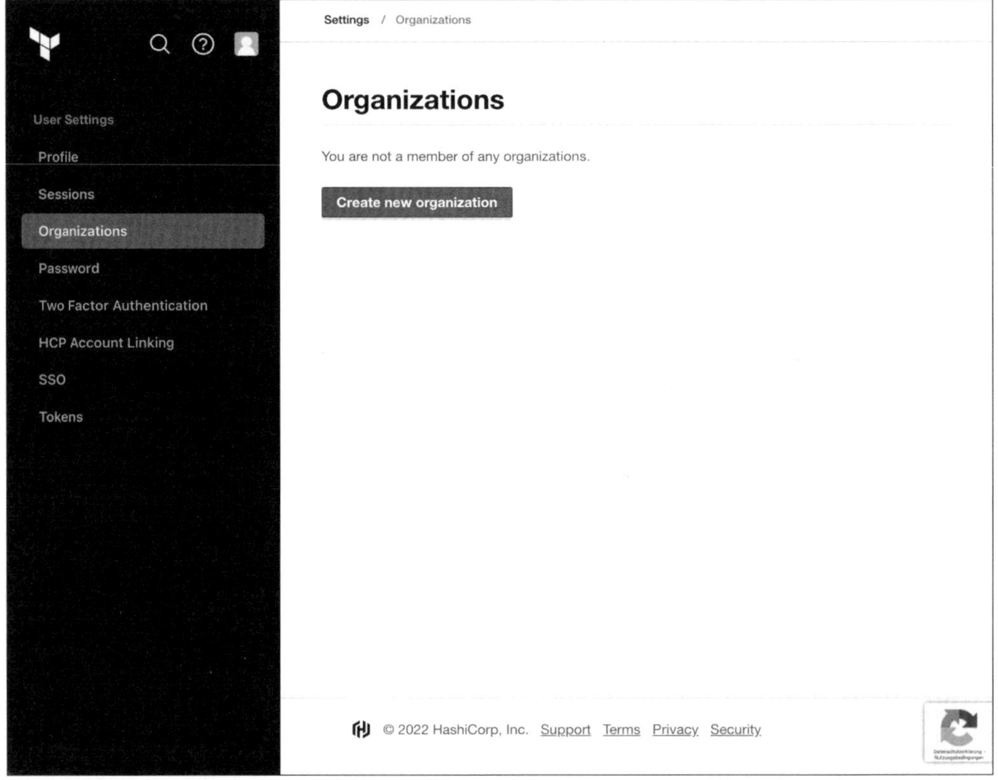

Abbildung 11.2 Übersicht der bestehenden Organisationen

Klicken Sie auf die Schaltfläche CREATE NEW ORGANIZATION, werden Sie auf die Detailseite zur neuen Organisation weitergeleitet. Geben Sie einen Namen für die neue Organisation sowie eine E-Mail-Adresse ein und klicken Sie auf die Schaltfläche CREATE ORGANIZATION.

Der Name der Organisation muss weltweit eindeutig sein. Falls der Organisationsname bereits vergeben ist, erhalten Sie eine Fehlermeldung (`Name already taken`) beim Klick auf CREATE ORGANIZATION.

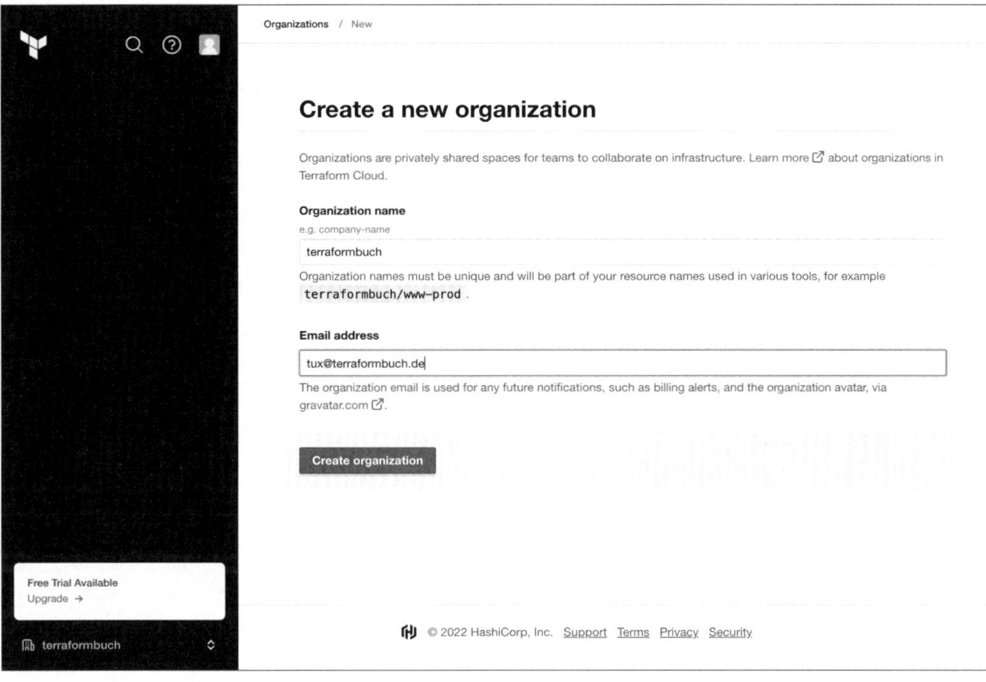

Abbildung 11.3 Einrichtung einer neuen Organisation

3. **Lokales Anmelden in der Kommandozeile**
   Um in der Kommandozeile mit der Terraform Cloud interagieren zu können, müssen Sie sich einmalig per `terraform login` anmelden. Hierbei wird ein Browserfenster geöffnet, in dem Sie ein Token erstellen können.

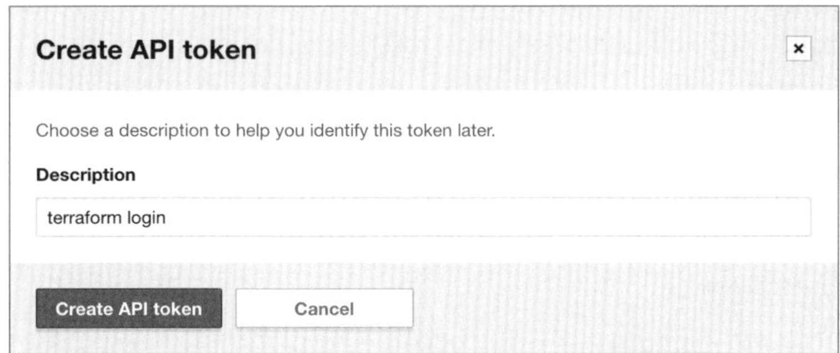

Abbildung 11.4 Erstellen eines Tokens in der Terraform Cloud

Geben Sie dem Token eine eindeutige Beschreibung wie den Namen des lokalen Rechners. Sie können auch den vorgeschlagenen Wert `terraform login` übernehmen, sobald Sie aber von mehr als einem Rechner aus mit der Terraform Cloud interagieren, bietet sich hier ein sprechender Name an.

Mit einem Klick auf die Schaltfläche CREATE API TOKEN wird dieser angelegt.

Achtung, das Token wird im nächsten Fenster *einmalig* im Klartext angezeigt. Anschließend können Sie den Wert des Tokens nicht mehr auslesen. Damit Sie das Token später verwenden können, sichern Sie den angezeigten Inhalt. Sollten Sie den Inhalt des Tokens verlieren, müssen Sie ein neues Token erzeugen.

Geben Sie die angezeigte Zeichenfolge in Ihrer Befehlszeile in der Rückfrage von `terraform login` ein. Das Token wird in einer lokalen Datei abgelegt. Der Inhalt dieser Datei ist wie ein Ausweis, der Ihnen den persönlichen Zugang zur Terraform Cloud erlaubt.

```
$ terraform login
Terraform will request an API token for app.terraform.io using your browser.

If login is successful, Terraform will store the token in plain text in
the following file for use by subsequent commands:
    /home/tux/.terraform.d/credentials.tfrc.json

Do you want to proceed?
  Only 'yes' will be accepted to confirm.

  Enter a value: yes

---------------------------------------------------------------------------------

Terraform must now open a web browser to the tokens page for app.terraform.io.
If a browser does not open this automatically, open the following URL to proceed:
    https://app.terraform.io/app/settings/tokens?source=terraform-login

---------------------------------------------------------------------------------

Generate a token using your browser, and copy-paste it into this prompt.
Terraform will store the token in plain text in the following file
for use by subsequent commands:
    /home/tux/.terraform.d/credentials.tfrc.json
Token for app.terraform.io:
  Enter a value:

Retrieved token for user tux@terraformbuch.de

    Welcome to Terraform Cloud!
[...]
```

4. **Einrichtung und lokale Konfiguration des Workspace**
   Nach dem Erstellen einer Organisation sehen Sie in der linken Seitenleiste einige neue Einträge. Einer davon nennt sich WORKSPACES und erlaubt deren Erstellen und Verwalten. Da Sie im vorhergehenden Schritt Ihre erste Organisation erzeugt haben, ist die Liste der Workspaces leer.

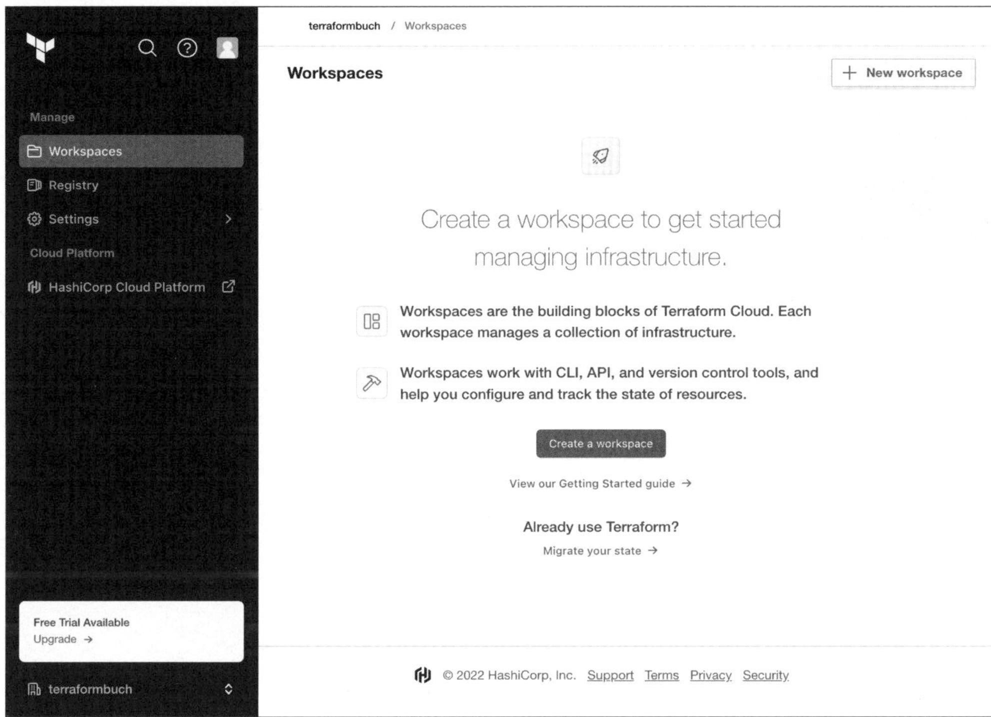

Abbildung 11.5 Übersicht der bestehenden Workspaces

Die Terraform Cloud verwaltet mithilfe von Workspaces alle benötigen Konfigurationen. Informationen wie Statusdaten und Variablen werden pro Arbeitsumgebung verwaltet.

Zum Erstellen einer neuen Arbeitsumgebung klicken Sie bitte auf die Schaltfläche + NEW WORKSPACE oben rechts oder den Link CREATE ONE NOW in der Bildschirmmitte. Wählen Sie den CLI-DRIVEN WORKFLOW aus und geben Sie dem Workspace einen Namen, z. B. `workspace-mit-der-kommandozeile`. Die Angabe einer Beschreibung ist optional.

Um auf die Organisation und den neuen Workspace von der Kommandozeile aus zugreifen zu können, erstellen Sie ein neues Verzeichnis für den Terraform-Code und eine Datei *versions.tf* mit dem Inhalt, der Ihnen beim Anlegen des Workspace als Beispiel angezeigt wird (siehe Abbildung 11.6).

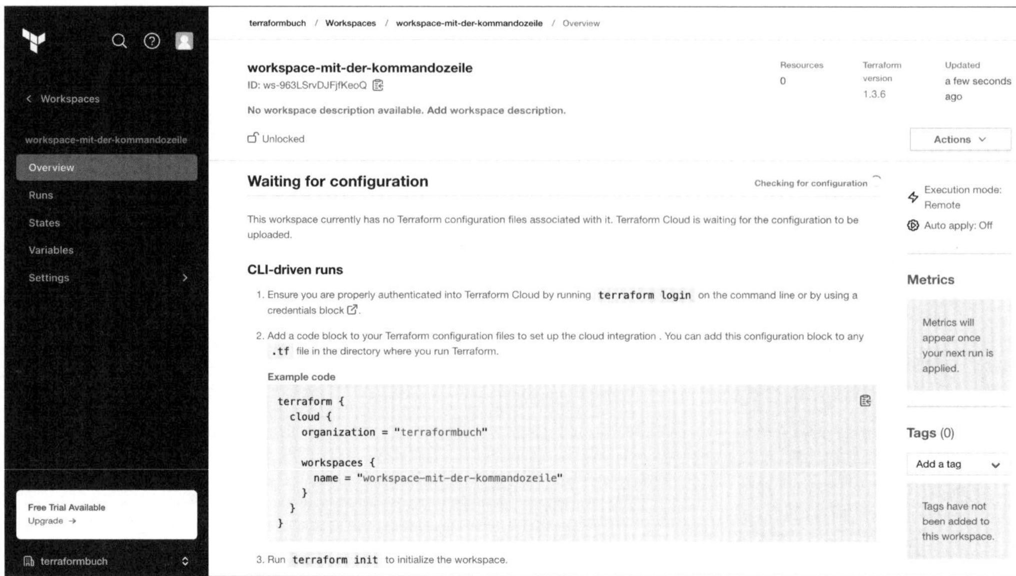

Abbildung 11.6 Informationen zum neu angelegten CLI-driven Workflow in der Terraform Cloud

Im Beispiel sieht der Inhalt der Datei wie folgt aus:

```
terraform {
  cloud {
    organization = "terraformbuch"

    workspaces {
      name = "workspace-mit-der-kommandozeile"
    }
  }
}
```

Erstellen Sie eine neue Datei mit dem Namen *main.tf* im selben Verzeichnis. Diese enthält den folgenden Terraform-Code:

```
output "message" {
  value = "Hallo Terraform-Buch!"
}
```

5. **Initialisieren für die Nutzung mit der Terraform Cloud**
   Wie üblich ist der erste Schritt ein lokaler Aufruf von `terraform init` im soeben erstellten Verzeichnis.

```
$ terraform init

Initializing Terraform Cloud...
Initializing provider plugins...
Terraform Cloud has been successfully initialized!
[...]
```

6. **Anzeigen der geplanten Änderungen mit terraform plan**
   Bei der Eingabe des Befehls `terraform plan` folgt die erste Besonderheit. Dieser Befehl wird innerhalb der Terraform Cloud gestartet, die Ausgabe jedoch auf der lokalen Kommandozeile angezeigt:

```
$ terraform plan
Running plan in Terraform Cloud. Output will stream here. Pressing Ctrl-C
will stop streaming the logs, but will not stop the plan running remotely.

Preparing the remote plan...

To view this run in a browser, visit:
https://app.terraform.io/app/terraformbuch/workspace-mit-der-kommandozeile/
runs/run-jjZnw8hm9Ar55WNa

Waiting for the plan to start...

Terraform v1.3.6
on linux_amd64
Initializing plugins and modules...

Changes to Outputs:
  + message = "Hello, Terraform-Buch!"
You can apply this plan to save these new output values to the Terraform state,
without changing any real infrastructure.
```

   Sie können die Ausgabe jedoch auch in der Terraform Cloud betrachten. Dies gilt für alle Benutzer der Organisation, die Zugriff auf diesen Workspace besitzen. Klicken Sie dazu einfach auf den Link, der in der Befehlsausgabe angezeigt wird.

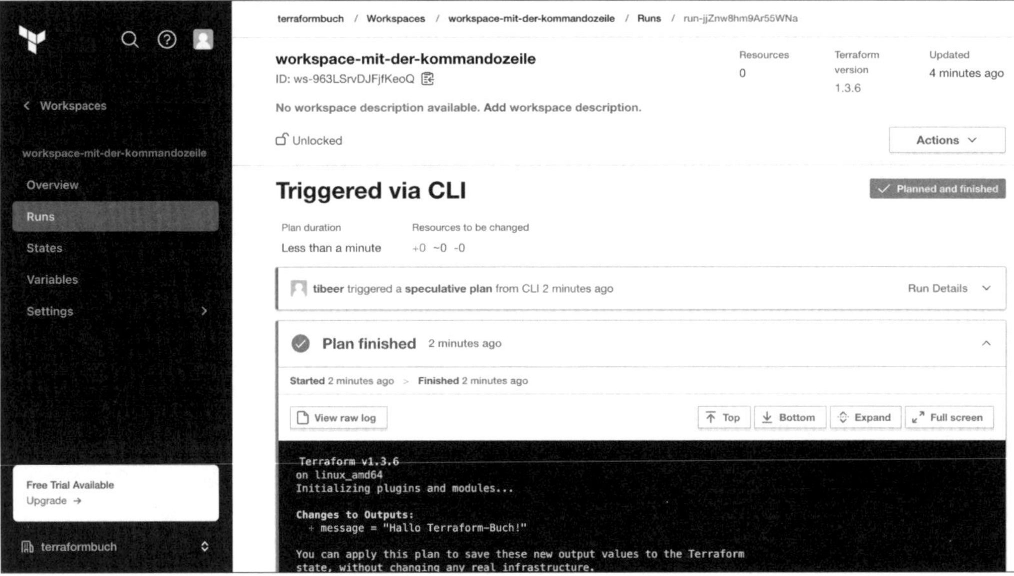

Abbildung 11.7 Ausgabe des Befehls terraform plan in der Terraform Cloud

7. **Ausführen des Beispielcodes per terraform apply**
   Als Nächstes führen Sie die Änderungen wie gewohnt per `terraform apply` aus. Wieder wird der Befehl in der Terraform Cloud gestartet und die Ausgabe lokal angezeigt.

```
$ terraform apply
Running apply in Terraform Cloud. Output will stream here.
[...]
Preparing the remote apply...
To view this run in a browser, visit:
https://app.terraform.io/app/terraformbuch/workspace-mit-der-kommandozeile/
runs/run-i1fyzG64EJMkjnsU

Waiting for the plan to start...

Terraform v1.3.6
on linux_amd64
Initializing plugins and modules...

Changes to Outputs:
  + message = "Hello, Terraform-Buch!"
```

```
[...]

Apply complete! Resources: 0 added, 0 changed, 0 destroyed.

Outputs:
message = "Hello, Terraform-Buch!"
```

Wichtig! Der State, der die Zustandsbeschreibung enthält (siehe Kapitel 5), befindet sich nicht auf dem lokalen Rechner, sondern wird im Remote Backend der Terraform Cloud gespeichert.

Auch die Ausgabe von `terraform apply` können Sie in der Oberfläche der Terraform Cloud einsehen.

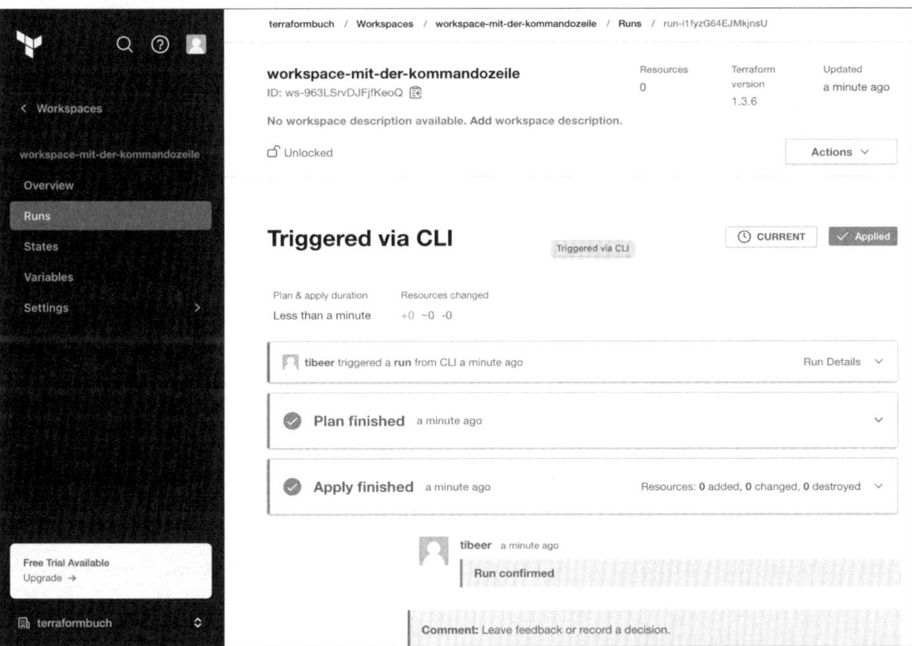

Abbildung 11.8 Ausgabe des Befehls terraform apply in der Terraform Cloud

Gratulation! Sie haben soeben den ersten Lauf in der Terraform Cloud ausgeführt.

11.3 Terragrunt, Timon und weitere Tools

11.3.1 Terragrunt

Terragrunt (*https://terragrunt.gruntwork.io/*) ist eine Abstraktionsschicht um Terraform, mit dessen Hilfe die Funktionalität von Terraform erweitert werden kann. Nach erfolgreicher Installation wird statt `terraform ...` zukünftig einfach `terragrunt ...` aufgerufen, also beispielsweise `terragrunt apply`.

Ein Anwendungsfall von Terragrunt besteht dann, wenn die gleichen Ressourcen mehrfach in unterschiedlichen Umgebungen aufgebaut werden sollen, beispielsweise die üblichen `DEV`, `QA` und `PROD` für Entwicklung, Qualitätssicherung und Produktion. Das Auslagern des Codes in Module, wie in Abschnitt 7.4 beschrieben, hilft hier bereits deutlich, um die Anzahl an Wiederholungen zu reduzieren. Nichtsdestotrotz kann der zum Aufruf eines Moduls nötige Code selbst jedoch umfangreich werden. In diesem Fall hätte der Anwender drei fast identische Codeblöcke für seine drei Umgebungen.

Durch Ersetzen des Terraform-Codes zum Aufruf des Moduls durch Terragrunt-Konfigurationsdateien kann die Codebasis verkleinert werden, um die Übersichtlichkeit zu bewahren.

In der Terragrunt-Konfigurationsdatei würden nur noch das verwendete Modul samt seiner Version sowie die benötigten Variablen übergeben werden:

```
terraform {
  source = "git::git@github.com:FirmaBeispiel/modul_anwendung_mit_datenbank_
           und_netzwerk.git//app?ref=v0.0.3"
}

inputs = {
  instance_count = 3
  instance_type  = "t2.micro"
}
```

Das Verzeichnis zur Definition der Infrastruktur könnte am Ende sogar keinen Terraform-Code mehr enthalten, sondern nur noch Terragrunt-Dateien. Aller Terraform-Code wäre in Module ausgelagert worden und würde von Terragrunt, das im Hintergrund Terraform aufruft, verwendet.

Für jedes verwendete Modul werden ein Ordner und eine darin enthaltene Datei *terragrunt.hcl* mit Inhalt analog zum oben gezeigten Beispiel benötigt. Steckt der gesamte Terraform-Code in einem Modul, sähe die Ordnerstruktur zum Beispiel wie folgt aus:

```
$ tree .
.
|- dev
|   '- terragrunt.hcl
|- prod
```

```
|   '- terragrunt.hcl
'- qa
    '- terragrunt.hcl
```

Werden unterschiedliche Module pro Typ verwendet, wie es empfohlen wird, ist die erhaltene Ordnerstruktur dennoch übersichtlich:

```
$ tree .
.
|- dev
|   |- anwendung
|   |   '- terragrunt.hcl
|   |- datenbank
|   |   '- terragrunt.hcl
|   |- loadbalancer
|   |   '- terragrunt.hcl
|   '- netzwerk
|       '- terragrunt.hcl
|- prod
|   |- anwendung
|   |   '- terragrunt.hcl
|   |- datenbank
|   |   '- terragrunt.hcl
|   |- loadbalancer
|   |   '- terragrunt.hcl
|   '- netzwerk
|       '- terragrunt.hcl
'- qa
    |- anwendung
    |   '- terragrunt.hcl
    |- datenbank
    |   '- terragrunt.hcl
    |- loadbalancer
    |   '- terragrunt.hcl
    '- netzwerk
        '- terragrunt.hcl
```

Terragrunt bietet die Möglichkeit, DRY-Prinzipien (*Don't Repeat Yourself*, zu Deutsch: »Wiederhole dich nicht«) nicht nur auf Module anzuwenden, auch für die Konfiguration von Backends kann das gleiche Prinzip genutzt werden. Außerdem können bei jedem Aufruf zu verwendende Kommandozeilenparameter im Code definiert werden, um Anwenderfehler und dadurch erzeugte Probleme zu verhindern.

Terragrunt ist auf jeden Fall einen Blick wert, um abschätzen zu können, inwiefern die geschilderten Möglichkeiten in Ihrem Anwendungsfall sinnvoll sind und Ihnen das Leben erleichtern.

11.3.2 Timon

Timon (*https://github.com/timontech*) ist ein Framework, um Cloud-Infrastruktur zu verwalten. Über eine einheitliche API können Workloads auf jede Cloud mit jedem Tool verteilt werden. Eines dieser möglichen Tools ist Terraform. Dabei betrachtet Timon die zu lösenden Probleme aus Sicht der Workload, nicht aus der DevOps-Sicht. Mit dieser Art der Abstraktion ist eine sehr einfache Verwendung von Clouds und Rechenzentren unabhängig von der Größe der Workload möglich. Timon eignet sich ebenfalls gut für sogenanntes *Bursting*. Das bedeutet, dass für bestimmte Aufgaben mehr Rechenkapazität benötigt wird, als z. B. im eigenen Rechenzentrum vorhanden ist.

11.3.3 Terratest

Terratest ist eine Bibliothek für die Programmiersprache Go, in der Terraform und viele weitere Programme aus dem Cloud-Umfeld geschrieben wurden. Terratest ermöglicht dem Anwender, einfach automatisierte Tests für den Terraform-Code zu schreiben. Sofern sowieso schon Vorwissen und Expertise in Richtung Go vorhanden ist, stellt Terratest eine empfehlenswerte Bereicherung des Werkzeugkastens dar.

In diesem Fall schreibt der Benutzer die Tests in der Programmiersprache Go und überprüft mit ihnen die korrekte Funktion von Terraform. Zusätzlich kann aber auch die korrekte Funktion der Infrastruktur geprüft werden. Beispielsweise kann Terraform-Code, der eine virtuelle Maschine bei AWS aufbaut, getestet werden, aber auch, ob der auf der VM laufende Webserver zum einen überhaupt antwortet und ob die erwartete Antwort zurückkommt.

Die Dokumentation von Terratest nennt noch viele weitere Anwendungsfälle und Beispiele: *https://terratest.gruntwork.io/docs*.

11.3.4 Werkzeuge zum Importieren bestehender Infrastruktur

In den wenigsten Fällen beginnt die Umstellung auf Terraform komplett auf der grünen Wiese, in so gut wie allen Fällen gibt es bestehende Infrastruktur die zum Teil in Terraform übernommen und von Terraform gepflegt werden soll.

Terraform selbst kann bestehende Infrastruktur importieren, allerdings bisher nur in den State. Das bedeutet, dass der Anwender im Terraform-Code die importierten Ressourcen nicht findet, was zu Verwirrung und Fehlern führen kann.

Es existiert jedoch eine Reihe spezieller Importwerkzeuge, die bestimmte Ressourcen einlesen können. Als Beispiel für die Vielzahl der verschiedenen Werkzeuge sei hier *TerraCognita* (*https://github.com/cycloidio/terracognita*) genannt, mit dem Ressourcen bei Amazon AWS, Microsoft Azure und Google GCP importiert werden können. TerraCognita ist in der Lage, Terraform-Code zu generieren, der die bestehenden Ressourcen abbildet, was Terraform selbst nicht bietet.

Im Fall von TerraCognita würden Sie einen Aufruf ähnlich dem folgenden verwenden:

```
terracognita google --region us-central1 --project meinProjekt \
  --credentials ~/datei_mit_credentials --tfstate resources.tfstate \
  --hcl resources.tf -i google_compute_instance -i google_compute_network
```

Nach diesem Aufruf hätten Sie eine Datei namens *resources.tf* mit dem Terraform-Code für Ihre bestehende Infrastruktur sowie eine Datei *resources.tfstate*, die den State enthält. Die Dokumentation bietet weitere Details und Hinweise, um die Nutzung bestmöglich auf Ihren Anwendungsfall anzupassen: *https://github.com/cycloidio/terracognita*.

Bei den meisten Werkzeugen zum Import bestehender Infrastruktur wird nur eine kleine Anzahl an Providern unterstützt, manche Werkzeuge wie etwa *az2tf* fokussieren sich auf einen einzigen Anbieter und versuchen, dessen Angebot bestmöglich umzusetzen: *https://github.com/andyt530/az2tf*.

Je nach verwendetem Provider und verwendeten Ressourcen kann die Qualität und Funktionalität derartiger Werkzeuge besser oder schlechter ausfallen. Hier muss genau geprüft werden, inwieweit das Resultat den Vorstellungen des Anwenders entspricht. Gegebenenfalls müssen mehrere Werkzeuge evaluiert werden, bevor eine Entscheidung getroffen werden kann.

Sollte für den von Ihnen verwendeten Provider kein Werkzeug verfügbar sein, kann ein iterativer Ansatz genutzt werden. Sie importieren mittels Terraform die bestehende Infrastruktur in den State, versuchen, Ressourcen in Terraform-Code zu schreiben, und überprüfen mittels `terraform validate` und `terraform plan` so lange, bis Terraform keine Änderungen mehr vornehmen würde. Dieser Prozess ist mühsam und langwierig, aber besser, als Teile der Infrastruktur außerhalb von Terraform zu verwalten.

Vielleicht haben Sie auch Glück, und die Terraform-Entwickler haben die Funktionalität, Code zu erstellen, zu dem Zeitpunkt, an dem Sie dieses Buch lesen, bereits eingebaut. Laut der offiziellen Terraform-Dokumentation ist die Umsetzung dieser Funktion angedacht: *https://developer.hashicorp.com/terraform/cli/import*.

11.4 Cloud Development Kit Terraform (CDKTF)

Bisher haben Sie mithilfe der HashiCorp Language (*HCL*) die Ressourcen im Code beschrieben. Ohne Verständnis dieser Beschreibungssprache können die im Code beschriebenen Ressourcen und darauf basierend die eigentliche Infrastruktur nicht erzeugt werden. Ein neuerer Ansatz, diese Anforderung mithilfe von Terraform, aber ohne Nutzung der HCL-Beschreibungssprache zu lösen, ist der Einsatz des *Cloud Development Kit for Terraform* (*CDKTF*). Die Idee ist, die Infrastruktur mit bereits bekannten Programmiersprachen wie Go zu definieren und bereitzustellen. Dabei können bereits vorhandene Toolchains der Programmiersprache sowie Werkzeuge und Verfahren z. B. zur Codeanalyse weiterhin verwendet werden. Zugleich kann auf alle Terraform-Provider und -Module, die in der Registry verfügbar sind, zugegriffen werden.

Aktuell werden TypeScript, Python, Java, C# und Go unterstützt. Das Projekt wird aktiv entwickelt, daher ist nicht auszuschließen, dass zukünftig weitere Sprachen unterstützt werden. Informationen zum aktuellen Stand der Entwicklung sind unter *https://developer.hashicorp.com/terraform/cdktf* zu finden.

Sofern Sie bereits Wissen und Werkzeuge in einer der vom *CDKTF* unterstützten Sprachen besitzen, kann es sinnvoll sein, die Nutzung des CDK zu evaluieren. Ist dies nicht der Fall, bietet der Weg über Terraform-Code in HCL den leichteren Einstieg für Sie und Ihre Teammitglieder.

Für Go-Kundige sollte der nachfolgende Beispielcode einfach nachzuvollziehen sein, mit dessen Hilfe Sie eine EC2-Instanz bei AWS definieren können.

```
package main

import (
    "cdk.tf/go/stack/generated/hashicorp/aws"

    "github.com/aws/constructs-go/constructs/v10"
    "github.com/aws/jsii-runtime-go"
    "github.com/hashicorp/terraform-cdk-go/cdktf"
)

func NewMyStack(scope constructs.Construct, id string) cdktf.TerraformStack {
    stack := cdktf.NewTerraformStack(scope, &id)

    aws.NewAwsProvider(stack, jsii.String("aws"), &aws.AwsProviderConfig{
        Region: jsii.String("us-west-1"),
    })
```

```
    instance := aws.NewInstance(stack, jsii.String("compute"),
            &aws.InstanceConfig{
        Ami: jsii.String("ami-01456a894f71116f2"),
        InstanceType: jsii.String("t2.micro"),
    })

    cdktf.NewTerraformOutput(stack, jsii.String("public_ip"), &
      cdktf.TerraformOutputConfig{
        Value: instance.PublicIp(),
    })

    return stack
}

func main() {
    app := cdktf.NewApp(nil)

    NewMyStack(app, "test")

    app.Synth()
}
```

Kapitel 12
Kommandoreferenz

Als Kommandozeilenwerkzeug muss Terraform über Befehle und Parameter gesteuert werden. Terraform verfügt nicht über eine grafische Benutzeroberfläche.

Dieses Kapitel gibt eine Übersicht über allgemeine Parameter und alle Befehle, unterteilt in die wichtigsten und die weniger häufig verwendeten.

Parameter werden bei Terraform mit einem Bindestrich (z. B. `-help`) vorab angegeben. Allerdings funktioniert der doppelte Bindestrich (`--help`), der bei Unix-Befehlen üblich ist, ebenfalls. Im Buch wird die Parameterschreibweise mit einem Bindestrich verwendet. Ein Befehl wird immer ohne einen Bindestrich (z. B. `apply`) eingeleitet.

Die aktuelle Hilfe zu allen Befehlen und deren Parametern finden Sie über *https://developer.hashicorp.com/terraform/cli/commands* in der Terraform-Dokumentation.

12.1 Allgemeine Parameter

Viele Parameter sind spezifisch für einen Terraform-Befehl, wie z. B. `terraform apply`. Es gibt jedoch drei Parameter, die direkt zum Aufruf von `terraform` ohne Befehle gehören, sowie einen universell verwendbaren. Dieser erste Abschnitt stellt die Parameter `-chdir`, `-version` und `-help` vor.

12.1.1 Der Parameter -chdir

Üblicherweise wird Terraform in genau dem Verzeichnis gestartet, in dem der Terraform-Code liegt. Auch in den meisten Beispielen in diesem Buch ist das der Fall.

Gerade in automatisierten Szenarien ist das nicht immer wünschenswert. In so einem Fall hilft der Parameter `-chdir`. Durch ihn wird es möglich, Terraform in anderen Verzeichnissen zu starten.

[!]

Reihenfolge

Anders als die nachfolgenden Parameter sollte der Parameter `-chdir` immer direkt nach dem `terraform`-Aufruf stehen.

Sie können als Argument für diesen Parameter eine absolute Pfadangabe verwenden:

```
$ terraform -chdir=/home/tux/terraform-modules/deploy_vm apply
[...]
```

Relative Pfadangaben funktionieren ebenfalls:

```
$ terraform -chdir=terraform-modules/deploy_vm apply
[...]
```

Wenn Sie Pfade angeben müssen, die Leerzeichen enthalten, schließen Sie die Angabe des Pfads in doppelte Anführungszeichen ein (`-chdir="/home/tux/Terraform Beispiel"`).

Ein mögliches Einsatzszenario für diesen Parameter ist ein Container, der die Terraform-Binärdatei und bestimmten Terraform-Code bereitstellt. Über die Containeranweisungen ist es möglich, das Arbeitsverzeichnis (*WORKDIR*) des Containers zu verändern. Allerdings wäre der Parameter `-chdir` hier auch eine valide Option. Beide Methoden sind vergleichbar gut geeignet.

12.1.2 Hilfe anzeigen per -help

Ohne weitere Befehle zeigt `terraform -help` eine Übersicht über alle Befehle und Parameter der Kommandozeile, ähnlich der Übersicht, die in diesem Kapitel zu finden ist. Wird `-help` hinter einen Befehl gestellt, werden weitere Parameter zu diesem Befehl angezeigt:

```
$ terraform plan -help
[...]
```

12.1.3 Der Parameter -version

Bei diesem Parameter handelt es sich lediglich um einen Alias. Der Aufruf von `terraform -version` verweist auf den Befehl `terraform version`, der im weiteren Verlauf erklärt wird.

12.2 Wichtige Befehle

Hier werden die am häufigsten genutzten Befehle von Terraform gelistet. Befehle werden ohne Bindestrich angegeben, um sie von Parametern zu unterscheiden.

Parameter für Befehle werden nach dem Befehl geschrieben, z. B. `terraform apply -help`. Die einzige Ausnahme bildet der oben erwähnte `-chdir`-Parameter, da dieser zu `terraform` gehört und nicht zum jeweiligen Befehl.

12.2.1 Der Befehl terraform init

`terraform init` erstellt ein neues oder aktualisiert ein bestehendes Arbeitsverzeichnis. Hierfür werden erste Dateien erstellt, gegebenenfalls wird ein State geladen, Module werden (gegebenenfalls neu) eingebunden, Provider heruntergeladen und vieles mehr. Sollte im Arbeitsverzeichnis noch kein Terraform-Code vorhanden sein, wird `terraform init` auch keine Dateien anlegen (siehe den Beispiel-Workflow in Abschnitt 3.2).

Der Befehl `terraform init` wird in neuen Arbeitsverzeichnissen immer benötigt. In bereits bestehenden Arbeitsverzeichnissen wird er benötigt, wenn Abhängigkeiten geändert wurden. Dies kann das Hinzufügen oder Entfernen eines Moduls oder Providers sein. Auch Änderungen an den geforderten Versionen von Providern und Modulen erzwingen einen erneuten Aufruf von `terraform init`.

Üblicherweise werden die durch `terraform init` erzeugten Dateien von einer Versionsverwaltung manuell ausgeschlossen.

Die Ausgabe von `terraform init` mit der Version 1.3.6 sieht wie folgt aus:

```
$ terraform init
Initializing the backend...

Initializing provider plugins...
- Finding latest version of hashicorp/null...
- Installing hashicorp/null v3.1.1...
- Installed hashicorp/null v3.1.1 (signed by HashiCorp)

Terraform has created a lock file .terraform.lock.hcl to record the provider
selections it made above. Include this file in your version control repository
so that Terraform can guarantee to make the same selections by default when
you run "terraform init" in the future.

Terraform has been successfully initialized!

You may now begin working with Terraform. Try running "terraform plan" to see
any changes that are required for your infrastructure. All Terraform commands
should now work.

If you ever set or change modules or backend configuration for Terraform,
rerun this command to reinitialize your working directory. If you forget,
other commands will detect it and remind you to do so if necessary.
```

Ist in Tabelle 12.1 von einem Backend die Rede, handelt es sich um ein Backend zum Speichern des State. Details hierzu wurden in Kapitel 5 erläutert.

Parameter	Bedeutung
`-backend-config=path`	Zusätzliche Möglichkeit, Parameter für ein Backend zu hinterlegen. Die Datei kann entweder wie eine INI-Datei oder wie eine *terraform.tfvars*-Datei aufgebaut sein. Anders als vielleicht anfangs zu vermuten, wird die Datei, die mittels dieses Parameters angegeben wird, mit den Werten aus dem Terraform-Code kombiniert und ersetzt diese nicht.
`-backend=false`	Schaltet das Backend ab, sollte eines hinterlegt sein. Der State wird auf die ursprüngliche Weise verwendet.
`-force-copy`	Nur sinnvoll in Kombination mit einem Backend und dem Parameter `-migrate-state`. Wird ein Backend hinterlegt und `terraform init` zum ersten Mal ausgeführt, wird die Benutzerin gefragt, ob der aktuelle State auf das Backend kopiert werden soll. Durch `-force-copy` wird die Abfrage unterdrückt und das Kopieren angestoßen.
`-from-module=MODULE-SOURCE`	Mit diesem Parameter wird das Modul aus dem angegebenen Pfad in den aktuellen Pfad kopiert. Kann z. B. sinnvoll sein, wenn Sie ein Vorlagemodul haben, das angepasst werden soll.
`-get=false`	Wenn Module als URL hinterlegt wurden, kann hiermit das automatische Herunterladen untersagt werden.
`-ignore-remote-version`	Nur in Kombination mit der Terraform Cloud relevant. Wird die Terraform Cloud als Backend benutzt, werden die Befehle aber lokal durchgeführt, kann hiermit ein Fehler unterdrückt werden, wenn die Terraform Cloud eine andere Terraform-Version verwendet, als lokal installiert ist. Kann gegebenenfalls den Workspace und den State zerstören und sollte nur im *absoluten Ausnahmefall* verwendet werden.

Tabelle 12.1 Parameter für den Aufruf terraform init

Parameter	Bedeutung
`-input=false`	Unterdrückt Benutzerabfragen, z. B. für Variablen oder Zugangsdaten für das Anmelden im Backend. Sollte Terraform ohne die fehlenden Eingaben nicht weiterarbeiten können, wird es einen Fehler ausgeben und abbrechen.
`-lock-timeout=0s`	Die Zeit, die Terraform abwartet, bis ein Fehler ausgeworfen wird, falls der State nicht gesperrt werden kann.
`-lock=false`	Nur relevant für Backend-Migrationen. Unterdrückt das Sperren des State während der Backend-Migration. Dieser Parameter sollte nur in *absoluten Ausnahmefällen* angewendet werden.
`-lockfile=MODUS`	Hat derzeit nur den möglichen Modus `readonly` und betrifft die Datei *terraform.lock.hcl*. Darf nicht in Kombination mit `-upgrade` verwendet werden. Erzwingt eine Validierung der hinterlegten Prüfsummen. Sinnvoll, wenn z. B. die *terraform.lock.hcl*-Datei durch ein zentrales Management erstellt wird.
`-migrate-state`	Nur in Kombination mit einem Backend sinnvoll. Kopiert den lokalen State auf das konfigurierte Backend. Ohne Angabe dieses Parameters wird der State im Backend neu und damit möglicherweise »leer« erzeugt.
`-no-color`	Standardmäßig wird die Befehlszeilenausgabe in Farbe dargestellt. Der Parameter `-no-color` unterdrückt dies. Allerdings hilft der Parameter nur zum Teil, da die Formatierung mithilfe von ASCII-Steuerzeichen erzeugt wird und somit ein »Abfangen« der Ausgabe nicht einfach umsetzbar ist. Die Terraform Cloud bietet diese Funktion, erzeugt hiermit aber auch eine starke Produktbindung.

Tabelle 12.1 Parameter für den Aufruf terraform init (Forts.)

Parameter	Bedeutung
-plugin-dir	Normalerweise sucht und lädt Terraform Plug-ins wie z. B. Provider aus der Terraform Registry automatisch. Wird dieser Parameter verwendet, werden sämtliche Verzeichnisse von Terraform ignoriert, und es wird nur noch das nach dem Parameter angegebene Verzeichnis verwendet. Der Parameter kann mehrfach angegeben werden.
-reconfigure	Nur für die Verwendung mit einem Backend relevant. Erzwingt eine Neukonfiguration, vorher gespeicherte Werte werden ignoriert.
-upgrade	Aktualisiert Provider-Plug-ins im Rahmen der Versionsbeschränkungen. Wurden keine Einschränkungen getroffen, wird immer die neueste Version der konfigurierten Provider geladen. Die Datei *.terraform.lock.hcl* wird von Terraform entsprechend angepasst.

Tabelle 12.1 Parameter für den Aufruf terraform init (Forts.)

12.2.2 Der Befehl terraform validate

Der Befehl `terraform validate` überprüft Syntax und Logiken bis zu dem Punkt, an dem Verbindungen aufgebaut werden müssen. Alles, was eine Verbindung benötigen würde, wird nicht geprüft. Der Befehl wird zum Beispiel häufig in CI/CD-Systemen verwendet, bevor Änderungen am Terraform-Code bestätigt werden können.

Das Ausführen des Befehls `terraform validate` bei validem Terraform-Code ergibt nur eine Ausgabezeile, auf der Kommandozeile normalerweise in grüner Schrift:

```
$ terraform validate
Success! The configuration is valid.
```

Wird `terraform validate` in einem Verzeichnis mit invalidem Terraform-Code ausgeführt, zeigt die Ausgabe die genauen Fehler. Dieses Buch kann nicht die Ausgaben des Befehls für alle möglichen Fehler wiedergeben, daher hier ein einfaches Beispiel:

```
$ terraform validate
| Error: Invalid expression
|
| on main.tf line 3, in variable "some_variable_name":
| 3: type =
| 4: }
```

```
│
│ Expected the start of an expression, but found an invalid expression token.

│ Error: Invalid type specification
│
│ on main.tf line 3, in variable "some_variable_name":
│ 3: type =
│ 4: }
│
│ A type specification is either a primitive type keyword (bool, number,
string) or a complex type constructor call, like list(string).
```

Die letzte Zeile jeder Fehlermeldung gibt einen Hinweis darauf, welchen Fehler im Code `terraform validate` gefunden hat.

Parameter	Bedeutung
`-json`	Liefert eine maschinenlesbare, nicht farbige Ausgabe mit mehr Informationen. Wird in automatisierten Systemen oder auch in Texteditoren mit integrierter Syntaxüberprüfung verwendet.
`-no-color`	Standardmäßig wird die Befehlszeilenausgabe in Farbe dargestellt. Der Parameter `-no-color` unterdrückt dies. Allerdings hilft der Parameter nur zum Teil, da die Formatierung mithilfe von ASCII-Steuerzeichen erzeugt wird und somit ein »Abfangen« der Ausgabe nicht einfach umsetzbar ist. Die Terraform Cloud bietet diese Funktion, erzeugt hiermit aber auch eine starke Produktbindung.

Tabelle 12.2 Parameter für den Aufruf terraform validate

12.2.3 Der Befehl terraform plan

Der Befehl `terraform plan` lässt Terraform in einer Art Trockenübung laufen. Es wird ein spekulativer Plan über die vorzunehmenden Änderungen erzeugt, jedoch nichts tatsächlich verändert. Es werden keine Änderungen an Ressourcen vorgenommen.

Die Ausgabe von `terraform plan` könnte bei einer einfachen Änderung wie folgt aussehen:

```
$ terraform plan
null_resource.print: Refreshing state... [id=5522869906859397720]

Changes to Outputs:
  ~ output = "Hello, world!" -> "Hallo Terraform-Buch!"
```

```
You can apply this plan to save these new output values to the Terraform
state, without changing any real infrastructure.

─────────────────────────────────────────────

Note: You didn't use the -out option to save this plan, so Terraform can't
guarantee to take exactly these actions if you run "terraform apply" now.
```

Die letzte Zeile der Ausgabe weist darauf hin, dass es möglich ist, diesen Plan über den Parameter `-out` in einer Datei zu speichern. Ein solches *Plan-Manuskript* kann bei einem anschließenden Aufruf von `terraform apply` angegeben werden (siehe nächsten Abschnitt zu `terraform apply`).

Ein Beispielszenario für die Nutzung eines solchen Plan-Manuskripts könnte wie folgt aussehen: Eine große Umgebung wird mehrmals pro Tag angepasst und skaliert, z. B. um einen großen Webshop bereitzustellen und auf die wechselnde Zahl von Anfragen zu reagieren. Für eben diese Umgebung wurde beschlossen, dass die vorhandenen DNS-Server durch neue ersetzt werden sollen. Die neuen DNS-Server sind bereits erfolgreich installiert, die alten aber noch nicht entfernt. Mittels `terraform plan` ist die Entfernung der alten DNS-Server geplant worden, und die Arbeitsschritte, also das Plan-Manuskript, wurden in der Testumgebung ausgeführt. Für die Umsetzung in der produktiven Umgebung gibt es allerdings noch keinen Termin.

Parameter	Bedeutung
`-compact-warnings`	Fehler werden nur noch in gekürzter Form dargestellt. Die Codebereiche, in denen der Fehler vermutet wird, werden in der Ausgabe unterdrückt.
`-destroy`	Üblicherweise geht `terraform plan` von einem geplanten `terraform apply` aus. Dieser Parameter lässt `terraform plan` stattdessen den Aufruf von `terraform destroy` planen.
`-detailed-exitcode`	Gibt einen detaillierteren Fehlercode aus. Ein Fehlercode von `0` bedeutet, dass keine Änderungen gefunden wurden. Ein Fehlercode von `1` heißt, dass ein Fehler aufgetreten ist. Der Fehlercode `2` gibt an, dass Änderungen gefunden wurden.
`-input=false`	Unterdrückt Benutzerabfragen, z. B. für Variablen oder Zugangsdaten für das Anmelden im Backend. Sollte Terraform ohne die fehlenden Eingaben nicht weiterarbeiten können, wird es einen Fehler ausgeben und abbrechen.

Tabelle 12.3 Parameter für den Aufruf terraform plan

Parameter	Bedeutung
`-lock-timeout=0s`	Die Zeit, die Terraform abwartet, bis ein Fehler ausgeworfen wird, falls der State nicht gesperrt werden kann.
`-lock=false`	Nur relevant für Backend-Migrationen. Unterdrückt das Sperren des State während der Backend-Migration. Dieser Parameter sollte nur in *absoluten Ausnahmefällen* angewendet werden.
`-no-color`	Standardmäßig wird die Befehlszeilenausgabe in Farbe dargestellt. Dieser Parameter unterdrückt dies. Allerdings hilft der Parameter nur zum Teil, da die Formatierung mithilfe von ASCII-Steuerzeichen erzeugt wird und somit ein »Abfangen« der Ausgabe nicht einfach umsetzbar ist. Die Terraform Cloud bietet diese Funktion, erzeugt hiermit aber auch eine starke Produktbindung.
`-out=path`	Speichert ein sogenanntes Plan-Manuskript unter dem angegebenen Pfad ab, sodass dieser bei Bedarf an den Befehl `terraform apply` übergeben werden kann (siehe Abschnitt zu `terraform apply`).
`-parallelism=n`	Stellt den Grad der parallel ausgeführten Aufgaben ein. Standardwert ist `10`. Dieser Parameter ist sinnvoll für kleine Umgebungen, die nicht viel parallelisieren können, oder für große Umgebungen, um eine höhere Geschwindigkeit zu erreichen.
`-refresh-only`	Überprüft den Zustand der bereits vorhandenen Ressourcen und gleicht diesen mit dem Zustand nach dem letzten `terraform apply` ab. Es werden keine Änderungen vorgenommen.
`-refresh=false`	Normalerweise holt sich Terraform erst den aktuellen Ist-Zustand der Ressourcen und berechnet Veränderungen. Wird `refresh` über diesen Parameter auf `false` gesetzt, überspringt Terraform die Aktualisierung des Ist-Zustands. Dies kann unter Umständen die Laufzeit reduzieren, birgt jedoch Fehlerpotenzial. So könnte eine Cloud-Ressource bereits gelöscht sein, `terraform plan` aber dennoch eine Änderung für diese Ressource berechnen. Folglich würde bei einem späteren Aufruf von `terraform apply` ein Fehler auftreten.

Tabelle 12.3 Parameter für den Aufruf terraform plan (Forts.)

12

Parameter	Bedeutung
`-replace=resource`	Kann mehrfach verwendet werden. Ermöglicht `terraform plan`, das Neuerstellen einer Ressource zu simulieren und gegebenenfalls Abhängigkeiten darzustellen. Beispiel: `terraform plan -replace=module.vm1.openstack_compute_instance_v2.instance`
`-state=statefile`	Dieser Parameter ist nur noch aus Kompatibilitätsgründen enthalten und bezieht sich auf das Backend *local*. Da die Funktion nicht mehr genutzt werden sollte, wird hier nicht näher auf die Bedeutung eingegangen.
`-target=resource`	Kann mehrfach verwendet werden. Ermöglicht `terraform plan`, sich nur auf einen bestimmten Teil der Ressourcen zu fokussieren. Hilfreich bei der Fehlersuche. Beispiel: `terraform plan -target=module.vm1`
`-var 'foo=bar'`	Kann mehrfach verwendet werden. Setzt den Wert für die Eingabevariable `foo` auf den Wert `bar`. Variablen, die über die Kommandozeile übergeben werden, haben die höchste Priorität, siehe Abschnitt 6.2.8, »Präzedenz von Variablenzuweisungen«.
`-var-file=filename`	Kann mehrfach verwendet werden. Neben den Dateien *terraform.tfvars*, *terraform.tfvars.json* und allen Dateien mit der Endung *.auto.tfvars* oder *.auto.tfvars.json*, die automatisch eingelesen werden, kann mit diesem Parameter eine weitere Datei mit Variablenzuweisungen nachgeladen werden. Variablen, die über die Kommandozeile übergeben werden, haben die höchste Priorität, siehe Abschnitt 6.2.8, »Präzedenz von Variablenzuweisungen«.

Tabelle 12.3 Parameter für den Aufruf terraform plan (Forts.)

12.2.4 Der Befehl terraform apply

Der Befehl `terraform apply` verändert die Ressourcen entsprechend dem deklarierten Zielzustand. Sollten noch keine Ressourcen vorhanden sein, werden diese erstellt.

Bevor Änderungen durchgeführt werden, wird die Logik von `terraform plan` ausgeführt, und die geplanten Änderungen werden berechnet und angezeigt. Unmittelbar danach erscheint eine Bitte um Bestätigung der Änderungen, bevor diese tatsächlich umgesetzt werden.

Der Aufruf von `terraform apply` ohne weitere Parameter würde wie folgt aussehen. Hier wird ebenfalls das im Abschnitt zu `terraform plan` gezeigte einfache Terraform-Codebeispiel verwendet.

```
$ terraform apply
null_resource.print: Refreshing state... [id=5522869906859397720]

Changes to Outputs:
  ~ output = "Hello, world!" -> "Hallo Terraform-Buch!"

You can apply this plan to save these new output values to the Terraform
state, without changing any real infrastructure.

Do you want to perform these actions?
  Terraform will perform the actions described above.
  Only 'yes' will be accepted to approve.

  Enter a value: yes


Apply complete! Resources: 0 added, 0 changed, 0 destroyed.

Outputs:

output = "Hallo Terraform-Buch!"
```

Die Ausführung von `terraform plan` als Teil von `terraform apply` wird übersprungen, wenn dem Befehl als letztes Argument ein gespeichertes Plan-Manuskript übergeben wird:

```
$ terraform apply plan.plan
Apply complete! Resources: 0 added, 0 changed, 0 destroyed.

Outputs:
output = "Hallo Terraform-Buch!"
```

Wird ein gespeichertes Plan-Manuskript übergeben, erfolgt keine Bitte um Bestätigung. Die Änderungen werden umgehend vorgenommen.

Bei der Ausführung ohne übergebenes Plan-Manuskript können alle Parameter des Befehls `terraform plan` verwendet werden.

Die Bestätigung der Änderungen durch die Anwenderin kann über den Parameter `-auto-approve` übersprungen werden. Dieser Parameter sollte daher mit Vorsicht eingesetzt werden.

Zusätzlich zu den in Tabelle 12.4 aufgeführten Parametern können alle Parameter des Befehls `terraform plan` verwendet werden, wenn kein Plan-Manuskript übergeben wird.

Parameter	Bedeutung
`-auto-approve`	Überspringt die Abfrage, ob die Änderungen tatsächlich durchgeführt werden sollen.
`-backup=path`	Gibt einen Pfad an, unter dem der alte State gesichert werden soll. Wenn er nicht angegeben wird, wird der Wert des Parameters `-state-out` verwendet und das Suffix `.backup` ergänzt. Wenn die Parameter `-state-out` und `-state` nicht verändert wurden, wird folglich der Wert `terraform.tfstate.backup` genutzt.
`-compact-warnings`	Bewirkt, dass Fehler nur noch in gekürzter Form dargestellt werden. Die Codebereiche, in denen der Fehler vermutet wird, werden in der Ausgabe unterdrückt.
`-destroy`	Entfernt alle Ressourcen, die durch Terraform aus dem aktuellen Verzeichnis erzeugt wurden. Wird ausgelöst durch den Alias `terraform destroy`.
`-input=false`	Unterdrückt Benutzerabfragen, z. B. für Variablen oder Zugangsdaten für das Anmelden im Backend. Sollte Terraform ohne die fehlenden Eingaben nicht weiterarbeiten können, wird es einen Fehler ausgeben und abbrechen.
`-lock-timeout=0s`	Die Zeit, die Terraform abwartet, bis ein Fehler ausgeworfen wird, falls der State nicht gesperrt werden kann.
`-lock=false`	Nur relevant für Backend-Migrationen. Unterdrückt das Sperren des State während der Backend-Migration. Dieser Parameter sollte nur in *absoluten Ausnahmefällen* angewendet werden.
`-no-color`	Standardmäßig wird die Befehlszeilenausgabe in Farbe dargestellt. Der Parameter `-no-color` unterdrückt dies. Allerdings hilft der Parameter nur zum Teil, da die Formatierung mithilfe von ASCII-Steuerzeichen erzeugt wird und somit ein »Abfangen« der Ausgabe nicht einfach umsetzbar ist. Die Terraform Cloud bietet diese Funktion, erzeugt hiermit aber auch eine starke Produktbindung.

Tabelle 12.4 Parameter für den Aufruf terraform apply

Parameter	Bedeutung
`-parallelism=n`	Stellt den Grad der parallel ausgeführten Aufgaben ein. Standardwert ist `10`. Dieser Parameter ist sinnvoll für kleine Umgebungen, die nicht viel parallelisieren können, oder für große Umgebungen, um eine höhere Geschwindigkeit zu erreichen.
`-replace=resource`	Ersetzt eine Ressource. Ab Version v0.15.2 der empfohlene Weg, daher sollte `terraform taint` nicht mehr verwendet werden.
`-state-out=path`	Dieser Parameter gibt an, unter welchem Pfad der neue State gespeichert werden soll.
`-state=path`	Dieser Parameter gibt an, aus welcher Datei der State gelesen werden soll. Wenn `-state-out` als Parameter nicht angegeben wurde, wird dieser Pfad auch für die Speicherung verwendet. Der Standardwert ist `terraform.tfstate`.

Tabelle 12.4 Parameter für den Aufruf terraform apply (Forts.)

12.2.5 Der Befehl terraform destroy

Änderungen sollten immer mit `apply` durchgeführt werden. Werden Ressourcen nicht mehr benötigt, ist es sinnvoller, sie aus dem Code zu entfernen. Ein anschließender Aufruf von `terraform apply` entfernt dann diese Ressourcen.

In Wirklichkeit handelt es sich beim Befehl `terraform destroy` nur um einen Alias für `terraform apply -destroy`. Wir empfehlen dennoch, den Alias `terraform destroy` zu nutzen, um die Übersichtlichkeit zu wahren. Weil `terraform destroy` nur ein Alias ist, können auch alle Parameter von `terraform apply` verwendet werden.

[!]

Vorsicht bei der Zerstörung

Der Befehl `terraform destroy` wird in der Produktion selten bis nie verwendet, da er *alle Ressourcen entfernt*, die durch Terraform aus dem aktuellen Verzeichnis erzeugt wurden.

Ein Beispiel für den Aufruf von `terraform destroy` könnte folgendermaßen aussehen:

```
$ terraform destroy
null_resource.print: Refreshing state... [id=5522869906859397720]

Terraform used the selected providers to generate the following execution
plan. Resource actions are indicated with the following symbols:
  - destroy
```

```
Terraform will perform the following actions:

  # null_resource.print will be destroyed
  - resource "null_resource" "print" {
      - id = "5522869906859397720" -> null
    }

Plan: 0 to add, 0 to change, 1 to destroy.

Changes to Outputs:
  - output = "Hallo Terraform-Buch!" -> null

Do you really want to destroy all resources?
  Terraform will destroy all your managed infrastructure, as shown above.
  There is no undo. Only 'yes' will be accepted to confirm.

  Enter a value: yes

null_resource.print: Destroying... [id=5522869906859397720]
null_resource.print: Destruction complete after 0s
Destroy complete! Resources: 1 destroyed.
```

Analog zum Befehl `terraform apply` wird die Ausgabe von `terraform plan` angezeigt, das allerdings intern mit dem Parameter `-destroy` aufgerufen wird. Die genauen Änderungen werden angezeigt und nach einer Bestätigung vorgenommen.

Wie bei `terraform apply` kann die Bestätigung durch den Parameter `-auto-approve` übersprungen werden. Dieser Parameter sollte daher mit Vorsicht eingesetzt werden.

Es können die gleichen Parameter wie beim Befehl `terraform apply` verwendet werden.

12.3 Weniger häufig verwendete Befehle

Die nachfolgend beschriebenen Befehle bieten einen sinnvollen Mehrwert in manchen Situationen, sind für das tagtägliche Arbeiten jedoch weitaus weniger relevant als die bisher gezeigten Befehle `terraform init`, `terraform plan`, `terraform apply` und `terraform destroy`.

12.3.1 Der Befehl terraform console

Mit diesem Befehl wird eine interaktive Konsole gestartet. Hauptzweck der Konsole ist es, Zugriffe auf Attribute und Werte von Ressourcen, Datenquellen oder Modulen zu testen. Für die Verwendung ist ein State notwendig, wenn bereits vorhandener Code überprüft werden soll.

Um die Konsole selbst auszuprobieren, speichern Sie den folgenden Terraform-Code in einem neuen Verzeichnis als Datei *main.tf* ab:

```
module "vm0" {
  source = "./vm"

  flavor = "2C-2GB-10GB"
  image  = "Ubuntu 20.04"
  name   = "test"
}

output "ips" {
  value = module.vm0.ip
}
```


Erstellen Sie einen Unterordner *vm*, in dem Sie die beiden folgenden Codebeispiele in den Dateien *variables.tf* und *outputs.tf* ablegen:

```
variable "flavor" {
}

variable "image" {
}

variable "name" {
}
output "ip" {
  value = "1.2.3.4"
}
```

Der Beispielcode simuliert ein Modul und dessen Ein- und Rückgabewerte über Eingabevariablen und Ausgabewerte.

Rufen Sie anschließend `terraform init` gefolgt von `terraform apply` auf, um einen validen State zu generieren. Dann können Sie die Konsole über den Befehl `terraform console` starten:

```
$ terraform console
> module.vm0
{
  "ip" = "1.2.3.4"
}
```

```
> output.ips

  Error: Reference to undeclared resource

    on  line 1:
    (source code not available)

  A managed resource "output" "ips" has not been declared in the root module.

> exit
```

Die Eingabe von `module.vm0` gibt die komplette Datenstruktur des Moduls aus, die in diesem Fall nur aus dem Ausgabewert `ip` besteht.

Ein Zugriff auf den zuvor definierten Ausgabewert des Hauptmoduls (`output.ips`) gelingt nicht, da es sich hierbei nicht um eine Ressource oder ein Modul handelt.

Um die Konsole zu verlassen, geben Sie einfach `exit` ein.

Parameter	Bedeutung
`-state=statefile`	Dieser Parameter ist nur noch aus Kompatibilitätsgründen enthalten und bezieht sich auf das Backend *local*. Da die Funktion nicht mehr genutzt werden sollte, wird hier nicht näher auf die Bedeutung eingegangen.
`-var 'foo=bar'`	Kann mehrfach verwendet werden. Setzt den Wert für die Eingabevariable `foo` auf den Wert `bar`. Variablen, die über die Kommandozeile übergeben werden, haben die höchste Priorität, siehe Abschnitt 6.2.8, »Präzedenz von Variablenzuweisungen«.
`-var-file=filename`	Kann mehrfach verwendet werden. Neben den Dateien *terraform.tfvars*, *terraform.tfvars.json* und allen Dateien mit der Endung *.auto.tfvars* oder *.auto.tfvars.json*, die automatisch eingelesen werden, kann mit diesem Parameter eine weitere Datei mit Variablenzuweisungen nachgeladen werden. Variablen, die über die Kommandozeile übergeben werden, haben die höchste Priorität, siehe Abschnitt 6.2.8, »Präzedenz von Variablenzuweisungen«.

Tabelle 12.5 Parameter für den Aufruf terraform console

12.3.2 Der Befehl terraform fmt

Der Befehl `terraform fmt` dient dazu, Terraform-Code automatisch zu formatieren. Der Terraform-Code muss valide sein, was Sie vorher über `terraform validate` prüfen können, wie im Abschnitt zu `terraform validate` erläutert.

Sinn dieses Befehls ist es, den Code gemäß den in der Terraform-Gemeinschaft akzeptierten Vorgaben oder Richtlinien zu vereinheitlichen. Dies betrifft z. B. Einrückungen.

Wenn Sie nicht den Parameter `-write=false` nutzen, werden alle Dateien ohne Rückfrage modifiziert, sofern notwendig. Wir empfehlen, diesen Befehl nur auf Terraform-Code anzuwenden, der in einem Versionskontrollsystem wie Git verwaltet wird. Zwar sind bisher keine Probleme durch die Änderungen am Code bekannt geworden, da die Änderungen jedoch zum Teil umfangreich sind, ist es einfacher, sie in kleine Häppchen zu zerlegen und per `git diff` & Co. zu untersuchen.

Der einfache Aufruf von `terraform fmt` berücksichtigt alle Dateien mit den Endungen *.tf* und *.tfvars* im aktuellen Verzeichnis. Die Dateien werden überprüft und bei Bedarf modifiziert. Unterverzeichnisse und darin enthaltene Dateien werden ignoriert.

```
$ terraform fmt
[...]
```

Wird ein Pfad angegeben, werden alle Dateien mit den Dateiendungen *.tf* und *.tfvars* in diesem Pfad überprüft und gegebenenfalls bearbeitet. Auch hier werden Unterverzeichnisse übersprungen:

```
$ terraform fmt /home/tux/Terraform/Beispiel-Code/
[...]
```

Der Befehl `terraform fmt` bietet außerdem die Möglichkeit, Terraform-Code per Standardeingabe (`stdin` im Unix-Sprachgebrauch) zu überreichen. Dies geschieht über einen Bindestrich (-) anstelle eines Pfads:

```
$ cat main.tf | terraform fmt -
[...]
```

In diesem Fall wird die Datei nicht modifiziert, stattdessen wird der überarbeitete Inhalt auf der Standardausgabe, d. h. der Kommandozeile, ausgegeben.

Der folgende falsch eingerückte Terraform-Code würde von `terraform fmt` wie folgt formatiert:

```
output "formatieren" {
value = "Ein Wert"
  }
```

Die formatierte Version sieht dann so aus:

```
output "formatieren" {
  value = "Ein Wert"
}
```

Gerade bei größeren Dateien ist dieser Befehl sehr hilfreich, um eine konsistente und übersichtliche Struktur zu gewährleisten. Über den Parameter `-check` kann ein einfacher Test prüfen, ob der Befehl Änderungen für notwendig hält. Dies kann in CI/CD-Systemen als automatische Prüfung auf konsistenten Terraform-Code verwendet werden.

Parameter	Bedeutung
`-check`	Führt keine Änderung aus, sondern gibt lediglich einen Rückgabewert zurück, abhängig von der vorgefundenen Formatierung. Hilfreich für CI/CD-Systeme zur Codevalidierung.
`-diff`	Erzeugt eine Ausgabe aller notwendigen Änderungen im Vergleich zu dem ursprünglichen Code.
`-list=false`	Deaktiviert die Ausgabe einer Liste von Dateien, deren Format nicht der Empfehlung entspricht.
`-no-color`	Standardmäßig wird die Befehlszeilenausgabe in Farbe dargestellt. Der Parameter `-no-color` unterdrückt dies. Allerdings hilft der Parameter nur zum Teil, da die Formatierung mithilfe von ASCII-Steuerzeichen erzeugt wird und somit ein »Abfangen« der Ausgabe nicht einfach umsetzbar ist. Die Terraform Cloud bietet diese Funktion, erzeugt hiermit aber auch eine starke Produktbindung.
`-recursive`	Durchsucht und falls nötig bearbeitet auch Dateien mit den Endungen *.tf* und *.tfvars* in allen Unterverzeichnissen.
`-write=false`	Deaktiviert die automatische Überarbeitung der Formatierung. Es werden keine Dateien verändert.

Tabelle 12.6 Parameter für den Aufruf terraform fmt

12.3.3 Der Befehl terraform force-unlock

Jeder Terraform-Aufruf, der einen schreibenden Zugriff auf den State benötigt, sperrt den State, um gleichzeitige Zugriffe zu verhindern. Der Befehl `terraform force-unlock` hebt eine solche Sperre auf, mit dem Parameter `-force` aufgerufen sogar ohne Nachfrage.

Es versteht sich von selbst, dass dieser Befehl im Normalfall nicht notwendig sein und nur mit größter Vorsicht verwendet werden sollte.

Parameter	Bedeutung
`-force`	Unterdrückt die interaktive Abfrage, ob fortgefahren werden soll.

Tabelle 12.7 Parameter für den Aufruf terraform force-unlock

12.3.4 Der Befehl terraform get

Der Befehl `terraform get` wird automatisch durch `terraform init` ausgeführt, ein separater Aufruf ist im Normalfall nicht notwendig.

Der Befehl lädt Module herunter und installiert diese. Dazu prüft er den Terraform-Code im aktuellen Verzeichnis. Optional kann ein Pfad zum betroffenen Terraform-Code mitgegeben werden:

```
$ terraform get /home/tux/get-example
[...]
```

Wurde ein Modul bereits heruntergeladen, wird hier nicht automatisch eine Aktualisierung vorgenommen. Dieses Verhalten kann durch den Parameter `-update` geändert werden, sodass Module aktualisiert werden. Dabei werden etwaige Versionsbeschränkungen beachtet.

Fehlermeldung

Wenn keines der Module eingebunden wird, erscheint aktuell eine nicht allzu hilfreiche Fehlermeldung:

```
[...]
Too many command line arguments. Did you mean to use -chdir?
[...]
```

Parameter	Bedeutung
`-no-color`	Standardmäßig wird die Befehlszeilenausgabe in Farbe dargestellt. Der Parameter `-no-color` unterdrückt dies. Allerdings hilft der Parameter nur zum Teil, da die Formatierung mithilfe von ASCII-Steuerzeichen erzeugt wird und somit ein »Abfangen« der Ausgabe nicht einfach umsetzbar ist. Die Terraform Cloud bietet diese Funktion, erzeugt hiermit aber auch eine starke Produktbindung.

Tabelle 12.8 Parameter für den Aufruf terraform get

Parameter	Bedeutung
-update	Überprüft auch bereits heruntergeladene Module auf eine neue Version und lädt diese bei Bedarf herunter.

Tabelle 12.8 Parameter für den Aufruf terraform get (Forts.)

12.3.5 Der Befehl terraform graph

Dieser Befehl erstellt eine grafische Darstellung der Ressourcen und ihrer Abhängigkeiten gemäß dem aktuellen State im *dot*-Format. Dieses Format kann von Programmen wie *GraphViz* weiterverarbeitet werden.

Die Ausgabe wird entweder in eine Datei mit der Dateiendung *.dot* umgeleitet, die anschließend weiterverarbeitet werden kann:

```
$ terraform graph > plan.dot
[...]
```

Alternativ können Sie die Weiterverarbeitung mit dem zu GraphViz gehörenden Programm `dot` gleich mit erledigen. Um eine PDF-Datei zu generieren, wäre folgender Befehl notwendig:

```
$ terraform graph | dot -T PDF > plan.pdf
[...]
```

Dies setzt natürlich eine lokale Installation von GraphViz voraus.

Das Programm `dot` kann eine Vielzahl an weiteren Formaten ausgeben, die komplette Liste finden Sie in der GraphViz-Dokumentation unter *https://www.graphviz.org/docs/outputs/*. Hier finden Sie eine kleine Auswahl von geläufigen Ausgabeformaten:

- SVG-Vektorgrafik (Parameter `-T svg`)
- PNG-Bild (Parameter `-T png`)
- JPEG-Bild (Parameter `-T jpg`)
- GIF-Bild (Parameter `-T gif`
- JSON-Datei (Parameter `-T json`)

Über den Parameter `-type` kann nicht nur der aktuelle Zustand ausgegeben werden, sondern auch Darstellungen von Plänen oder geplanten `destroy`-Vorgängen.

Ein Beispiel einer solchen grafischen Darstellung zeigt Abbildung 12.1, die das OpenStack-Beispiel aus Abschnitt 4.3.4 wiedergibt.

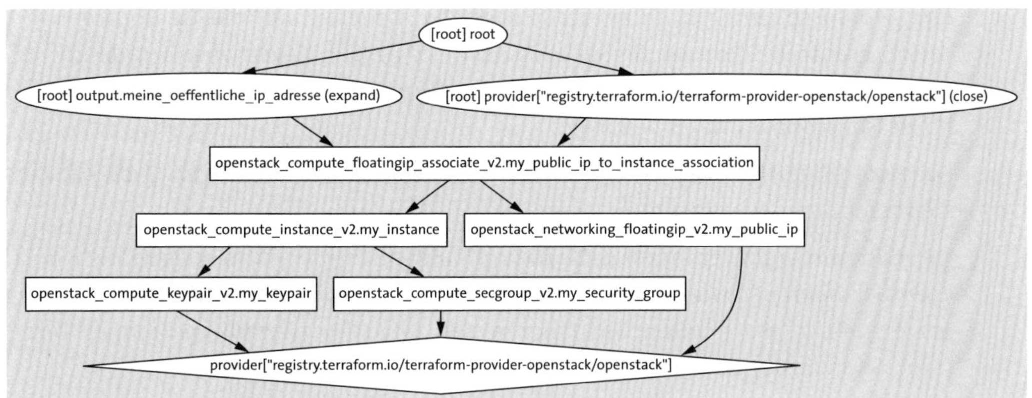

Abbildung 12.1 Die OpenStack-Konfiguration grafisch aufbereitet

Parameter	Bedeutung
`-draw-cycles`	Hebt Schleifen und somit mögliche Fehlerquellen durch farbige Ecken hervor.
`-plan=tfplan`	Erstellt den Graphen aus einem Plan-Manuskript, dessen Pfad als Wert des Parameters angegeben wird. Terraform-Code aus dem aktuellen Verzeichnis wird hierbei nicht mehr beachtet.
`-type=plan`	Definiert, welche Operation grafisch dargestellt wird: `plan`, `plan-refresh-only`, `plan-destroy` oder `apply`. Standardeinstellung ist `plan`. Wenn der Parameter `-plan=tfplan` gesetzt ist, wird der `type` auf `apply` vorausgewählt.

Tabelle 12.9 Parameter für den Aufruf terraform graph

12.3.6 Der Befehl terraform import

Mit dem Befehl `terraform import` können bereits erzeugte Ressourcen in Terraform, d. h. in den State importiert werden. Was zuerst nach einer Lösung für das einfache »Migrieren« bereits vorhandener Landschaften nach Terraform klingt, ist komplizierter als gedacht. Denn leider muss jede Ressource einzeln importiert werden:

```
$ terraform import module.vm0.openstack_compute_instance_v2.instance 523B55FE-BD91-45AF-9216-6B9632FEC3F5
[...]
```

Hierzu muss der genaue Pfad zur Ressource innerhalb des Terraform-Codes angegeben werden. Zusätzlich muss die eindeutige ID der Ressource auf der Cloud-Seite spezifiziert werden.

Eine Voraussetzung ist außerdem, dass der Codeteil für die Ressource `module.vm0.openstack_compute_instance_v2.instance` bereits geschrieben wurde und im besten Fall zur vorhandenen Ressource passt. Abweichungen dürfen nur in Werten für Ressourcenparameter bestehen.

Für zukünftige Versionen von Terraform ist geplant, den Terraform-Code zur Ressource automatisch erzeugt zu lassen.

Dieses Kommando verändert nicht die vorhandene Infrastruktur, dies würde jedoch eventuell beim nächsten Aufruf von `terraform apply` passieren. Nach einem Import per `terraform import` sollten Sie daher mittels `terraform plan` überprüfen, ob Terraform Veränderungen vornehmen würde.

Parameter	Bedeutung
`-allow-missing-config`	Erlaubt das Importieren von Ressourcen ohne einen entsprechenden Codeblock. Führt bei anschließendem `apply` direkt zur Löschung der Ressource. Sollte nur in Ausnahmefällen genutzt werden.
`-backup=path`	Gibt einen Pfad an, unter dem der alte State gesichert werden soll. Wird er nicht angegeben, wird der Wert des Parameters `-state-out` verwendet und das Suffix `.backup` ergänzt. Wenn die Parameter `-state-out` und `-state` nicht verändert wurden, wird folglich der Wert `terraform.tfstate.backup` genutzt.
`-config=path`	Pfad zu einem Verzeichnis mit Terraform-Codedateien. Standardwert ist das aktuelle Verzeichnis.
`-ignore-remote-version`	Nur in Kombination mit der Terraform Cloud relevant. Wird die Terraform Cloud als Backend benutzt, werden die Befehle aber lokal durchgeführt, kann hiermit ein Fehler unterdrückt werden, wenn die Terraform Cloud eine andere Terraform-Version verwendet, als lokal installiert ist. Kann gegebenenfalls den Workspace und den State zerstören und sollte nur im *absoluten Ausnahmefall* verwendet werden.
`-input=false`	Unterdrückt Benutzerabfragen, z. B. für Variablen oder Zugangsdaten für das Anmelden im Backend. Sollte Terraform ohne die fehlenden Eingaben nicht weiterarbeiten können, wird es einen Fehler ausgeben und abbrechen.
`-lock-timeout=0s`	Die Zeit, die Terraform abwartet, bis ein Fehler ausgeworfen wird, falls der State nicht gesperrt werden kann.

Tabelle 12.10 Parameter für den Aufruf terraform import

Parameter	Bedeutung
`-lock=false`	Nur relevant für Backend-Migrationen. Unterdrückt das Sperren des State während der Backend-Migration. Dieser Parameter sollte nur in *absoluten Ausnahmefällen* angewendet werden.
`-no-color`	Standardmäßig wird die Befehlszeilenausgabe in Farbe dargestellt. Der Parameter `-no-color` unterdrückt dies. Allerdings hilft der Parameter nur zum Teil, da die Formatierung mithilfe von ASCII-Steuerzeichen erzeugt wird und somit ein »Abfangen« der Ausgabe nicht einfach umsetzbar ist. Die Terraform Cloud bietet diese Funktion, erzeugt hiermit aber auch eine starke Produktbindung.
`-state-out=path`	Dieser Parameter gibt an, unter welchem Pfad der neue State gespeichert werden soll.
`-state=path`	Dieser Parameter gibt an, aus welcher Datei der State gelesen werden soll. Wenn `-state-out` als Parameter nicht angegeben wurde, wird dieser Pfad auch für die Speicherung verwendet. Der Standardwert ist `terraform.tfstate`.
`-var 'foo=bar'`	Kann mehrfach verwendet werden. Setzt den Wert für die Eingabevariable `foo` auf den Wert `bar`. Variablen, die über die Kommandozeile übergeben werden, haben die höchste Priorität, siehe Abschnitt 6.2.8, »Präzedenz von Variablenzuweisungen«.
`-var-file=filename`	Kann mehrfach verwendet werden. Neben den Dateien *terraform.tfvars*, *terraform.tfvars.json* und allen Dateien mit der Endung *.auto.tfvars* oder *.auto.tfvars.json*, die automatisch eingelesen werden, kann mit diesem Parameter eine weitere Datei mit Variablenzuweisungen nachgeladen werden. Variablen, die über die Kommandozeile übergeben werden, haben die höchste Priorität, siehe Abschnitt 6.2.8, »Präzedenz von Variablenzuweisungen«.

Tabelle 12.10 Parameter für den Aufruf terraform import (Forts.)

12.3.7 Der Befehl terraform login

Mit dem Befehl `terraform login` authentifizieren Sie Ihre lokale Installation von Terraform mit der Terraform Cloud bzw. einer Terraform-Enterprise-Installation. Der Vorgang wird in Abschnitt 11.1 detailliert beschrieben.

Wird der Befehl ohne ein weiteres Argument aufgerufen, wird ein Log-in-Vorgang in der Terraform Cloud angestoßen. Hierbei wird als Ziel `app.terraform.io` verwendet. Der Befehl erstellt einen Eintrag in der Datei *credentials.tfrc.json*, die standardmäßig unter *~/.terraform.d/credentials.tfrc.json* zu finden ist.

Möchten Sie sich mit einer Installation von Terraform Enterprise verbinden, geben Sie die URL der Terraform-Enterprise-Installation an:

```
$ terraform login app.tf.terraformbuch.de
[...]
```

Dieser Befehl unterstützt keine Parameter, als einziges Argument kann die URL einer Terraform-Enterprise-Installation angegeben werden.

12.3.8 Der Befehl terraform logout

Der Befehl `terraform login` authentifiziert Ihre lokale Terraform-Installation mit der Terraform Cloud oder einer Terraform-Enterprise-Installation. Um diese Verbindung wieder zu trennen, wird der Befehl `terraform logout` ausgeführt. Wie beim `login`-Pendant wird ohne Angabe einer URL die Terraform Cloud angesprochen, mit Angabe einer URL kann die Verbindung zu einer Terraform-Enterprise-Installation gekappt werden.

[!]

Lokal und remote

Das Authentifizierungstoken wird nur lokal gelöscht, der Server hält dies weiterhin aktiv.

Dieser Befehl unterstützt keine Parameter, als einziges Argument kann die URL einer Terraform-Enterprise-Installation angegeben werden.

12.3.9 Der Befehl terraform output

Der Befehl `terraform output` gibt die im State enthaltenen Ausgabewerte erneut auf der Kommandozeile aus. Das bedeutet, dass in einem neuen Projektverzeichnis einmalig `terraform init` und `terraform apply` ausgeführt werden müssen, bevor `terraform output` korrekt arbeiten kann.

Die folgende Beispielausgabe zeigt den Aufruf von `terraform output`, der den bisherigen Ausgabewert ausgibt. Der nachfolgende Aufruf von `terraform apply` samt erneutem `terraform output` gibt den geänderten Ausgabewert zurück:

```
$ terraform output
output = "Hello, world!"
$ terraform apply
null_resource.print: Refreshing state... [id=5522869906859397720]

Changes to Outputs:
  ~ output = "Hello, world!" -> "Hallo Terraform-Buch!"

[...]
Apply complete! Resources: 0 added, 0 changed, 0 destroyed.

Outputs:
output = "Hallo Terraform-Buch!"
$ terraform output
output = "Hallo Terraform-Buch!"
```


Wird terraform output aufgerufen, bevor der State erstellt wurde, wird folgende Fehlermeldung ausgegeben:

```
[...]
|
| Warning: No outputs found
|
| The state file either has no outputs defined, or all the defined outputs are
| empty. Please define an output in your configuration with the output keyword
| and run terraform refresh for it to become available. If you are using
| interpolation, please verify the interpolated value is not empty. You can
| use the terraform console command to assist.
|
[...]
```

Parameter	Bedeutung
-json	Liefert eine maschinenlesbare, nicht farbige Ausgabe mit mehr Informationen. Wird in automatisierten Systemen verwendet.
-no-color	Standardmäßig wird die Befehlszeilenausgabe in Farbe dargestellt. Der Parameter -no-color unterdrückt dies. Allerdings hilft der Parameter nur zum Teil, da die Formatierung mithilfe von ASCII-Steuerzeichen erzeugt wird und somit ein »Abfangen« der Ausgabe nicht einfach umsetzbar ist. Die Terraform Cloud bietet diese Funktion, erzeugt hiermit aber auch eine starke Produktbindung.

Tabelle 12.11 Parameter für den Aufruf terraform output

Parameter	Bedeutung
`-raw`	Werte, die automatisch zum Datentyp *string* konvertiert werden können, werden in Rohform ohne Formatierung ausgegeben. Sinnvoll für die Verwendung in Skripten, die kein JSON-Format verstehen.
`-state=path`	Dieser Parameter gibt an, aus welcher Datei der State gelesen werden soll. Der Standardwert ist `terraform.tfstate`.

Tabelle 12.11 Parameter für den Aufruf terraform output (Forts.)

12.3.10 Der Befehl terraform providers

Der Befehl `terraform providers` gibt eine Übersicht über Module und deren Provider in Form einer Baumstruktur aus.

Als Beispiel dient ein Arbeitsverzeichnis mit zwei Modulen `vm0` und `vm1`, die beide den openstack-Provider erfordern:

```
$ terraform providers
Providers required by configuration:
.
|- provider[registry.terraform.io/terraform-provider-openstack/openstack]
|- module.vm0
| '- provider[registry.terraform.io/terraform-provider-openstack/openstack]
'- module.vm1
  '- provider[registry.terraform.io/terraform-provider-openstack/openstack]

Providers required by state:

    provider[registry.terraform.io/terraform-provider-openstack/openstack]
```

Dieses Kommando besitzt weitere Unterkommandos, die wiederum eigene Parameter verstehen.

Dieser Befehl unterstützt keine Parameter, die Parameter für die Unterkommandos werden im weiteren Verlauf aufgeführt.

Der Befehl terraform providers lock

Wenn Provider nicht über die offiziellen Quellen bezogen, sondern über z. B. lokale Dateisysteme oder Netzwerkspiegel eingebunden werden, kann `terraform init` fehlerhafte Prüfsummen in der Datei *.terraform.lock.hcl* hinterlegen. Es kann auch vorkommen, dass gar keine Prüfsumme hinterlegt wird.

Um derartige Probleme in der Datei *.terraform.lock.hcl* zu »reparieren«, gibt es den Befehl `terraform providers lock`, der die Prüfsummen dennoch über die offiziellen Quellen bezieht.

Es besteht die Möglichkeit, den Vorgang auf bestimmte Provider zu beschränken:

```
$ terraform providers lock tf.terraformbuch.de/firma/platform
[...]
```

Parameter	Bedeutung
`-fs-mirror=dir`	Die Anfrage wird nicht mehr an die offizielle Quelle geschickt, sondern an das lokale Dateisystem. Sinnvoll, wenn Provider lokal bereitgestellt werden, z. B. in vom Internet abgeschnittenen Umgebungen. Auch sinnvoll für die lokale Providerentwicklung.
`-net-mirror=url`	Die Anfrage wird nicht mehr an die offizielle Quelle geschickt, sondern an eine andere Webadresse. Sinnvoll, wenn Provider nur über einen Spiegelserver bereitgestellt werden, z. B. in vom Internet abgeschnittenen Umgebungen.
`-platform=os_arch`	Ruft die Prüfsummen für die angegebene Architektur ab. `linux_amd64` beispielsweise wählt die `x86_64`-Architektur unter Linux aus.

Tabelle 12.12 Parameter für den Aufruf terraform providers lock

Der Befehl terraform providers mirror

Speichert lokale Kopien aller im Terraform-Code im aktuellen Arbeitsverzeichnis benötigten Provider (*Reqired Providers*) im Zielpfad:

```
$ terraform providers mirror ./Terraform/Providerdateien/
[...]
```

Die Angabe eines Zielpfads, im Beispiel *./Terraform/Providerdateien/*, ist zwingend notwendig. In diesem Verzeichnis erstellt der Befehl die benötigte Ordnerstruktur zum Ablegen der Providerdateien.

Parameter	Bedeutung
`-platform=os_arch`	Wahlweise kann eine Architektur gewählt werden, um Provider für eben diese zu sichern. Ohne Angabe dieses Parameters wird die Architektur verwendet, auf der Sie den Befehl aufrufen.

Tabelle 12.13 Parameter für den Aufruf terraform providers mirror

Der Befehl terraform providers schema

Gibt eine Schema-Liste für alle Provider und alle Ressourcen aus, die derzeit verwendet werden. Der Befehl benötigt zwingend den Parameter `-json`.

Parameter	Bedeutung
`-json`	Dieser Parameter ist zwingend notwendig.

Tabelle 12.14 Parameter für den Aufruf terraform providers schema

12.3.11 Der Befehl terraform refresh

Aktualisiert den State mit Metadaten aus den bereits existierenden Ressourcen, z. B. aus einer Cloud-Umgebung.

Dieser Befehl ist ein Alias für `terraform apply -refresh-only -auto-approve` und hat daher den Nachteil, dass Änderungen sofort im State hinterlegt werden. Die Terraform-Dokumentation empfiehlt daher, stattdessen den Befehl `terraform apply -refresh-only` zu verwenden. Da diesem der Parameter `-auto-approve` fehlt, werden die Änderungen am State angezeigt, und Sie werden um Ihre Bestätigung gebeten.

Da der Befehl ein Alias für `terraform apply -refresh-only -auto-approve` ist, können auch fast alle Parameter von `terraform apply` und damit von `terraform plan` verwendet werden. Die Ausnahmen sind `-auto-approve`, das standardmäßig verwendet wird, sowie die Auswahl eines Planungsmodus über `-type`. Zudem kann kein gespeichertes Plan-Manuskript übergeben werden.

Die Parameter entnehmen Sie Tabelle 12.3 und Tabelle 12.4.

12.3.12 Der Befehl terraform show

Der Befehl `terraform show` gibt den Inhalt des State in übersichtlicher Darstellung aus.

Wird ein Pfad zu einer State-Datei als Argument angegeben, wird diese Datei als Grundlage verwendet:

```
$ terraform show /home/tux/show-examples/my_state.tfstate
[...]
```

Parameter	Bedeutung
`-json`	Liefert eine maschinenlesbare, nicht farbige Ausgabe mit mehr Informationen. Wird in automatisierten Systemen verwendet.

Tabelle 12.15 Parameter für den Aufruf terraform show

Parameter	Bedeutung
-no-color	Standardmäßig wird die Befehlszeilenausgabe in Farbe dargestellt. Der Parameter -no-color unterdrückt dies. Allerdings hilft der Parameter nur zum Teil, da die Formatierung mithilfe von ASCII-Steuerzeichen erzeugt wird und somit ein »Abfangen« der Ausgabe nicht einfach umsetzbar ist. Die Terraform Cloud bietet diese Funktion, erzeugt hiermit aber auch eine starke Produktbindung.

Tabelle 12.15 Parameter für den Aufruf terraform show (Forts.)

12.3.13 Der Befehl terraform state

Die Gruppe von Unterkommandos zu `terraform state` dienen der Verwaltung und Veränderung des State. Normalerweise sollten Sie mit diesen Befehlen nicht in Berührung kommen.

Der Befehl `terraform state` allein ist nicht valide, es muss immer ein Unterkommando verwendet werden.

Der Befehl terraform state list

Dieser Befehl zeigt eine Liste aller Ressourcen aus dem State an. Kann wahlweise um eine Moduladresse oder eine Ressourcenadresse ergänzt werden, um die Liste feiner zu filtern:

```
$ terraform state list
[...]
$ terraform state list module.vm1
[...]
$ terraform state list aws_instance.instance
[...]
```

Parameter	Bedeutung
-id=ID	Wird dieser Parameter mitgegeben, werden alle Ressourcen, die einen Parameter ID besitzen, nach dem angegebenen Wert gefiltert. Sinnvoll, wenn bei sehr großen State-Dateien nach einer Ressource und deren Verwendung gesucht wird.
-state=path	Dieser Parameter gibt an, aus welcher Datei der State gelesen werden soll. Der Standardwert ist terraform.tfstate.

Tabelle 12.16 Parameter für den Aufruf terraform state list

Der Befehl terraform state mv

Der Befehl `terraform state mv` verschiebt ein Element im State. Wird ein Teil des Terraform-Codes überarbeitet, sodass die Ressourcen an anderer Stelle erstellt werden (z. B. in einem neuen Modul), vermeidet das Verschieben der Ressource deren Löschen und Neuerstellen.

```
$ terraform state mv module.vm1 module.vm11
Move "module.vm1" to "module.vm11"
Successfully moved 1 object(s).
```

Die folgenden Parameter können mit allen Backends verwendet werden:

Parameter	Bedeutung
`-dry-run`	Gibt aus, was geändert werden würde, ohne die Änderung tatsächlich umzusetzen.
`-lock-timeout=0s`	Die Zeit, die Terraform abwartet, bis ein Fehler ausgeworfen wird, falls der State nicht gesperrt werden kann.
`-lock=false`	Nur relevant für Backend-Migrationen. Unterdrückt das Sperren des State während der Backend-Migration. Dieser Parameter sollte nur in *absoluten Ausnahmefällen* angewendet werden.

Tabelle 12.17 Parameter für den Aufruf terraform state mv

Die Parameter `-state`, `-state-out` und `-backup` werden nur bei Verwendung des local-Backends unterstützt.

Parameter	Bedeutung
`-backup=path`	Gibt einen Pfad an, unter dem der alte State gesichert werden soll. Wenn er nicht angegeben wird, wird der Wert des Parameters `-state-out` verwendet und das Suffix `.backup` ergänzt. Wenn die Parameter `-state-out` und `-state` nicht verändert wurden, wird folglich der Wert `terraform.tfstate.backup` genutzt.
`-state-out=path`	Dieser Parameter gibt an, unter welchem Pfad der neue State gespeichert werden soll.
`-state=path`	Dieser Parameter gibt an, aus welcher Datei der State gelesen werden soll. Wenn `-state-out` als Parameter nicht angegeben wurde, wird dieser Pfad auch für die Speicherung verwendet. Der Standardwert ist `terraform.tfstate`.

Tabelle 12.18 Parameter für den Aufruf terraform state mv beim local-Backend

Der Parameter `-ignore-remote-version` wird nur beim Arbeiten mit der Terraform Cloud oder dem remote-Backend unterstützt.

Parameter	Bedeutung
`-ignore-remote-version`	Nur in Kombination mit der Terraform Cloud relevant. Wird die Terraform Cloud als Backend benutzt, werden die Befehle aber lokal durchgeführt, kann hiermit ein Fehler unterdrückt werden, wenn die Terraform Cloud eine andere Terraform-Version verwendet, als lokal installiert ist. Kann gegebenenfalls den Workspace und den State zerstören und sollte nur im *absoluten Ausnahmefall* verwendet werden.

Tabelle 12.19 Parameter für den Aufruf terraform state mv beim remote-Backend oder in der Terraform Cloud

Der Befehl terraform state pull

Der Befehl `terraform state pull` aktualisiert die lokale Kopie des State aus einem Backend und gibt ihn aus.

Der State wird zuerst vom Backend heruntergeladen. Anschließend wird die lokale Kopie des State aktualisiert, wozu gegebenenfalls das Format des heruntergeladenen State für die lokale Terraform-Version umgewandelt wird. Anschließend wird der State ausgegeben.

Der Befehl terraform state push

Der Befehl `terraform state push` überträgt den lokalen State auf das Backend. Optional kann ein Pfad zur lokalen State-Datei angegeben werden:

```
$ terraform state push /home/tux/example-state-push/my_state.tfstate
[...]
```

Auch die Übergabe einer State-Datei per Standardeingabe (`stdin` in Unix-Terminologie) ist möglich, hierfür wird ein Bindestrich (-) angegeben:

```
$ cat my_state.tfstate | terraform state push -
[...]
```

Parameter	Bedeutung
-force	State-Dateien haben einen »Fingerabdruck«, der erkennen lässt, ob sie aus demselben Projekt erzeugt wurden. Daher können State-Änderungen nur mit Dateien aus demselben Projekt durchgeführt werden. Dieser Parameter führt dazu, dass Terraform diese Sicherheitsvorkehrung ausschaltet. Zudem besitzt jeder State eine Seriennummer, sodass der neueste State gefunden werden kann. Dieser Parameter erlaubt das Übertragen des State jedoch auch, wenn die Seriennummer im Backend bereits neuer ist.
-ignore-remote-version	Nur in Kombination mit der Terraform Cloud relevant. Wird die Terraform Cloud als Backend benutzt, werden die Befehle aber lokal durchgeführt, kann hiermit ein Fehler unterdrückt werden, wenn die Terraform Cloud eine andere Terraform-Version verwendet, als lokal installiert ist. Kann gegebenenfalls den Workspace und den State zerstören und sollte nur im *absoluten Ausnahmefall* verwendet werden.

Tabelle 12.20 Parameter für den Aufruf terraform state push

Der Befehl terraform state replace-provider

Der Befehl `terraform state replace-provider` ersetzt einen Provider im State durch einen anderen:

```
$ terraform state replace-provider hashicorp/aws registry.terraformbuch.de/
firma/aws
[...]
```

Parameter	Bedeutung
Die folgenden Parameter können mit allen Backends verwendet werden:	
-auto-approve	Überspringt die Abfrage, ob die Änderungen tatsächlich durchgeführt werden sollen.
-lock-timeout=0s	Die Zeit, die Terraform abwartet, bis ein Fehler ausgeworfen wird, falls der State nicht gesperrt werden kann.

Tabelle 12.21 Parameter für den Aufruf terraform state replace-provider

Parameter	Bedeutung
`-lock=false`	Nur relevant für Backend-Migrationen. Unterdrückt das Sperren des State während der Backend-Migration. Dieser Parameter sollte nur in *absoluten Ausnahmefällen* angewendet werden.
Die Parameter `-state`, `-state-out` und `-backup` werden nur bei Verwendung des local-Backends unterstützt.	
`-backup=path`	Gibt einen Pfad an, unter dem der alte State gesichert werden soll. Wenn er nicht angegeben wird, wird der Wert des Parameters `-state-out` verwendet und das Suffix `.backup` ergänzt. Wenn die Parameter `-state-out` und `-state` nicht verändert wurden, wird folglich der Wert `terraform.tfstate.backup` genutzt.
`-state-out=path`	Dieser Parameter gibt an, unter welchem Pfad der neue State gespeichert werden soll.
`-state=path`	Dieser Parameter gibt an, aus welcher Datei der State gelesen werden soll. Wenn `-state-out` als Parameter nicht angegeben wurde, wird dieser Pfad auch für die Speicherung verwendet. Der Standardwert ist `terraform.tfstate`.
Der Parameter `-ignore-remote-version` wird nur beim Arbeiten mit der Terraform Cloud oder dem remote-Backend unterstützt.	
`-ignore-remote-version`	Wird die Terraform Cloud als Backend benutzt, werden die Befehle aber lokal durchgeführt, kann hiermit ein Fehler unterdrückt werden, wenn die Terraform Cloud eine andere Terraform-Version verwendet, als lokal installiert ist. Kann gegebenenfalls den Workspace und den State zerstören und sollte nur im *absoluten Ausnahmefall* verwendet werden.

Tabelle 12.21 Parameter für den Aufruf terraform state replace-provider (Forts.)

Der Befehl terraform state rm

Der Befehl `terraform state rm` entfernt ein oder mehrere Elemente aus dem State. Alle Elemente, die mittels `terraform state list` gelistet werden, können aus dem State entfernt werden. Zusätzlich ist es möglich, ganze Module aus dem State zu entfernen.

Sinnvoll ist dieser Befehl nur in den seltenen Fällen, in denen Sie Terraform anweisen wollen, existierende Ressourcen zu vergessen. Die Ressourcen existieren in der Realität weiterhin, Terraform weiß jedoch nichts mehr von diesen Ressourcen.

Parameter	Bedeutung
Die folgenden Parameter können mit allen Backends verwendet werden:	
`-dry-run`	Gibt aus, was geändert werden würde, ohne die Änderung tatsächlich umzusetzen.
`-lock-timeout=0s`	Die Zeit, die Terraform abwartet, bis ein Fehler ausgeworfen wird, falls der State nicht gesperrt werden kann.
`-lock=false`	Nur relevant für Backend-Migrationen. Unterdrückt das Sperren des State während der Backend-Migration. Dieser Parameter sollte nur in *absoluten Ausnahmefällen* angewendet werden.
Die Parameter `-state`, `-state-out` und `-backup` werden nur bei Verwendung des local-Backends unterstützt.	
`-backup=path`	Gibt einen Pfad an, unter dem der alte State gesichert werden soll. Wenn er nicht angegeben wird, wird der Wert des Parameters `-state-out` verwendet und das Suffix `.backup` ergänzt. Wenn die Parameter `-state-out` und `-state` nicht verändert wurden, wird folglich der Wert `terraform.tfstate.backup` genutzt.
`-state-out=path`	Dieser Parameter gibt an, unter welchem Pfad der neue State gespeichert werden soll.
`-state=path`	Dieser Parameter gibt an, aus welcher Datei der State gelesen werden soll. Wenn `-state-out` als Parameter nicht angegeben wurde, wird dieser Pfad auch für die Speicherung verwendet. Der Standardwert ist `terraform.tfstate`.
Der Parameter `-ignore-remote-version` wird nur beim Arbeiten mit der Terraform Cloud oder dem remote-Backend unterstützt.	
`-ignore-remote-version`	Nur in Kombination mit der Terraform Cloud relevant. Wird die Terraform Cloud als Backend benutzt, werden die Befehle aber lokal durchgeführt, kann hiermit ein Fehler unterdrückt werden, wenn die Terraform Cloud eine andere Terraform-Version verwendet, als lokal installiert ist. Kann gegebenenfalls den Workspace und den State zerstören und sollte nur im *absoluten Ausnahmefall* verwendet werden.

Tabelle 12.22 Parameter für den Aufruf terraform state rm

Der Befehl terraform state show

Der Befehl `terraform state show` zeigt Details zu einer Ressource aus dem State an. Die Ressource muss über ihre Adresse angegeben werden:

```
$ terraform state show module.vm1.openstack_compute_instance_v2.instance
# module.vm1.openstack_compute_instance_v2.instance:
resource "openstack_compute_instance_v2" "instance" {
    access_ip_v4        = "10.250.1.3"
    all_metadata        = {}
    all_tags            = []
    availability_zone   = "north-1"
    flavor_id           = "141"
    flavor_name         = "2C-2GB-20GB"
    force_delete        = false
    id                  = "f7fa067e-9c2d-4fa9-84fc-009ec9ed584e"
    image_id            = "d4a056f9-4f5f-46e4-9a78-5006118dd094"
    image_name          = "Ubuntu 20.04"
    key_pair            = "tux"
    name                = "jumphost"
    power_state         = "active"
    region              = "region-1"
    security_groups     = [
        "ssh",
    ]
    stop_before_destroy = false
    tags                = []

    network {
        access_network = false
        fixed_ip_v4    = "10.250.1.3"
        mac            = "fa:16:3e:28:2c:06"
        name           = "net-to-external-terraform"
        uuid           = "52f66a7c-e8c9-43a5-959f-cec6614a314a"
    }
}
```

Parameter	Bedeutung
`-state=path`	Dieser Parameter gibt an, aus welcher Datei der State gelesen werden soll. Der Standardwert ist `terraform.tfstate`.

Tabelle 12.23 Parameter für den Aufruf terraform state show

12.3.14 Der Befehl terraform taint

Die Befehle `terraform taint` und `terraform untaint` gelten als veraltet (deprecated), die Terraform-Dokumentation empfiehlt die Nutzung von `terraform apply -replace` anstelle von `terraform taint`. Da der Befehl `terraform apply -replace` anders als `terraform taint` nach einer Bestätigung die Ressource sofort ersetzt, gibt es keinen Weg, dies rückgängig zu machen.

Unter Angabe einer Ressourcenadresse kann mittels `taint` markiert werden, dass diese Ressource von Terraform neu erstellt werden soll. Mögliche Gründe können sein, dass die Ressource aus Sicht der Anwenderin defekt oder aus Gründen, die Terraform verborgen sind, veraltet ist. Diese Änderung wird im State vorgemerkt und erst beim nächsten Aufruf von `terraform apply` durchgeführt.

```
$ terraform taint aws_instance.instance
[...]
$ terraform taint aws_instance.instance[1]
[...]
$ terraform taint module.vm1.aws_instance.instance
[...]
```

Parameter	Bedeutung
Die folgenden Parameter können mit allen Backends verwendet werden:	
`-allow-missing`	Normalerweise wirft Terraform einen Fehler aus, wenn die Ressource nicht existiert. Dieser Parameter ignoriert einen solchen Fehler, und Terraform beendet sich erfolgreich, auch wenn die Ressource nicht existiert.
`-lock-timeout=0s`	Die Zeit, die Terraform abwartet, bis ein Fehler ausgeworfen wird, falls der State nicht gesperrt werden kann.
`-lock=false`	Nur relevant für Backend-Migrationen. Unterdrückt das Sperren des State während der Backend-Migration. Dieser Parameter sollte nur in *absoluten Ausnahmefällen* angewendet werden.
Die Parameter `-state`, `-state-out` und `-backup` werden nur bei Verwendung des local-Backends unterstützt.	

Tabelle 12.24 Parameter für den Aufruf terraform taint

Parameter	Bedeutung
-backup=path	Gibt einen Pfad an, unter dem der alte State gesichert werden soll. Wenn er nicht angegeben wird, wird der Wert des Parameters -state-out verwendet und das Suffix .backup ergänzt. Wenn die Parameter -state-out und -state nicht verändert wurden, wird folglich der Wert terraform.tfstate.backup genutzt.
-state-out=path	Dieser Parameter gibt an, unter welchem Pfad der neue State gespeichert werden soll.
-state=path	Dieser Parameter gibt an, aus welcher Datei der State gelesen werden soll. Wenn -state-out als Parameter nicht angegeben wurde, wird dieser Pfad auch für die Speicherung verwendet. Der Standardwert ist terraform.tfstate.
Der Parameter -ignore-remote-version wird nur beim Arbeiten mit der Terraform Cloud oder dem remote-Backend unterstützt.	
-ignore-remote-version	Nur in Kombination mit der Terraform Cloud relevant. Wird die Terraform Cloud als Backend benutzt, werden die Befehle aber lokal durchgeführt, kann hiermit ein Fehler unterdrückt werden, wenn die Terraform Cloud eine andere Terraform-Version verwendet, als lokal installiert ist. Kann gegebenenfalls den Workspace und den State zerstören und sollte nur im *absoluten Ausnahmefall* verwendet werden.

Tabelle 12.24 Parameter für den Aufruf terraform taint (Forts.)

12.3.15 Der Befehl terraform untaint

Der Befehl terraform untaint macht die Wirkung eines Aufrufs von terraform taint auf eine Ressource rückgängig. Sollte nach dem Aufruf von terraform taint bereits das Kommando terraform apply ausgeführt worden sein, wurde die entsprechende Ressource bereits ersetzt. In diesem Fall ist der Aufruf von terraform untaint nicht mehr notwendig.

```
$ terraform untaint aws_instance.instance
[...]
$ terraform untaint aws_instance.instance[1]
[...]
$ terraform untaint module.vm1.aws_instance.instance
[...]
```

Parameter	Bedeutung
Die folgenden Parameter können mit allen Backends verwendet werden:	
`-allow-missing`	Normalerweise wirft Terraform einen Fehler aus, wenn die Ressource nicht existiert. Dieser Parameter ignoriert einen solchen Fehler, und Terraform beendet sich erfolgreich, auch wenn die Ressource nicht existiert.
`-lock-timeout=0s`	Die Zeit, die Terraform abwartet, bis ein Fehler ausgeworfen wird, falls der State nicht gesperrt werden kann.
`-lock=false`	Nur relevant für Backend-Migrationen. Unterdrückt das Sperren des State während der Backend-Migration. Dieser Parameter sollte nur in *absoluten Ausnahmefällen* angewendet werden.
Die Parameter `-state`, `-state-out` und `-backup` werden nur bei Verwendung des local-Backends unterstützt.	
`-backup=path`	Gibt einen Pfad an, unter dem der alte State gesichert werden soll. Wenn er nicht angegeben wird, wird der Wert des Parameters `-state-out` verwendet und das Suffix `.backup` ergänzt. Wenn die Parameter `-state-out` und `-state` nicht verändert wurden, wird folglich der Wert `terraform.tfstate.backup` genutzt.
`-state-out=path`	Dieser Parameter gibt an, unter welchem Pfad der neue State gespeichert werden soll.
`-state=path`	Dieser Parameter gibt an, aus welcher Datei der State gelesen werden soll. Wenn `-state-out` als Parameter nicht angegeben wurde, wird dieser Pfad auch für die Speicherung verwendet. Der Standardwert ist `terraform.tfstate`.
Der Parameter `-ignore-remote-version` wird nur beim Arbeiten mit der Terraform Cloud oder dem remote-Backend unterstützt.	
`-ignore-remote-version`	Wird die Terraform Cloud als Backend benutzt, werden die Befehle aber lokal durchgeführt, kann hiermit ein Fehler unterdrückt werden, wenn die Terraform Cloud eine andere Terraform-Version verwendet, als lokal installiert ist. Kann gegebenenfalls den Workspace und den State zerstören und sollte nur im *absoluten Ausnahmefall* verwendet werden.

Tabelle 12.25 Parameter für den Aufruf terraform untaint

12.3.16 Der Befehl terraform version

Gibt die Terraform-Version und die Versionen aller installierten Provider aus dem aktuellen Verzeichnis aus.

```
$ terraform version
Terraform v1.3.3
on darwin_arm64
+ provider registry.terraform.io/terraform-provider-openstack/
openstack v1.48.0
```

Parameter	Bedeutung
`-json`	Liefert eine maschinenlesbare, nicht farbige Ausgabe mit mehr Informationen.

Tabelle 12.26 Parameter für den Aufruf terraform version

12.3.17 Der Befehl terraform workspace

Die Befehle aus dem `terraform workspace`-Kosmos dienen der Verwaltung von Arbeitsbereichen (engl. *Workspaces*). Der Befehl `terraform workspace` allein ist nicht valide, es muss immer ein Unterkommando verwendet werden.

Der Befehl terraform workspace delete

Der Befehl `terraform workspace delete` löscht einen Arbeitsbereich.

```
$ terraform workspace delete arbeitsbereich_13
Deleted workspace "arbeitsbereich_13"!
```

Parameter	**Bedeutung**
`-force`	Entfernt einen Arbeitsbereich, auch wenn dieser noch Terraform-Code enthält.
`-lock-timeout=0s`	Die Zeit, die Terraform abwartet, bis ein Fehler ausgeworfen wird, falls der State nicht gesperrt werden kann.
`-lock=false`	Nur relevant für Backend-Migrationen. Unterdrückt das Sperren des State während der Backend-Migration. Dieser Parameter sollte nur in *absoluten Ausnahmefällen* angewendet werden.

Tabelle 12.27 Parameter für den Aufruf terraform workspace

Der Befehl terraform workspace list

Mit dem Befehl `terraform workspace list` können Sie eine Liste der Arbeitsbereiche ausgeben lassen:

```
$ terraform workspace list
* default
  testing_my_change
  preproduction
```

Der aktuell ausgewählte Arbeitsbereich ist mit einem Stern (*) markiert. Der Befehl `terraform workspace list` kennt keine Parameter.

Der Befehl terraform workspace new

Der Befehl `terraform workspace new` erstellt einen neuen Arbeitsbereich und wählt diesen aus. Es darf natürlich noch keinen Arbeitsbereich mit diesem Namen geben.

```
$ terraform workspace new arbeitsbereich_21
Created and switched to workspace "arbeitsbereich_21"!

You're now on a new, empty workspace. Workspaces isolate their state,
so if you run "terraform plan" Terraform will not see any existing state
for this configuration.
```

Falls gewünscht, kann ein Verzeichnis als letztes Argument angegeben werden:

```
$ terraform workspace new arbeitsbereich_21 ./Arbeit_21
[...]
```

Parameter	Bedeutung
`-lock-timeout=0s`	Die Zeit, die Terraform abwartet, bis ein Fehler ausgeworfen wird, falls der State nicht gesperrt werden kann.
`-lock=false`	Nur relevant für Backend-Migrationen. Unterdrückt das Sperren des State während der Backend-Migration. Dieser Parameter sollte nur in *absoluten Ausnahmefällen* angewendet werden.
`-state=path`	Pfad zu einem existierenden State, der zur Initialisierung dieses Arbeitsbereichs verwendet wird.

Tabelle 12.28 Parameter für den Aufruf terraform workspace new

Der Befehl terraform workspace select

Der Befehl `terraform workspace select` wählt den Arbeitsbereich aus:

```
$ terraform workspace select arbeitsbereich_13
Switchted to workspace "arbeitsbereich_13".
```

Wurde ein abweichender Verzeichnisname bei der Erstellung des Arbeitsbereichs angegeben, muss dieser mit angegeben werden.

```
$ terraform workspace select arbeitsbereich_21 ./Arbeit_21
Switchted to workspace "arbeitsbereich_21".
```

Der Befehl `terraform workspace select` kennt keine Parameter.

Der Befehl terraform workspace show

Zeigt den Namen des aktuellen Arbeitsbereichs an:

```
$ terraform workspace show
default
```


12.4 Konfigurationsoptionen für die Terraform-CLI (alias Terraform Settings)

In diesem Abschnitt lernen Sie, welche globalen Einstellungen für die Terraform-CLI vorgenommen werden können und was diese bewirken.

12.4.1 Speicherort der Konfigurationsdatei

Neben Kommandozeilenparametern liest Terraform einige Konfigurationsdateien ein. Die darin enthaltenen Einstellungen ändern das Verhalten von Terraform über alle Arbeitsverzeichnisse und Arbeitsbereiche hinweg. Sie gelten jedoch nur für den aktuellen Systembenutzer.

Die Konfigurationsdatei liegt im Benutzerverzeichnis. Unter Linux, macOS und Unix-artigen Betriebssystemen ist der Name der Datei *~/.terraformrc*. Unter Windows erwartet Terraform die Datei mit dem Namen *terraform.rc* im *%APPDATA%* des Benutzers.

Allerdings kann die Datei auch an einem anderen Ort hinterlegt werden. Hierzu muss die Umgebungsvariable `TF_CLI_CONFIG_FILE` mit dem Pfad zur Datei gesetzt werden. Einzige Bedingung ist hierbei, dass die Datei, auf die verwiesen wird, die Dateiendung *.tfrc* besitzt.

Hier sei exemplarisch das Setzen der Umgebungsvariablen `TF_CLI_CONFIG_FILE` in einer bash-Shell auf einem System mit macOS, Linux oder einem anderen Unix-artigen Betriebssystem (FreeBSD, OpenBSD ...) gezeigt:

```
export TF_CLI_CONFIG_FILE='~/.config/terraform/terraform.tfrc'
```

Je nach verwendeter Shell muss die Syntax gegebenenfalls angepasst werden, z. B. für die fish- oder die zsh-Shell.

Um die Einstellungen dauerhaft zu setzen, sodass sie auch nach einem Neustart oder einer Neuanmeldung der aktuellen Benutzerin greifen, ist diese Zeile in die entsprechende Konfigurationsdatei der verwendeten Shell einzufügen. Für die bash-Shell wäre dies je nach System entweder *~/.profile*, *~/.bash_profile* oder *~/.bashrc*, bei der zsh-Shell entsprechend *~/.zshrc*.

Auf einem Windows-System kann die Umgebungsvariable mittels des `setx`-Kommandos gesetzt werden, und zwar sowohl in der PowerShell als auch in der Batch-Kommandozeile. `setx` schreibt die Variable in die Windows-Registry für die aktuell angemeldete Benutzerin. Dies bewirkt, dass die Variable auch nach einem Neustart gesetzt ist. Daraus folgt jedoch, dass die Variable im aktuellen Fenster, in dem der Befehl ausgeführt wurde, nicht gesetzt ist. Es muss erst ein neues Fenster geöffnet werden, bevor die Variable gültig ist.

```
setx TF_CLI_CONFIG_FILE "C:.tfrc"
```

12.4.2 Aufbau der Konfigurationsdatei

Der Inhalt der Konfigurationsdatei könnte wie folgt aussehen:

```
credentials "app.terraform.io" {
  token = "F4E4D7DC-C088-472B-9655-57EC1BBBED4F"
}
credentials_helper "terraformbuch" {
  args = ["--host=credstore.terraformbuch.de"]
}
disable_checkpoint           = true
disable_checkpoint_signature = true
plugin_cache_dir             = "$HOME/.terraform.d/plugin-cache"
provider_installation {
  filesystem_mirror {
    path    = "/usr/share/terraform/providers"
    include = ["terraformbuch.de/*/*"]
  }
  direct {
    exclude = ["terraformbuch.de/*/*"]
  }
}
```

Die gezeigten Einträge und deren Verwendung sollen im Folgenden erklärt werden.

credentials

Im Eintrag credentials sind die Zugangsdaten für die Terraform Cloud oder eine Terraform-Enterprise-Installation abgelegt. Wird der Zugang für mehr als eine URL, beispielsweise sowohl für die Terraform Cloud als auch für eine Terraform-Enterprise-Installation, gespeichert, sind in der Datei mehrere credentials-Einträge vorhanden.

credentials_helper

Der Eintrag credentials_helper erlaubt Ihnen, Parameter für das Programm zur Verwaltung von Zugangsdaten zu setzen.

Der Name des Programms besitzt immer das Präfix terraform-credentials-. Der Name wird über das Argument nach credentials_helper vor der geschweiften Klammer gesetzt. Im Beispiel ist dies terraformbuch.

Über den Parameter args wird eine Liste von Argumenten definiert, die dann an das Programm weitergegeben werden. Im Beispiel enthält die Liste nur einen Eintrag: "--host=credstore.terraformbuch.de".

Terraform selbst hängt an den soeben definierten Aufruf des »Zugangsdaten-Helfer-Programms« noch einen von drei Befehlen an: get, store, forget. Diese bewirken den lesenden Zugriff (get), den schreibenden Zugriff (store), d. h. das Speichern eines Eintrags, sowie das Löschen eines Eintrags (forget).

Terraform würde einen credentials_helper beispielsweise wie folgt aufrufen:

```
terraform-credentials-credstore --host=credstore.terraformbuch.de get
  app.terraform.io
terraform-credentials-credstore --host=credstore.terraformbuch.de store
  app.terraform.io
terraform-credentials-credstore --host=credstore.terraformbuch.de forget
  app.terraform.io
```

Die Kommunikation der Daten erfolgt im Format eines JSON-Objekts:

```
{
  "token": "891292A5-ECCA-4F2B-A851-7FE462D77FCF"
}
```

Bei einem schreibenden Zugriff (store) wird der Wert per Standardeingabe (stdin in Unix-Terminologie) übergeben.

disable_checkpoint

Terraform kommuniziert normalerweise mit HashiCorps Checkpoint-Dienst, um festzustellen, ob es eine neue Terraform-Version gibt. Der Dienst meldet zurück, ob es eine neue Version gibt. Zudem gibt er an, ob in der aktuell verwendeten Version Sicherheitslücken existieren. Wird der Wert des Eintrags `disable_checkpoint` auf `true` gesetzt, wird dieses Verhalten unterdrückt.

Die Funktion kann ebenfalls unterdrückt werden, wenn eine Umgebungsvariable `CHECKPOINT_DISABLE` erzeugt wird, die einen beliebigen Wert ungleich `null` hat, hier exemplarisch das Setzen der Umgebungsvariablen in einer bash-Shell:

```
export CHECKPOINT_DISABLE=yes
```

disable_checkpoint_signature

Um nicht bei jedem Aufruf eine Warnmeldung über eine veraltete Version zu erhalten, wird eine Art Signatur, oder Fingerabdruck, des Systems an HashiCorp übermittelt. Diese enthält Informationen zum System, dem aktuellen Run etc. Die Übermittlung dieser Signatur an HashiCorp kann über den Eintrag `disable_checkpoint_signature` abgeschaltet werden.

Genaueres hierzu lesen Sie unter `type ReportParams struct` im Quellcode unter *https://github.com/hashicorp/go-checkpoint/blob/master/telemetry.go* nach.

plugin_cache_dir

Üblicherweise werden Provider durch den Aufruf von `terraform init` in das aktuelle Verzeichnis geladen. Bei großen Codeprojekten können hier schnell mehrere Hundert Megabytes zusammenkommen. Um das zu vermeiden, gibt es die Möglichkeit, ein zentrales Verzeichnis zu nutzen. Dieses wird als Cache verwendet. Das Verzeichnis muss manuell angelegt werden.

Alternativ kann die Umgebungsvariable `TF_PLUGIN_CACHE_DIR` mit der entsprechenden Pfadangabe verwendet werden, hier exemplarisch das Setzen der Umgebungsvariablen in einer bash-Shell:

```
export TF_PLUGIN_CACHE_DIR="$HOME/.terraform.d/plugin-cache"
```

provider_installation

Mit dem Block `provider_installation` wird das Verhalten für die Providerverwaltung beeinflusst. Der Codeblock versteht derzeit die folgenden Unterblöcke:

- `dev_overrides`
- `direct`
- `filesystem_mirror`
- `network_mirror`

Die Unterblöcke können jeweils `include`- und `exclude`-Parameter besitzen. Diese bestimmen, für welche Provider dieser Block gilt (`include`) oder nicht gilt (`exclude`). Die `exclude`-Anweisung hat hierbei Vorrang.

- `dev_overrides`
  Um die lokale Entwicklung von Providern zu ermöglichen, kann der `dev_overrides`-Block genutzt werden. Hier wird ein Pfad zum Go-Programm angegeben sowie der Name, unter dem der Provider für Terraform sichtbar sein soll.

  Ein `dev_overrides`-Block muss zwingend am Anfang des `provider_installation`-Blocks stehen, da er nachfolgendes Verhalten überschreibt.

  ```
  dev_overrides {
    "hashicorp/null" = "/home/developer/tmp/terraform-null"
  }
  ```

- `direct`
  Bei Verwendung eines der anderen Blöcke würde nur noch Zugriff auf Provider aus diesen Blöcken bestehen. Soll weiterhin Zugriff auf alle anderen Provider, unter anderem aus dem Internet, bestehen, muss mindestens ein leerer `direct`-Block ergänzt werden.

  ```
  direct {}
  ```

- `filesystem_mirror`
  Mit dem Unterblock `filesystem_mirror` können Provider aus lokalen Verzeichnissen gelesen werden. Der Pfad wird über den Parameter `path` angegeben.

  ```
  filesystem_mirror {
    path    = "/usr/share/terraform/providers"
    include = ["terraformbuch.de/*/*"]
  }
  ```

  Durch die `include`-Anweisung im vorangegangenen Codeschnipsel werden alle Provider, die über `terraformbuch.de` geladen werden sollen, stattdessen aus dem lokalen System geladen.

  Achten Sie darauf, in welchem Format die Ordnerstruktur im angegebenen Ordner aufgebaut ist. Für Provider im ZIP-Format wird folgende Struktur verwendet:

  ```
  HOSTNAME/NAMESPACE/TYPE/terraform-provider-TYPE_VERSION_TARGET.zip
  ```

  Für Provider im entpackten Format ist die Struktur wie folgt:

  ```
  HOSTNAME/NAMESPACE/TYPE/VERSION/TARGET
  ```

  - `VERSION` besteht aus einer Zeichenkette im Format `a.b.c`, z. B. `1.3.3`.
  - `TARGET` entspricht der Systemarchitektur, also z. B. `darwin_amd64`, `darwin_arm64`, `linux_arm`, `linux_x86_64`, `windows_amd64` usw.

- network_mirror

  Der Unterblock network_mirror erlaubt es, Provider über Netzwerkserver bereitzustellen. Diese müssen über TLS (HTTPS) abgesichert sein. Ein Zugriff über einfaches HTTP ist nicht möglich.

  ```
  provider_installation {
    network_mirror {
      url     = "https://providers.terraformbuch.de"
      include = ["terraformbuch.de/*/*"]
    }
    direct {
      exclude = ["terraformbuch.de/*/*"]
    }
  }
  ```

  Im vorherigen Codeschnipsel werden alle Provider, die von terraformbuch.de geladen würden, stattdessen vom Netzwerkserver unter https://providers.terraformbuch.de geladen. Das Herunterladen aus den direkten Quellen wird durch die Angabe von "terraformbuch.de/*/*" im exclude-Parameter des direct-Blocks unterbunden.

Index

L

M

N

O

P